Das Kanada-Lesebuch

Alles, was Sie über Kanada wissen müssen

2. Ausgabe

Herausgegeben von Patrick Pohlmann
Umschlaggestaltung, Layout und Satz: Jürgen Boldt
Lektorat: Patrick Pohlmann

Druck: Dardedze, Riga, EU
Bibliografische Informationen der Deutschen Bibliothek:
Die deutsche Bibliothek verzeichnet diese Publikation in der Deutschen Nationalbibligrafie;
detaillierte bibliografische Daten sind im Internet abrufbar unter
http://dnb.ddb.de.

ISBN 978-3-95503-050-6

Sie finden unser gesamtes Programm unter
www.mana-verlag.de

Mechtild und Wolfgang Opel

Das Kanada-Lesebuch

Alles, was Sie über Kanada wissen müssen

MANA

Inhalt

4 Aspekte der Wirtschaft 192

5 Kanadische Lebensart 220

6 Kultur 240

Vorwort

Faszination Kanada

Für ihr großes, zwischen drei Meeren gelegenes Land haben die Kanadier eine formelhafte Umschreibung gefunden: „From coast to coast to coast" („von Küste zu Küste zu Küste"). Dieser Ausdruck rückt die Dimensionen Kanadas ins Bewusstsein: Das Land erstreckt sich vom Atlantik bis zum Pazifik, im Norden liegt das Polarmeer und im Süden grenzt Kanada an die USA.

Kanada wirkt im Vergleich zu den Ländern Mitteleuropas wie ein Kontinent, die Küstenlinie ist mit einer Länge von 243.000 Kilometern die mit großem Abstand längste Küste eines Landes. Mit fast 10 Millionen Quadratkilometern ist Kanada (nach Russland mit 17 Millionen km^2) der zweitgrößte Staat der Erde. Auf diesem riesigen Territorium leben – man könnte auch sagen: verlieren sich – nur etwa 33 Millionen Einwohner. Das entspricht ungefähr der Hälfte der Einwohner Frankreichs oder Großbritanniens, der ehemaligen Kolonialmächte Kanadas. Wenn man dann noch berücksichtigt, dass die Bevölkerung extrem ungleich im Lande verteilt ist – drei Viertel der Menschen leben in einem nur 150 Kilometer breiten Streifen entlang der Grenze zu den USA – bekommt man eine gewisse Vorstellung von der Menschenleere des kanadischen Nordens.

Die Farben des Indian Summer im Süden von Québec

Spricht man in Deutschland über Kanada, denken viele automatisch an den Norden, an Schnee, Grizzlys und Eisbären, Iglus und Kälte, zumindest aber an die schneebedeckten Gipfel der Rocky oder Coast Mountains, an tiefblaue Seen, Kanus und an vom Herbst in bunte Farbtöne getauchte endlose Laubwälder. Kaum jemandem ist bewusst, dass die südlichen Teile der kanadischen Provinzen Ontario und Nova Scotia auf der gleichen geografischen Breite wie Südfrankreich und Norditalien liegen. Bereits diese simplen geografischen Fakten machen eines deutlich: Kanada ist ein äußerst vielseitiges Land und passt überhaupt nicht in schematische

Vorstellungen. Von denen gibt es aber jede Menge: unendliche Landschaften und Weite, Freiheit des Individuums und dazu ein romantisch verklärtes Indianerbild. Oder auch: Wildnis, Abenteuer und Einsamkeit, reißende Flüsse, Wasserfälle, und springende Lachse, undurchdringliche Wälder, Blockhütten, Goldsucher, Trapper, Jagdtrophäen und Angelrekorde. Das alles hört sich wie der sprichwörtliche „kanadische Traum" an, und den gibt es auch wirklich – allerdings nicht für jeden. Es lassen sich aber ganz leicht auch andere, ergänzende Begriffe und Beschreibungen für Kanada finden, die mancher vielleicht gar nicht erwartet, die aber ebenso richtig sind und zu Kanada gehören: *Restricted Area* („Sperrgebiet"), *No Trespassing* („Kein Durchgang") *No Hunting* („Jagen verboten"), aber auch: Leuchtturm, Badestrand und Fischfarm, Staumauer, Gezeitenkraftwerk und *Clearcutting* (Kahlschlag), Kulturszene und Langeweile, Ski- und Golfresort, Meeresfrüchte und Weinanbau, Abraumhalde und Teersee, Klimaanlage, Sommerhitze und Winterstürme, Blackberry und Tim Hortons, Touristen aus der ganzen Welt, eingewanderte Chinesen, Inder, Muslime, Ukrainer und Russen ...

Auch in Kanada ist die Freiheit nur „über den Wolken grenzenlos". Auf der Erde stößt man immer wieder an Grenzen, ob von Privatinteressen und Privateigentum, Industriegiganten, durch den Staat oder das Militär gesetzte – oder die der Wildnis. Der größte Teil der Bevölkerung lebt natürlich nicht in den einsamen Wäldern oder der Prärie, sondern in den Ballungszentren der Metropolen Toronto, Montreal, Vancouver und Calgary. Hier befinden sich die Wirtschafts- und Finanzzentren Kanadas, das eines der führenden Industrieländer der Welt ist. Hier pulsiert das Leben, gibt es vielseitige Kulturangebote in höchster Qualität, eine lebendige Jugendkultur, Kneipenszene und Nachtleben. Kleinere Städte oder Städtchen hingegen wirken vergleichsweise langweilig, weil, bildlich gesprochen,

Cityidyll in Toronto (oben), chinesische Kunst in Vancouver

Auch vielen Kanadiern unbekannt – Die Arktis (oben), Inukshuk in Hebron, Labrador

nach dem Abendessen die Bürgersteige hochgeklappt werden.

Was bedeutet Kanada der Welt außer Ahornblatt und Biber, Glenn Gould und Neil Young, Grizzly und Eisbär, Inukshuk und Totempfahl – und warum steht für den Nicht-Kanadier eben nicht, wie manche Kanadier glauben, Eishockey an erster Stelle? Und was bedeutet Kanada für die Kanadier selbst? Auf diese und viele weitere Fragen haben wir versucht, mit dem Kanada-Lesebuch eine Antwort zu geben.
Natürlich ist es schlichtweg unmöglich, dieses riesige Land – mit seiner Jahrtausende alten Geschichte von der Erstbesiedlung durch die Paläo-Indianer vor mehr als 12.000 Jahren, der Erschließung des Nordens durch die Paläo-Eskimos vor 4500 Jahren bis hin zur modernen multikulturellen Gesellschaft des heutigen Kanadas – in einem einzigen Buch umfassend und bis ins kleinste Detail zu beschreiben. Hierzu bedürfte es eigentlich einer ganzen Bibliothek (die überdies ständig aktualisiert und durch zukünftige Forschung ergänzt werden müsste). Dennoch bemüht sich das Kanada-Lesebuch, seinem Motto „Alles, was Sie über Kanada wissen müssen" gerecht zu werden, indem es zu allen Themenbereichen von Natur über Geschichte, Kultur bis hin zu Gesellschaft und Lebensart relevante Fakten präsentiert und Hintergründe beleuchtet – und es hat gegenüber einer Bibliothek den Vorteil, dass es sowohl in räumlicher als auch in zeitlicher Hinsicht weit weniger Ressourcen beansprucht und man es bequem auf die Reise mitnehmen kann!
Getreu seiner Bezeichnung „Lesebuch" möchte dieses Buch durch eine ausgewogene Mischung aus Bildern und Texten, die informativ, aber nicht trocken sind, eine möglichst spannende und unterhaltsame Lektüre bieten. Es ist kein Lexikon, eignet sich aber vortrefflich auch als Nachschlagewerk. Seine Grundlage bilden die Erfahrungen von mehr als 30 teilweise monatelangen Reisen durch Kanada im Verlauf der letzten 15 Jahre. Die Autoren haben sich nach bestem Wissen um Ausgewogenheit hinsichtlich des Umfangs und der Details der einzelnen Kapitel bemüht – dennoch spiegelt das Buch natürlich zwangsläufig

auch individuelle Ansichten und Vorlieben wider. Es mag daher Leser geben, denen das eine Kapitel viel zu lang erscheint, ein anderes dagegen zu kurz. Einem Leser fehlt vielleicht das Grenzabenteuer allein unter Eisbären in der Arktis oder im Wettstreit beim Lachsfischen mit Grizzlys und Schwarzbären; einem anderen mag der Ausflug in die Geschichte zu detailliert oder die Beschreibung von Pflanzen und Tieren nicht wissenschaftlich exakt genug sein. Auch wenn es wahrscheinlich ein ebenso unerreichbares Ideal bleiben wird, es jedem Leser recht zu machen, wie ganz Kanada erschöpfend in einem Buch abzuhandeln, sind die Autoren und der Verlag für jeden Kommentar und Hinweis zur Verbesserung des Buchs bei künftigen Auflagen dankbar.

Wasserflugzeug in Muskoka, Ontario (oben), Totem Pole in Alert Bay, British Columbia

Ein solches Buch entsteht natürlich nicht nur aus eigener Anschauung, es basiert auch auf vielen Gesprächen mit Kanadiern, die eine sehr lange Immigrationsgeschichte haben – also Vertretern der First Nations, der Inuit, den Abkömmlingen französischer, britischer oder auch deutscher Einwanderer des 19. oder 20. Jahrhunderts – aber auch „Neubürgern“ und vielen Touristen.
Mit herzlichem Dank sind wir allen diesen freundlichen, auskunftsbereiten und zuvorkommenden Gesprächspartnern verpflichtet. Besonderen Dank aber möchten wir unseren langjährigen Freunden Kasia und Stefan sagen, deren Einladung wir unseren ersten Besuch in Kanada im Jahr 1996 verdanken. Wichtige Informationen gaben uns unsere Freunde Monika und Winfried, Maeggi, Urs, Beat, Byron, Annette, Pia, Emanuel, Zippie, Michael und Lucas. Unterstützung und wertvolle Hinweise für unsere Reisen erhielten wir unter anderen von Susan Aiken, Judith Varney Burch, France Rivet, Hans Blohm, Christian White und Garry Enns. Besten Dank Euch und auch an alle hier nicht genannten Freunde, Bekannte und oft zufälligen Weggefährten.

Mechtild und Wolfgang Opel

Kapitel 1
Die ersten Bewohner Kanadas

Eine Vielzahl an Völkern besiedelte den Norden Amerikas, bevor die Europäer kamen

Die ersten Bewohner Kanadas

Algonqin-Paar, Aquarell, circa 1710
Oben rechts: Traditionelle Haida-Malerei auf einem Holzwandschirm

Ein Mammut-Knochen, umgearbeitet zu einer Speerspitze, der in den 1970er Jahren an der Bluefish Cave gefunden wurde, führte zu einer Kontroverse unter Archäologen. Die Höhle befindet sich hoch über dem Porcupine River im Nordwesten Kanadas[1] nahe der Grenze zu Alaska, im Land der Vuntut Gwitchin First Nation. Sie liegt etwa 50 Kilometer entfernt von der kleinen Siedlung Old Crow, die heute etwa 300 Einwohner hat und nur per Flugzeug, Kanu oder Motorschlitten erreicht werden kann.

Weitere Funde aus der gleichen Höhle bewiesen menschliche Präsenz an diesem Ort seit etwa 12.000 Jahren: Steinwerkzeuge wie winzige Klingen, Stichel und deren Abschläge und Splitter, sowie noch unfertiges Material mit Bearbeitungsspuren in einer Technik, die den Werkzeugen der Dyuktai-Kultur in Sibirien stark ähnelte.[2]

Als endlich die Finanzierung für eine Radiokarbon-Datierung bewilligt wurde, erwies sich der Mammut-Knochen jedoch als bereits 24.000 Jahre alt! Waren tatsächlich schon vor so langer Zeit Menschen hier? Oder wurde der Knochen erst Tausende Jahre später bearbeitet? Hier streiten die Fachleute noch – denn eigentlich lässt sich so ein Knochen nur im frischen Zustand bearbeiten. Eins scheint aber festzustehen: Eine Besiedlung Kanadas – ob nun vor 12.000 oder gar vor 24.000 Jahren – erfolgte vermutlich über eine „Beringia" genannte Landbrücke am Rand der Arktis zwischen Sibirien und dem amerikanischen Kontinent, den heutigen Meeresboden des Beringmeers. Auf dem Höhepunkt der Eiszeit, als die Wassermassen noch in riesigen Gletschern gefangen waren, lag nämlich der Meeresspiegel etwa 150 Meter unter dem heutigen Niveau. Vor etwa 10.000 Jahren schmolzen die Gletscher ab und die Kontinente wurden voneinander getrennt.

Bearbeitung des Mammutknochens (siehe Text), Diorama im Yukon Beringia Interpretive Centre, Whitehorse

Daneben gibt es noch andere Theorien, die auf neuen Funden und Erkenntnissen basieren und weitere Möglichkeiten einer Erstbesiedlung des amerikanischen Kontinents in Betracht ziehen. Sind vielleicht Menschen aus dem Osten, aus Europa, als Robbenjäger mit Booten über den Atlantik gesegelt oder auf dem Höhepunkt der Eiszeit, vor 25.000 – 15.000 Jahren, über das Eis nach Nordamerika gewandert? Die Menschen der sogenannten Solutréen-Kultur aus der Gegend des heutigen Frankreich und Spanien, von denen die Höhlenmalereien von Lascaux erhalten geblieben sind, könnten zum Leben an den Meeren gezwungen gewesen sein, nachdem Trockenzeiten das Inland heimgesucht hatten, und dabei den amerikanischen Kontinent erreicht haben. Ähnlichkeiten der Gestaltung von Projektilspitzen in Europa und in Amerika lassen zumindest eine solche Interpretation zu. Andere Fachleute dagegen beharren auf der Theorie, dass die ersten Siedler der sogenannten Clovis-Kultur angehörten – benannt nach einer Fundstätte typischer Projektilspitzen aus Feuerstein in New Mexiko/USA –und direkt aus Asien kamen, über Beringia vor circa 12.000 Jahren. Charakteristisch für die Clovis-Spitzen sind doppelseitige Schneiden mit konkaven Auskehlungen und Flächenretuschen durch Abschläge.
Oder wurde vielleicht schon vor rund 16.000 Jahren ein Seeweg über die Aleuten-Inseln benutzt? Diese Küsten-Hypothese wird durch Besiedlungsspuren auf den pazifischen Inseln gestützt, und sie würde auch Antworten auf andere ungeklärte Fragen geben, die durch die Interpretation weiterer Funde in Nordamerika aufgekommen sind; sie ist aber ebenfalls noch unbewiesen.

Die Debatten der Archäologen und Anthropologen werden nicht so bald enden: Sowohl neue Funde als auch modernste Datierungsme-

Werkzeuge und Projektilspitzen von Küstenbewohnern der archaischen indianischen Kultur

thoden, ergänzt durch linguistische Vergleiche, Statistiken von Blutgruppen, DNA-Abgleiche und andere Indizien werden die bisher als gesichert geltenden Theorien wie auch die neueren Hypothesen immer wieder auf den Prüfstand stellen.
Manche der neuen Theorien lassen sich für politische Interessen missbrauchen. Wenn denn die First Nations auch nur Eingewanderte aus Europa sind, weshalb sollten sie dann Landrechte oder Jagdrechte innehaben, die neuzeitlichen Zuwanderern versagt bleiben? Dass die First Nations aber definitiv schon zur Zeit der Pharaonen in Nordamerika lebten, also lange vor den europäischen Völkerwanderungen, sollte dem Begriff „Ureinwohner" jede Berechtigung geben und solche Versuche zur Unterminierung ihrer Landrechte ad absurdum führen.

Wie auch immer Reihenfolge, Richtung und Gruppierungen der Einwanderung geartet waren – am Ende war das Gebiet des heutigen Kanadas von Völkern mit ganz unterschiedlichen Kulturen bewohnt.

Die prähistorische Zeit

Die Einwanderer aus dem Nordwesten waren Nomadenvölker, die vorwiegend von der Jagd lebten. Auf der Suche nach Nahrungsmitteln – vielleicht auf den Spuren des zu jagenden Wildes – bewegten sie sich zur Umgehung der Eisbarrieren der großen Gletscher an der Küste entlang oder fanden durch eisfreie Korridore Wege ins Landesinnere.

Die paläo-indianischen Kulturen

Neben den Entdeckungen in der Bluefish Cave fanden sich noch weitere Zeugnisse solcher sehr alten Kulturen in Kanada, die meisten im Westen des Landes. Diesen paläo-indianischen Kulturen werden die frühen Zeugnisse menschlicher Siedlungsstätten zugeordnet, die man am Lawn Point auf der Inselgruppe Haida Gwaii (bis 2009 als Queen Charlotte Islands bekannt) und in Namu nahe Bella Bella auf dem Festland British Columbias fand und deren Alter auf etwa 10.000-12.000 Jahre datiert wird. Hier wohnten eiszeitliche Jäger und Sammler über längere Zeit, sie hinterließen bearbeitete Steinwerkzeuge und große Tierknochen mit Werkzeugspuren.[3] An einer anderen Fundstätte an der Charlie Lake Cave, ebenfalls in British Columbia am heutigen Alaska-Highway, wurden circa 11.000 Jahre alte Artefakte zutage gefördert. Aber auch tausende Kilometer weiter, ganz im Osten in Nova Scotia bei Debert, wurden ähnlich alte Werkzeuge und Tierknochen mit Einkerbungen gefunden. Diese östliche Fundstätte ist um so erstaunlicher, wenn man bedenkt, dass das Innere Kanadas damals weitgehend vergletschert war. Wie mögen die Menschen dorthin gekommen sein?

Vor circa 12.000 Jahren erreichten die ersten Menschen über die Beringia genannte Landbrücke zwischen Sibirien und Alaska den nordamerikanischen Kontinent

Über die Nahrung der Paläo-Indianer lässt sich nur spekulieren, da nur wenige organische Hinterlassenschaften erhalten sind. Die gefundenen Waffen und Werkzeuge könnten für die Jagd, für das Zerlegen der großen Säugetiere und für das Abschaben von Häuten verwendet worden sein. Für Griffe und Speere wurden vermutlich Knochen oder Holz benutzt. Solche Speere mit den typischen Clovis-Projektilen aus beidseitig bearbeitetem Feuerstein waren gut für die Mammutjagd zu verwenden. Nach Bestimmungen von Archäologen wurden die letzten Mastodons und Mammuts in Kanada vor etwa 11.000 Jahren getötet. Die später verwendeten sogenannten „Folsom"-Projektile, bei denen die Einkerbungen auch die Projektilspitze einbezogen, waren zur Jagd auf Bisons, Karibus und kleineres Wild geeignet.

Archaische indianische Kultur

Aufgrund von vielen anderen Funden gilt es als sicher, dass bereits vor etwa 8.000 Jahren auch die Weiten des südlichen Kanadas bevölkert waren. Die Völker dieser Region werden der späteren sogenannten archaischen Kultur zugeordnet. Die großen Eiszeitgletscher hatten sich inzwischen zurückgezogen, und die klimatischen Bedingungen waren den heutigen bereits sehr ähnlich.
Nach Erkenntnissen von Archäologen passten sich die Menschen der

archaischen Periode den veränderten Bedingungen an. Sie zogen nicht mehr nur dem Wild hinterher, sondern bewohnten längerfristige Basislager, sie jagten entsprechend den Jahreszeiten, erbeuteten auch kleineres Wild, und sie fischten. Im Frühjahr, Sommer und Herbst wurden Wildgemüse und Früchte gesammelt, und es lassen sich sogar Anzeichen für Lager- und Vorratshaltung erkennen: Sowohl Fleisch als auch Früchte wurden getrocknet. Die graduelle Sesshaftigkeit beförderte die Entwicklung jeweils spezifischer lokaler Kulturen, die sich mehr und mehr voneinander unterschieden.

Insbesondere in den letzten 4.000 Jahren beförderten günstigere Umweltbedingungen und gelungene Anpassung ein starkes Bevölkerungswachstum. Waffen und Werkzeuge wurden aus den lokal verfügbaren Materialien hergestellt; neue Materialien wie Schieferplatten und Kupfer fanden Verwendung, und es wurden neue Werkzeuge wie Fischharpunen mit Widerhaken, Flachmeißel, Haken, Ahlen, Nadeln und Kämme benutzt. Die archäologischen Funde geben auch Hinweise auf ein soziales Gefüge: Perlen aus Muscheln oder durchbohrten Steinen und andere Schmuckgegenstände wie Lippenpflöcke

Werkzeuge zum Bearbeiten von Tierhäuten, kanadische Westküste

Burial Mound – Grabstätte in L'Anse Amour

und Ohrschmuck weisen auf soziale Status-Unterschiede hin. Das Vorhandensein von Steinskulpturen und Felsmalereien verdeutlicht die Entwicklung komplexerer Kulturen mit Zeremonien und Kulten. Steinwerkzeuge zur Holzbearbeitung wie Äxte und Stechbeitel sowie Keramikscherben bezeugen die Verwendung neuer Materialien und Technologien. Exotische Gegenstände aus fremdem Regionen sind Indizien für Handel und Austausch – und gehäufte Schnitt- und Schlagspuren an Menschenknochen und Schädeln geben Hinweise auf kriegerische Auseinandersetzungen in jenen Jahrtausenden.

Zeugnisse dieser Kulturen finden sich in den Prärien, um die großen Seen, am Sankt-Lorenz-Strom und auch an den Küsten Labradors. Hier im äußersten Osten, bei L'Anse Armour, befindet sich die älteste bekannte Grabstätte in Kanada, das Burial Mound, datiert auf circa 5.500 vor unserer Zeitrechnung. Unter einem mit Steinen bedeckten Hügel von etwa acht Metern Durchmesser fand man hier das Skelett eines Kindes, mit rotem Ocker bedeckt. Beigaben waren Speerspitzen, Messer, eine Harpune, eine Schnitzarbeit aus Elfenbein und eine Flöte aus Knochen. Diese aufwändige Grabanlage ist einmalig und zeugt von einem sehr ungewöhnlichen Bestattungszeremoniell, dessen Bedeutung bisher nicht bekannt ist. Handelte es sich vielleicht um den Sohn eines Häuptlings? Reproduktionen der Artefakte sind heute im Labrador Straits Museum in L'Anse Armour zu sehen.

Auch etwa 5.000 Jahre alte Grabstätten aus der Oxbow-Kultur in Saskatchewan weisen auf soziale Rangordnungen hin. Erwachsene Männer wurden mit zahlreichen Objekten und manchmal mit ihren Hunden bestattet, was auf eine hohe Wertschätzung der Jäger hindeutet.

Paläo-Eskimos

Vielleicht vor etwa 4.500 Jahren kamen – vermutlich diesmal über das Wintereis der Beringstraße – neue Einwanderer aus Asien, die man heute als Paläo-Eskimos bezeichnet. Sie brachten die neue Jagdwaffe Pfeil und Bogen mit und verteilten sich über einen Zeitraum von 3.000 Jahren als Nomaden entlang einer nördlichen Route, die sich über die kanadische Hocharktis schließlich bis nach Grönland erstreckte.

Außer Pfeil und Bogen benutzten diese frühen Arktisbewohner auch Stoß- und Wurflanzen; sie lebten von Karibus und Moschusochsen, sie jagten Eisbären und Vögel, harpunierten Robben, benutzten Fischspeere und passten sich weitgehend einem Leben an der Eismeerküste an. Ihre Projektile bestanden großenteils aus Geweihknochen und Elfenbein; als Material für Messerklingen, Schaber und andere Werkzeuge fand auch Stein Verwendung.

Pfeil- und Speerspitzen aus Ramah Chert

Dorset-Kultur und Thule-Kultur

Figuren der Dorset-Kultur, circa 600 Jahre vor unserer Zeitrechnung

Vor etwa 2.500 Jahren wurden dann bereits Kajaks, Tranlampen aus Speckstein zur Heizung und Beleuchtung und Gefäße verwendet. Diese Kultur erhielt von den Wissenschaftlern die Bezeichnung „Dorset" – benannt nach einem der Ausgrabungsorte wichtiger Funde aus dieser Zeit, Cape Dorset, gelegen auf einer kleinen zu Baffin Island gehörenden Insel vor der Foxe Peninsula.
Die Dorset-Eskimos waren erfolgreiche Jäger von Meeressäugetieren wie Walrossen und Beluga-Walen. Sie fertigten kleine Schnitzarbeiten aus Holz und aus Walross-Elfenbein an. Zeitweilig lebten sie in halbunterirdischen Winterbehausungen mit Wänden aus Felsbrocken und Grassoden. Dieser Kultur werden auch die in Nunavik im nordwestlichen Québec auf den Steatit-Hügeln bei Kangiqsujuaq entdeckten Petroglyphen zugeschrieben. Vor etwa 2.500 Jahren besiedelten die Dorset-Eskimos Neufundland und waren damit die ersten Bewohner dieser Insel.

Mit der Einwanderung der sogenannten Thule-Inuit aus Alaska, wahrscheinlich Nachkommen der dortigen Paläo-Eskimos, ging die Dorset-Kultur zwischen dem Jahr 1000 und 1500 allmählich zu Ende. Auf Neufundland und in der nördlichen Ungava Bay ist sie noch für das 15. Jahrhundert belegbar.
Im 19. Jahrhundert wurde in der Hudson Bay im Bereich von Coats Island und Southampton Island ein isoliert lebendes Eskimo-Volk entdeckt, die Sadlermiut. Es konnte nachgewiesen werden, dass sie die letzten Nachkommen der inzwischen untergegangenen Dorset-Kultur waren, auch wenn ihre Lebensweise bereits Elemente der Thule-Kultur aufwies. Doch die Entdeckung der Sadlermiut bedeutete leider auch ihren Untergang: Durch die Europäer waren sie in Kontakt mit Krankheitskeimen gekommen, gegen die sie keine Widerstandskräfte hatten – im Jahr 1902 waren sie schließlich ausgestorben.
In den Mythen und Erzählungen der heutigen Inuit tauchen die Dorset als „Tunit" auf, eine Art Riesen mit übernatürlichen Kräften: „Sie konnten ein Walross ebenso leicht über das Eis ziehen, wie wir das

Relikte einer Thule-Behausung auf Somerset Island

nur mit einer Robbe schaffen".[4] Die von ihnen geschaffenen Kunstwerke (s. Kap. *Die frühe Kunst der Inuit*) aber, die man heute in den ethnologischen Museen bewundern kann, sind klein und zierlich: Die „Riesen" schufen winzige Figuren und Masken, Bären und Vögel aus Knochen, Stein, Elfenbein oder Treibholz, die trotz ihrer geringen Größe kraftvoll wirken.

Den Begriff „Thule-Eskimo" prägte der dänische Archäologe und Anthrologe Therkel Mathiassen, der Mitglied der Expeditionen von Knud Rasmussen war und 1922 die erste wissenschaftliche Ausgrabung in der kanadischen Arktis leitete: in Naujaat in der nordwestlichen Hudson Bay. Dort grub er die zweite bis dahin bekannte Thule-Siedlung aus. Den Namen entlehnte Mathiassen der von Rasmussen 1910 in Nordgrönland erbauten Handelsstation Thule, in deren Nähe 1916 die erste Siedlung dieser Kultur „Comer's Midden" ausgegraben und rekonstruiert worden war.
Die Thule-Inuit hatten effizientere Methoden für die Jagd auf Meeressäuger entwickelt, darunter mit Schwimmblasen und Zugseilen ausgestattete Harpunen, mit denen sie ihre Beute leicht aus dem Meer

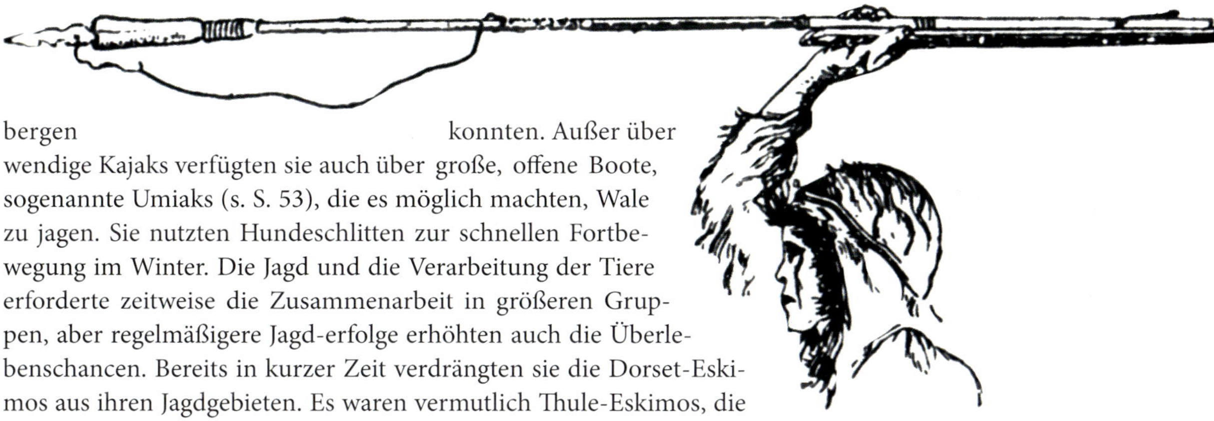

bergen konnten. Außer über wendige Kajaks verfügten sie auch über große, offene Boote, sogenannte Umiaks (s. S. 53), die es möglich machten, Wale zu jagen. Sie nutzten Hundeschlitten zur schnellen Fortbewegung im Winter. Die Jagd und die Verarbeitung der Tiere erforderte zeitweise die Zusammenarbeit in größeren Gruppen, aber regelmäßigere Jagd-erfolge erhöhten auch die Überlebenschancen. Bereits in kurzer Zeit verdrängten sie die Dorset-Eskimos aus ihren Jagdgebieten. Es waren vermutlich Thule-Eskimos, die erstmals vor 1.000 Jahren, wenn auch nur sehr kurz, in Kontakt mit den Wikingern kamen.

Ein Inuit wirft eine Harpune mithilfe einer Speerschleuder; Skizze des französischen Archäologen Joseph Déchelette, um 1900

Die Thule-Eskimos bauten Winterhäuser, die in die Erde eingegraben wurden, in denen große Steine für den Fußboden, die Schlafplattformen und die Wände verwendet wurden. Das ganze wurde mit Walknochen überspannt und mit Fellen und Grassoden abgedeckt. Der Eingang war ein niedriger Tunnel, der sich unterhalb des Niveaus der Schlafflächen befand. Dadurch konnte die mit den Walspecklampen erzeugte Wärme besser im Haus gehalten werden. Das Relikt einer solchen Thulebehausung wurde auf der Insel Mallikjuaq, die gegenüber Cape Dorset liegt, ausgegraben und rekonstruiert (s. S. 26 f.).
Im Laufe einer relativen warmen Periode, als das Meereis zurückging und die Walpopulationen groß waren, konnte sich die Thule-Kultur rasch über die kanadische Arktis verbreiten. Die Wanderungen und Transporte fanden mit Kajaks, Umiaks und mit Hundeschlitten statt. Im Sommer erjagtes Fleisch wurde für den Winter in mit Steinen gesicherten Depots gelagert.
Als die kanadische Arktis sich ab 1275 allmählich abkühlte – im Zusammenhang mit der aufkommenden sogenannten Kleinen Eiszeit – und die Packeisgrenze sich nach Süden verlagerte, veränderte dies die Lebensbedingungen der Thule-Eskimos: Bestimmte Jagdgebiete in der Arktis mussten aufgegeben werden, was zu Hungersnöten und einer hohen Sterblichkeit führte. Anderswo konnte man sich den neuen Gegebenheiten erfolgreich anpassen. Am Ende dieses Zeitabschnitts, in dem sich die „historische" Kultur der heutigen Inuit ausbildete, kam es zu den ersten Begegnungen mit europäischen Besuchern (s. S. 72).

Alte Siedlungsplätze bei Cape Dorset

Mit dem Zodiac-Schlauchboot fahren wir quer über die Bucht zur archäologischen Stätte im Mallikjuaq Territorial Park auf der Cape Dorset gegenüberliegenden Insel, die sich beim niedrigsten Tidenstand als Halbinsel erweist. Die Landung ist bei Ebbe eine eher feuchte, vor allem aber rutschige Angelegenheit, weil man auf den mit Seetang bewachsenen Steinen am Ufer leicht ausgleitet. Dann laufen wir einen sanften Anstieg hinauf, über eine Wiese voller arktischer Blumen, die vor einem steilen Felshang liegt. Direkt vor uns erblicken wir einen nahezu kreisförmigen, flachen Wall, vielleicht drei Meter im Durch-

Thule-Qamaq (Erd- oder Grassodenhütte) mit rekonstruiertem Dachrahmen aus Walknochen in der Nähe von Resolute

messer, der sich einen halben Meter hoch über die umgebende Wiese erhebt. Auf der einen Seite ist der Bewuchs und das Erdreich abgetragen und man sieht eine Aufhäufung von Steinen. Wir sehen noch mehrere solcher Kreise und auch ovale Gebilde, alle mit einer tiefen Mulde in der Mitte.

Nahe einem kleinen flachen Teich steht der Park-Ranger Pootoogoo Elee an einer Mulde mit senkrechten Steinmauern. Wir beeilen uns, näher zu kommen, denn er erklärt gerade, was hier zu sehen ist. Erst vor wenigen Jahren fanden gründliche archäologische Grabungen und Bestandsaufnahmen statt – obwohl Gegenstände, die schon 1924 in der Nähe gefunden wurden und deren Alter man auf etwa 2.800 Jahre datierte, einer ganzen Kultur den Namen gaben: der Dorset-Kultur. Zudem lebten hier aber auch Menschen der nachfolgenden Thule-Kultur, und später sogar noch deren jüngere Nachkommen: Ganz in der Nähe hatten die Großeltern von Pootoogoos Frau ihr Sommercamp.

Eingang eines Thule-Hauses, Mallikjuaq Territorial Park

Pootoogoo steigt die Mauer hinab und steht nun in der Vertiefung, auf einem mit flachen Steinplatten ausgelegten Fußboden, um den sich ringsherum die Wände ziehen. Dies sind die behutsam rekonstruierten Überreste eines Hauses aus der Thule-Kultur. Nochmals einen halben Meter tiefer liegt die ebenfalls mit Steinplatten ausgelegte Eingangszone mit einem festen Portal aus Steinsäulen. Von hier führte einst, wie Pootoogoo erklärt, eine Art Tunnel unter der Erde nach außen zum Hang. Aufgrund dieses tiefer gelegten Eingangs verblieb die warme Luft im Inneren des Hauses und konnte nicht entweichen, wenn jemand hinein- und herausging. Das Dach des Hauses wurde von großen Walrippenknochen gestützt, die über die Steinwände gelegt und mit Häuten von Robben, Walrossen oder Karibus abgedeckt wurden. Auf dem Areal sind die Überreste von neun Häusern zu sehen, in denen damals vermutlich jeweils zwischen drei und sieben Menschen lebten. Die Südlage des Hanges sorgte für ein angenehmes Klima, man war vor den vorherrschenden kalten Winden aus dem Norden geschützt, und es gab ausreichend Nahrung. Zu bestimmten Jahreszeiten hielten sich zahlreiche Walrosse vor der Küste auf, und im Landesinneren, nur elf Stunden Fußmarsch entfernt, liegt ein fischreicher See. Im Gras und auf dem Boden des Hauses liegen zahlreiche uralte Knochen herum, einige davon lassen sich unschwer als Schädel von Walrossen identifizieren.

Bevor die Europäer kamen: Vielfalt der Kulturen der indigenen Völker

Als die Europäer Kanada erreichten, wurden von den einheimischen Völkern etwa 50 Sprachen gesprochen. Und nicht nur das – man fand auch sehr unterschiedliche Kulturen vor. Obgleich die Schätzungen der Wissenschaftler stark variieren, gehen die meisten Anthropologen davon aus, dass vor dem Kontakt mit den Europäern in Kanada etwa 350.000 Menschen lebten. Viele von ihnen waren nomadisierende Jäger und Sammler, von denen einige Hunde als Jagd- oder Zugtiere hielten (Pferde gab es erst später); andere Gruppen waren sesshaft, und einige davon bearbeiteten den Boden und bauten Nutzpflanzen an. Die Nomaden wohnten in mobilen Behausungen, andere Völker lebten jedoch in festen Gebäuden – oder gar in befestigten „Städten". Und von einfachen Familienverbänden bis hin zu konföderativen Strukturen gab es ein breites Spektrum an sozialen und politischen Organisationsformen.

Die Waldindianer

Diese Bezeichnung fasst verschiedene, in der einschlägigen Literatur unterschiedlich und manchmal etwas diffus benutzte Begriffe zusammen, wie „nordöstliche Jäger", „nordöstliche Farmer" und „subarktische Stämme". Unterscheiden lassen sich diese Völker außer nach geografischen Gegebenheiten auch nach Sprachfamilien[5].
Dass diese „Waldindianer" nicht nur völlig verschiedene Sprachen benutzten, sondern auch gar keine einheitliche Kultur hatten, verwundert nicht, wenn man bedenkt, dass sie über ein riesiges Gebiet verteilt lebten, das sich über mehrere tausend Kilometer vom äußersten Osten bis in den Westen Kanadas erstreckte, also ganz unterschiedliche geografische und klimatische Bedingungen bot.
Gemeinsam war ihnen allerdings der Lebensraum als Grundlage ihrer Kultur: die bewaldeten Gebiete des kanadischen Schildes, von der Atlantikküste bis in die Nordwest-Territorien. Diese Wälder waren im Süden dichter, in den subarktischen Gebieten dagegen lichter. (Die Gwitchin überquerten sogar die Baumgrenze und zogen manchmal bis zum Polarmeer, um zu jagen). Letztlich bestimmte der Nahrungs-

reichtum des Waldes sowie der Flüsse, Seen und der Küstengewässer des Meeres die Lebensweise dieser Menschen. Die Ressourcen des Waldes boten die wichtigste Lebensgrundlage, nicht nur für die Ernährung, sondern auch für Obdach, Kleidung, Waffen, Werkzeuge und Transportmittel. Man jagte Elche, Karibus, Bären, Biber, Hasen, Murmeltiere, Vielfraße, Otter, Marder, Nerze, Luchse, Wölfe, Kojoten und Füchse; neben der Jagd spielten der Fischfang und das Sammeln von Meeres- und von Waldfrüchten eine elementare Rolle.

Sehr wichtig war das Kanu (s. S. 30), ein wendiges Transportmittel, mit dem man Hunderte von Kilometern auf dem Wasser zurücklegen konnte. Flüsse und Seen wurden damals als Verkehrs-adern, als Wasserstraßen benutzt; und selbst wo es keine direkte Wasserverbindung gab, konnten die leichten Kanus mit geringer Mühe über mehrere Kilometer Land getragen werden, bevor sie wieder zu Wasser gelassen wurden. Manche Kanus waren auch seetüchtig. Die Lagerplätze wurden normalerweise in unmittelbarer Wassernähe an Flüssen, Seen oder am Meer errichtet.

Kanadas indigene Völker und den Europäern bekannte Gebiete um 1740

Größere Sparachfamilien:
- Irokesisch
- Caddo-Sprachen
- Beothuk
- Algonquin
- Sioux
- Athapaskisch

- Europäern direkt bekannte Gebiete
- Europäern durch Berichte bekannte Gebiete
- Von Franzosen bzw. Engländern bewirtschaftete Gebiete

Das Kanu

Das Kanu (auf Deutsch – zur Unterscheidung vom Kajak, s. S. 52 – auch als „Kanadier" bezeichnet) ist ein offenes Boot, das vorn und hinten spitz zuläuft und mittels Stechpaddeln (im Unterschied zum Doppelpaddel beim Kajak) angetrieben wird. Es ist nicht nur ein elegantes, sondern auch ein höchst praktisches und schnelles Wasserfahrzeug. Ein aus Birkenrinde hergestelltes Kanu war extrem leicht, aber dennoch in der Lage, vergleichsweise schwere Lasten über sehr große Entfernungen zu transportieren. Zudem ließ es sich einfach unter Verwendung nachwachsender Rohstoffe reparieren: Das Hauptmaterial Birkenrinde, fest und doch geschmeidig, widerstandsfähig und wasserdicht, war in den Wäldern des kanadischen Ostens und Nordens fast überall verfügbar. Die einzelnen Rindenteile wurden mit Fäden aus zerteilten Kiefernwurzeln vernäht, der Rahmen aus nass geformtem Zedern-Holz gefertigt. Die Nähte dichtete man mit heißem Fichten- oder Kiefernharz ab. Erfahrene Kanu-Baumeister gaben die erforderlichen Fertigkeiten von einer Generation zur nächsten weiter. Die meisten Birkenrindenkanus waren zwischen drei und acht Meter lang.

Reisekanu aus Birkenrinde, das bis zu 20 Personen Platz bot und fast 1,5 Tonnen Gewicht tragen konnte. Boote dieser Art wurden im 19. Jahrhundert im Pelzhandel eingesetzt

Ob für Ojibwa, Mi'kmaq oder Innu – Kanus waren das wichtigste und selbstverständlichste Verkehrsmittel. Und auch den ersten europäischen Forschungsreisenden und Pelzhändlern ebneten Kanus den Weg in die sonst unzugängliche kanadische Wildnis. „Kanada ist eine Kanuroute" wurde zum Aphorismus, und das Kanu steht quasi als eines der Symbole für Kanada.

An der Westküste (s. S. 43) wurden Kanus aus gewaltigen Baumstämmen angefertigt, die man aushöhlte und mit heißem Wasser präparierte und formte. Die mit kunstvollen Bemalungen verzierten Kanus der Haida und Tlingit trotzten auch den Wellen des pazifischen Ozeans, sogar über Entfernungen von hundert Kilometern und mehr.

Im Winter, wenn gewaltige Schneemengen das Inland bedeckten und die Flüsse vereist waren, hatte das Kanu zwangsläufig Ruhe. Die Transportwege führten dann über Land und wurden mit anderen Mitteln bewältigt. Man fertigte verschiedene Schneeschuhe an: breite, runde, die für den Transport schwerer Lasten geeignet waren, jedoch beim Laufen die Gelenke stark belasteten, oder schmale, mit denen man sich leichter und schneller durch dichtes Buschwerk bewegen konnte. Sie bestanden aus einem biegsamen Eschenholzrahmen, der mit einem Netzwerk aus Streifen von Hirsch , Karibu- oder Elchleder bespannt wurde. Ideal für den Transport von erlegtem Wild bei Pulverschnee war der **Toboggan**, ein flacher Transportschlitten ohne Kufen, der aus einem oder mehreren dünnen Birkenbrettern bestand, die mit Lederriemen verbunden wurden. Das Holz wurde vorn gebogen, wenn es noch frisch oder feucht war, und dann in der gewünschten Position fixiert, bis es getrocknet war.

Bemalter Umhang aus Leder, Mi'kmaq-Tradition

Jägernomaden wie zum Beispiel die Mi'kmaq lebten in kleineren Gruppen und zogen mit ihrer beweglichen Habe von einem Camp zum anderen. Jede Familie errichtete ihre mobile Behausung: eine zeltartige oder kuppelförmige Hütte mit einem Gerüst aus dünnen Holzstämmen, das mit Rindenstücken oder Lederhäuten abgedeckt wurde. Meist lebten einige verwandte Familien in einem Camp mit einem Häuptling als Oberhaupt zusammen. Die Häuptlingswürde konnte jeweils in männlicher Linie vererbt werden.

Die Völker in den Wäldern glaubten an eine spirituelle Welt, die mit der physischen Welt in Verbindung steht. Das sind zum Beispiel Geister, die in der Natur präsent sein können, in Pflanzen, in Felsen, oder anderswo; einzelne Geisterwesen können durch bestimmte Tiere wie den Raben verkörpert werden. Einige Algonquin-Völker wie z.B. die Ojibwa glaubten an ein allumfassendes geistiges Wesen oder eine Lebenskraft, genannt „Kitchie Manitou", oft als „großer Geist", vielleicht aber genauer als „Geheimnis" übersetzt. Manitou ist den physischen Erscheinungen übergeordnet oder wohnt ihnen inne, entzieht sich jedoch dem menschlichen Verstehen.

Schamanen oder Medizin-Männern kam bei den Woodlands-Völkern eine wichtige Führungsfunktion zu, weil sie mit der spirituellen Welt in Verbindung treten sowie böse Geister abwehren konnten. Zu diesem Zweck führten sie bestimmte Rituale aus, um beispielsweise Kranke zu heilen.

Windigo

In den Legenden der Algonquin gibt es einen bösen Geist, den Windigo. Er konnte von der Seele eines Menschen Besitz ergreifen und ihn zu einem gewalttätigen, anti-sozialen Verhalten bewegen – zum Kannibalismus. Durch das Essen von Menschenfleisch floss dem Windigo noch mehr Macht zu. In den Gesellschaften von Jägernomaden, wo besonders im Winter der Hunger ein häufiger Gast war, stand die Gestalt des Windigo für eine Schreckensvorstellung: den Bruch der Ordnung und die Verletzung der Regeln.

Traumfänger (asabikeshiinh)

Bei den Ojibwa wurde ein Gegenstand wie ein schützendes Amulett über der Schlafstätte befestigt, der die Träume – die als Schnittstelle zwischen der Alltagswelt und der in allen Dingen und Wesen enthaltenen Kraft Manitou gesehen wurden – beeinflussen sollte: Gute Träume wurden eingeladen, schlechte Träume ebenso wie üble Krankheiten sollten nicht durchgelassen werden. Bereits kleine Babys erhielten zu ihrem Schutz einen Traumfänger. Ein aus einem gebogenen Weidenzweig bestehender Rahmen wurde mit einem spinnwebähnlichen Geflecht versehen, das in alten Zeiten aus sehr feiner Nesselfaser oder aus dünner Sehne (in modernen Zeiten dann auch aus festem Zwirn) hergestellt wurde. Daran befestigte man Dekorationen aus Gegenständen wie Federn und Perlen, denen eine bestimmte Symbolkraft zugeschrieben wurde: Eulenfedern standen für Weisheit, Adlerfedern für Mut. Die Abbildung zeigt einen Traumfänger, wie er von den Ojibwa angefertigt wurde. Im 20. Jh. fanden Traumfänger auch bei anderen First Nations Verbreitung, und heute werden sie zunehmend als Souvenirs produziert.

Geschichte, in Stein geritzt

Am Treffpunkt Merrymakedge im Kejimkujik National Park in Nova Scotia haben sich zur Teilnahme an der „Petroglyph Tour“ etwa 20 Leute eingefunden. Wir folgen Matthew Labrador, der der Acadia First Nation der Mi‘kmaq in Nova Scotia angehört, entlang des Pfades, der normalerweise für Besucher gesperrt ist. Bevor es zu den Felsbildern geht, hält Matthew unter einem großen Baum an, an dem verschiedene Gegenstände aus Naturmaterialien liegen. Hier demonstriert er uns, wie seine Vorfahren einst in dieser Gegend lebten. Aus Eschenholz und aus Süßgras flochten sie Körbe und Behältnisse. Sie fischten mit Hilfe von Reusen aus geflochtenen Körben und mit dreizackigen Speeren; und sie legten auch Fischfallen an, indem sie die Gezeiten ausnutzten und Mauern aus Steinen errichteten. Um den Ruf des Elchbullen nachzuahmen und damit Jagdtiere anzulocken, bliesen sie in ein tütenartiges Instrument aus Birkenrinde. „Wenn ein Elchbulle antwortete, freute sich der Jäger auf sein mögliches Jagdglück – doch manchmal musste er erkennen, dass der Ruf nur von einem anderen Jäger kam, der ebenfalls in das Birkenhorn geblasen hatte.“ Zum Jagdwild gehörten auch Hirsche, Karibus und Kleinwild, an der Küste wurden Robben gejagt. Gebraten wurde das Fleisch über dem offenen Feuer, gekocht wurde mittels glühender Steine in Gefäßen aus Birkenrinde oder in Kesseln aus ausgehöhlten Baumstämmen. Aus Tierhäuten wurden Bekleidung und Gefäße hergestellt, Knochen und Geweihe wurden zu Werkzeugen und Schmuck verarbeitet. Bevorzugtes Fortbewegungsmittel war das Kanu. Mit dessen Hilfe wechselten die Mi‘kmaq ihre Standorte mit den Jahreszeiten und nahmen dabei ihre Hütten aus Birkenrinde mit. Matthew gibt noch weitere anschauliche Beispiele dafür, wie seine Vorfahren die Ressourcen des Waldes für Wohnung, Nahrung und Heilung zu nutzen verstanden. Einige Tage zuvor haben wir bereits in einer Ausstellung das Kanu gesehen, dass sein Vater Todd Labrador in traditioneller Weise aus

Matthew Labrador demonstriert die Herstellung von Pfeil- und Speerspitzen

Birkenrinde angefertigt hat. Aus archäologischen Funden kann man schließen, dass die Mi'kmaq bereits vor 2.500 Jahren dekorierte Keramikgefäße benutzten und mit viel Geschick Steinwerkzeuge wie Pfeilspitzen und Harpunen mit Widerhaken anfertigten. Diese „Keramik-Periode" endete etwa um die Zeit der Ankunft der Europäer.

Und dann führt Matthew uns zu den Felsritzungen, den Petroglyphen, am Ufer des Sees. Ein flacher, einst von Gletschern glatt geschliffener Felsen ragt ins Wasser. Wir dürfen ihn nur barfuss betreten, um die fragilen Gravuren in dem relativ weichen Stein nicht zu beschädigen. Im grellen Sonnenlicht sind diese Ritzungen nicht leicht auszumachen. Erst als er sie mit Wasser befeuchtet, erkennen wir dann auf einmal die Bilder: ein Kanu mit zwei Insassen, daneben ein Fisch, weitere stilisierte menschliche Figuren, Jagdwaffen, Tiere; auch Umrisse von Händen und Füßen, geometrische Muster und andere, schwer deutbare Symbole.

Von Todd Labrador in traditioneller Weise aus Birkenrinde angefertigtes Kanu

Diese Bilder repräsentieren die Lebensweise, die künstlerische Tätigkeit und die Beobachtungen der Mi'kmaq. Wiewohl viele dieser Ritzungen wahrscheinlich erst aus den letzten drei Jahrhunderten stammen, geben sie dennoch Hinweise auf das traditionelle Leben der Mi'kmaq noch vor der Begegnung mit den Europäern, insbesondere im Zusammenhang mit älteren Funden von Lager- und Fischfangplätzen in der weiteren Umgebung. Diente der Felsen vielleicht als eine Art „Lehrbuch"? Man kann sich gut vorstellen, wie hier einst ein *elder*, eine Respektsperson der Mi'kmaq, den jungen Leuten seines Volkes mithilfe der Bilder Legenden erzählte oder sie Geschichte lehrte; dass auf diese Weise praktisches wie auch spirituelles Wissen weitergeben wurde. Aber auch erste Begegnungen mit Europäern sind hier dokumentiert: Eine der Abbildungen zeigt zweifelsfrei einen Zweimastschoner!

Weitere Felsen in der Nähe mit insgesamt über 500 einzelnen Abbildungen machen die Kejimkujik National Historic Site zu einer der größten Bildergalerien im Nordosten Amerikas.

Sonderfall „Farmer“: die Irokesen-Völker

Ganz anders aber lebten die Haudenosaunee – „Menschen des langen Hauses“, wie die oft ebenfalls der „Woodlands-Kultur“ zugeordneten Irokesenvölker sich selbst nannten. Sie waren aus südlichen Gebieten eingewandert und bewohnten vermutlich etwa seit dem Jahr 1000 ein großes Gebiet östlich der großen Seen in Südontario und im Tal des Sankt-Lorenz-Stroms bis etwa zur heutigen Stadt Québec City sowie weiter südlich in den heutigen USA.

Auch die Irokesenvölker jagten, fischten und sammelten, aber den größten Teil ihrer Nahrung bezogen sie aus der Landwirtschaft: dem Anbau von Mais und Gemüse, wie Bohnen und Kürbissen auf zuvor gerodeten Flächen.

Für den Bau ihrer Häuser wurden starke Baumstämme fest in den Boden gerammt und mit Stangen verstrebt. Sie waren verhältnismäßig groß: zumeist über 20 Meter lang und jeweils reichlich fünf Meter hoch und breit. Wände und Dach wurden mit überlappenden Rindenstücken von Ulme oder Zeder (Thuja) abgedichtet. Bei Bedarf wurde das Haus einfach durch einen Anbau verlängert, so dass es auch Häuser gab, die 50 Meter und länger waren. Fenster gab es nicht, aber an jedem Ende eine Türöffnung, die im Winter mit Tierhäuten zugehängt wurde, um die Kälte abzuhalten. Im Haus befanden sich mehrere Feuerstellen mit Rauchabzügen im Dach. Diese Häuser wurden von mehreren Familien bewohnt, die über die mütterliche Linie miteinander verwandt waren.

AN IROQUOIS' LONG HOUSE.

Langhaus der Irokesen in einer Darstellung aus dem 19 Jh.

Eine Anzahl solcher festen Langhäuser, manchmal bis zu 50 an der Zahl, bildete eine stadtartige Siedlung, die zum Schutz vor Feinden von einem Palisadenzaun von manchmal über vier Metern Höhe umgeben wurde. In solchen Städten lebten bis zu 2.000 Einwohner. Wenn nach Jahren schließlich die Bodenfruchtbarkeit nachließ, zog man weiter und baute neue Dörfer oder Städte. Manche Siedlungen wurden 30 Jahre lang bewohnt.

Aber nicht nur die Stadt, auch den Staat gab es schon bei den Haudenosaunee. Mehrere Familienverbände bildeten einen Clan, dessen Oberhaupt jeweils die Clanmutter war. Zwischen Clanmitgliedern durften keine Ehen geschlossen werden. Die Clans trugen meist den Namen von Tieren. Zu den verschiedenen Völkern oder „Nationen" der Haudenosaunee gehörten jeweils mehrere Clans, deren Beziehungen untereinander oft kriegerisch waren. Wahrscheinlich im 15. Jahrhundert wurden endlose, auf Blutrache basierende Fehden beigelegt: Die fünf Stämme der Mohawk, Oneida, Onondaga, Cayuga und Seneca vereinigten sich zur „Liga der Fünf Nationen", einer Art Konföderation, die sich eine Verfassung gab. Es wird berichtet, dass in einem symbolischen Akt das Kriegsbeil begraben und darauf der Baum des Friedens gepflanzt wurde. Da die Irokesen keine Schriftsprache hatten, wurde die Verfassung mündlich von einer Generation zur nächsten weitergegeben – dafür mussten sehr lange Texte rezitiert und auswendig gelernt werden. Als Gedächtnisstütze dienten sogenannte Wampumgürtel, Bänder, die aus mit Muscheln bestückten Schnüren in bestimmten Anordnungen gewebt waren. Diese sonst als Schmuck und Tauschmittel genutzten Wampumgürtel wurden vom Stamm der Onondaga verwahrt, dessen Siedlungsgebiet zentral lag und dem damit eine Art Archivverwalter-Funktion zukam.

Die Legende von den fünf Stöcken

Eine alte indianische Legende besagt, dass vor hunderten Jahren ein Mohawk-Häuptling namens Deganawideh eine Vision hatte, die von entscheidender Bedeutung für das Schicksal der Irokesen sein sollte.
Eines Tages beobachtete er, wie ein Kind Äste zu Brennholz zerkleinerte. Nahm es einen Ast, ließ er sich leicht zerbrechen. Als es aber fünf auf einmal zerbrechen wollte, gelang ihm das nicht.
Das war für Deganawideh eine Offenbarung. Einzeln, wenn sie gegeneinander anstatt gemeinsam kämpften, waren die Stämme der Irokesen schwach. Zusammen, in einem Bündnis auf der Basis friedlicher Beziehungen, konnten sie ihre Stärken entfalten.
Deganawideh entschloss sich, über diese Idee in Ruhe nachzudenken, und zog sich in die Wälder zurück. Ayontwatha, ein junger Mohawk-Kieger, traf dort auf den meditierenden Deganawideh und fragte ihn: „Was tust Du hier?" Deganawideh erzählte nun dem jungen Krieger von seinen Hoffnungen für das Volk der Irokesen. Ayontwatha war sogleich von diesen Gedanken eingenommen und beschloss, alle Städte eines jeden Stammes zu besuchen und Deganawidehs Botschaft zu verbreiten. Das war die Geburt der „Fünf Nationen", und auf der Grundlage von Frieden und Loyalität wurde schließlich der Große Rat gebildet.

Die Liga war verhältnismäßig demokratisch organisiert: Sie hatte einen „Großen Rat", der aus 50 Häuptlingen mit in mütterlicher Linie ererbtem Rang bestand. Der Rat erarbeitete die Regeln und Gesetze, er war aber keine Zentralregierung; seine Beschlüsse konnten nur dann verbindlich werden, wenn sowohl die Mehrheit der wahlberechtigten Männer wie auch die Mehrheit der

Clanmütter ihnen zugestimmt hatte. Ein in die Ratsversammlung abgeordneter Häuptling konnte, falls er gegen die Interessen seines Clans verstieß, von der jeweiligen Clanmutter abgelöst und dann ein anderer ernannt werden. Auf lokaler Ebene wurden politische Entscheidungen auf der Basis der Zustimmung der Gemeinschaft getroffen. Durch den Beitritt der Tuscarora nach 1722 entstand die „Liga der Sechs Nationen". Die Huronen (s. S. 81) hatten ein ähnliches politisches System.

Was den Umgang mit ihren Gefangenen nach kriegerischen Auseinandersetzungen betraf, hatten die Irokesen einen denkbar schlechten Ruf. Ihnen werden grausame Marterzeremonien nachgesagt, die manchmal in rituellen kannibalischen Handlungen geendet haben sollen. Angenehmer waren sicher die zivilen Zeremonien. Man feierte Feste im Rhythmus der landwirtschaftlichen Arbeiten – beispielsweise wenn der Mais ausgesät wurde, wenn er geerntet wurde, zur Zeit der Beerenernte oder beim Einkochen des Ahornsirups. Dabei wurde im Rhythmus von Rasseln und Trommeln getanzt. Für die spirituellen Bedürfnisse der Gruppen waren Schamanen zuständig. Eine besondere Rolle spielten die eindrucksvoll gestalteten Masken, die von der „Berufsgruppe" der Heiler, des „Bundes der Falschgesichter" (engl. *False Face Society*), für medizinische Heilungszeremonien eingesetzt wurden.
Einer groben Schätzung nach gab es zur Zeit des ersten Kontaktes mit den Europäern etwa 10.000-15.000 Menschen, die zur Iroquois-Sprachfamilie gehörten.

Ein Heiler des Bundes der Falschgesichter in einer Darstellung von 1892 (Popular Science Monthly, Volume 41)

Prärieindianer

In den Ebenen zwischen den Wäldern Manitobas und den Rocky Mountains – im Süden der heutigen Provinzen Alberta, Saskatchewan und Manitoba – herrschte Kontinentalklima: Heiße und trockene Sommer wurden von sehr kalten Wintern abgelöst. Hohes Gras bedeckte die welligen Prärien im Osten. Richtung Westen, hin zu den niederschlagsärmeren Gebieten östlich des Hochgebirges, änderte sich die Vegetation: Dort wuchsen immer kürzere Gräser, die allmählich mit Salbei, Beifuss und anderen dürreresistenten Gewächsen durchmischt waren. Es gab einzelne Bäume oder kleinere Wäldchen, doch meist nur in der Nähe der Flüsse. Durch das Grasland zogen in großer

Anzahl Büffelherden, die die Grundlage der Kultur der Prärieindianer waren: Ihre jährlichen Wanderungen, die gesamte Lebensweise einschließlich der Zeremonien und Rituale wurde von der Büffeljagd geprägt. Man muss sich vorstellen, dass ein durchschnittlicher Büffel etwa 900 Kilogramm wog, also beträchtliche Fleischressourcen bot!
Die Männer waren hauptsächlich mit der Jagd beschäftigt. Neben den Büffeln wurden auch Gabelantilopen, Hirsche, Präriehunde, Gänse, Enten und Präriehühner gejagt. Die Frauen befassten sich vorrangig mit der Verarbeitung der Jagdbeute: Fleischvorräte für den Winter wurden angelegt, entweder getrocknet oder zerkleinert und mit Fett und gesammelten Beeren zu **Pemmikan** gemischt. Die Büffelhäute dienten als Wände und Unterlage für das Tipi (s. S. 41) sowie zur Herstellung von Fußbekleidung – den **Mokassins**; auch die Hörner, Hufe, Haare, Schwänze, Knochen und Sehnen fanden Verwendung für Werkzeuge, Seile und andere Gebrauchsgegenstände. Sogar der Dung wurde benutzt: Er diente als Brennmaterial. Bekleidung wurde zumeist aus Antilopen- und Hirschleder hergestellt, wie beispielsweise die Beinkleidung **Leggins**.

Büffeljagd in der kanadischen Prärie (George Catlin, 1796-1872)

Bei den Wanderungen zwischen den temporären Siedlungsplätzen wurden die Tipis zerlegt und das Hab und Gut auf **Travois** (aus den Stangen des Zeltes angefertigte sogenannte „Stangenschleifen“) verladen, die zunächst von Hundegespannen gezogen wurden. Erst später nutzte man die von den Spaniern auf dem Kontinent eingeführten Pferde als Reit- und Zugtiere.
Die Stämme der kanadischen Prärieindianer lassen sich drei Sprachfamilien zuordnen[6], die ähnlich große Unterschiede untereinander aufwiesen wie beispielsweise das Deutsche und das Chinesische; in-

nerhalb der Sprachfamilien waren die Differenzen ähnlich wie zwischen Deutsch und Englisch. Diese Unterschiede führten zur Entwicklung und Verbreitung einer auf Zeichen und Gesten beruhenden Kommunikation.
Die Bevölkerung der Prärieindianer zur Zeit der Ankunft der Europäer wird auf etwa 33.000 Menschen geschätzt. Das zahlenmäßig größte Volk waren die auf 15.000 Menschen geschätzten Blackfeet oder Siksika.

Dieses „Madonna of the Great Plains" genannte Foto erschien 1917 in der Zeitschrift National Geographic

Etwa seit 1730, also noch vor dem direkten Kontakt mit den Europäern, nutzten die Prärie-Indianer von den Spaniern nach Mexiko gebrachte Pferde, die ihnen durch die Vermittlung südlich lebender Stämme – sei es durch Handel, Raubzüge oder Kampfhandlungen – zugekommen waren. Dies führte sowohl zur Veränderungen der Jagdtechniken als auch, wegen der verbesserten Transportmöglichkeiten, zu größerem Besitz und komfortabler eingerichteten Tipis.
Die meisten Stämme bestanden aus lose organisierten, unabhängigen Gruppen mit Häuptlingen, die immer insoweit respektiert wurden, wie ihre Entscheidungen hinsichtlich der Nahrungsbeschaffung und der Auseinandersetzung mit Feinden von Erfolg gekrönt waren. Diese Häuptlinge waren keine absoluten Herrscher, sondern suchten die Bestätigung durch den Ältestenrat. Anlässlich erfolgreicher Büffeljagden trafen die Gruppen im Sommer in größeren Stammescamps zusammen. Dabei fanden auch bestimmte Zeremonien statt, wie das mehrtägige Ritual des Sonnentanzes (s. S. 41).
Die einzelnen Stämme respektierten normalerweise die traditionellen Jagdgebiete anderer Stämme; doch wurden bestimmte Stämme als Freunde oder Verbündete betrachtet, andere hingegen als Feinde. Bei kriegerischen Aktionen wurde eine begrenzte Anzahl von „Kriegern"

ausgesendet; dem ging meist eine Zeremonie voraus. Die Krieger trugen in einem Medizinbeutel (s. S. 41) geweihte Gegenstände mit sich, die sie während der Kampfaktionen schützen und stärken sollten. Da der Besitz von Pferden die Lebensqualität so stark verbesserte, spielten Raubzüge zur Erbeutung von Pferden eine zunehmende Rolle in den kriegerischen Auseinandersetzungen zwischen den Stämmen. Oft wurden durch die Häuptlinge dann wieder Friedensverträge geschlossen; es gab zwischen den Stämmen der Prärieindianer viele Verhandlungen um Beistandspakte und temporäre Bündnisverträge.

Die Kultur der Prärieindianer weist ein breites Spektrum an künstlerischen Äußerungen auf, das von – jeweils der Stammeskultur entsprechenden – verschiedenartigen Stickereien aus gefärbten Stachelschweinsborsten auf Kleidung und Schuhwerk, über Gesichts-Tattoos, Malereien an Zeltwänden und Schilden, Schnitzereien an Holzgefäßen und gestalteten Tabakspfeifen bis zu Federschmuck für spezielle Zeremonien reicht. Dabei gab es bereits Ansätze einer Arbeitsteilung, wenn einzelne Personen – meist Frauen – besondere Fähigkeiten zur künstlerischen Gestaltung aufwiesen.

Mehkskeme-Sukahs, Blackfoot-Häuptling und Tatsicki-Stomick, Piekann-Häuptling, in Alberta, circa 1843 (Doppelporträt von Karl Bodmer, 1809-1893)

Cree-Camp südlich von Vermilion 1871 (Charles Horetzky, 1838-1900)

Tipi

Ein Tipi (ein aus der Lakota-Sprache stammender Ausdruck) war ein kegelförmiges Zelt aus einem Gestell aus bis zu 20 dünnen Stangen, das mit acht bis zwölf zusammengenähten Büffelhäuten abgedeckt wurde. Es war stabil, aber leicht auf- und abzubauen, zu verpacken und zu transportieren, und daher die ideale Behausung für die nomadischen Prärieindianer. Meist hatten die Tipis einen Durchmesser von vier bis sechs Metern, waren sieben bis acht Meter hoch und hatten an der Spitze ein Abzugsloch für den Rauch des Feuers. Normalerweise stellten Frauen das Zelt auf und kümmerten sich um das Zuschneiden der Büffelhäute. In der Sommerhitze blieb es im Zelt kühl, im Winter bot es Wärme und Behaglichkeit, und es schützte vor heftigen Regenfällen.

Sonnentanz

Einmal jährlich im Hochsommer, nach der Büffeljagd, wenn die Gruppen eines Stammes an bestimmten Plätzen zusammentrafen, fand eine Zeremonie statt, mit der junge Männer und manchmal auch junge Frauen in das Erwachsenenalter eingeführt wurden. Trotz der unterschiedlichen Stammeskulturen wiesen viele der Zeremonien gemeinsame Elemente auf: das Fasten, um Visionen oder die Hilfe übernatürlicher Wesen zu erlangen, traditionelle Tänze und Gesänge, Trommeln, Beschwörungen, Rauch- und Tabak-Zeremonien. Bei einigen Stämmen war es üblich, dem Sonnentänzer Haut und Muskeln an Brust, Rücken oder Armen mit kleinen Pflöcken zu durchstechen, die mit Riemen am Tanzpfahl festgebunden wurden; der Tanz dauerte so lange, bis Haut und Fleisch durchgerissen waren; wer das würdevoll durchstand, genoss danach großes Ansehen. Daneben bot das Fest auch Anlass, Freundschaftsbande zu pflegen, Hochzeiten zu arrangieren und Besitzgüter zu tauschen.

Medizinbeutel, Woodland, circa 1900 (Children's Museum of Indianapolis)

Medizinbeutel

Das heiligste Gut eines Prärieindianers war sein Medizinbeutel. In ihm befanden sich „heilige" Gegenstände, deren besondere Bedeutung sich nur dem Eigentümer erschloss: Knochen, Steine, Federn, Wurzeln, Fellstücke. Sie sollten Jagd- und Kampffertigkeiten oder die Heilung von Wunden verbessern, Feinde behindern und das Wetter ändern. Für manchen Gegenstand gab es geheime Regeln – er benötigte, um zu wirken, einen speziellen Gesang, wenn er ans Tageslicht geholt wurde, oder er musste nach seinem Einsatz von einem Medizinmann erneut geweiht werden. Der Beutel selbst konnte schmucklos oder dekoriert sein; auch ihm wurde eine gewisse Kraft zugeschrieben. Wenn ein Krieger in den Kampf zog, trug er ihn um den Hals. Auch heute noch hat ein Medizinbeutel bei den First Nations einen derart hohen Stellenwert, dass es Kontroversen und energische Proteste hervorruft, wenn Museen originale Medizinbeutel ausstellen.

Indianer der Plateauregionen

Für die trockene, halbwüstenartige Region östlich der Coastal Mountains in British Columbia mit tobenden Flüssen in tiefen Tälern (z.B. Thompson River, Kootenay River, Columbia River und Fraser River), manchmal ziemlich steilen Hügeln und Bergen klingt die Bezeichnung Plateau zwar seltsam, trotzdem werden die hier lebenden Völker als „Plateau-Indianer“ bezeichnet. Als Jäger-Völker lebten diese zu ganz unterschiedlichen Sprachfamilien gehörenden Stämme[7] semi-nomadisch in Familiengruppen und bewohnten je nach der Jahreszeit unterirdische Erdhütten, Tipis oder Riedgrashütten. Sie bauten Fischwehre und komplizierte Fischfallen. Die Kutenai nutzten einen Kanu-Typ mit spezieller Form, der fast an ein Kajak erinnert: das sogenannte Störnasen-Kanu mit Nasen vorn und hinten unter der Wasserlinie, die das Passieren von Stromschnellen vereinfachten.

Der Lachsfang spielte eine wichtige Rolle im Jahresablauf. Wenn es keinen Lachs gab, zog man auf der Jagd nach Hirschen und anderen Tieren umher. Für das Sammeln und Aufbewahren von Beeren und Wurzeln wurden kunstvoll gestaltete Körbe und Gefäße aus Baumwurzeln geflochten, und aus Wolle wurden farbig gemusterte Decken, Teppiche und Beutel gewebt.

Ein Störnasen-Kanu der Kutanai, wie es noch heute bei den Ktunaxa gebaut wird (s. www.sturgeon-nose-creations.com)

Innerhalb der Gemeinschaft wurden Nahrung und andere Ressourcen geteilt. Die Gruppen hatten jeweils einen Häuptling (oder ein Familienoberhaupt), doch bei wichtigen Entscheidungen wurden die Stimmen aller in einer Versammlung angehört. Manchmal wurde auch ein Ältestenrat befragt. Daneben gab es auch andere Häuptlinge für spezielle Aufgaben, beispielsweise für den Lachsfang, für die Jagd, oder für die – sehr seltenen – kriegerischen Auseinandersetzungen.

Indianer der Pazifikküste

Üppige Regenwälder, regenreiche Fjorde und Inseln an der pazifischen Nordwestküste Kanadas sind der Lebensraum zahlreicher Stämme mit sehr unterschiedlichen Sprachen[8]. Einer dieser Stämme wird Nootka genannt, was eigentlich „komm vorbei“ bedeutet – als Kapitän James Cook 1778 auf seiner dritten Weltreise diesem Volk begegnete, wurde er nämlich eingeladen, mit seinem Schiff in ihren Hafen zu fahren. Er hielt das Wort fälschlicherweise für den Namen des Volkes. Sie selbst nennen sich Nuu-chah-nulth, was „an den Bergen entlang“ bedeutet und den Lebensraum des Volkes beschreibt.

Das milde Klima und das reiche Nahrungsangebot der Region führten zur Entwicklung sehr komplexer Gesellschaften. Vor Ankunft der Europäer gab es hier die größte Bevölkerungsdichte Kanadas – man schätzt, dass hier einst nahezu die Hälfte aller Ureinwohner lebte. Allein auf Haida Gwaii lebten 20.000 bis 30.000 Menschen. Sie waren sesshaft und wohnten in dauerhaften Siedlungen, die aus großen Häusern für jeweils mehrere Familien bestanden. Der wichtigste Baustoff war Zedernholz – das Holz des Riesen-Lebensbaumes (*Thuja plicata*). Der Rahmen des Hauses wurde aus starken Pfosten gefertigt, die man mit überlappenden Planken verschalte, um so dem häufigen Regen zu trotzen. Die Planken wurden mit hölzernen Stiften vernagelt. Die Häuserfront wurde bemalt und mit einem Totempfahl (s. S. 45) versehen, in den man clan- und familienbezogene Symbole schnitzte. Jede Familie hatte eine eigene, tiefergelegte Feuerstätte, über der sich eine verschließbare Abzugsöffnung befand; durch an der Decke befestigte gewebte Bastmatten wurden die Bereiche der verschiedenen Familien voneinander abgeteilt. In den größten Dörfern lebten bis zu 1.000 Menschen in etwa 30 Häusern.

Anotklosh, Häuptling des Taku-Stammes des Volks der Tlingit, 1913 mit einer in typischem Muster gehaltenen Decke

Die Kanus stellten die Westküstenindianer aus großen, ausgehöhlten Zedernholzstämmen her, die unter den dortigen klimatischen Bedingungen eine gewaltige Höhe erreichen. In den größeren Kanus, die auch ozeangängig waren, fanden bis zu 50 Menschen Platz. Eine Vielzahl unterschiedlicher Werkzeuge und Waffen war im Gebrauch – Hammer, Axt, Fischhaken, Keulen für die Robbenjagd; nicht selten waren sie mit dekorativen Verzierungen versehen.

Gekocht wurde in Gefäßen aus Zedernholz mittels zuvor im Feuer erhitzter Steine, oder es wurde Fisch oder Fleisch am offenen Feuer gebraten. Geschirr fertigte man aus Holz und verzierte es meist kunstvoll mit Malerei oder Schnitzwerk; und auch die Behältnisse aus Bastgeflecht wiesen farbige, symbolhafte Dekorationen auf.

Anders als in den Subsistenzwirtschaften der meisten Stämme weiter östlich spielte in diesen reicheren und komplexeren Gesellschaften Privateigentum eine große Rolle. Grund und Boden sowie Fischerei- und Jagdrechte waren klar aufgeteilt, und entsprechend musste für die Nutzung der natürlichen Ressourcen in gewisser Form bezahlt werden.

Wandbehang des Tlingit-Clans Dakhlawedi (Adler)

Folgerichtig lag die Macht bei den Besitzenden. Der reichste Clan hatte die höchste Macht in einer Klassengesellschaft, die aus einer Art Adel, dem „gemeinen Volk“ und den Sklaven bestand; letztere hatte man entweder im Krieg erobert oder käuflich erworben. Jedes der Nordwestküsten-Völker bestand aus zwei oder mehreren Familienclans. Beispielsweise hatten die Haida und die Tlingit den Raben- und den Adler-Clan; die Tsimshian hatten vier Clans: Rabe, Wolf, Adler und Orca. Die Mitgliedschaft im Clan bestimmte sich durch die Clanzugehörigkeit der Mutter; Ehen wurden stets außerhalb des eigenen Clans geschlossen. Die Zugehörigkeit zum Clan wurde durch das Symbol auf dem Totempfahl, auf Kanus, Zedernholzkästen und Masken gekennzeichnet. Das Oberhaupt eines Großfamilienverbandes war der Häuptling, und die Beziehung zu ihm bestimmte den Rang des einzelnen innerhalb des Familienverbundes. Der Häuptling war verantwortlich für die Besitzverteilung innerhalb der Gruppe, entsprechend dem jeweiligen sozialen Status des Einzelnen. Innerhalb eines Dorfes gab es wiederum eine Rangordnung der Familien: Der Häuptling der reichsten Familie war gleichzeitig Dorfoberhaupt und der Totempfahl des Dorfes zeigte sein Familiensymbol.

Wohlstand und Klassenstruktur führten zu einer besonderen Arbeitsteilung: Es gab professionelle Künstler, die von anderen Aufgaben freigestellt waren und ihre Fertigkeiten über Jahre bei Meistern erlernten. Die Kunst der Nordwestküsten-Indianer mit ihren stilisierten fließenden Formen, den feinen Abstufungen und komplizierten Mustern war einzigartig, im übrigen Kanada fand sich nichts Vergleichbares.

Zwischen den verschiedenen Stämmen gab es jahrhundertealte Handelsbeziehungen. Die Preise wurden immer zum Gegenwert von Decken, der Leitwährung, ausgehandelt. Eines der wichtigsten Handelsgüter war das Öl von Kerzenfischen (Eulachon, *Thaleichthys pacificus*).

Medizinmänner oder Schamanen – mitunter waren das auch Frauen – hatten für die Verbindung der spirituellen mit der realen Welt zu sorgen sowie Kranke zu heilen. Sie hatten dafür spezielle Kleidung und Ausrüstungsgegenstände, zu denen Mäntel aus Bärenfell, Umhänge, Rasseln, Trommeln, Amulette, Halsketten und Masken gehörten.

Totempfahl

Totempfähle repräsentieren die Symbole und Geschichten eines Clans. Gleichzeitig können sie Auskunft über die Bedeutung und den Wohlstand einer Familie geben – die Anzahl und Größe der Pfähle an einem Haus konnte beträchtlich variieren. Manchmal sind sie über 15 Meter hoch und dementsprechend tonnenschwer. Die Formen und Symbole stehen für Tiere, Menschen oder aber auch übernatürliche Wesen, manchmal mit menschlichen Zügen. Sie wurden direkt aus Holzstämmen geschnitzt und anschließend mit schwarzer, roter und blauer Farbe versehen, manchmal auch mit Weiß und Gelb. Die Pfähle wurden in den Boden abgesenkt und mit Seilen aufgerichtet, wofür die Hilfe der Dorfbewohner erforderlich und was stets mit einer mehr oder weniger großen Zeremonie verbunden war.
Bei den Nuu-chah-nulth und Kwakiutl zeigten die Pfähle mit einem Vogel an der Spitze das Haus des Häuptlings an; bei letzteren wurden auch die Schwingen des Vogels am Pfahl angebracht. (s. auch Kap. *Totem Poles, S. 261*)

Totempfähle im Stanley Park, Vancouver

Der Brauch des Potlatch

Der Begriff *Potlatch* stammt aus der Nuu-chah-nulth-Sprache und bedeutet „geben". Ein Potlatch war ein großes Fest, das oft mehr als ein Jahr Vorbereitungszeit benötigte. Der Anlass konnte eine Hochzeit, eine Geburt oder das Erwachsenwerden sein, das Aufstellen eines neuen Totempfahles, die Weitergabe von Titeln und Privilegien, die Ernennung eines neuen Häuptlings – aber auch die Verhandlung eines Konfliktes. Es wurde gegessen, gesungen, es fanden Tänze in speziellen Kostümen statt; einige Potlatchs dauerten zwei bis drei Wochen. Sie waren gleichzeitig eine Möglichkeit für eine Familie, ihren Reichtum öffentlich zu präsentieren. Die eingeladenen Personen erhielten Geschenke wie Kanus, Sklaven, Landrechte, Decken, geschnitztes Geschirr, Speisen, Kerzenfischöl – immer entsprechend ihrer sozialen Rangordnung. Je großzügiger die Geschenke waren, desto stärker wuchs das Ansehen der einladenden Familie. Insofern entsprach das Konzept von Reichtum nicht unbedingt dem europäischen: Wahrer Reichtum bestand eben nicht einfach in der Menge dessen, was man ansammelte, sondern in dem, was man zu vergeben hatte. Dennoch führten Stolz und Eitelkeit manchmal zu einer Art Zerstörungslust – um zu zeigen, dass man genug hatte, versenkte man Kanus oder tötete sogar Sklaven. Ökonomisch gesehen, waren die Potlatchs ein Mittel der Verteilung und des Austausches, denn sie mussten auch erwidert werden. War man eingeladen, hatte man wiederum einzuladen, es war ein Prozess des Gebens und Nehmens. So kam es nur selten zu einer dauerhaften Häufung von Reichtümern in den Händen einzelner Familien, und der Potlatch funktionierte letztendlich sogar in gewisser Hinsicht als Regulativ für das soziale Gleichgewicht.

Foto eines Potlatch in Alert Bay, um 1900

Inuit – Bewohner der kanadischen Arktis

Für uns Mitteleuropäer wäre die Arktis unbewohnbar, aber tatsächlich ist sie, so könnte man sagen, der Rand der bewohnbaren Welt: Das Siedlungsgebiet der kanadischen Inuit[9] ist eines der unwirtlichsten Gebiete der Erde, das durch heftige Winde, kurze Sommer, lange, harte Winter mit Perioden völliger Dunkelheit (Polarnacht) und eine relativ geringe Anzahl von Tier- und Pflanzenarten gekennzeichnet ist. Es liegt nördlich der Baumgrenze und umfasst die weiten, oft kahlen Ebenen zwischen dem Atlantik und den nördlichen Rocky Mountains und die Inseln des arktischen Archipels. Mancherorts ragen steile Berge schroff aus dem Meer auf, und teilweise vergletscherte Gebirgszüge sind nahezu unpassierbar. Teile des Landes liegen oft monatelang unter einer tiefen Schneedecke, und schwere Stürme führen zu gewaltigen Verwehungen. Im Sommer taut der Boden nur wenige Zentimeter tief auf, so dass das Schmelz- und Regenwasser nicht ablaufen kann. Man findet viele Tümpel und morastige Senken, und nach der Schneeschmelze und nach Regenfällen ist ebener Boden oft schlammig. Auf dem vorwiegend steinigen oder sandigen Land bildet sich nur wenig Humus, und die Vegetation ist spärlich. Die Wachstumsperiode ist kurz, aber intensiv, besonders in den nördlicheren Regionen, wo dann die Sonne bis zu 24 Stunden am Tag scheint. Die Küsten sind über große Teile des Jahres vom Eis beherrscht.

Inuit-Familie 1917 auf einer in der Zeitschrift National Geographic Magzine (Volume 31) erschienenen Fotografie von George R. King

Begriffsverwirrung: Eskimo, Inuit, Inuvialiut, Yupik, Inupiat, Kalaallit?

Das Wort Inuit (die Einzahl ist Inuk) bedeutet einfach „Menschen“. Der Oberbegriff „Inuit“ bezeichnet eine größere Kultur, die – Kontinente übergreifend – die ganze polare Welt umfasst. Die acht verschiedenen Inuit-Stämme in Kanada sprechen jeweils Dialekte einer gemeinsamen Sprache – Inuktitut – die zur eskimo-aleutischen Sprachfamilie gehört und auch im Osten Sibiriens, in Alaska und in Grönland gesprochen wird. Die Ureinwohner Grönlands nennen sich auch Kalaallit und ihren Dialekt Kalaallisut.
Die Yupik leben in Russland an der Küste Sibiriens, der Tschuktschen-Halbinsel, und in den USA, vorwiegend in West-, Süd- und Zentralalaska. An der Nordküste Alaskas leben die Inupiat. Obwohl beide Ethnien zur Inuit-Kultur gehören, wird in Alaska gewöhnlich der Begriff Eskimo benutzt, der sowohl Inupiat als auch Yupik einschließt, wohingegen der Begriff Inuit hier nicht gebräuchlich ist.
In Kanada und Grönland dagegen legen die Ureinwohner großen Wert auf die Bezeichnung „Inuit“, weil „Eskimo“ hier als abwertender oder gar beleidigender Begriff verstanden wird. Der Ausdruck „Eskimo“ wurde ursprünglich von Cree- und Algonkin-Indianern verwendet, um die mit ihnen nicht verwandten Völker im Norden zu benennen. Über die Herkunft des Wortes gibt es verschiedene Theorien: Am verbreitetesten ist die Auffassung, es gehe auf ein Algonquin-Wort zurück, das „Rohfleischesser“ bedeutet und als Schimpfwort benutzt wurde; die neuere linguistische Forschung hingegen präferiert Deutungen wie „Schneeschuhmacher“ oder „Menschen, die eine andere Sprache sprechen“.
Die Inuit im Westen Kanadas bevorzugen die Bezeichung Inuvialuit.

Den extremen Umweltbedingungen in Tundra und Eiswüste wussten sich die Inuit in erstaunlicher Perfektion anzupassen. Entsprechend den jahreszeitlichen Wanderungen ihrer Jagdtiere mussten sie viel umherziehen. Hunde halfen nicht nur bei der Jagd und hielten die gefährlichen Eisbären fern, sie wurden auch als Pack- und als Zugtiere für den Schlitten (Komatik, s. S. 53) eingesetzt. Dieser war im Winter das wichtigste Transportmittel – man konnte damit sowohl über Land als auch über das gefrorene Meer reisen und so Gepäck und Jagdbeute über weite Strecken transportieren.
Für Reisen im Sommer wurde das offene Wasser genutzt. Die Inuit setzten das wendige, schnelle Kajak (s. S. 52) für die Jagd ein, oder auch das große Umiak (s. S. 53), das viele Personen und Lasten transportieren konnte. Wenn es über Land ging, mussten sie im Sommer zu Fuß reisen. Sie folgten in kleinen Gruppen den Herden der Karibus und Moschusochsen oder fischten in Flüssen und Seen. Im Winter blieben die Inuit zumeist nahe der Küste oder lebten in Iglus auf dem gefrorenen Meer, um Robben zu jagen. Dabei lebten manchmal bis zu 100 Personen in temporären Camps zusammen.

Da es im extremen Klima der Arktis kaum pflanzliche Nahrung gab, ernährten sich die Inuit hauptsächlich von Fleisch, das gekocht oder sehr oft auch roh verzehrt wurde. Um es zu konservieren, wurde es getrocknet oder eingefroren (denn sogar im Sommer liefert der Permafrostboden ideale Kühlschrankbedingungen).

Als sehr geschickte Jäger waren die Inuit in der Lage, auch unter harschen Winterbedingungen Wild aufzutreiben, von dem sie alles nutzten, was als Nahrung, als Hundefutter oder als Material für Werkzeuge und Gerätschaften irgendwie verwendbar war. Karibus und Robben waren am wichtigsten für die Grundversorgung; aber auch Walrosse, Belugas, Narwale, Eisbären, Moschusochsen, Füchse, Hasen und Vögel lieferten die benötigten Ressourcen: Fleisch, Eier, Speck, Tran, Felle und Häute, Knochen und Elfenbein. Im Sommer und Herbst fing man Seesaiblinge und Forellen in großer Stückzahl, und selbst im Winter wurde durch Löcher im Eis gefischt.

Lastenkanu auf einem Schlitten

Für die Jagd standen ihnen effektive Waffen zur Verfügung: Pfeil und Bogen, dreizackige Fischspeere sowie Harpunen, deren Spitzen aus Elfenbein oder Knochen bestanden und die sie mit einem langen Seil und einem Schwimmer aus Seehundshaut versahen, um das erlegte Tier nahe der Wasseroberfläche zu behalten. Sie bauten auch Tierfallen aus Steinen, z.B. um Füchse zu fangen.

Ulu (Frauenmesser)

Als Nomaden lebten sie selten längere Zeit an einem Ort und benötigten daher leicht und schnell zu errichtende Behausungen. Im Sommer waren dies Zelte, deren Gerüste aus Treibholz oder dünnen Baumstämmen bestanden, die mit Karibu- oder Robbenhäuten bedeckt wurden. Ein Ring aus Steinen rundherum hielt die Abdeckung fest. Weil Holz sehr schwer zu bekommen war, wurden die Zeltstangen sorgfältig gehütet. Im Winter boten Iglus (s. S. 52) den besten Schutz vor Kälte und Sturm. Die traditionelle Bekleidung der Inuit bestand aus Tierhäuten und Fellen, von denen zum Schutz vor der Kälte mehrere Schichten übereinander getragen wurden. Karibufell war relativ leicht und hatte eine gute Isolierwirkung. Schneebrillen aus Karibu-Gehörn oder Holz schützten vor Schneeblindheit. Die Kleidung von Männern und Frauen war generell ähnlich und unterschied sich nur in Details (Parka, s. S. 52). Die Fußbekleidung bestand im Winter aus drei Lagen: Eine Art Strumpf-Stiefel, darüber wasserdichte Stiefel aus Seehundshaut und ganz außen Stiefel aus dickem Fell.

Meist lebten fünf bis sieben Personen in einer Gruppe zusammen, die mitunter, besonders im Winter, im Verbund mit mehreren anderen, oft verwandten Familien umherzogen und jagten. Es gab lose Verbindungen auch zu nicht verwandten Gruppen. In diesen Verbindungen und Gruppen gab es aber – anders als bei den Indianern – keinen Häuptling und keine vergleichbare Hierarchie; es herrschte ein starker Gemeinschaftssinn: Nahrungsmittel wurden als Gemeingut betrach-

Inuit auf einem Komatik, aufgenommen 1999 in Cape Dorset

tet, und es wurde vom Einzelnen erwartet, dass er den anderen half und Überschüssiges mit ihnen teilte. Alte und sehr erfahrene Inuit (*inutuqait* oder *inutuqak*, englisch: *elder*) genossen besonderen Respekt und waren als Ratgeber gefragt.

Kajakfahrer in Labrador, 1906

Ehen wurden relativ spontan geschlossen, mitunter wurden sie aber auch arrangiert. Die Arbeitsteilung zwischen den Geschlechtern war wichtig für das Überleben: Männer bauten die Behausungen, jagten und fischten; die Frauen kochten, bearbeiteten die Felle, stellten die Bekleidung her und kümmerten sich um die Kinder. Ein guter Jäger konnte auch mehrere Frauen haben. Wenn ein Jäger tödlich verunglückte, wurden dessen Frau und Kinder in andere Familien übernommen. Kinder wurden häufig auch ohne äußerlich zwingenden Grund zur Adoption an andere Familien weitergegeben.

Siedlungsgebiete der Inuit in Nordamerika

Die Beziehungen der verschiedenen Gruppen untereinander waren im allgemeinen friedlich – wenn man denn überhaupt aufeinandertraf, tauschte man Ressourcen aus oder teilte sie miteinander (dies galt manchmal auch für Frauen).
Für den Kontakt mit der spirituellen Welt war ein Angagok (Schamane) zuständig, der auch als Heiler oder zur Lösung von Problemen gerufen wurde.

Erfindungen der Inuit

Nicht ganz fertiges Iglu

Iglu (Inuktitut eigentlich igluvijaq, iglu ist die Bezeichung für alle Arten von Häusern): Das Winterhaus wurde aus Schneeblöcken hergestellt, die von innen her spiralförmig mit leichter Neigung nach innen zu einer Kuppel aufgebaut und mit einem passgerechten Schlussstück verschlossen wurden – ein kleines Wunder der Baukunst. Die Fugen wurden mit Schnee abgedichtet. Ein kleines Schneehaus konnte von einem geschickten Baumeister innerhalb von einer Stunde errichtet werden – vorausgesetzt, es gab geeigneten Schnee. Für längere Aufenthalte wurden auch größere Iglus mit einem Durchmesser von drei bis vier Metern errichtet. Im Innern wurden Plattformen für die Schlafplätze angelegt und mit Fellen bedeckt. Eine Steinlampe, in der ein Docht aus Wollgras in Robbentran schwamm, beleuchtete und heizte das Iglu. Manchmal wurde ein Fenster ausgeschnitten und mit einer Eisscholle verschlossen, um die Lichtverhältnisse zu verbessern.

Amautik genannter Frauenparka mit zusätzlichem Platz fürs Baby

Parka (Inuktitut parqaaq): Die Kapuzenjacke aus Karibu- oder Seehundsfell schützt vor eisigen Winden und Niederschlägen. Um die beste Isolierung gegen Kälte zu erreichen, vernähte man zwei Fellschichten so miteinander, dass ein Pelz innen und der andere außen war; der Rand der Kapuze und die Ärmel wurden gern mit Fuchs- oder Wolfsfell abgesetzt, das die Körperwärme innen hielt und in dem sich Schnee oder Reif von der Atemluft nicht so leicht festsetzen konnten. Je nach der Region gab es Parkas in verschiedenen Stilen und Ausführungen, oft gemustert. Parkas für Frauen wichen in der Form von denen der Männer ab. Manche, Amautik genannt, waren besonders weit, mit einem Beutel, der Platz für ein Baby auf dem Rücken bot, und extra großer Kapuze für Mutter und Kind. Eine Sonderform des Parkas war der winddichte und wasserfeste Anorak (annuraaq): Um Wasser abzuweisen, behandelte man das Seehundsfell regelmäßig mit Fischöl. Am Bauch und an den Bündchen der Ärmel und Hosenbeine wurden Schnüre eingezogen, an denen der Anorak zusammengezogen werden konnte.

Kajak (Inuktitut qajaq): Das schmale geschlossene Boot wurde aus Fellen hergestellt, die wasserdicht vernäht und über einen Rahmen aus Holz oder Walknochen gespannt wurden. Es eignete sich ideal für schnelle Fahrten auf dem Meer, z.B. zur Jagd. Angetrieben wurde es mithilfe eines Doppelpaddels. Saß ein Inuk im Boot, konnte er die Ränder seines Parkas oder Anoraks so um die Öffnung des Kajaks befestigen, dass kein Wasser eindringen konnte. Wenn das Kajak kenterte, konnte es mit einiger Übung durch die sogenannte „Eskimo-Rolle" wieder in die richtige Position gebracht werden. Dieser Bootstyp ist mindestens 4.000 Jahre alt (Bild: vorherige Seite).

Umiak (Inuktitut auch umiaq, oomiak): Für die Inuit an den Küsten war das wichtigste Transportmittel im Sommer das Umiak, ein mit Paddel oder Ruder angetriebenes Boot von sechs bis zehn Metern Länge, in dem 20 oder mehr Personen nebst Gepäck Platz fanden. Es wurde vor allem für größere Reisen, etwa beim Umzug von einem Jagdgebiet ins andere benutzt, sowie auch zum Walfang. Der Rahmen bestand aus Treibholz oder Walknochen, die Hülle aus den Häuten von Bartrobben; Pflöcke aus Geweihknochen oder Elfenbein hielten die Verzurrung zusammen. Es war leicht genug, um es auch einmal ein Stück übers Eis zu ziehen zu können.

Walfänger im Umiak

Komatik (Inuktitut qamutik): Der Schlitten der Inuit war das wichtigste Transportmittel im langen arktischen Winter – zwischen Jagdgebiet und der Behausung ebenso wie beim Ziehen von einem Camp zum anderen. Die beiden langen, starken Kufen waren mit den oberen Querelementen mittels Lederriemen und Pflöcken flexibel verbunden, ebenso die Einzelteile untereinamder – dadurch war der Schlitten biegsam genug, um auch in unwegsamem Gelände nicht zu zerbrechen. Das Grundmaterial war Treibholz, seltener Knochen, notfalls nutzte man sogar gefrorene Fische als Kufen. Um die Reibung zu verringern, versah man die Kufen mit einer glatten Schicht aus Knochen, Geweih, gefrorenem Schlamm oder frischem Eis. Gezogen wurde der Komatik von Menschen oder Hunden, die in der östlichen Arktis fächerförmig, in Alaska paarweise an einer Hauptleine angespannt wurden. Ein gutes Schlittenhunde-Team konnte mit einem beladenen Schlitten 60 bis 80 Kilometer am Tag zurücklegen. Vermutlich verfügten schon die Thule-Eskimos über Hunde, die als Packtiere und Jagdbegleiter eingesetzt wurden und vor im Eis lauernden Gefahren warnen konnten. Auch die europäischen Forscher und Trapper benutzten Schlitten nach dem Vorbild der Inuit, nachdem sie feststellen mussten, dass unter den arktischen Geländeverhältnissen herkömmliche Schlitten mit Nägeln und Schraubverbindungen viel zu schnell auseinanderbrachen. Noch heute werden Komatiks für den Transport in der Arktis verwendet, wenn auch meist von Schneemobilen gezogen.

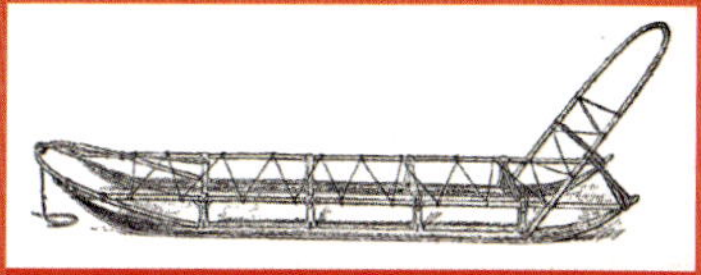

Hundeschlitten

Inukshuk (Mehrzahl Inuksuit) bedeutet „Gestalt eines Menschen“ und ist eine von den Inuit errichtete traditionelle Steinfigur, die verschiedene Formen haben kann und unterschiedlichen Zwecken diente. Meist wurde sie aus verschiedenen, geschickt gegeneinander ausbalancierten Steinen aufgeschichtet und konnte Jahrhunderte überdauern. Sie konnte Reisenden die Richtung weisen, vor einer drohenden Gefahr warnen, einen bedeutungsvollen Platz bezeichnen – oder einfach als menschliche Attrappe bei der Jagd auf Karibus dienen.

Guide vor einem Inukshuk

Kapitel 2
Europäische Besiedlung
und Entwicklung des modernen Kanada

Port Royal: Rekonstruktion der 1605 gegründeten französischen Ansiedlung in Nova Scotia

Europäische Besiedlung

und Entwicklung des modernen Kanada

Von den ersten Kontakten bis zur Kolonisierung

Die Wikinger

Die altisländischen Sagas „Eiríks saga rauða“ und „Grœnlendinga saga“ berichten von Reisen, die Leif Eiriksson und weitere Abenteurer aus Grönland über das Meer nach Westen unternahmen. Aufgrund solcher Hinweise suchte das Forscherehepaar Anne-Stine und Helge Ingstad in den 1960er Jahren an der Atlantikküste Kanadas nach Spuren, und in L'Anse aux Meadows auf Neufundland wurden sie fündig. Bei den folgenden archäologischen Ausgrabungen kamen unwiderlegbare Zeugnisse zum Vorschein: die Überreste einer Ansiedlung mit den typischen Wikinger-Langhäusern aus Holzgerüsten auf Steinfundamenten, mit Wänden und Decken aus Grassoden. Man fand Wohnhäuser, Ställe, Werkstätten, Vorratsräume, einen Eisenschmelzofen und eine Schmiede.

Anne-Stine und Helge Ingstad suchten und fanden Spuren der Wikinger auf Neufundland

Die heutige UNESCO-Weltkulturerbestätte enthält neben den Überresten der Originalgebäude auch Repliken der alten nordischen Grassoden-Häuser sowie eines Wikingerschiffes. Im angeschlossenen Besucherzentrum kann man bei den Grabungen gefundene Artefakte – eine Garnspindel, eine bronzene Kleiderspange, eine Steinlampe – besichtigen; Dioramen und Videofilme geben einen Eindruck von der vergangenen Kultur. Hinter dem Gebäude ducken sich verkrüppelte Tuckamore-Fichten dicht an den Boden und umgeben

Leif Eiriksson entdeckt Amerika; Gemälde von Christian Krohg, 1893

eine Bronzeskulptur, die der Begegnung der Kulturen um das Jahr 1000 unserer Zeitrechnung gewidmet ist – Zusammentreffen, die nicht immer freundlich verliefen (s.u.).
Hier befindet sich der nunmehr allgemein anerkannte Beweis dafür, dass Kanada und somit der nordamerikanische Kontinent vor über 1.000 Jahren Besuch aus Europa bekam. Den altisländischen Quellen zufolge hatte sich zunächst der Norweger Bjarni Herjolfson bei einer Bootsfahrt, die ihn eigentlich nach Grönland führen sollte, verirrt und dabei Land gesehen, das bis dahin unbekannt war. Nach seiner Ankunft in Grönland berichtete er darüber – und das brachte Leif Eiriksson dazu, im Jahr 1000 u.Z. mit einer Gruppe von über 30 Männern eine Expedition in Richtung Westen zu unternehmen.
Sie trafen zunächst auf ein ödes, windumtostes Felsenland, das von Leif Eiriksson *Helluland*, „Land der flachen Steine", genannt wurde und von dem man annimmt, dass es das heutige Baffin Island war. Weiter südlich trafen sie auf eine baumbestandene Küste, die er *Markland*, „Waldland", nannte, wahrscheinlich das heutige Labrador. Noch weiter südlich sichteten sie wiederum Land, mit dichtem Wald und Wiesen. Hier landeten sie und erkundeten die Umgebung,

Links: Rekonstruktion der Wikingersiedlung in L'Anse aux Meadows
Rechts: „Living history“: Laiendarsteller im Wikinger-Langhaus

die ihnen gut gefiel. Sie fanden einen Fluss, in dem es Lachse gab, und errichteten Häuser, in denen sie überwinterten. Die Siedlung wurde nach ihrem Gründer Leifbudir genannt. Als Leif mit seinen Leuten im nächsten Sommer mit einem holzbeladenen Schiff wieder in Grönland ankam, berichtete er von dem guten Land, dem er den Namen *Vinland* gab, was „Weinland“, möglicherweise auch „Weideland“ bedeuten könnte.

Im Jahr darauf reiste Leifs Bruder Thorvald mit einer Gruppe von 30 Männern nach Westen, um erneut Vinland zu erreichen. Auf der Suche nach einem optimalen Platz für eine dauerhafte Siedlung stießen sie auf schlafende Eingeborene und töteten sie, bis auf einen, der entkommen konnte. Dieser kehrte jedoch bald mit Verstärkung zurück, und bei dem nun entstehenden Kampf wurde Thorvald tödlich verletzt. Von den Wikingern wurden die Eingeborenen *Skraelinger* genannt; ob es sich um Inuit, Innu oder Beothuk gehandelt hat, werden wir nie erfahren, aber es ist die erste in einer Quelle festgehaltene Begegnung von Europäern mit den Ureinwohnern Kanadas – und sie nahm ein denkbar schlechtes Ende.

Den Sagas zufolge fuhren in den kommenden Jahren weitere Wikingergruppen nach dem neu entdeckten Land im Westen. Mit Familien und Vieh überquerte eine Gruppe mit dem Kaufmann Thorfinn Karlsefni und seiner Frau Gudridur von Grönland aus mit offenen Holzbooten, den sogenannten Knorren, das atlantische Nordmeer. Sie fanden einen guten Siedlungsplatz und freuten sich, dass es hier wenig Schnee gab und das Vieh so gut über den Winter kam. Mit den Ureinwohnern trieben sie Tauschhandel. Den Sagas nach wurde Gudridurs Sohn Snorri hier geboren – als erstes Kind europäischer Abstammung auf diesem Kontinent.

Bald aber kam es zu unfreundlichen und gewaltsamen Auseinandersetzungen mit den Skraelingern, es gab auf beiden Seiten Verwundete und Tote, und selbst innerhalb der Wikinger gab es zunehmend Streit, vor allem zwischen den verheirateten und den unverheirateten Männern. Schließlich wurde die Siedlung aufgegeben und die Überlebenden kehrten wieder nach Grönland bzw. Island zurück. Danach besuchten sie die nordamerikanische Küste nur noch gelegentlich.

Milleniumsfeier in L'Anse aux Meadows

Fast zehntausend Menschen sind es, die sich in dem sonst so stillen Ort L'Anse aux Meadows – mit nur 37 Einwohnern – ans Ufer der kleinen Hafenbucht drängen, um einen seltenen Anblick zu genießen. Hier an der nordwestlichen Spitze Neufundlands nähern sich vom Meer her Boote, zwölf Stück sind es, und die mehrfarbigen, breiten Segel bauschen sich so merkwürdig zum Halbrund: Es sind Wikingerboote.

Den Grund für diese Menschenansammlung im Juli 2000 bietet ein ganz besonders Jubiläum: Vor etwa tausend Jahren waren hier schon einmal Seefahrer aus Europa mit solchen Schiffen gelandet: Wikinger hatten das Meer überquert und hier, in der Bucht von L'Anse aux Meadows, ihren Siedlungsplatz angelegt.

Vinland-Fahrer, etwa um das Jahr 1000

Heute wird die Flotte der Boote im Wikinger-Look von der Knorre „Islendingur" angeführt, der Replik eines 1.000 Jahre alten Wikingerschiffes, erbaut und gesteuert von Gunnar Marel Eggertsson. Der Isländer ist direkter Nachfahre von Leif Eiriksson und mit seiner Crew seit mehr als vier Wochen auf der Route unterwegs gewesen, der sein Vorfahre tausend Jahre zuvor gefolgt war: von Island über Grönland nach dem sagenhaften *Vinland.*

Unten am Ufer, hinter einer Absperrung in der Mitte der Bucht, bewegen sich Männer und Frauen in Wikingerkostümen, sie schwatzen, hantieren mit Requisiten, machen einen Tanz mit Schwertern. Die Seefahrer, ebenfalls in historischen Kostümen, kommen nun mit einem Beiboot an Land gerudert, denn die Bucht ist zu flach für die große Knorre. Sie werden von den „Wikingern" an Land herzlich begrüßt.

Oberhalb des Strandes wurde anlässlich des Jubiläums *Norstead* errichtet, ein Museumsdorf aus historisierenden Bauten. Ein Wikinger-Langhaus, eine Werkstatt, ein Bootsschuppen und eine Kirche in der Bauart des 10. Jahrhunderts laden zur Besichtigung ein, das Alltagsleben der Wikinger wird hier ganz hautnah und zum Anfassen demonstriert. Am heutigen Tag aber haben Fernsehstationen dicht an den Gebäuden ihre Übertragungstechnik aufgestellt, und vor den Gebäuden bewegen sich zahllose Besucher. Eine Tribüne wurde errichtet, und auf einer Freilichtbühne trommeln und singen bereits die Kilautik Drum Dancers of Nain, eine Gruppe von jungen Inuit. Ihre Darbietung ist voller magischer Kraft.

Zu den vielen Gästen des Festes gehören auch solche, die in dunklen Limousinen vorgefahren sind und von denen wir bald einige Reden hören werden. Und noch andere Gäste sind hier, die in einem Tipi auf die Zeremonie gewartet hatten. Dass einer der letzteren die Begrüßungsansprache hält, verblüfft uns zunächst, aber es ist nur folgerichtig – und irgendwie auch typisch kanadisch. Gemeinsam mit je einem Repräsentanten der Inuit und der Innu steht da Chief Misel Joe als Vertreter der Mi'kmaq von Neufundland in traditioneller Tracht mit Kopfschmuck aus Adlerfedern am Mikrofon und bittet als erstes um eine Schweigeminute – für die Ureinwohner, die als Folge der Einwanderung von Europäern zu Tode gekommen waren.

Die „Islendingur" auf dem Weg nach L'Anse aux Meadows im Jahr 2000

Dann begrüßt er die Gäste aus Island und schlägt wieder den Bogen zur Geschichte: vor tausend Jahren, als die Vorfahren der Isländer ankamen, seien vielleicht nicht viele Vertreter der First People zur Begrüßung dagewesen. Vielleicht hätten sie die Reisenden auch nicht immer willkommen geheißen und waren möglicherweise manchmal nicht freundlich. Im Laufe der Jahrhunderte hätten die First People jedoch infolge der Besiedelung durch die Europäer viel erleiden müssen. Nun müsse es einen Neubeginn geben, indem die verschiedenen Völker einander willkommen heißen, sich versöhnen und voneinander lernen sollten.

Das waren Worte, an denen keiner der Nachredner vorbeikam: Sowohl die anwesenden Politiker als auch der isländische Kapitän und Benedicte Ingstad – die Tochter des Wissenschaftlerehepaars, das einst die Fundstätte aufgespürt und ausgegraben hatte – gingen darauf ein und sprachen ebenfalls über Versöhnung, Respekt und Zusammenarbeit.

Andere Besucher aus Übersee

Wir wissen nicht sicher, ob den Wikingern vielleicht noch andere Reisende aus Übersee vorangingen, oder wer genau die nächsten Besucher waren. Man findet literarische Überlieferungen, die sich in vielerlei Hinsicht interpretieren lassen, und auch manche andere Hinweise: Phönizische Händler hätten bereits in der Antike entsprechende Seereisen unternommen; der irische Mönch Brendan könnte schon vor der ersten Jahrtausendwende dort gewesen sein – denn er beschrieb ferne Inseln und Eisberge. Da er aber auch von sprechenden Walen und von in lateinischer Sprache singenden Vögeln berichtete, muss man ihm wohl nicht alles glauben. Manche vermuten, ein seefahrendes Keltenvolk aus Schottland, die Albans, könnten auf Baffin Island gesiedelt haben, andere sind überzeugt, chinesische Seefahrer hätten ein Dorf auf der Cape Breton-Insel Nova Scotias errichtet. Es wird viel spekuliert: dass schon die Ritter der Tafelrunde oder die Tempelritter den Heiligen Gral auf Oak Island versteckt hätten; dass Prinz Henry Sinclair, der Earl of Orkney, bereits vor dem Jahr 1400 nach Nova Scotia gereist sei – für ihn wurde dort kürzlich sogar ein Denkmal errichtet! – oder dass João Vaz Corte-Real zusammen mit dem Deutschen Didrik Pining bereits 1473 Neufundland und das nordamerikanische Festland „entdeckt" hätten. Hinweise, Vermutungen und Fantasien ergänzen einander und führen zu manch wagemutigen Spekulationen. Auch das eine oder andere Buch[10] zu dem Thema wurde veröffentlicht – schlüssige Beweise aber fehlen bislang.
Doch auch die Besiedlungsversuche der Wikinger waren ja lange Zeit umstritten gewesen, bis schließlich die Fundstätte in L'Anse aux Meadows die endgültige Bestätigung brachte. Auf jeden Fall kamen spätestens am Ende des 15. Jahrhunderts wieder Besucher aus Europa an.

Neuzeitliche Entdeckungsreisen

Baskische Fischer und Walfänger

Die ersten neuzeitlichen Besucher könnten baskische Seefahrer gewesen sein, die als Kabeljaufischer und Walfänger die Küsten Labradors und Neufundlands aufsuchten. Zweifelsfrei nachgewiesen

ist ihr Aufenthalt dort erst für das 16. Jahrhundert, doch vermuten viele seriöse Wissenschaftler, dass es durchaus schon etwas eher gewesen sein könnte – vielleicht wird auch das eines Tages noch durch Ausgrabungen bestätigt.

Vor der Küste Labradors und in der Strait of Belle Isle, die Labradors Südostküste von der Insel Neufundland trennt, lag ein gutes Revier für die Jagd auf Wale, und die Grand Banks vor Neufundland boten einen schier überreiches Angebot an Kabeljau. Um die Produkte des Fanges zurück nach Europa zu bringen, mussten sie aber vor Ort verarbeitet werden. Kabeljau wurde getrocknet und als Dörrfisch heimgebracht, oder gesalzen in Fässern verpackt. Den baskischen Fischern waren die reichen Fischgründe bekannt, und sie errichteten zeitweilige Verarbeitungsstationen an den Ufern Labradors; hier trieben sie auch Tauschhandel mit den Ureinwohnern.

Der Hafen von Red Bay war im 16. Jahrhundert eine Basis baskischer Walfänger. In einem Besucherzentrum werden dazu die neuesten Forschungsergebnisse dokumentiert

Ein bevorzugter, weil tiefer Hafen befand sich in Red Bay im Süden Labradors. Auf der gegenüberliegenden Insel Saddle Island wurde eine regelrechte Fabrik zur Walverarbeitung mit Werkstattgebäuden und Schmelzöfen errichtet. Wenn im Frühjahr das erste Schiff ankam, besserten die Arbeiter zunächst die Schäden aus, die die Winterstürme in der verlassenen Station angerichtet hatten. Nach dem Anlanden der getöteten Wale begann eine harte und unangenehme Arbeit: der Blubber (Walspeck) wurde abgelöst, zerteilt und in großen Kupferkesseln zu Öl eingeschmolzen. War das Öl abgekühlt, wurde es in Fässer gefüllt, die vor Ort in einer Küferei hergestellt wurden, und dann auf die Schiffe verladen. Das wertvolle Walöl wurde in Europa zu Kerzen, Seife, Farben, Lacken, Lampenöl und Medizinprodukten verarbeitet. Die Barten der Wale fanden für Korsetts und Regenschirme Verwendung. Das Geschäft war sehr lukrativ – für ein Fass Walöl wurde damals etwa ein Äquivalent von 5.000 heutigen kanadischen Dollar gezahlt.

In Spitzenzeiten kamen pro Saison 50 Walfangboote in den Hafen, und zeitweise waren hier mehr als tausend Arbeiter beschäftigt.
Bei Ausgrabungen seit den 1970er Jahren, vorangetrieben durch Forschungen, die die Wissenschaftlerin Dr. Selma Barkham in baskischen Archiven durchführte, fanden sich Artefakte, die auf die Jahre um 1550 datiert werden konnten. Heute hat sich die Natur die Insel zurückerobert – man sieht zwar noch die Überbleibsel der Öfen zum Kochen des Blubbers, Schutthaufen mit den 400 Jahre alten baskischen Ziegelresten und viele große Walknochen, aber Teppiche aus arktischen Weiden, Hartriegel, Krähenbeeren und Moos bedecken den Boden, und Silber- und Mantelmöwen fliegen in Schwärmen über die Uferfelsen.

John Cabot auf einem Gemälde von Giustino Menescardi, 1762

Cabots Reisen

Auf der Suche nach einem kurzen Seeweg in den fernen Osten, mit dem Ziel, die Transportzeit für die kostbaren Waren aus China und Indien zu verringern, segelte bereits im Jahr 1497, fünf Jahre nach der ersten Fahrt von Kolumbus in die Karibik, der italienische Seefahrer Giovanni Caboto – bekannter als John Cabot – mit dem Schiff „Matthew“ vom englischen Bristol aus über den Atlantik.
Cabot wurde um das Jahr 1450 in Genua geboren, lebte später in Venedig und war wohl im Gewürzhandel tätig. Deshalb wäre es kein Wunder, wenn er neue Wege zum Transport der teuren orientalischen Gewürze gesucht hätte. Seine Bestrebungen, eine Seereise in Richtung Westen zu unternehmen, wurde durch Kaufleute aus Bristol unterstützt, die ihn mit dem englischen König Heinrich VII. bekannt machten. Der erteilte Cabot das Patent für eine Schiffsreise und die Inbesitznahme neuer Ländereien für die englische Krone.

Das Schiff, das eigens für diese Reise gebaut wurde, sollte den Namen „Mattea“ bekommen (nach der Ehefrau des Kapitäns), aber die Briten machten daraus „Matthew“. Für die seemännischen Standards des 15. Jahrhundert waren Form und Ausstattung der 25 Meter langen Caravelle aus Eichenholz, die mit drei Masten versehen war, eine große technische Leistung.

Cabots Fahrt in die neue Welt führte ihn aber nicht nach China, sondern an die Küsten von Nordamerika. Er errichtete ein Kreuz und nahm das Land für die britische Krone in Besitz. Über den Verlauf der Reise sind nur wenige und sehr widersprüchliche Dokumente erhalten, und daher ist auch die genaue Stelle seiner Landung umstritten. Die Provinz Nova Scotia beansprucht den Ort Cabot‘s Landing auf Cape Breton Island als Landeplatz Cabots, doch wahrscheinlicher ist, dass Cabot in Neufundland landete. Hier wird behauptet, dass er seine Landung in Bonavista unternahm, und auch den sicheren Hafen von St. John‘s soll er entdeckt haben, wofür er dort mit dem „Cabot Tower“ geehrt wird.

Cabot kam zwar ohne Gewürze nach Bristol zurück – aber er brachte eine Neuigkeit mit, die offenbar vielen Händlern ebenso wichtig wurde: die Kunde von den Fischgründen an den Grand Banks. Von Unmengen an Kabeljau berichtete er, der so zahlreich sei, dass man ihn nur mit Eimern aus dem Ozean zu schöpfen bräuchte. Cabot unternahm 1498 eine weitere Reise mit fünf Schiffen, kehrte aber nie mehr zurück, und keine Quelle berichtete jemals über den Verbleib der verschollenen Schiffe.

Der Nachbau von Cabots „Mathew“ in Bonavista, Neufundland (oben), Cabots Landing

Weitere Erkundung und erste Siedlungen

In den Folgejahren wurden in England, wie auch in Portugal, Spanien und Frankreich, zahlreiche Schiffe ausgerüstet, um nach dem neuentdeckten Land im Westen zu segeln. Besonders in den katholisch dominierten Ländern Europas gab es einen hohen Bedarf an Fisch, der an Fasten- und Freitagen serviert wurde, und dafür waren die reichen Kabeljau-Bestände in den Grand Banks vor Neufundland bestens geeignet. Die ertragreiche Fischerei schien vorerst das Wichtigste zu sein, denn es gab zunächst kaum Bestrebungen, das Land zu besiedeln. Erst 1524 wurde wieder eine Expedition zur Untersuchung der neuen Ländereien ausgerüstet: im Auftrag der französischen Krone bereiste Giovanni da Verrazano die Küste Nordamerikas, um eine Passage in den Orient zu suchen und um Landansprüche für Frankreich geltend zu machen.

Jacques Cartier, gemalt von Théophile Hamel (1817-1870)

Nach ihm unternahm Jacques Cartier aus St. Malo in Frankreich in den Jahren 1534 – 1542 mehrere offizielle Forschungsreisen zur Vermessung der unbekannten Küsten. Cartier entdeckte, dass Neufundland eine Insel ist, er beurteilte Labrador, das ihm zerklüftet und unwirtlich erschien, als „das Land, das Gott Kain gab", wohingegen er von dem freundlichen Land begeistert war, das später Prince Edward Island genannt werden sollte. An der Küste New Brunswicks traf er auf Mi'kmaq, mit denen er Tauschhandel trieb – die ersten dokumentierten Handelsbeziehungen zwischen Frankreich und den indigenen Völkern Kanadas. An der Gaspé-Halbinsel begegnete er einer Gruppe Irokesen und entführte die beiden Söhne des Häuptlings für ein Jahr nach Frankreich.

Auf einer weiteren Reise segelte Cartier in die Mündung des Sankt-Lorenz-Stroms hinein und besuchte zwei Irokesenstädte – etwa an den Stellen gelegen, wo wir heute Québec City und Montreal finden. Er kehrte diesmal mit 10 Gefangenen nach Frankreich zurück; neun von ihnen starben jedoch schon nach kurzer Zeit. Cartiers dritte Reise sollte die Kolonisierung des Landes einleiten, dies schlug jedoch fehl, denn die Irokesen betrachteten ihn mittlerweile – wohl mit gutem Recht – als einen Feind. Er fand aber, wie er glaubte, Gold und

St. John's, älteste britisch besiedelte Stadt. Heute Hauptstadt von Neufundland und Labrador

Diamanten, und brachte sie nach Frankreich mit, doch dort stellte sich heraus, dass es sich nur um Pyrit und um wertlosen Quarz handelte. All diese Expeditionen leiteten eine allmähliche Besiedelung und Inbesitznahme der neuen Ländereien durch französische Siedler ein.

Siedlungen in Neufundland

An den Küsten Neufundlands entstanden vereinzelt Fischverarbeitungsstationen, die aber zunächst nur in der Fangsaison besetzt waren. Eine der frühesten war seit 1583 St. John‘s (heute die Hauptstadt der Provinz Neufundland and Labrador). Doch erst später wurden daraus ganzjährig bewohnte Siedlungen. Da verschiedene Nationen die neuen Ländereien jeweils für sich beanspruchten, kam es häufig zu Überfällen und Vertreibungen. Basken und Portugiesen, Engländer und Franzosen stritten um Fischereirechte, manche der Sommersiedlungen wurden von feindlichen Soldaten als „illegal“ zerstört; auch Piraten versuchten, hier Beute zu machen, und entlaufene Matrosen hielten sich versteckt – es herrschte oft nur das Recht des Stärkeren.
Die britische Krone vertrat zunächst lediglich die Interessen der englischen Fischhändler: Dem „Fischadmiral“ – dem jeweils ersten Kapitän, der im Frühjahr im Hafen eintraf – wurde gerichtliche Autorität übertragen, und feste Ansiedlungen waren zunächst sogar verboten. Einige Privatleute und Gesellschaften bekamen aber Freibriefe für den Aufbau von sogenannten „Plantationen“. An der Ostküste Neufundlands wurden ab 1610 die Kolonien Cupids und Avalon errichtet, die heute als älteste Ansiedlungen gelten, und damit die Inbesitznahme Neufundlands durch Großbritannien eingeleitet.

Die *Colony of Avalon* in Neufundland

Karte der Halbinsel Ferryland von 1693

Sowohl Protestanten als auch Katholiken wollte Sir George Calvert, der 1. Baron Baltimore, in seiner Kolonie ansiedeln und damit ein Muster an Toleranz schaffen. Er bekam 1621 von der englischen Krone die Genehmigung für eine *Plantation* in Neufundland, die er „Avalonia" nannte. Nach seinen Anweisungen errichtete eine erste Gruppe von Kolonisten Wohnhäuser, eine Brauerei, einen Hühnerstall, eine Saline und eine Schmiede. Die wachsende Siedlung, in der nach wenigen Jahren bereits 100 Menschen lebten, wurde mit einer Palisade geschützt. Lord Baltimore kam 1627 mit seiner Familie dazu, doch nach einer schlechten Ernte und einem Hungerwinter kehrte er der Kolonie den Rücken, um sich später im heutigen Baltimore im US-amerikanischen Maryland anzusiedeln.

Sir David Kirke übernahm 1639 wohl nicht ganz rechtmäßig, aber im Einverständnis mit dem englischen König Baltimores Besitz. Da er sich jedoch vor allem selbst an den Steuereinnahmen bereicherte, kam er später in Großbritannien ins Gefängnis. Die Kolonie wurde 1696 von Franzosen erobert, 1763 von Holländern zerstört und später vergessen. In jüngerer Zeit haben Archäologen die Zeugnisse der Vergangenheit wieder zum Vorschein gebracht. Bei einer Führung durch die Ausgrabungsstätte in der heutigen Stadt Ferryland kann man die teilweise rekonstruierten Reste der ursprünglichen Kolonie um den inneren Hafen herum sehen, die bei den Ausgrabungen freigelegt wurden: die künstliche Hafenmauer, Fundamente eines Lagerhauses, Verteidigungsgräben und Mauern, eine gepflasterte Straße, Back- und Brauhaus, Brunnen, Teile des Herrenhauses, eine Schmiede – und die älteste WC-Spülung in Nordamerika: Mit Hilfe der Gezeiten wurde zweimal am Tag der Unrat aus der Sammelgrube gespült. Die interessantesten Artfakte, z.B. Schmuck und Haushaltsgegenstände, fand man übrigens ausgerechnet in dieser Grube. Anhand der Reste der alten Anlagen und gemäß den existierenden Quellen konnten der alte Küchengarten, ein Kräutergarten sowie ein „Herrengarten" rekonstruiert und nachgestaltet werden. In der Replik einer gut eingerichteten Küche aus dem 17. Jahrhundert wird heute vorgeführt, wie damals Brot am offenen Herd gebacken wurde.

Das duftende frische Brot dürfen die Touristen allerdings leider nicht probieren – weil es nicht den strengen kanadischen Vorschriften zur Herstellung von Lebensmitteln entspricht …

George Calvert, 1. Baron Baltimore (um 1580-1632). Der englische Staatsmann war Gründer der Kolonie von Avalon auf der Halbinsel Ferryland

Champlain und der Beginn von „Nouvelle-France“

Der französische Offizier Pierre de Mons, dem als Gegenleistung für die Errichtung einer nordamerikanischen Kolonie eine Exklusivlizenz für den Pelzhandel zugesagt wurde, begab sich 1604 auf eine dreijährige Reise zur Suche nach einem geeigneten Ort für diese Niederlassung. Er nahm Samuel de Champlain mit, der von Frankreichs König Heinrich IV. zum Königlichen Hydrogeografen ernannt worden war und bereits 1603 auf den Spuren Cartiers begonnen hatte, das inzwischen „Nouvelle-France“ genannte Land zu untersuchen. Dabei hatte er zunächst den Sankt-Lorenz-Strom und den Saguenay-Fjord kartiert.

Büste von Pierre Dugua de Mons (ca. 1558-1628)

Die beiden reisten in Begleitung einer Anzahl Adliger, Handwerker und Soldaten, insgesamt 96 Personen, über den Ozean. Sie erreichten die Bay of Fundy und fanden in einer Flussmündung eine Insel, die auf dem gleichen Breitengrad wie Südfrankreich lag. Sie hielten sie für einen guten Ort zur Errichtung ihrer Siedlung und nannten sie Île St. Croix. Hier wurden ein großes Wohngebäude, eine Gemeinschaftsküche, Mannschaftsbaracken, eine Schmiede und eine kleine Kapelle errichtet – dies alles hinter einem mit Kanonen bestückten Schutzwall, denn man fürchtete sich vor den Maliseet-Indianern. Die Männer hatten aber nicht damit gerechnet, dass in diesen Breiten der Winter so hart sein würde. Eisbarrieren schnitten sie vom Land ab, die Insel wurde zum Gefängnis, Kälte und Skorbut forderten ihren Tribut, und mehr als ein Drittel von ihnen starb. Im folgenden Jahr beschlossen de Mons und seine Leute, die Siedlung an einen günstigeren Platz an der inneren Küste Nova Scotias zu verlegen. Hier entstand die Siedlung Port Royal. Sie errichteten einen Handelsposten und schlossen Freundschaft mit den Mi'kmaq (Membertou, s. S. 85), die seit Jahrhunderten hier zu Hause waren. Mit deren Hilfe konnten sie die Widrigkeiten der kanadischen Wildnis auch im Winter überleben – bis die Engländer die Anlage 1613 zerstörten.

Port Royal wurde im 19. Jahrhundert mithilfe der noch erhaltenen Originalzeichnungen Champlains getreu dem historischen Vorbild restauriert – eine Festung, umgeben von einem hohen Palisadenzaun mit Wachtürmen, mit Gebäuden, die sich rechteckig um einen Brunnen in der Mitte reihen. Als Baumaterial diente wie ehedem

Innenhof in der rekonstruierten Pioniersiedlung Port Royal (oben), Wohnraum (unten)

Holz – Wände, Treppen und Tore sind mit Nut und Zapfen aneinandergefügt, die Dächer mit Schindeln gedeckt. Die Türangeln sind aus geschmiedetem Eisen gefertigt, ebenso wie die Kerzenhalter; Schornsteine wurden aus Naturstein oder aus Ziegeln erbaut, die aus dem Lehm der Umgebung hergestellt wurden. Die Inneneinrichtung ermöglicht einen anschaulichen Blick in das Leben vor 400 Jahren: eine Gemeinschaftsküche, in der für bis zu achzig Menschen gekocht werden konnte, ein großes Gesellschaftszimmer für die Adligen, komfortable Schlafräume wie auch die viel bescheideneren Mannschaftsquartiere.

Während die französischen Siedler mit Gemüseanbau, Jagen und Fischen beschäftigt waren, verzeichnete Champlain 1.500 Kilometer des Küstenverlaufes von Nova Scotia bis Maine, suchte nach sicheren Häfen, beschrieb die Ländereien und fertigte Karten an.

1608 reiste Champlain dann mit 28 Kolonisten den Sankt-Lorenz-Strom hinauf und erreichte eine Stelle, wo der Fluss sich verengt und von steilen Felsen überragt wird. Die Irokesen-Stadt Stadacona, die Cartier einst an dieser Stelle gefunden hatte, war bereits Jahrzehnte zuvor aufgegeben worden, und die Gegend war mittlerweile unbewohnt. Die Ankömmlinge erbauten nach dem Vorbild von Port Royal eine Siedlung, aus der sich das heutige Québec City entwickelte.

Bei der ehemaligen Irokesen-Stadt Hochelaga fand Champlain hinter den vorgelagerten Inseln einen idealen Hafen und ließ hier den Place Royal erbauen, um den sich in den kommenden Jahrzehnten die Stadt Montreal entwickeln sollte.

Auch in den folgenden Jahren war Champlain unermüdlich mit weiteren Erkundungen befasst. Er stützte sich dabei auf die Hilfe der Huronen, der Algonquin und der Montagnais. Diese waren Feinde der Irokesen – woraus eine lang andauernde Feindschaft der Irokesen gegenüber den Franzosen entstehen sollte. Champlain überwand die

Samuel de Champlain erreicht Québec; anlässlich des 300. Jubiläums dieses Ereignisses gemalt von George Agnew Reid, 1909

Stromschnellen von Lachine und reiste weiter den Sankt-Lorenz-Strom hinauf, um das Innere des Kontinents zu erkunden. Über den Ottawa River kam er in das heutige Ontario und erreichte sogar den Lake Huron.

Der Vollständigkeit halber sollte noch erwähnt werden, dass sich mehr als 100 Jahre später bei der Kartierung der östlichen Küsten Kanadas noch ein anderer berühmter Forscher verdient gemacht hat: James Cook, der später durch seine pazifischen Entdeckungsreisen berühmt wurde, bereiste in den Jahren 1763 - 1767 Neufundland und Labrador und fertigte genaue Karten an; Ortsbezeichnungen und Denkmale erinnern noch heute an seinen Aufenthalt, so in Corner Brook, in Cook's Harbour oder am Captain Cook Lookout Trail in Burin.

Exkurs: Die Suche nach der Nordwestpassage

Wie schon im Fall von Cabot waren auch Champlains Erkundungen immer vor dem Hintergrund durchgeführt worden, letztlich eine Passage nach dem Orient zu finden, um die lange und gefährliche Reise um das Kap der guten Hoffnung an der Südspitze Afrikas um viele Wochen zu verkürzen. Doch Champlain musste bald erkennen, dass sowohl der Sankt-Lorenz-Strom als auch der Saguenay nur Flüsse waren und keine Durchfahrt nach China boten.

Mögliche Routen der Nordwestpassage

In Großbritannien favorisierte man nun einen nördlichen Seeweg, da sich nach Kolumbus' Fahrten die Seemächte Spanien und Portugal in den südlicheren Gefilden breitgemacht hatten. Nun sollten die arktischen Gewässer als eine mögliche Seeverbindung untersucht werden. Im Europa des 16. Jahrhunderts wurde die Arktis noch als ein sagenumwobener Ort betrachtet, an dem die Sonne nie untergehen sollte, wo die wundersamen Einhörner und andere merkwürdige Tiere lebten und wohin aus geheimnisvollen Gründen die Nadel des Kompass zeigte. Man glaubte, dass es jenseits einer Eisbarriere ein offenes, wärmeres Polarmeer um den Nordpol geben würde, den man sich als einen Felsen im Meer vorstellte.

Erste Vorstöße in die kanadische Arktis

Im Jahre 1576 machte sich der englische Navigator und ehemalige Pirat Martin Frobisher auf die Suche nach einer nordwestlichen Route zum Pazifischen Ozean. Unterstützt wurde die Reise durch eine Gruppe von Kaufleuten, die schneller an die Quellen von Seide und Gewürzen gelangen wollten. Frobisher überquerte den Atlantik und erreichte Baffin Island, wo er eine breite Einbuchtung zwischen hohen Bergen fand. Er war überzeugt, dass er die Passage gefunden hätte, und segelte in die tiefe Bucht hinein, musste jedoch nach 240 Kilometern Nordwestkurs erkennen, dass die Berge immer mehr zusammenrückten – die fjordartige Bucht (die heutige Frobisher Bay) zeigte keinen Ausgang. Als er auf einer Insel an Land ging, entdeckte er hier zu seinem Erstaunen Bewohner – Inuit. In den nächsten Tagen wurden Güter ausgetauscht, er bekam Eisbärenfelle und Stoßzähne von Narwalen. Nachdem aber fünf Seeleute an Land verschwunden waren, entführte Frobisher einen Inuk und nahm ihn mit nach England, wo dieser aber nach kurzer Zeit verstarb. Frobisher hatte auch Gesteine nach England mitgebracht und berichtete über mögliche Goldminen. Von Königin Elisabeth, der er einen Narwalstoßzahn geschenkt hatte, bekam er die Unterstützung für weitere Expeditionen in den Jahren 1577 und 1578 und brachte Schiffsladungen voller Erz zurück, die sich aber als wertloses Pyrit herausstellten.

Eisberg in der Frobisher Bay

In den 1580er Jahren nahm John Davis erneut die Suche nach der Nordwestpassage auf. Er erkundete Grönland, das in Europa seit der Episode der Wikingersiedlungen mehr oder weniger vergessen worden war. Dann überquerte er die Meerenge, die heute seinen Namen – Davis Strait – trägt, fuhr nach Baffin Island und untersuchte dessen Einbuchtungen, Flussmündungen und Landzungen, ohne dabei jedoch eine Durchfahrt zu finden.

Fünfzehn Jahre später machte sich Henry Hudson an Bord des Schiffes Discovery mit 24 Mann Besatzung über Island und Grönland auf den Weg in die Arktis. Er war der erste englische Seefahrer, der die 750 km lange Wasserstraße bewältigte, die Baffin Island vom Kontinent abtrennt und durch heftige Strömungen und unberechenbare Eisschollen geprägt ist. Heute trägt sie seinen Namen: die Hudson Strait. Er umrundete dabei auch die Ungava Bay, deren gewaltige Gezeitenunterschiede ihm nicht bekannt waren und leicht zum Verhängnis hätten werden können. Hier war er drei Wochen zwischen Eisschollen gefangen, bis er einen Ausweg fand. Das Schiff passierte schließlich Cape Wolstenholme in der Nähe des heutigen Ivujivik und erreichte dann das riesige Randmeer, das später Hudson Bay genannt wurde. In der Annahme, er wäre bereits im Pazifik, nahm Hudson Kurs nach Süden und kartierte die Ostküste der Hudson Bay, bis das Schiff in der James Bay in eine Sackgasse geriet. Hier musste es überwintern, wofür Ausrüstung und Proviant gar nicht vorgesehen waren. Hunger und Skorbut führten zur Eskalation von Streitereien in der Mannschaft, die es bereits von Anfang an gegeben hatte. Hudson war überzeugt, dass es einen Ausweg aus der Bay und damit die gesuchte Nordwestpassage gäbe. Doch seine Leute waren anderer Meinung, es kam zur Meuterei, er wurde schließlich, gemeinsam mit seinem Sohn und sechs weiteren Seeleuten, ausgesetzt und seinem Schicksal überlassen. Die Expedition kehrte ohne ihn nach England zurück. Henry Hudson und die anderen Ausgesetzten wurden nie wieder gesehen.[11]

Die Entdeckung der Hudson Bay wurde als Durchbruch bei der Suche nach einer Nordwestpassage betrachtet und war damit in den nächsten beiden Jahrhunderten Ausgangspunkt für weitere – vergebliche – Bestrebungen. Bedeutsam ist jedoch, dass damit ein zweiter großer Wasserweg ins Inland des Kontinents bekannt geworden war, neben dem Sankt-Lorenz-Strom und den großen Seen. Während diese sich unter französischer Vorherrschaft befanden, konnte England nun die neue Route nutzen. Mit der Gründung der Hudson's Bay Company im Jahre 1670 (s. S. 83) gab es regelmäßigen Schiffsverkehr in die Bay und zurück, und das Landesinnere wurde damit für den Pelzhandel geöffnet. Erst gegen Ende des 18. Jahrhunderts wurde erkannt, dass auch die Hudson Bay keine schiffbare Durchfahrt nach Asien bot und dass also die Nordwestpassage weiter nördlich gefunden werden musste.

Ivujivik an der Hudson Bay

Auf der weiteren Suche nach der Durchfahrt wurden viele Einbuchtungen, Inseln und Halbinseln des arktischen Archipels untersucht und viele Erkenntnisse gewonnen – doch da, wo kein Land den Weg versperrte, blockierten schließlich immer wieder unpassierbare Eismassen die Weiterfahrt. Das harsche Klima und das Packeis behinderten die Expeditionen ernsthaft. Einige der Schiffe gingen im Eis verloren, und eine große Anzahl an Menschen ließen unter den widrigen Umständen ihr Leben – verhungerten oder erfroren – oder sie kehrten krank oder als Krüppel nach Hause zurück. Ein nützliches Ergebnis all dieser Bestrebungen war die Kartierung der kanadischen Arktis. Zu den Seefahrern aus dieser Zeit, deren Namen

heute auf diesen Karten verewigt sind, gehören Robert Bylot, William Baffin, Thomas James und Luke Foxe.
Die Suche nach dem kurzen Seeweg im Norden des amerikanischen Kontinents wurde auch von der Westseite her unternommen – sie war der Grund für James Cooks dritte Weltreise 1776 – 1779, die er jedoch wegen des einbrechenden Winters an der Beringstraße abbrechen musste. Auch George Vancouver untersuchte von 1792 – 1794 die Nordwestküste und musste feststellen, dass es südlich der Beringstraße keine Passage gab.

Der Kampf mit dem Eis – das Jahrhundertprojekt Nordwestpassage

Im 19. Jahrhundert wurde die Suche nach einem kurzen Seeweg durch das nördliche Eismeer intensiviert. Es begann ein gewaltiges Projekt, das in seinem Umfang, dem menschlichen und dem materiellen Aufwand nach heutigen Maßstäben nur mit der Raumfahrt und der Landung auf dem Mond vergleichbar ist.
Damals, nach dem Sieg über Napoleon, hatte die britische Admiralität dieses ehrgeizige Ziel ins Auge gefasst, um die gut ausgebildeten, aber nicht ausgelasteten Offiziere zu beschäftigen, um die vorhandene Schiffsflotte zu nutzen und die Reputation Englands als Seemacht zu unterstreichen. 20.000 Englische Pfund – damals ein Vermögen, etwa das heutige Äquivalent von einer Million Dollar – wurden als Preis für das Auffinden der nordwestlichen Durchfahrt ausgelobt.

Caspar David Friedrich (1774-1840): Das Eismeer (Die gescheiterte Hoffnung), 1823-24

Eine frühe Expedition wurde 1818 unter dem Kommando von John Ross unternommen. Er erreichte den Lancaster Sound, brach jedoch die Reise dort ab, denn er glaubte, Berge zu sehen, die die Durchfahrt blockierten. Seine Offiziere waren jedoch anderer Ansicht, und sein damaliger Erster Offizier William Edward Parry war als Leiter der

Daguerreotypie von John Franklin 1845 vor dem Aufbruch zu seiner letzten Expedition

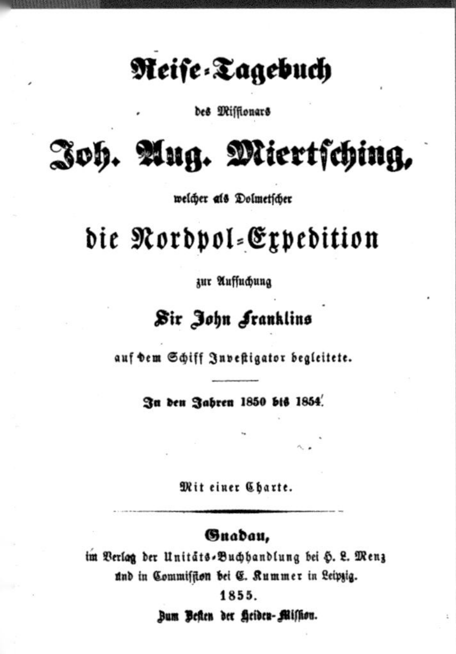

Reise-Tagebuch

des Missionars

Joh. Aug. Miertsching,

welcher als Dolmetscher

die Nordpol-Expedition

zur Aufsuchung

Sir John Franklins

auf dem Schiff Investigator begleitete.

In den Jahren 1850 bis 1854.

Mit einer Charte.

Gnadau,
im Verlag der Unitäts-Buchhandlung bei H. L. Menz
und in Commission bei E. Kummer in Leipzig.
1855.
Zum Besten der Heiden-Mission.

Miertschings Reise-Tagebuch von 1855 (s. Kasten rechts)

nächsten britischen Arktisexpedition 1819/1820 überaus erfolgreich, als er nicht nur den Lancaster Sound durchsegelte, sondern den Weg noch viel weiter westwärts fortsetzte, durch den heute so benannten Parry Channel bis nach Melville Island – das bedeutet, dass er mehr als die Hälfte der Strecke zwischen Grönland und der Bering Strait zurücklegte, bevor das Eis ihn stoppte. Überdies entdeckte und kartierte er Teile der Küsten von bisher unbekannten Inseln des arktischen Archipels, wie Devon, Bathurst, Cornwallis und Banks Island.

John Ross startete 1829 eine weitere Expedition in den hohen Norden Kanadas – gleichzeitig die erste arktische Expedition, auf der ein Dampfschiff eingesetzt wurde – doch mit wenig Erfolg; aber immerhin fand sein Neffe James Clark Ross während eines Fußmarsches, den er mit Inuit auf der Boothia-Halbinsel unternahm, den magnetischen Nordpol.

Neben diesen Seereisen fanden verschiedene Überland-Expeditionen zur Polarküste statt, von denen viele gleichfalls durch die Royal Navy beauftragt wurden, so die beiden Franklin-Expeditionen zur Erforschung des Coppermine River 1819 – 1822 und des Mackenzie River 1824 – 1826, oder die von George Back geführte Expedition von 1824 auf dem kanadischen Festland nordwestlich der Hudson Bay, die den heutigen Back River und seinen Weg zum arktischen Meer erforschte.

Ein folgenreicher Versuch zum Auffinden der Passage wurde von John Franklin mit seiner dritten Expedition 1845 begonnen – doch diese Expedition scheiterte. 1846 wurden seine Schiffe letztmalig in der Baffin Bay von Walfängern gesichtet und sind seitdem verschollen. Erst viele Jahre später wurde herausgefunden, dass die Schiffe nordwestlich von King William Island im Eis eingeschlossen wurden und Franklin 1847 vermutlich dort starb. Auf der Suche nach Rettung wanderte die Mannschaft in Richtung Süden, aber keiner der 129 Seeleute überlebte.

In England wusste man damals noch nichts vom Schicksal Franklins. Bei einer ersten Suchexpedition hatte man auf Beechey Island diverse Hinterlassenschaften der Expedition und drei Gräber gefunden; daraufhin wurden weitere Rettungsexpeditionen ausgerüstet, die meisten von der Royal Navy, einige aber auch – meist initiiert durch Lady Franklin – privat organisiert.

Bei einer dieser Suchexpeditionen der Admiralität gelang es der Mannschaft der HMS „Investigator" 1850 – 1854 unter Kapitän McClure, erstmals tatsächlich die Existenz der Nordwestpassage, einer

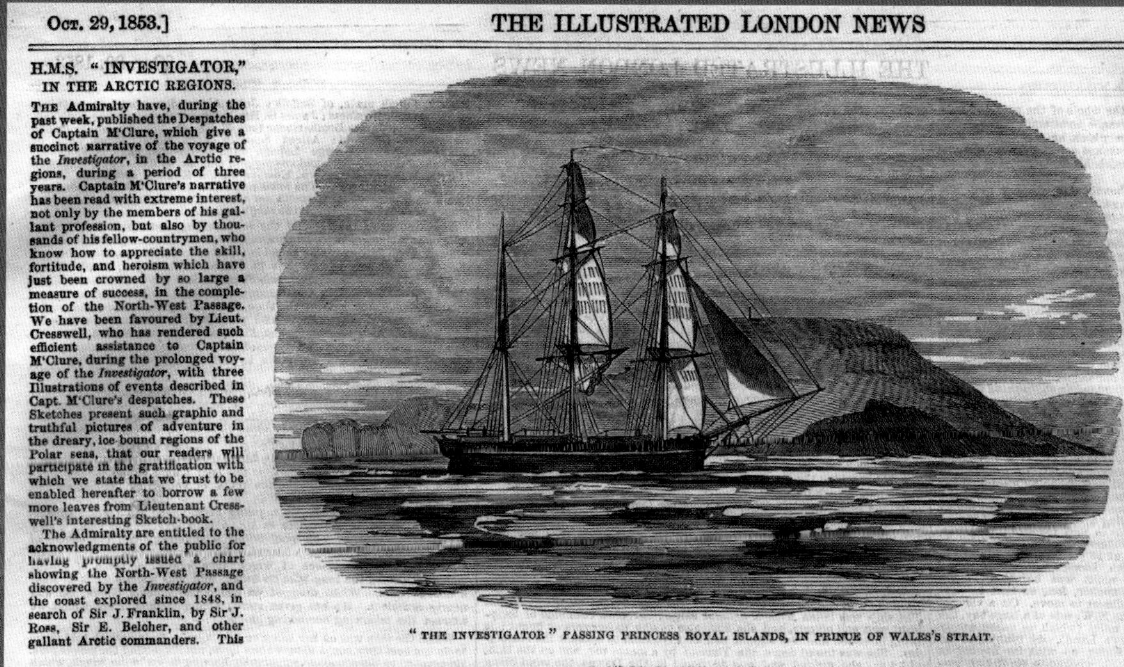

OCT. 29, 1853.] THE ILLUSTRATED LONDON NEWS

H.M.S. "INVESTIGATOR," IN THE ARCTIC REGIONS.

THE Admiralty have, during the past week, published the Despatches of Captain M'Clure, which give a succinct narrative of the voyage of the *Investigator*, in the Arctic regions, during a period of three years. Captain M'Clure's narrative has been read with extreme interest, not only by the members of his gallant profession, but also by thousands of his fellow-countrymen, who know how to appreciate the skill, fortitude, and heroism which have just been crowned by so large a measure of success, in the completion of the North-West Passage. We have been favoured by Lieut. Cresswell, who has rendered such efficient assistance to Captain M'Clure, during the prolonged voyage of the *Investigator*, with three Illustrations of events described in Capt. M'Clure's despatches. These Sketches present such graphic and truthful pictures of adventure in the dreary, ice-bound regions of the Polar seas, that our readers will participate in the gratification with which we state that we trust to be enabled hereafter to borrow a few more leaves from Lieutenant Cresswell's interesting Sketch-book.

The Admiralty are entitled to the acknowledgments of the public for having promptly issued a chart showing the North-West Passage discovered by the *Investigator*, and the coast explored since 1848, in search of Sir J. Franklin, by Sir J. Ross, Sir E. Belcher, and other gallant Arctic commanders. This

"THE INVESTIGATOR" PASSING PRINCESS ROYAL ISLANDS, IN PRINCE OF WALES'S STRAIT.

Auszug aus Illustrated London News, 1853. Die Abbildung zeigt die HMS „Investigator"

Wasserverbindung zwischen der Ost- und der Westküste des amerikanischen Kontinents in der Arktis, nachzuweisen. Die „Investigator" war um Südamerika herum und vom Pazifik her über die Beringstraße in die Arktis gesegelt und hatte Banks Island erreicht, blieb dort allerdings drei Winter im Eis gefangen, und das Schiff musste schließlich aufgegeben werden. Die Mannschaft konnte vom Suchtrupp einer anderen Rettungsexpedition unter Kapitän Kellet und Admiral Belcher, die von Osten heran gesegelt war und gleichfalls im Eis feststeckte, gerettet werden. Nunmehr wurde die Passage von West nach Ost nicht mit dem Schiff, sondern zu Fuß mit dem Gepäckschlitten über das Meereis vollendet. McClure kehrte 1854 nach England zurück, wo er als Entdecker der Nordwestpassage gewürdigt und mit 10.000 Pfund belohnt wurde.

Doch die eigentlichen Bezwinger der Nordwestpassage – das haben die Anthropologen inzwischen schlüssig bewiesen – waren die Inuit vor etwa 3.000 Jahren, auch wenn diese Passage für sie ohne jede Bedeutung war.

Ein Oberlausitzer in der Arktis

Kaum jemand in Deutschland weiß, dass an Bord der HMS „Investigator" ein Mann aus Sachsen war – der sorbischstämmige Johann August Miertsching aus dem kleinen Dörfchen Gröditz in der Oberlausitz. Er war zuvor als Missionar der Herrnhuter Brüdergemeine in Labrador gewesen und hatte dort Inuktitut, die Sprache der Ureinwohner, gelernt. Nun sollte er als Dolmetscher helfen, von den Inuit etwas über den Verbleib von Franklin und seinen Leuten zu erfahren. Während seiner Reise um ganz Amerika auf der HMS „Investigator" verfasste er ein Tagebuch, das 1855 in Deutschland veröffentlicht wurde.

Grab von John Rae im Magnusdom von Kirkwall, Orkney

Anders als es bei den britischen Forschern im viktorianischen Zeitalter bislang üblich war, hatte der Arzt John Rae, der für die Hudson's Bay Company tätig war, über 15 Jahre im hohen Norden gelernt, die Urbevölkerung zu respektieren und ihre Überlebenstechniken zu nutzen. Er vermochte es, wie die Inuit vom Land zu leben – d.h. ohne große Vorräte zu reisen, dafür unterwegs zu jagen und zu fischen – und sich dabei mithilfe von Schneeschuhen und Hundeschlitten über große Entfernungen zu bewegen.

Gemeinsam mit John Richardson machte er sich 1848 auf eine Expedition über Land, um das Schicksal der verschollenen Franklin-Expedition zu erhellen. Später setzte Rae die Suche allein fort. 1853 begegnete er bei Pelly Bay einheimischen Inuit, die ihm Gegenstände zeigten, die eindeutig von der Franklin-Expedition stammen mussten. Er erfuhr nicht nur, dass sie diese Gegenstände bei einem Platz mit vielen Leichen gefunden hatten, sondern noch mehr. Sein Bericht an die Admiralität mit Beweisen für Kannibalismus unter den die letzten Überlebenden der Franklin-Expedition schockiert Teile der britischen Öffentlichkeit bis heute, und sie begegnete John Rae als dem Überbringer der Nachricht – wiewohl er endlich die Fragen zum Schicksal der Franklin-Expedition beantworten konnte –mit nur wenig Wohlwollen.

Als Resultat aus der Suche nach Franklin wurden in den kommenden Jahren und Jahrzehnten noch zahlreiche weiße Flecken auf der Landkarte der kanadischen Arktis getilgt. Es wurde auch über eisfreie Perioden für verschiedene Wasserwege jeweils in den Monaten August und September berichtet, die sich allerdings als unbeständig erwiesen. Die Hudson's Bay Company benutzte dann Teile der Route für den Lieferverkehr mit ihren Handelsposten, aber aufgrund der gesammelten Informationen hatte sich das Interesse der kommerziellen Seefahrt an der Nordwestpassage allmählich gelegt.

Daran änderte auch die erfolgreiche Durchquerung der kanadischen Arktis durch Roald Amundsen wenig. Er war der erste, der die Passage mit dem Schiff bezwang, und er benötigte dafür drei Jahre. Mit dem vergleichsweise sehr kleinen Schiff „Gjoa" segelte er 1903 – 1906

durch die Passage in Ost-West-Richtung, erst durch den Lancaster Sound und dann zunächst nach Süden. Zwei Winter verbrachte er an der Südküste von King William Island, im heutigen Gjoa Haven, und betrieb dort Forschungen zum Erdmagnetismus, um dann durch den Coronation Gulf zur Mündung des Mackenzie River und später zur Beringstraße zu segeln.
15 Jahre später gelang Knud Rassmussen auf der fünften Thule-Expedition 1921 – 1924 gemeinsam mit zwei Inuit die erste Durchquerung der Nordwestpassage – ohne Schiff, aber per Hundeschlitten.
Die zweite erfolgreiche Durchquerung per Schiff, diesmal in West-Ost-Richtung, unternahm 1940 – 1942 Kapitän Henry Larsen mit dem Polizeiboot „St. Roch", einem Schoner mit Hilfsmotor. Auch dieses Schiff blieb dabei zwei Winter im Eis gefangen. Eine Durchquerung in umgekehrter Richtung aber gelang Larsen im Sommer 1944 in nur 86 Tagen. Zehn Jahre später schaffte es der kanadische Eisbrecher „Labrador" – wieder von West nach Ost – ebenfalls innerhalb eines Jahres. Und nach weiteren 15 Jahren, 1969, versuchte dann der amerikanische Öltanker „Manhattan" die Passage. Mithilfe eines kanadischen Eisbrechers wurde die Durchquerung zwar geschafft, aber dann als zu kostenaufwändig beurteilt. Anstatt weitere Tanker auf diese Route zu schicken, baute man die Alaska-Pipeline.
Seither haben verschiedene Hobbysegler die Passage bezwungen, und auch einige Kreuzfahrtschiffe wagten sich in die immer noch risikoreichen Gewässer. Aufgrund des Rückganges des Meereises stieg seit 2007 das „Verkehrsaufkommen" in der Nordwestpassage beträchtlich, und die kanadische Küstenwache befürchtet, dass dabei zunehmend auch schlecht ausgestattete und unzureichend vorbereitete Abenteurer zu hohe Risiken eingehen werden und deswegen aufwändige Rettungsaktionen erforderlich werden könnten, für die die notwendige Infrastruktur derzeit gar nicht vorhanden ist. Die zunehmende Schiffbarkeit wirft erneut die Frage der kanadischen Hoheitsrechte für die Arktis auf, die in Kanadas Politik unter dem Begriff „Arktische Souveränität" eine große Rolle spielt (s. S. 152).

Gräber der Franklin-Expedition auf Beechy Island

Kreuzfahrtschiff in der Arktis

Neufrankreich – Aufstieg und Untergang

Die Ansiedlung am Sankt-Lorenz-Strom

Das Algonquin-Wort *kebek* bedeutet „wo sich der Fluss verengt" – genau an dieser Stelle des Sankt-Lorenz-Stroms hatte der unermüdliche Kartograph und Siedlungsaktivist Samuel de Champlain 1608 seine Siedlung Québec angelegt (s. S. 70), um den baskischen Walfängern, die sich in Tadoussac niedergelassen hatten, aus dem Wege zu gehen. Später wurde Québec die Hauptstadt der nunmehr offiziellen französischen Kolonie Nouvelle-France, zu der außer den Gebieten um den Sankt-Lorenz-Strom auch noch Akadien (s. S. 84) – im wesentlichen das heutige Nova Scotia, New Brunswick, Prince Edward Island und der Süden der Gaspé-Halbinsel – und Louisiana in den heutigen USA gehörten. Champlain wurde im Jahre 1627 zum ersten Generalgouverneur von Nouvelle-France ernannt.

Büste von Samuel de Champlain in Port Royal

Die Franzosen in Québec pflegten freundschaftliche Beziehungen zu den Montagnais und den Huronen. Mit den letzteren trieben sie einen schwungvollen Pelzhandel und betrachteten sie als enge Verbündete. Schon damit waren sie zu erklärten Feinden der Irokesischen Konföderation (s. S. 36), insbesondere der Mohawk, geworden. Das hatte ständige gegenseitige Attacken und fast hundert Jahre Blutvergießen und Belagerungszustände zur Folge. Auf der anderen Seite sandte Champlain die *coureurs de bois*, die „Waldläufer" zu den Verbündeten – vorrangig um das Territorium tief im Land zu erkunden und Pelze zu erwerben, aber auch, um die Sprache der indigenen Völker zu erlernen, mit ihren Bräuchen vertraut zu werden und die kulturellen Unterschiede zu überbrücken.

Diese ersten Brückenschläge wurden allerdings bald durch „Zivilisationsversuche" in Form der Missionstätigkeit katholischer Orden ergänzt, womit Kultur, Tradition und das spirituelle Leben der Ureinwohner in Frage gestellt wurden. Die Missionierung verstärkte auch Spannungen innerhalb der Franzosen – zwischen den Pelzhändlern und Waldläufern, die mehrheitlich Hugenotten waren, und den Missionaren, die im Bündnis mit dem Kardinal Richelieu in Frankreich daran arbeiteten, den Pelzhändlern ihre Lizenzen zu entziehen.

Der Untergang des Bundes der Huronen

Ebenso wie die Haudenosaunee (s. S. 35) hatte auch das einst zahlreiche Volk der Huronen – man schätzt, dass es vor der Gründung von Neufrankreich 30.000 bis 45.000 Menschen waren – eine staatenähnliche Organisation. Sie lebten in Langhäusern in befestigten Siedlungen mit manchmal über 1.000 Bewohnern und bewirtschafteten Farmland, das sich im matrilinearen Clanbesitz befand; darüber hinaus nutzten sie mit ihren leichten Kanus die Wasserstraßen und trieben Jagd und Fischfang.

Jesuitische Missionare, in der Überzeugung, das Richtige für die ansonsten verlorenen Seelen der Huronen zu tun, arbeiteten seit 1632 mit Druck auf die Bekehrung der „Wilden" hin: Getaufte Huronen wurden besser für die Pelze bezahlt als ihre heidnischen Brüder, und sie erhielten bevorzugt Gewehre ausgehändigt. Das führte zu einer Spaltung innerhalb der Huronen. Natürlich brachten die Missionare auch Krankheitskeime aus Europa mit, für die die Huronen keine Abwehrkräfte hatten. An schweren Grippe- und Pockenepidemien zwischen 1635 und 1640 starb fast die Hälfte des Volkes. Die Jesuiten tauften die Sterbenden ohne Einwilligung auf dem Totenbett – und als sie erklärten, dass nur getaufte Huronen in den Himmel kämen, ließen sich viele Verwandte ebenfalls taufen, nur um nicht nach ihrem Tode von ihren Familienmitgliedern getrennt zu werden. Dies hatte einen völligen Bruch mit ihren traditionellen Riten und Bräuchen zur Folge.

Zum Christentum „bekehrte" Huronen-Familie in Jeune Lorette, Lithographie von John Richard Coke Smyth (1808-1882), ca. 1838

1648 führten die Haudenosaunee einen Großangriff gegen die Huronen, die aufgrund der Schwächung durch die Pockenepidemie und der Spaltung durch die Religion nicht in der Lage waren, sich wirkungsvoll zu verteidigen. Nach einer vernichtenden Schlacht 1649 – bei der im Übrigen auch viele Jesuiten ums Leben kamen – wurden die restlichen Huronen in alle Winde verstreut. Nur ein paar Hundert von ihnen sammelten sich in der Lorette-Region bei Québec, wo eine Huronen-Gruppe noch heute die gleichnamige Vorstadt von Québec City bewohnt. Andere zogen als Flüchtlinge nach Westen und Süden und vermischten sich mit den Tionontati, Erie und Neutrals; unter dem Stammesnamen Wyandot leben weniger als 100 heute in Südwest-Ontario und etwa 4.000 in Oklahoma und Kansas in den USA.

Neufrankreich entwickelte sich nur schleppend, auch aufgrund der häufigen kriegerischen Auseinandersetzungen mit den Irokesen, die nur kurzfristig durch Waffenstillstandsabkommen unterbrochen wurden. Um 1660 gab es ganze 3.000 französische Siedler – weit weniger als die insgesamt etwa 100.000 englischen Kolonisten an den Ostküsten des amerikanischen Kontinents. Als aber Ludwig XIV., der Sonnenkönig, die Kolonie zur *province royal* („Königliche Provinz") erhob und infolgedessen die Handelsschifffahrt intensiviert und eine eigene Infrastruktur entwickelt wurde, verdoppelte sich die Zahl der Siedler im Tal des Sankt-Lorenz-Stroms innerhalb von zehn Jahren. Zudem traf ein Regiment von über 1.000 Elitesoldaten ein und errichtete Befestigungen, was die Irokesen dazu brachte, vorerst den Krieg zu beenden. Gleichzeitig wurde ein quasi-feudalistisches System für den Grundbesitz eingeführt, dessen Elemente die Umwälzungen der französischen Revolution im Mutterland noch um Jahrzehnte überdauern sollten.

Pelzhandel und Kriege

Die Suche der Passage nach China und der ertragreiche Kabeljau- und Walfang hatte die Europäer an die Küsten des künftigen Kanadas gebracht. Der wichtigste Grund aber, dass sie sich dort dauerhaft ansiedelten und auch das Inland erkundeten, waren die Pelze. Weil es die wertvollsten Pelze – die mit der dichten Unterbehaarung – nur in kälteren Zonen gibt, drangen die Kundschafter und Händler vor allem im Norden des Kontinents weit in das Innere des Landes vor. Zum Pelzerwerb wurden enge Handelsbeziehungen mit den indigenen Völker aufgebaut.

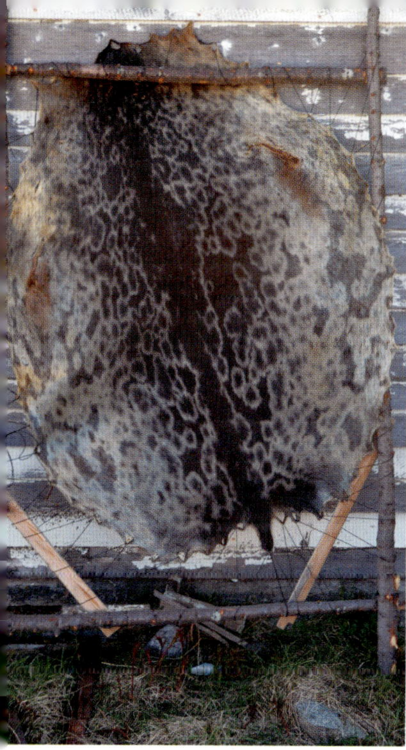

Wolfsfell, Robbenfell, ehemaliger Handelsposten der Hudson's Bay Company Apex Beach nahe Iqaluit, Nunavut

Die Pelze von Marder, Otter, Nerz, Fuchs, Wolf und Bär waren wertvolle Handelsgüter, aber die größte Nachfrage gab es nach dem Biberpelz, aus dem die feinsten Hüte für die reichen Europäer hergestellt wurden und den die kanadischen Pelzhändler zeitweise wie eine Ersatzwährung behandelten.

Die Franzosen mit ihren Siedlungen am Sankt-Lorenz-Strom waren lange führend im Pelzhandel, doch dann wurde den Engländern bewusst, dass es noch einen anderen Wasserweg zu den Pelzen und ihren Jägern, etwa den Cree-Indianern, gab – nämlich die Hudson Bay. Das führte 1670 zur Gründung der Hudson's Bay Company (HBC), der von der englischen Krone exklusive Handelsrechte für das gesamte Land, von dem aus Flüsse in die Bay führten, gewährt wurden. Das betraf zunächst etwa 40 % der Fläche des heutigen Kanada; später wurde das Territorium noch auf die Arktis und über die Rocky Mountains bis hin zum Pazifik ausgeweitet.

Die Franzosen mussten dadurch auf große Teile des lukrativen Pelzhandels insbesondere mit den Cree verzichten und wollten das nicht hinnehmen. Sie gründeten ihrerseits die Compagnie du Nord und griffen zu Gegenmaßnahmen. Bei bewaffneten

Überfällen auf die befestigten Handelsposten der HBC wurden mehrere davon eingenommen und ausgeraubt. Das war der Beginn eines Handelskrieges mit dem Ziel, den Pelzhandel im Norden zu kontrollieren. Weiter südlich stiegen die Irokesen wieder in den Krieg ein und übernahmen – mit Hilfe von Waffen, die sie von den Briten bekamen – selbst erfolgreich die Kontrolle über den Pelzhandel mit den Ojibwa. Gegenseitige Attacken führten zu blutigen Massakern. Die Franzosen dehnten diese Angriffe auch auf britische Siedler aus, was wiederum zu Gegenmaßnahmen führte. Nicht selten wurden dabei auch die jeweiligen indianischen Verbündeten benutzt. Namen wie Frontenac und D'Iberville bei den Franzosen oder die Gebrüder Kirke bei den Briten markieren eine Geschichte von grausamen bewaffneten Überfällen und Metzeleien am Ende des 17. Jahrhunderts, die bald auch auf andere Gebiete wie Akadien und Neufundland ausgedehnt wurden.

Großbritannien vs. Frankreich – die Akadier und ihre Vertreibung

Das 1605 errichtete Port Royal (s. S. 82), die älteste europäische Siedlung nördlich von Florida, entstand im gegenseitigen Respekt und mit der tatkräftigen Hilfe der Mi'kmaq-Indianer unter ihrem Häuptling Membertou (s. S. 85) und leitete die französische Besiedlung von Akadien ein (heute Nova Scotia, New Brunswick, Prince Edward Island und südliche Gaspé-Halbinsel). Immer mehr französische Siedler kamen und dehnten ihre Ansiedlungen allmählich entlang der Flüsse und Küsten aus. Das Leben in Akadien nahm bald eine relativ eigenständige Entwicklung gegenüber dem Nouvelle-France am Sankt-Lorenz-Strom.

Während sich im 17. und beginnenden 18. Jahrhundert die Auseinandersetzungen zwischen England und Frankreich sowohl in Europa als auch auf dem neuen Kontinent verschärften und zu Kriegen führten (s. S. 82 ff.), legten die friedlichen akadischen Bauern Deiche an der Bay of Fundy an, kultivierten Marschland an Nova Scotias South Shore wie auch an der Nordküste von Prince Edward Island und entwickelten dauerhafte Beziehungen zu den einheimischen Passamaquoddy- und Mi'kmaq-Indianern, die bald über den Austausch von Gütern hinausgingen.

Membertou

Membertou war ein alter, weiser Häuptling und Medizinmann der Mi'kmaq-Indianer, die im Gebiet um die St. Mary's Bay im Westen Nova Scotias lebten, als Champlain und de Mons dort Port Royal errichteten. Dem Häuptling war das Wohlergehen seines Volkes wichtig, und er war nicht nur zu seinen eigenen Leuten, sondern auch gegenüber den ausländischen Gästen freundlich, großzügig und respektvoll. Er besuchte die Franzosen häufig, um Pelze gegen europäische Güter zu tauschen, und man aß gemeinsam und unterhielt sich.

Die Franzosen waren damals abhängig von den Kenntnissen der Mi'kmaq über die lokalen Wetter- und Umweltbedingungen, sie übernahmen ihre Jagdtechniken, und sie profitierten von ihren Handelsverbindungen. So waren sie in der Lage, auch harte Winter zu überleben und ihre Ansiedlungen in der ganzen Region auszudehnen.

Membertou wie ihn der Mi'kmaq-Künstler Alan Syliboy sieht

Membertou müsste damals eigentlich schon fast 100 Jahre alt gewesen sein, denn er behauptete, Jaques Cartier gesehen zu haben, der in den 1530er Jahren diese Küsten erforscht hatte (s. S. 66). Möglicherweise aber steht dieser Name auch für mehrere Generationen eines weisen Häuptlingsgeschlechts, die in der mündlichen Überlieferung der Mi'kmaq zu einer Person zusammengefasst wurden.

Im Interesse der guten Beziehungen ließ sich Membertou, der auch Schamane und eigentlich nicht ganz vom Christentum überzeugt war, am 24. Juni 1610 gemeinsam mit 20 weiteren Mitgliedern seiner Familie durch einen katholischen Geistlichen taufen. Damit signalisierte er den Wunsch, in Frieden mit den Neuankömmlingen zu leben – eine wahrscheinlich sehr weise und jedenfalls pragmatische Entscheidung, die, wenn man so will, ein erster Schritt zu einem multikulturellem Kanada war. Die Freundschaft zwischen Mi'kmaq und Franzosen führte bald auch zu ehelichen Beziehungen, und viele Mi'kmaq nahmen mit der Taufe sogar französische Namen an.

Der Mi'kmaq-Künstler Alan Syliboy schuf ein Gemälde von Membertou, das er im Juni 2010, anlässlich des 400. Jubiläums der Taufe Membertous, der britischen Königin Elizabeth II., Staatsoberhaupt von Kanada, präsentierte. Das Kunstwerk zeigt Membertou mit einem Medizinbeutel neben dem christlichen Kreuz – zu Hause in zwei Welten.

Infolge der Auseinandersetzung zwischen Franzosen und Briten wechselte das akadische Siedlungsgebiet nominell immer wieder die Herrschaft; allein elfmal in den hundert Jahren zwischen der britischen Eroberung von Port Royal, das die Franzosen 1613 aufgeben mussten, und dem Frieden von Utrecht von 1713. Das war vor allem der geographischen Lage Akadiens als Pufferzone an der strategisch wichtigen Einfahrt in den Sankt-Lorenz geschuldet. Die friedlichen Bauern wurden dabei leicht zum Ziel für Plünderungen durch Privateers (Piraten mit Lizenz) und Militärs, andererseits wollten sie unabhängig leben und leisteten nur ungern Abgaben an die Obrigkeit. Solange nur die Flaggen auf den Forts wieder einmal gewechselt hatten, änderte das in ihrem Alltagsleben kaum etwas.
Der Frieden von Utrecht 1713 leitete eine große Wende ein. Frankreich musste den Briten große Zugeständnisse machen und gab seine Ansprüche in Neufundland und Akadien auf – mit Ausnahme der Westküste Neufundlands, der Île Royal (Cape Breton Island) und der Île St. Jean (das heutige Prince Edward Island), sowie Teilen von New Brunswick. In den folgenden 30 Jahren eines nominellen Friedens erbaute das französische Militär auf der Île Royal die große Befestigung Louisbourg.

Im nunmehr britisch kontrollierten Akadien kam es durch den jetzt ungehinderten Handel mit den Neuengland-Staaten zum wirtschaftlichen Aufschwung. Den akadischen Bauern wurden allerdings Treuebekenntnisse abverlangt; andererseits wurden ihnen verboten, ihre Höfe zu verkaufen, denn die Briten wollten keinen Massenexodus in die verbliebenen französischen Gebiete, um Frankreichs Position dort nicht zu stärken. Wer gehen wollte, musste das also heimlich tun; und das zurückgelassene Hab und Gut konnte dann von den Briten übernommen werden. Dennoch verließ etwa ein Drittel der akadischen Bauern die britisch kontrollierten Gebiete. Die von den Briten verlangten Treuebekenntnisse, die beinhalteten, im Kriegsfall auch gegen Franzosen und die befreundeten Mi'kmaq zu kämpfen, waren für die meisten der verbliebenen Akadier nicht annehmbar. Einen Kompromiss bot die Versicherung der Neutralität – was dazu führte, dass sie von manchen ihrer Landsleute als Verräter beschimpft wurden, als die Briten 1745 die Festung Louisbourg angriffen.
Um 1750 lebten noch 10.000 französische Siedler im britischen Akadien. Immer wieder flammten die Kampfhandlungen zwischen

Fort Anne, Annapolis Royal

Briten und Franzosen auf. Als die Briten 1755 das französische Fort Beauséjour an der Grenze zu New Brunswick eingenommen hatten und wieder ein offener Krieg mit Frankreich bevorstand, wurden die akadischen Untertanen – trotz ihrer 40 Jahre lang bewiesenen Neutralität – als Unsicherheitsfaktor betrachtet. Erneut wurde ein Treueeid verlangt, der diesmal vom britischen Gouverneur Lawrence bedingungslos durchgesetzt wurde. Wer ihn verweigerte, wurde gewaltsam vertrieben.

Am 5. September 1755 mussten sich die akadischen Farmer in der Kirche von Grand Pré versammeln. Ihnen wurde eine Proklamation der britischen Krone vorgelesen. Darin wurden sie zu „Non-citizens" erklärt, ihr Land und ihr Vieh wurden beschlagnahmt. Um einen Aufruhr zu verhindern, standen bereits britische Soldaten bereit; mehr als 2.000 Bauern wurden gefangengenommen und auf Schiffe verladen. Damit begann die *Acadian Expulsion*, die Vertreibung und Deportation von insgesamt 7.000 Akadiern; man verbrachte sie nach Frankreich oder in die amerikanischen Kolonien; ein paar wurden auch in England interniert. Unterwegs starben viele an Krankheiten, manche ertranken bei

Schiffbrüchen. Einigen gelang es, tiefer hinein in das noch unbesiedelte Kanada zu fliehen, z.B. in das Madawaska-Gebiet im nordwestlichen New Brunswick oder auf die heutige Acadian Peninsula. Als die Briten 1758 Fort Louisbourg erobert hatten, begannen sie mit der Vertreibung akadischer Siedler auch auf dem heutigen Prince Edward Island und in New Brunswick. Für die Acadiens bedeuteten die Deportationen eine Tragödie, für die Region zunächst einen wirtschaftlichen Rückschlag. Familien wurden auseinandergerissen, die Briten zerstörten teilweise sogar Häuser und ganze Dörfer, um eine Rückkehr der Flüchtlinge nach Abzug des Militärs zu verhindern. Die Deportationen dauerten bis 1762 an – Akadien wurde dabei fast völlig entvölkert.

Leuchtturm in Akadien-Farben in Grand-Anse, New Brunswick

Eine große Zahl der nach Frankreich verbrachten Akadier konnte dort nicht heimisch werden und ging wieder nach Übersee; sie siedelten sich schließlich in Louisiana an, das damals noch französisches Herrschaftsgebiet war. Die Akadier bildeten dort den Kern der sogenannten Cajuns – bei dem Ausdruck handelt es sich um eine Verballhornung des Worts *Acadiens*.

Erst 1764, nachdem ganz Nouvelle-France von den Briten erobert worden war (s. S. 89), wurden die Deportationsanordnungen aufgehoben und den Akadiern die Rückkehr erlaubt. Danach kehrten etwa 3.000 der ursprünglichen Siedler zurück nach Nova Scotia, wo jedoch ihr Land zu großen Teilen zwischenzeitlich von anderen in Besitz genommen worden war, so dass sie bei Null anfangen mussten.

Infolge der Deportationen hatte sich das Zentrum der akadischen Kultur nach New Brunswick verlagert. Auch die Lebensweise veränderte sich. Aus vielen Farmern wurden Fischer oder Holzfäller. In den Spannungen zwischen Französisch- und Englisch-Kanada in der Folgezeit blieben die zurückgekehrten Akadier weitgehend neutral. Doch das Thema der „Expulsion" beherrscht ihre Kultur bis zum heutigen Tag – es ist eine Art nationales Trauma, das eine gemeinsame Identität stiftet. Dazu trug auch das berühmte Epos „Evangeline" von Henry W. Longfellow bei, das die Akadier und ihr Schicksal weltbekannt machte (s. S. 89).

Der Untergang von Nouvelle-France – die Eroberung durch die Briten

Die militärischen Auseinandersetzungen zwischen Briten und Franzosen in Nordamerika, die seit 1754 wieder aufflammten, waren letztlich Bestandteil des Siebenjährigen Krieges 1756-1763 in Europa. Dieser wurde auf insgesamt vier Kontinenten ausgefochten, und zahlreiche Nationen waren involviert – strenggenommen war das damals bereits ein Weltkrieg. Die etwa 60.000 Siedler unter französischer Herrschaft, die sich selbst „Canadiens" nannten und auch von den Briten als solche bezeichnet wurden, standen einer zwanzigfachen Übermacht von Siedlern in den britischen Kolonien Nordamerikas gegenüber. Sie hatten jedoch den Vorteil, von zahlreichen Verbündeten aus den First Nations unterstützt zu werden. Der Krieg zog sich daher entsprechend lange hin.

Nach ersten Siegen der Franzosen in meist kleineren Gefechten eroberten sie schließlich das gesamte Gebiet der Großen Seen. Großbritannien reagierte darauf mit einem Machtwechsel in der Regierung. Der neue Staatssekretär William Pitt forcierte das außenpolitische Ziel, ganz Nordamerika für Großbritannien zu sichern. Britische Seestreitkräfte blockierten bald die Versorgungsschiffe aus dem französischen Mutterland, so dass die Franzosen gezwungen waren, bereits besetztes Territorium wieder aufzugeben. Auch die Vertreibung der Akadier und der Fall von Fort Louisbourg 1758 mussten hingenommen werden.

Im Folgejahr begann die Schlacht um Québec, das ideal zur Verteidigung auf einem hohem Felsen über dem Fluss lag und gut befestigt war. 140 Schiffe der britischen Flotte drangen in den Sankt-Lorenz-Strom ein. Das Land gegenüber der Stadt auf der Südseite des Flusses wurde schnell erobert, und dann begann ein Bombardement mit Kanonen, das über Wochen anhielt und rund ein Drittel der Gebäude Québecs zerstörte. Von Juni bis September 1759 hielt die Stadt dieser Belagerung stand, bis die Franzosen infolge einer blutigen Schlacht auf den „Plaines of Abraham"

Die Legende von Evangeline

1754 veröffentlichte der amerikanische Dichter Henry W. Longfellow das 1.400 Verse lange epische Gedicht „Evangeline, A Tale of Acadie", das für die Nachkommen der vertriebenen Akadier eine besondere Bedeutung bekam: Das junge Mädchen Evangeline aus Grand Pré wird bei der Deportation von ihrem Liebsten Gabriel getrennt und sucht ihn lange Jahre vergeblich, um ihn erst nach Jahrzehnten, kurz vor dem Tode beider, wiederzusehen. Nach akadischer Überlieferung soll das Vorbild für Evangeline eine Emmeline gewesen sein, die Tochter von Benedict Bellefontaine aus St. Eulalie; deren Liebster hieß tatsächlich Gabriel und war Sohn des Schmiedes Basil Lajeunesse. Longfellows Buch, das in viele Sprachen übersetzt wurde, machte die Geschichte der Akadier weithin bekannt. Evangeline steht für Selbstlosigkeit und Ausdauer, Mut und bedingungslose Liebe – damit wurde sie zum identitätsstiftenden Symbol für die Beharrlichkeit und Unbezwingbarkeit der Akadier. Ein Standbild in Grand Pré, mehrere Verfilmungen der Geschichte, eine Musical-Adaption oder der Song „Evangeline" von Annie Blanchard halten ihr Andenken bis heute lebendig.

außerhalb der Stadtbefestigung, die eigentlich weder Verlierer noch Sieger hatte, die Nerven verloren und schließlich aufgaben. Eine später versuchte Rückeroberung Québecs blieb nur deshalb erfolglos, weil anstatt der erhofften Verstärkung erneut die britische Flotte auftauchte – denn die französische Kriegsmarine war inzwischen in Europa besiegt worden.

Schlacht um Québec 1759: Brennende französische Blockadeschiffe können nichts gegen den britischen Vorstoß ausrichten, Gemälde eines unbekannte Künstlers, ca. 1900

Als dann 1760 schließlich auch noch Montreal an die Briten fiel, war „New France" endgültig besiegt, und Kanada – namentlich die heutige Provinz Québec sowie alle Gebiete östlich davon – befand sich nunmehr in britischen Händen. Zwischen dem französischen Gouverneur Marquis de Vaudreuil-Cavagnal und dem britischen General Jeffery Amherst konnte im September 1760 eine Vereinbarung geschlossen werden, die allen französischen Kolonisten das Recht zusicherte, ihren katholischen Glauben beizubehalten. Das verbliebene französische Militär jedoch wurde auf britischen Schiffen nach Frankreich gebracht. Ein offizielles Ende dieses Krieges, der über die Vorherrschaft in Nordamerika entschieden hatte, brachte aber erst der Vertrag von Paris 1763.

In den manchmal komplizierten Beziehungen zwischen Frankokanadiern und insbesondere dem englischsprachigen „Rest" spielt der Begriff „Eroberung" für diesen Abschnitt der kanadischen Geschichte eine besondere Rolle. Manch englischer Kanadier benutzte ihn in der Vergangenheit, um seinen Triumph darzustellen, und frankophone Separatisten benutzen ihn heute noch, um eine gefühlte Unterdrückung zum Ausdruck zu bringen. Jedoch sollte man bedenken, dass es gar kein wirklich englisches Kanada gibt. Kanada ist multikulturell mit den Amtssprachen Englisch und Französisch, auch wenn überwiegend ersteres in Gebrauch ist.

Gründung und Entwicklung Kanadas

Indianerkriege, amerikanische Revolution und die Folgen

Indianischer Widerstand und Pontiacs Bündnis

Die planmäßige Kolonisierung des heutigen Kanadas durch Großbritannien hatte schon im 17. Jahrhundert mit der Gründung der Stadt und Festung Halifax begonnen. Zum Schutz der ersten Gebäude vor den Angriffen der Mi'kmaq-Indianer, die ihr Territorium den Eindringlingen nicht widerstandslos überlassen wollten, wurde eine Palisade errichtet, später entstand dort die berühmte Zitadelle. Die Politik der „Kolonisierung um jeden Preis" führte zu extremen Grausamkeiten bis hin zur Aufforderung zum Genozid: So hatte Gouverneur General Edward Cornwallis ein Preisgeld von 10 Pfund pro getötetem oder gefangenem Mi'kmaq ausgesetzt – die Soldaten ließen sich das nicht zweimal sagen; einmal präsentierte eine Gruppe von ihnen an einem Tag 25 Skalps und erhielt dafür tatsächlich die ihnen versprochenen 250 Pfund (was einer heutigen Kaufkraft von rund 25.000 Euro entspricht).

Verteidigungsanlage im Fort Anne in Annapolis Royal

Numb. 10354.

The London Gazette.

Publiſhed by Authority.

From Tueſday October 4, to Saturday October 8, 1763.

By the KING,
A PROCLAMATION.
GEORGE R.

WHEREAS Our Parliament ſtands Prorogued to Tueſday the Eleventh Day of this Inſtant October; We, with the Advice of Our Privy Council, do hereby publiſh and declare, That the ſaid Parliament ſhall be further prorogued on the ſaid Eleventh Day of October, to Tueſday the Fifteenth Day of November next: And We have given Order to Our Chancellor of Great Britain, to prepare a Commiſſion for Proroguing the ſame accordingly. And we do hereby further declare Our Royal Will and Pleaſure, That the ſaid Parliament ſhall, on the ſaid Fifteenth Day of November next, be held and ſit for the Diſpatch of divers weighty and important Affairs And the Lords Spiritual and Temporal, and the Knights, Citizens, and Burgeſſes, and the Commiſſioners for Shires and Burghs of the Houſe of Commons, are hereby required to give their Attendance accordingly at Weſtminſter, on the ſaid Fifteenth Day of November next

Given at Our Court at St. *James's*, the 5th Day of *October*, 1763, in the Third Year of Our Reign.

GOD Save the KING.

By the KING,
A PROCLAMATION.
GEORGE R.

WHEREAS We have taken into Our Royal Conſideration the extenſive and valuable Acquiſitions in America, ſecured to Our Crown by the late Definitive Treaty of Peace concluded at Paris the 10th Day of February laſt; and being deſirous, that all Our loving Subjects, as well of Our Kingdoms as of Our Colonies in America, may avail themſelves, with all convenient Speed, of the great Benefits and Advantages, which muſt accrue therefrom to their Commerce, Manufactures, and Navigation; We have thought fit, with the Advice of Our Privy Council, to iſſue this Our Royal Proclamation, hereby to publiſh and declare to all Our loving Subjects, that We have, with the Advice of Our ſaid Privy Council, granted Our Letters Patent under Our Great Seal of Great Britain, to erect within the Countries and Iſlands, ceded and confirmed to Us by the ſaid Treaty, Four diſtinct and ſeparate Governments, ſtiled and called by the names of Quebec, Eaſt Florida, Weſt Florida and Grenada, and limited and bounded, as follows, viz.

Firſt, The Government of Quebec, bounded on the Labrador Coaſt by the River St John, and from thence by a Line drawn from the Head of that River through the Lake St. John to the South End of the Lake Nipiſſim; from whence the ſaid Line, croſſing the River St. Lawrence and the Lake Champlain in 45 Degrees of North Latitude, paſſes along the High Lands which divide the Rivers that empty themſelves into the ſaid River St. Lawrence, from thoſe which fall into the Sea; and alſo along the North Coaſt of the Baye des Chaleurs, and the Coaſt of the Gulph of St. Lawrence to Cape Roſieres, and from thence croſſing the Mouth of the River St. Lawrence by the Weſt End of the Iſland of Anticoſti, terminates at the aforeſaid River of St. John.

Secondly, The Government of Eaſt Florida, bounded to the Weſtward, by the Gulph of Mexico and the Apalachicola River; to the Northward, by a Line drawn from that Part of the ſaid River where the Chatahouchee and Flint Rivers meet, to the Source of St. Mary's River, and by the Courſe of the ſaid River to the Atlantick Ocean; and to the Eaſtward and Southward, by the Atlantick Ocean, and the Gulph of Florida, including all Iſlands within Six Leagues of the Sea Coaſt.

Thirdly, The Government of Weſt Florida, bounded to the Southward by the Gulph of Mexico, including all Iſlands within Six Leagues of the Coaſt from the River Apalachicola to Lake Pentchartrain; to the Weſtward, by the ſaid Lake, the Lake Maurepas, and the River Miſſiſippi; to the Northward, by a Line drawn due Eaſt from that Part of the River Miſſiſippi, which lies in 31 Degrees North Latitude, to the River Apalachicola or Chatahouchee; and to the Eaſtward by the ſaid River.

Fourthly, The Government of Grenada, comprehending the Iſland of that Name, together with the Grenadines, and the Iſlands of Dominico, St. Vincents and Tobago.

And to the End that the open and free Fiſhery of Our Subjects may be extended to and carried on upon the Coaſt of Labrador, and the adjacent Iſlands, We have thought fit, with the Advice of Our ſaid Privy Council, to put all that Coaſt from the River St. John's to Hudſon's Streights, together with the Iſlands of Anticoſti and Madelaine, and all other ſmaller Iſlands lying upon the ſaid Coaſt, under the Care and Inſpection of Our Governor of Newfoundland.

We have alſo, with the Advice of Our Privy Council, thought fit to annex the Iſlands of St. John's, and Cape Breton, or Iſle Royale, with the leſſer Iſlands adjacent thereto, to Our Government of Nova Scotia.

We have alſo, with the Advice of Our Privy Council aforeſaid, annexed to Our Province of Georgia all the Lands lying between the Rivers Atamaha and St. Mary's.

And whereas it will greatly contribute to the ſpeedy Settling Our ſaid new Governments, that Our loving Subjects ſhould be informed of Our Paternal Care for the Security of the Liberties and Properties of Thoſe, who are and ſhall become Inhabitants thereof; We have thought fit to publiſh and declare, by this Our Proclamation, that We have, in the Letters Patent under Our Great Seal of Great Britain, by which the ſaid Governments are conſtituted, given expreſs Power and Direction to Our Governors of Our ſaid Colonies reſpectively, that ſo ſoon as the State and Circumſtances of the ſaid Colonies will admit thereof, they ſhall, with the Advice and Conſent of the Members of Our Council, ſummon and call General Aſſemblies within the ſaid Governments reſpectively, in ſuch Manner and Form as is uſed and directed in thoſe Colonies and Provinces in America, which are under Our immediate Government; and We have alſo given Power to the ſaid Governors, with the Conſent of Our ſaid Councils, and the Repreſentatives of the People, ſo to be ſummoned as aforeſaid, to make, conſtitute and ordain Laws, Statutes and Ordinances for the Publick Peace, Welfare and Good Government of Our ſaid Colonies, and of the People and Inhabitants thereof, as near as may be agreeable to the Laws of England, and under ſuch Regulations and Reſtrictions as are uſed

[Price Three-pence.]

Die Royal Proclamation von 1763

Nicht nur in Nova Scotia leisteten die Indianer bewaffneten Widerstand gegen die ins Land strömenden britischen Siedler. Zunächst aufgrund der ungleichen Bewaffnung oft erfolglos, gingen sie vielerorts Bündnisse mit anderen Indianerstämmen ein. So entstand 1763 – 1764 schließlich eine große Allianz von Ojibwa, Ottawa, Potowatomi und Seneca unter dem Häuptling Pontiac. Diese leistete nicht nur erbitterten Widerstand, sondern sorgte auch für gewaltige Verluste und tausende Tote bei britischen Soldaten und Siedlern. Im Gegenzug regte General Amherst die erste historisch dokumentierte „biologische Kriegsführung“ an: von Fort Pitt (heute Pittsburg, USA) aus wurden den Indianern Decken übergeben, die mit Pockenerregern infiziert worden waren.

Royal Proclamation und Amerikanische Revolution

Schließlich aber wurde ein Friedensvertrag mit Pontiac geschlossen, der regelte, dass die First Nations ihre Landrechte behalten und die Briten nur Nutzungsrechte bekommen sollten. Die Royal Proclamation von 1763 definierte die Organisation und die Grenzen der britischen Kolonien in Nordamerika und erklärt das Konzept von „Peace, Welfare and Good Government“ („Frieden, Gemeinwohl und gute Regierungsführung“) zur Leitlinie.
Aus der St.-Lawrence-Region von New France wurde die Province of Québec, aus der gesamten maritimen Region die Province Nova Scotia; und, was sehr bedeutsam war: Die Besiedlung des Indianerlandes jenseits des Appalachen-Gebirges wurde formell untersagt; es wurde festgelegt, dass jeglicher Handel im Landesinneren – d.h. mit den indigenen Völkern – einer Lizenz bedurfte. Für die Verwaltung des „indianischen Territoriums“ sollte ein Superintendent für Indianerangelegenheiten in London zuständig sein, der zunächst jeweils Verträge mit den First Nations auszuhandeln hatte, bevor dort eine Erschließung und Besiedlung

Ergebnis der Royal Proclamation von 1763 und des Quebec Act von 1774, das die Provinz Québec nach Süden und Westen erweiterte: die 13 britischen Kolonien (orange), die britische Kolonie Québec, Indianergebiet westlich der Appalachen (rosa). (spanisches Gebiet: gelb)

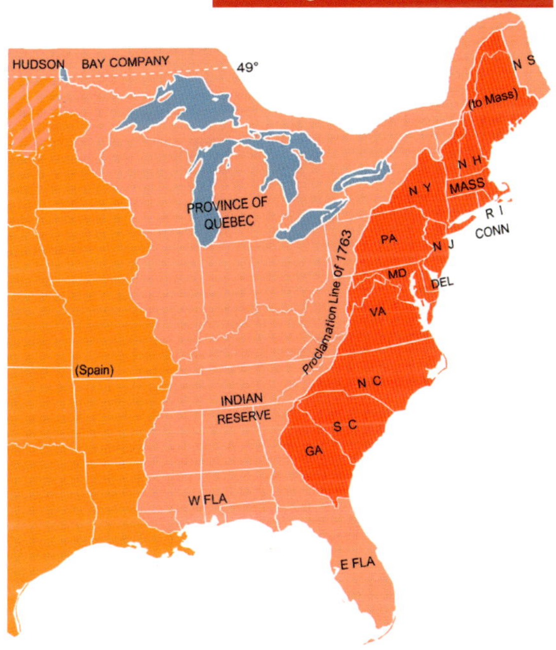

möglich wurde. Auf diese Royal Proclamation berufen sich die First Nations in Kanada bis heute, wenn es um Auseinandersetzungen über Landrechte geht. Dieses Siedlungsverbot wurde jedoch insbesondere auf dem Territorium der heutigen USA von den Siedlern ignoriert; und es verstärkte die dort vorhandenen Differenzen mit der britischen Regierung, die schließlich zur Amerikanischen Revolution, zur Unabhängigkeitserklärung der ehemaligen 13 britischen Kolonien, zur Bildung der Vereinigten Staaten von Amerika und zu einem jahrelangen Unabhängigkeitskrieg gegen Großbritannien führten.

Die Loyalisten und die Entstehung von Upper und Lower Canada

Im Gegensatz dazu regierten die Gouverneure der „Province of Québec", James Murray und Guy Carleton, damals mit Augenmaß und Kompromisswillen, um die Belange sowohl der französischen Siedler und der hinzugekommenen englischen Siedler als auch der Indianer auf friedliche Weise auszugleichen. Die Bewohner Québecs hatten daher kein Interesse, sich den anti-britischen amerikanischen Revolutionären anzuschließen – ebenso wenig wie, aus jeweils eigenen Beweggründen, die Siedler in Nova Scotia und Neufundland.

Loyalistenhaus in Shelburne

Während und nach dem Unabhängigkeitskrieg verließen fast 100.000 Menschen, die sich der britischen Krone gegenüber loyal verhielten und sich nicht der amerikanischen Revolution anschließen wollten, die abtrünnigen 13 Kolonien. Mehr als die Hälfte davon kam ins heutige Kanada. Unter diesen Loyalisten waren ganz unterschiedliche Menschen: Viele waren einfache Farmer, andere reiche Händler und Aristokraten. Manche kamen als Flüchtlinge nur mit dem, was sie auf dem Leibe trugen, andere mit ihrer kompletten Habe und sogar mit eigenen Schiffen. Viele siedelten sich in Québec (in den „Eastern

Townships“) und am Nordufer des Ontariosees an; die meisten gingen nach Nova Scotia und ins heutige New Brunswick, das aufgrund dieses großen Zustroms von Siedlern bald in den Rang einer eigenen Provinz erhoben wurde. Eine Reihe neuer Städte wurde gegründet, wie Kingston (Ontario), St.-Andrews-by-the-Sea und Saint John (New Brunswick) oder Shelburne (Nova Scotia); letzteres prosperierte damals so, dass es für kurze Zeit die größte Stadt Kanadas war.
Auf dem Höhepunkt der amerikanischen Revolution proklamierte Großbritannien das Versprechen, entlaufenen Sklaven aus den Vereinigten Staaten Freiheit und Schutz zu gewähren. Daraufhin strömten etwa 3.000 sogenannte Black Loyalists nach Kanada, mehrheitlich nach Nova Scotia. Leider mussten sie bald erfahren, dass sie außer der Freiheit wenig gewonnen hatten. Von der Regierung kam nur wenig Unterstützung, und von den weißen Siedlern erlebten sie nicht selten Feindseligkeit, so dass 1.200 von ihnen 1792 Nova Scotia wieder verließen, um sich in Sierra Leone anzusiedeln.

Die große Konföderation der Irokesen war durch den Unabhängigkeitskrieg gespalten worden. Mohawk und Seneca waren auf britischer Seite; nach Raubüberfällen durch Amerikaner kamen auch noch Onondoga und Cayuga hinzu, wohingegen Oneida und Tuscarora die Amerikaner unterstützten. Unter der Führung der Clanmutter Molly Brant und ihres Bruders Joseph, der Kriegshäuptling und gleichzeitig britischer Offizier war, wurde die Mohawk-Nation zusammengehalten und stoppte die Amerikaner an den Niagara-Fällen. Nach dem Rückzug der Briten aus den heutigen USA waren 2.000 irokesische Loyalisten gezwungen, das Land zu verlassen; sie kamen nach Kanada und siedelten sich vorwiegend im Tal des Grand River oder am Ontariosee an.

Das nordöstliche Nordamerika nach der Amerikanischen Revolution

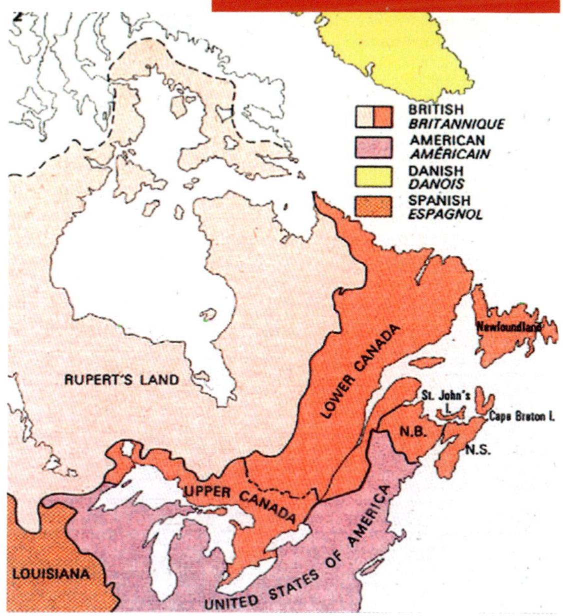

Der Zustrom der loyalistischen Siedler führte zur Aufspaltung der Provinz Québec in zwei Teile mit dem Ottawa River als Grenze: der westliche, englischsprachige Teil – heute vorwiegend Ontario – erhielt die Bezeichnung Upper Canada, der östliche, französischsprachige – heute Québec – wurde Lower Canada genannt. Die Aufspaltung hatte somit auch eine kulturelle und linguistische Dimension. Das entsprechende Gesetz (Constitutional Act of 1791) regelte gleichzeitig die Regierungsform der Kolonien unter einem starken Gouverneur mit einem von ihm ernannten Führungsgremium und einer beratenden Versammlung von gewählten männlichen Landbesitzern, die jedoch ohne Entscheidungsbefugnisse blieb.

Erschließung des Landes und Folgen für die Ureinwohner

Kulturen im Umbruch

Die verschiedenen Völker, die Kanada vor der Ankunft der Europäer bewohnten, waren entgegen dem europäischen Blickwinkel keinesfalls „unterentwickelt". Sie hatten sich in vielerlei Hinsicht in nahezu perfekter Weise an die jeweiligen Umweltbedingungen angepasst und beherrschten die dort notwendigen Überlebenstechniken. Sie wussten, wo und wie sie sich am besten im Land zu bewegen hatten, um den natürlichen Reichtum ihrer Umwelt zu nutzen – ein Wissen, das die Neuankömmlinge aus Europa erst von ihnen erlernen mussten. Verglichen mit einem Großteil der Kolonisten waren sie gar nicht so arm oder bedürftig, manchmal sogar „reicher" als jene.
Sie lebten in relativem Wohlstand und hatten sehr oft Vorstellungen von Gleichheit und Gerechtigkeit, die eher heutigen modernen aufgeklärten Demokratien entsprechen, als denen der Europäer, die im 17. Jahrhundert begannen, das Land zu kolonisieren.
Nicht wenige der französischen oder britischen Soldaten desertierten und lebten mit den Indianern; deren Kultur und Lebensweise war attraktiv genug, dass sogar eine neue „Nation" entstand – die der Métis, der Abkömmlinge gemischter Nachfahren von Indianern und Weißen. Und die Angehörigen der First Nations waren sehr wohl in der Lage, neue Werkzeuge und Techniken, die sie von den Europäern übernahmen, in kürzester Zeit in Perfektion anzuwenden.

Wenngleich es in den britischen Provinzen Kanadas keine „Indianerkriege" gab und nach der „Royal Proclamation" die unerschlossenen Ländereien zumindest formal als Indianer- bzw. Inuit-Land galten, änderten sich Kulturen und Lebensweise der

Métis auf Büffeljagd, Gemälde von Paul Kane (1810 – 1887), dem bedeutendsten kanadischen Maler des 19. Jh.

Ureinwohner Kanadas im späten 18. und 19. Jahrhundert drastisch – und unumkehrbar. Dies gilt insbesondere für den direkten Einflussbereich der Städte, Dörfer und Siedlungen der Weißen. Hier wurde es für die Ureinwohner, die sich nicht in andere Gegenden zurückgezogen hatten, unmöglich, ihr Leben ausschließlich in der traditionellen Weise zu bestreiten: Es gab nun nicht mehr ausreichend Wild, um von der Jagd zu leben; die Wälder wurden abgeholzt, das Land wurde beackert, oder es standen nun Kühe und Schafe darauf.

Manche der Ureinwohner wechselten zur sesshaften Lebensweise, veränderten damit auch ihre Ernährungsgewohnheiten und nahmen Jobs bei den Weißen an. Dabei hatten sie sich jedoch mit ihnen zunächst unverständlichen Hierarchien und Vorschriften und zumeist auch mit rassistischen Vorurteilen auseinanderzusetzen. Häufig wurden sie übervorteilt, die Arbeit wurde schlecht bezahlt, und in der Regel hatten sie keine freien Entfaltungsmöglichkeiten.

Aber auch im weiteren Umkreis und in größerer Entfernung der damals oft noch weit auseinander liegenden weißen Ansiedlungen veränderte sich das Leben spürbar, beginnend durch den regelmäßigen Tauschhandel und die Verbreitung der neuen Waffen, Gefäße, Werkzeuge und Nahrungsmittel.

Erste dauerhafte Kontakte zwischen Inuit und Europäern in Labrador

Die ersten dauerhaften Kontakte von Inuit mit Europäern begannen in der zweiten Hälfte des 18. Jahrhunderts in Labrador durch die Herrnhuter Missionare.

Die nordwestliche Festlandküste Labradors hatte schon seit dem 16. Jahrhundert gelegentliche Besuche durch Fischer und Walfänger erhalten. Die hier lebenden Inuit nutzen als Halbnomaden die Jagd- und Fischgründe im Inland und an der Küste, wo sie vor allem Meeressäugetiere jagten. Nun aber lernten sie einige europäische Güter kennen, die schnell zu begehrten Objekten wurden, wie z.B. eiserne Messer und Kochtöpfe. Hin und wieder unternahmen sie weite Fahrten an der Küste entlang nach Süden bis hin zu Neufundlands Küsten, um zu handeln. Herkömmliche Gerätschaften aus Knochen und Stein wurden allmählich durch Gegenstände aus Metall ergänzt und ersetzt, die man gegen Elfenbein, Walöl und Seehundsfelle eintauschte.

Es kam jedoch häufig zu Auseinandersetzungen zwischen Weißen und Inuit. Die letzteren wurden pauschal beschuldigt, die begehrten Güter zu stehlen. Inuit kannten damals kein persönliches Eigentum im europäischen Sinne, sondern teilten innerhalb der Gemeinschaft und waren gewohnt, sich von gemeinsamen Vorräten zu nehmen, was sie benötigten. Ob Diebstahl oder nicht – es gab Vorfälle, die zu gegenseitigem Misstrauen, zu Strafmaßnahmen und Verfolgungen führten, was wiederum entsprechende Gegenreaktionen und zunehmende Feindseligkeiten hervorrief. Schließlich sah die Mehrheit der Fischer, Walfänger oder Pelztierjäger in den Inuit aus den nördlichen Gebieten unberechenbare Feinde, die man zu „erledigen" hatte. Sobald man welche erblickte, ob auf See oder an Land, wurde sofort auf sie geschossen – es herrschte ein unerklärter Krieg.

Der britische Gouverneur von Neufundland, Hugh Palliser, strebte danach, als Voraussetzung für geordneten Handel friedliche Zustände in Labrador zu schaffen. Der Moravian Church, die in Deutschland als Herrnhuter Brüdergemeine bekannt ist, traute er die „Befriedung der Eskimos" zu, weil sie bereits in Grönland unter den dortigen Inuit erfolgreich tätig war.

So erhielten die Herrnhuter die Genehmigung Pallisers zur Errichtung von Missionsstationen im Norden Labradors. Bereits 1771 wurde

Oben: Kirche in Nain, 2009
Unten: Missionsstation Makkovik, um 1920

durch Jens Haven die Siedlung Nain gegründet, wenige Jahre später folgten Okak und Hopedale; 1830 entstand weiter nördlich Hebron, 1865 Zoar und 1871 Ramah. Die Gebäudeteile für die Stationen wurden zum Teil in Deutschland aus Holz vorgefertigt, mit dem Schiff über das Meer gebracht und vor Ort zusammengebaut. Auf diese Weise errichtete der Missionar Hermann Theodor Jannasch 1896 die komplette Mission in Makkovik. 1904 wurde nahe der Nordspitze Labradors noch die Missionsstation Killinek gegründet, die jedoch nicht lange Bestand hatte.

Bis ins 20. Jahrhundert hinein kamen die Labrador-Missionare vor allem aus Deutschland. Von Herrnhut in der Oberlausitz ausgesandt, leisteten sie, meistens zusammen mit ihren Frauen, jahrelang Dienst in dem für sie so unwirtlichen Norden. Um den „Heiden" die Botschaft Gottes zu verkünden, nahmen sie selbst große Entbehrungen auf sich. Im Unterschied zu Missionaren anderer Religionsgemeinschaften wollten sie die Kultur und Lebensweise der Inuit in wesentlichen Aspekten erhalten; sie erlernten daher die Sprache der Inuit und übersetzten nicht nur Gesangsbücher und Bibeltexte, sondern verfassten auch Schulbücher in Inuktitut (die in Ostsachsen gedruckt wurden). Kindern wie Erwachsenen wurde Lesen, Schreiben, Zählen, Rechnen und Geographie beigebracht – und das alles in deren eigener Sprache! Auch deutsche Choräle und Weihnachtslieder wurden in Inuktitut gesungen, und manche der Inuit spielten Geige, Harmonium oder Posaune. In der Sprache der Labrador-Inuit, die vorher in ihrem Alltagsleben keine Wochentage und Uhren kannten, gibt es seither die aus dem Deutschen entlehnten Wörter „Montâg, Tenistâg,

Oben: Inuit vor Zelt bei Okak
Mitte: Haushaltgegenstände aus Deutschland im Museum Makkovik
Unten: Inuktitut-Lehrbuch, gedruckt in Bautzen

Metvog, Tonistâg, Fraitâg, Sunâpint, Sontâg“, sowie für die Zahlen auf der Uhr „ains, suvai, tarai, fiarâ, vinivi, sâksit, sepat, âttat, naina, senat, ailvat, suvailva“. Finanziert wurde die Missionstätigkeit hauptsächlich durch den Handel mit Pelzen, Robbentran und Salzfischen; diese Waren wurden nach England verschifft und ermöglichten den Einkauf von Versorgungsgütern.

Die vom Gouverneur geplante „Befriedung“ der Inuit in Labrador gelang bestens; aber natürlich wurde ihre Lebensweise – trotz der von den Herrnhutern verkündeten gegenteiligen Absichten – auch über Religion und Bildung hinaus verändert: Familienbeziehungen wurden nun nach christlich-europäischem Muster definiert. Die Inuit blieben nun längere Zeit am Siedlungsort. Der Rhythmus der Wanderungen und Jagdzüge richtete sich nicht mehr primär nach dem Wetter und dem Auftauchen von Wild, sondern nach Kalenderdaten, wie Ostern und Weihnachten, und nach dem Wechsel von Sonn- und Werktagen. Die intensivere Jagd nach Pelztieren zu Handelszwecken dezimierte die Wildbestände, so dass Jagderfolge immer schwieriger wurden. Die Inuit gerieten in völlige Abhängigkeit von den Versorgungsgütern der Weißen – Feuerwaffen, Gerätschaften und Werkzeuge, Nahrungsmittel wie Mehl, Tee, Zucker und Tabak. Eine Rückkehr zum althergebrachten Leben war nicht mehr möglich.

Mit dem alljährlich im Sommer eintreffenden Versorgungsschiff kamen der Nachschub an Lebensmitteln, Kleidung, Gerätschaften und Medikamenten – manchmal aber auch der Tod, denn es wurden Krankheitskeime eingeschleppt, gegen die die Inuit keine Abwehrkräfte hatten. An bakteriellen und Virus-Erkrankungen starben ganze Familien, später durch die Spanische Grippe 1918 sogar fast alle Einwohner von Okak und ein Großteil der Bevölkerung von Hebron.

Erschließung und Besiedlung des kanadischen Westens

Nachdem Kapitän Cook 1778 auf seiner dritten Reise die Pazifikküste erreicht hatte, gelangten durch den Tauschhandel mit den Nuu-chah-nulth erstmals Seeotterpelze in die Hände der Europäer und wurden später in China verkauft. Damit begann eine sich drastisch entwickelnde Nachfrage nach diesen wertvollen Pelzen. In der Auseinandersetzung mit Spanien, das von Mexiko her ebenfalls Ansprüche auf die Westküste anmeldete, und später mit den Vereinigten Staaten und mit den Russen, die weiter nördlich im heutigen Alaska aktiv waren, setzte Großbritannien am Ende des 18. Jahrhunderts seine Besitzansprüche zunächst auf Vancouver Island an der Pazifikküste und daran anschließend in British Columbia durch.
Die Hudson's Bay Company, die bisher vor allem an den Küsten der gleichnamigen Bucht aktiv gewesen war, dehnte in dieser Zeit ihre Aktivitäten zunehmend tiefer in das Landesinnere aus, wo vorher nur vereinzelt französische Pelzhändler mit indianischen Trappern gehandelt hatten. Es entstand ein Fort nach dem anderen, zumeist an den Flüssen, die auch der bevorzugte Verkehrsweg für den Nachschub an Waren und den Rücktransport der Pelze waren. Zugleich trat als Konkurrent die North West Company auf den Plan, die vor allem im Westen, beispielsweise im Gebiet des heutigen Alberta, und auch weiter südlich bis nach Wisconsin in den USA tätig wurde und ebenfalls zahlreiche Handelsposten errichtete. Als 1821 die beiden bis dahin heftig konkurrierenden und sich manchmal sogar mit Waffengewalt blutig bekämpfenden Gesellschaften schließlich vereinigt wurden, verfügten sie zusammen bereits über 173 Niederlassungen. Die Hudson's Bay

Historischer Schriftzug der Hudson's Bay Company über dem Portal eines Forts

Der schottische Entdecker Alexander Mackenzie etwa 1800, Gemälde von Thomas Lawrence

Company bekam nunmehr eine Monopolstellung, die es ihr ermöglichte, den Indianern bis hin zur Pazifikküste ihre niedrigen Einkaufspreise aufzudrücken.
Alexander Mackenzie erforschte für die North West Company von Fort Chipewyan aus entlang des später nach ihm benannten Flusses den Nordwesten bis zum Polarmeer. Bei einer weiteren Expedition folgte er dem Peace River, entdeckte später den Fraser River und schlug sich über die Coastal Mountains bis zur Pazifikküste bei Bella Coola durch. Simon Fraser, der British Columbia entlang des später nach ihm benannten Flusses erforschte und kartografierte, wirkte entscheidend an der nachfolgenden Besiedlung des Gebietes mit, später auch im heutigen Manitoba in der Red River-Region, ebenfalls im Auftrag der North West Company. Für die Beseitigung von großen weißen Flecken auf Kanadas Karte sorgte David Thompson, der in den Jahren 1792 – 1814 nicht nur große Teile von British Columbia, sondern insgesamt etwa ein Fünftel der Fläche Kanadas kartierte und auch die Grenze zwischen USA und Kanada entlang des 49. Breitengrades vermaß.

Die „Nebenwirkungen" der Erschließung

Die Ureinwohner im Norden und Westen wurden in immer größeren Maße abhängig von den Europäern; die Wildbestände nahmen mancherorts drastisch ab, und auch in entlegeneren Teilen des Landes begann mit der Errichtung der Handelsstationen die Verdrängung der indigenen Völker aus ihren ursprünglichen Jagdgebieten. Selbst da, wo die Kontakte nur spärlich waren, wo nur gelegentlich ein fahrender Pelzhändler auftauchte, wurde zumindest die Jagd intensiviert, um die Felle gegen die hoch begehrten Produkte der Weißen eintauschen zu können.
Leider gehörte zu den üblichen Handelsgütern der Weißen außer Stoffen, Gefäßen, Werkzeug, Waffen und Munition auch Alkohol – mit verheerenden Folgen. In der Regel wurde in maßloser Weise getrunken, und dies hatte einen höchst verderblichen Einfluss – es entstanden bald neue Verhaltensmuster. Anstelle der vorher normalerweise praktizierten gegenseitigen Hilfe und des Teilens von Vorräten auch mit Angehörigen

befreundeter Stämme traten immer mehr gegenseitige Übervorteilung, Diebstahl und sogar Vernachlässigung der eigenen Familie.
Zehntausende von Bibern wurden erjagt und die kostbaren Pelze oft nur gegen Rum oder billigen Fusel eingetauscht. Wenn die Indianer schließlich zu verhungern drohten, erhielten sie von den Händlern Kredit für den Erwerb von Fallen, Munition und Nahrungsmitteln, damit sie wieder auf die Jagd gehen und neue Pelze anbringen konnten. So lernten sie Schulden kennen und begaben sich in ständig wiederkehrende Abhängigkeit. Hunger und Elend waren häufige Gäste.

Inuit von Okak – sie wurden größtenteils Opfer der spanischen Grippe 1918

Eine wirklich drastische Dezimierung der Indianer trat infolge von Epidemien ein. Gegen die durch die Europäer verbreiteten Erreger von Tuberkulose, Masern, Keuchhusten, Influenza und anderen Krankheiten besaßen sie keinerlei Abwehrkräfte, so dass diese Krankheiten bei ihnen nur zu leicht zum Tod führten. So rafften zwei große Pockenepidemien 1781/82 und 1801/02 beispielsweise die Hälfte der Prärieindianer Kanadas dahin. In der Westküstenregion hatten seit den ersten Kontakten in den 1770er Jahren eingeschleppte Krankheiten die Urbevölkerung von geschätzten 180.000 auf etwa 35.000 in den 1860er Jahren dezimiert – in weniger als hundert Jahren, wobei allein eine Pockenepidemie im Jahre 1862 die Hälfte der damaligen indianischen Bevölkerung das Leben gekostet hatte.
Nicht nur, dass die Epidemien zum Tod vieler Ureinwohner führten; oft waren die Überlebenden auch gezwungen, ihre Dörfer oder Camps aufzugeben. Viele hatten ihre Angehörigen verloren und mussten nun neue Plätze zum Leben finden und neue familiäre und soziale Beziehungen aufbauen. Die Massenerkrankungen zerstörten auch das Vertrauen in die Heiler, Schamanen und die überlieferten religiösen Überzeugungen, so dass christliche Missionare ein leichtes Spiel hatten, was wiederum einen kompletten kulturellen Wandel bewirkte.

Die Indianer und der Krieg der USA gegen Kanada 1812

In Europa ist kaum bekannt, dass die jungen Vereinigten Staaten von Amerika – damals mit einer Bevölkerung von bereits 7,5 Millionen – im Jahre 1812, in der Folge der Napoleonischen Kriege in Europa, Kanada erobern wollten, wo damals weniger als eine halbe Million weiße Siedler lebten.

Die Kanadier konnten diesen Angriff nur mithilfe der Indianer abwehren. Diese wollten das Land, das sich westlich des Ohio-River von den Großen Seen bis nach Süden erstrecke, nicht auch noch preisgeben. Daher hatten sie sich zu einer stammesübergreifenden Allianz von Shawnee, Delaware, Ottawa, Chippewa, Dakota und weiteren Stämmen unter dem Häuptling Tecumseh zusammengeschlossen und kämpften an der Seite der Kanadier und Briten gegen die amerikanischen Soldaten.

Die Schlacht bei Chippewa am 5. Juli 1814 in einer modernen Darstellung

Die Amerikaner mussten teilweise schockierende Verluste hinnehmen, z.B. den Fall von Detroit und Fort Dearborn (dem heutigen Chicago), und schließlich wurde im August 1814 auch Washington durch die britische Armee geplündert. Im Verlauf des Krieges wurden noch viele kleinere und größere Schlachten geschlagen, mit jeweils kurzfristigen Siegen und Niederlagen auf beiden Seiten.
Am Ende gab es einen Friedensvertrag, der zwar die militärische Niederlage der Amerikaner feststellte, ihnen aber trotzdem eine Art politischen Sieg ermöglichte. Der ursprüngliche Grenzverlauf zwischen Kanada und USA wurde wieder hergestellt, aber die Amerikaner bekamen freien Zugang zum Westen – denn die Briten hatten ihre Verbündeten, die Indianer, wie auch alle Kanadier von den Friedensverhandlungen komplett ausgeschlossen. In einem weiteren Abkommen wurde 1818 der Verlauf der westlichen Grenze zwischen Kanada und den USA entlang des 49. Breitengrades festgelegt – vorerst allerdings noch mit Ausnahme der Region am Pazifik, wo der Grenzverlauf erst 1846 vertraglich geregelt wurde.
Die großen Verlierer des Krieges waren am Ende die Ureinwohner der USA. Ihr Traum von einem souveränen panindianischen Territorium war geplatzt. Sie rieben sich in den folgenden Jahrzehnten in den Indianerkriegen auf und wurden Opfer gewaltsamer Vertreibungen und Massaker seitens der Europäer. Aber auch in Kanada wurden die Indianer zunehmend zu Objekten der „Zivilisierungs-“ und Assimilierungspolitik seitens der weißen Gesellschaft.

Kanada auf dem Weg zu Demokratie und Unabhängigkeit

Die Maßnahmen der britischen Kolonialverwaltung, bei der wichtige Entscheidungen im fernen London getroffen wurden und der jeweilige Gouverneur uneingeschränkt über die Interessen der lokalen Gruppen hinweg regierte, standen in Upper und Lower Canada nur zu oft im Gegensatz zu den Wünschen, Hoffnungen, Sorgen und Nöten der Siedler, insbesondere der Frankokanadier. Dies führte zu Unzufriedenheit und Konflikten, die sich in den 1830er Jahren in Reformbemühungen, offenem Aufruhr und einer versuchten Rebellion 1837 unter Papineau und Mackenzie äußerten, die letztlich zur politischen Souveränität führten.

William Lyon Mackenzie, der erste Bürgermeister von Toronto

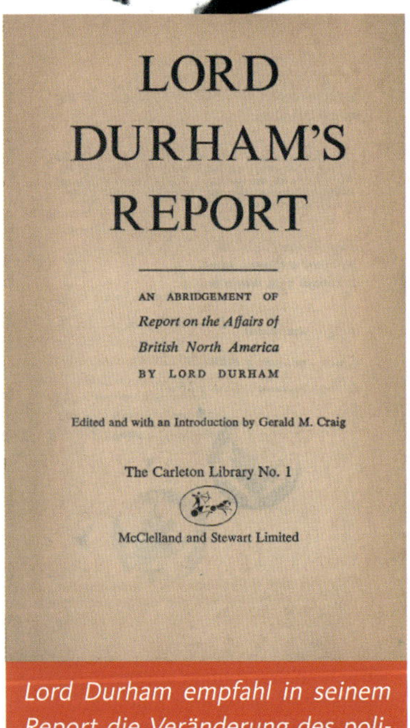

LORD DURHAM'S REPORT

AN ABRIDGEMENT OF *Report on the Affairs of British North America* BY LORD DURHAM

Edited and with an Introduction by Gerald M. Craig

The Carleton Library No. 1

McClelland and Stewart Limited

Lord Durham empfahl in seinem Report die Veränderung des politischen Systems Kanadas

Der Durham-Report

Nach der Rebellion 1837 entsandte die junge Königin Victoria Lord Durham als High Commissioner und bevollmächtigten Generalgouverneur aller britischen Kolonien in Nordamerika, um die Situation zu untersuchen. Durham verfasste einen Bericht und machte Vorschläge zur Änderung des politischen Systems in Kanada: Er plädierte für die Zusammenfassung von Upper Canada mit dem frankophonen Lower Canada unter einer zentralen Regierung, um die linguistische und kulturelle Spaltung nicht zu verfestigen; und er schlug vor, dass der Gouverneur sein Führungsgremium nicht mehr einfach ernennen, sondern nunmehr aus Mitgliedern einer gewählten Versammlung rekrutieren sollte, und dass die Kolonien ihre inneren Angelegenheiten selbst zu regeln hätten. Das bedeutete im Prinzip, dass dieselben parlamentarischen Rechte, die es im Mutterland gab, auch für die Kolonien gelten sollten. Durham wollte eigentlich auch Nova Scotia, New Brunswick und Prince Edward Island unter die zentrale Verwaltung bringen, aber diese damals prosperierenden Kolonien sahen keine Veranlassung, ihren Status zu ändern.

Province of Canada

Obwohl die britische Regierung Durhams Vorschläge zunächst zurückwies, wurde dann doch mit dem Act of Union 1841 aus Upper und Lower Canada die Province of Canada unter einer Einheitsregierung mit Sitz in Kingston geschaffen und ein Parlament etabliert – allerdings mit einem monolithischen kolonialen Staatsmodell, mit Englisch als alleiniger Regierungssprache und mit einer Überrepräsentanz englischer Abgeordneter. Dies musste zu Gegenreaktionen führen, denn tatsächlich war die Bevölkerung sprachlich und kulturell sehr heterogen und umfasste frankophone Kanadier ebenso wie ehemalige Soldaten der britischen Armee, die u. a. aus Hessen stammten und Deutsch sprachen, sowie Mennoniten, die aus Deutschland, Osteuropa, den USA, den Niederlanden und der Schweiz eingewandert waren, eine große Zahl katholischer Schotten und Iren, schwarze Loyalisten und natürlich die Ureinwohner.

Ein demokratisches Parlament

Unter Führung von Robert Baldwin, der auf der franko-kanadischen Seite durch Louis-Hyppolite Lafontaine unterstützt wurde, traten moderate Reformer auf den Plan. Ihr Bestreben war, die jeweils unterschiedlichen Interessen in der Province of Canada zum Ausgleich zu bringen und somit eine wirkliche Demokratie herzustellen. Damit fanden sie immer mehr Unterstützer. Die Parlamentssitzung vom 10. März 1848, in der Lafontaine schließlich von der Mehrheit des Parlaments den Auftrag zur Regierungsbildung erhielt, gilt für viele als Geburtsstunde der Demokratie in Kanada. Die neue Regierung unter dem Ministerpräsidenten Lafontaine zog nach Montreal um, und im Januar 1849 hielt der dort anwesende britische Gouverneur Lord Elgin die Eröffnungsansprache für das Parlament auf Englisch – und danach gleich noch einmal, auf Französisch! Das war ein bedeutender symbolischer Akt – und dennoch gab es bald weitere Unruhen, insbesondere unter Frankokanadiern. Schließlich wurden unter der neuen demokratischen Regierung eine Reihe von Gesetzen beschlossen, mit denen bestimmte Ungerechtigkeiten im Act of Union korrigiert wurden; der Bau von Eisenbahnlinien wurde in Angriff genommen, ein offizielles Schulsystems eingeführt; und auch die aus Frankreich überkommenen, in Québec damals noch gültigen feudalen Eigentumsstrukturen wurden endgültig aufgehoben.

Ottawa wird Hauptstadt

Das Parlament in Ottawa, Baubeginn 1859, vollendet 1876

Die Auseinandersetzungen um den Sitz der Hauptstadt, die die Unruhen und Aufstände der Frankokanadier in Montreal nach sich zogen, konnte nicht zu aller Zufriedenheit gelöst werden. Nach einem Hin und Her zwischen Toronto und Québec City wurde schließlich der britischen Königin das letzte Wort erteilt. Als Queen Victoria am 31.12.1857 die Entscheidung für Ottawa traf, war dies weder Zufall noch Willkür, sondern die Bestätigung eines zuvor wohlüberlegten Vorschlages zum Ausgleich der divergierenden Interessen, den die damals führenden kanadischen

Staatsmänner John A. MacDonald und George-Étienne Cartier der Königin übermittelt hatten. Entscheidend war Ottawas Lage „in der Mitte“ – an dem Fluss, der die frankophone und die anglophone Kultur teilte, und die große Entfernung zur amerikanischen Grenze.

Selbstverwaltung in Nova Scotia

Die Bibliothek des Parlaments in Ottawa

In Nova Scotia war die Einrichtung einer parlamentarischen Vertretung bereits einige Monate zuvor ohne vergleichbare Querelen vor sich gegangen. Mit einer starken Holz- und Schiffbauindustrie und mit dem wichtigen Hafen Halifax, in dem damals der Kaufmann Cunard bereits einen regelmäßigen Linienschiffsverkehr nach Europa unterhielt, prosperierte die Provinz gewaltig. Der einflussreiche Reformer Joseph Howe hatte in einem offenen Brief an die britische Regierung die Absurditäten und Widersprüche des gegenwärtigen kolonialen Verwaltungssystems beschrieben. Daraufhin gewann er 1848 mit seiner Partei die Mehrheit im Parlament, und auch die britische Regierung stimmte einer eigenverantwortlichen Regierung zu.

Die Verwaltung British Columbias

Die bisherigen Pelzhändler-Ansiedlungen auf Vancouver Island waren 1849 zur Kronkolonie erhoben wurden, und damit war James Douglas, der Chef der Hudson's Bay Company, zugleich Gouverneur. Als man neun Jahre später am Fraser River Gold fand, entwickelte sich die Hauptstadt Victoria vom verschlafenen Handelsposten zu einer florierenden Geschäftsstadt, von der aus auch die Festlandsregion im Westen, British Columbia, verwaltet wurde. Die Stadt war das Eingangstor für die Goldsucher, die in großer Zahl aus den USA, aus China und von anderswo in das Land strömten. Zur Erschließung weiterer Goldminen im Caribou Valley und in Kootenay entstanden auf dem Festland bald die ersten Straßen ins Innere, das dadurch für Handel und Besiedlung zugänglich gemacht wurde. Eine eigenverantwortliche parlamentarische Regierung für British Columbia entstand aber erst 1864, nachdem Douglas in den Ruhestand gegangen war. In der Kolonie lebten damals rund 10.000 weiße Siedler.

Dominion of Canada – Die Konföderation

Eine Konföderation von vier Provinzen

Die geeinte Province of Canada, aus Upper und Lower Canada entstanden, erwies sich auf Dauer als alles andere als einig. Immer noch gab es linguistische, kulturelle, politische und soziale Gegensätze, die zu Streit und radikalen Konfrontationen sowohl im als auch außerhalb des Parlaments führten, so dass faktisch ein frankokanadisch dominiertes „Canada East" und ein englisches „Canada West" existierten. Dazu kam Druck von außen: Der Bürgerkrieg in den Vereinigten Staaten hatte den Freihandel beendet, und man fürchtete zudem eine erneute amerikanische Invasion. Das alles führte dazu, dass man begann, neue politische Formen in einer kanadischen Union zu diskutieren, die die britischen Kolonien Nordamerikas zusammenführen sollte.
1864 trafen in Charlottetown auf Prince Edward Island die Vertreter der Kolonien zusammen, um über eine Vereinigung zu beraten. Bei Folgetreffen in Québec City und in London wurden die Grundlagen einer gemeinsamen Verfassung ausgehandelt, die schließlich 1867 zum British North America Act, später Constitution Act genannt, führten. Als Queen Victoria dieses Gesetz unterschrieb, entstand damit ein föderaler Staat mit einer zentralen Regierung zur Regelung der gemeinsamen nationalen Interessen und mit Provinzen, in denen die jeweiligen lokalen und regionalen Angelegenheiten verwaltet werden sollten. Der neue Staat erhielt die offizielle Bezeichnung „Dominion of Canada". Die Konföderation bestand zunächst aus den Provinzen Québec, Ontario, Nova Scotia und New Brunswick mit damals insgesamt 3,5 Millionen Einwohnern. Neufundland und Prince Edward Island hatten den Beitritt zur Konföderation abgelehnt. Kanada war zudem nicht vollständig unabhängig geworden – es blieb Bestandteil des Britischen Königreichs, die Kanadier waren immer noch britische Staatsangehörige mit der Queen als Staatsoberhaupt.

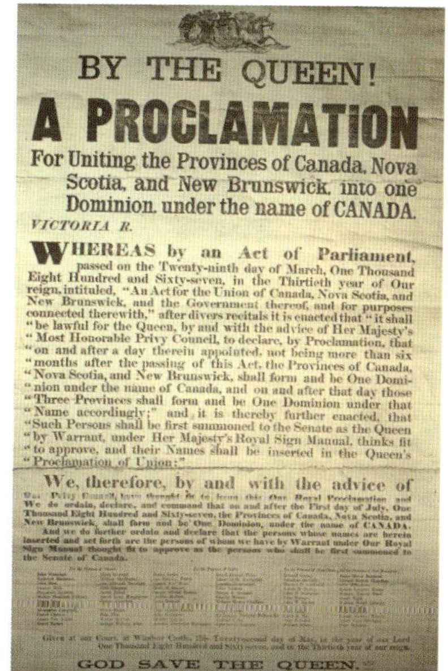

BY THE QUEEN!

A PROCLAMATION

For Uniting the Provinces of Canada, Nova Scotia, and New Brunswick, into one Dominion, under the name of CANADA.

VICTORIA R.

WHEREAS by an Act of Parliament, passed on the Twenty-ninth day of March, One Thousand Eight Hundred and Sixty-seven, in the Thirtieth year of Our reign, intituled, "An Act for the Union of Canada, Nova Scotia, and New Brunswick, and the Government thereof, and for purposes connected therewith," after divers recitals it is enacted that "it shall "be lawful for the Queen, by and with the advice of Her Majesty's "Most Honorable Privy Council, to declare, by Proclamation, that "on and after a day therein appointed, not being more than six "months after the passing of this Act, the Provinces of Canada, "Nova Scotia, and New Brunswick, shall form and be One Domi-"nion under the name of Canada, and on and after that day those "Three Provinces shall form and be One Dominion under that "Name accordingly;" and it is thereby further enacted, that "Such Persons shall be first summoned to the Senate as the Queen "by Warrant, under Her Majesty's Royal Sign Manual, thinks fit "to approve, and their Names shall be inserted in the Queen's "Proclamation of Union;"

We, therefore, by and with the advice of Our Privy Council, have thought fit to issue this Our Royal Proclamation and We do ordain, declare, and command that on and after the First day of July, One Thousand Eight Hundred and Sixty-seven, the Provinces of Canada, Nova Scotia, and New Brunswick, shall form and be One Dominion, under the name of CANADA.
And we do further ordain and declare that the persons whose names are herein inserted and set forth are the persons of whom we have by Warrant under Our Royal Sign Manual thought fit to approve as the persons who shall be first summoned to the Senate of Canada.

Given at our Court, at Windsor Castle, this Twenty-second day of May, in the year of our Lord One Thousand Eight Hundred and Sixty-seven, and in the Thirtieth year of our reign.

GOD SAVE THE QUEEN.

Queen Victoria (1819-1901) unterzeichnete 1867 den Constitutional Act, der die Grundlage des föderativen Staates Kanada war

Louis Riel und die Provinz Nummer fünf: Manitoba

Zur gleichen Zeit, 1867, hatten die USA für 7,2 Millionen Dollar Alaska von Russland abgekauft. In Kanada strebte man ebenfalls nach mehr Land im Westen und schloss 1869 den größten Grundstückskauf der Geschichte ab: Die Hudson's Bay Company stimmte zu, für 1,5 Millionen Dollar das damalige Rupert's Land (benannt nach dem ersten Vorsitzenden der HBC, Ruprecht von der Pfalz) – das Einzugsgebiet aller Flüsse und Ströme, die in die Hudson Bay flossen – sowie das North Western Territory an die Province of Canada zu verkaufen.

Keine der beteiligten Parteien kam auf die Idee, die Bewohner dieser Regionen zu befragen oder sie überhaupt darüber zu informieren. Im Flußtal des Red River, dem Zugang zum unerforschten Westen, war damals ein Völkergemisch aus Indianern, Franzosen, Amerikanern und Schotten, insgesamt über 10.000 Menschen, ansässig. Sie lebten von kleinflächiger Landwirtschaft, von der Büffeljagd und dem Verkauf von Pemmikan (*Cree pimikan*), einer Mischung aus Dörrfleisch und Fett, die als Reiseproviant diente, sowie von Pelzen an die HBC. Ein großer Teil davon waren Métis von gemischter indianischer und europäischer, vorwiegend französisch-katholischer Abstammung. Die Nachricht vom Verkauf der Region und der Zuzug von englischsprachigen und protestantischen Siedlern führte zu Empörung und Widerstand, der auch ethnisch und religiös motiviert war. Unter Führung eines jungen Mannes namens Louis Riel stoppten die Métis die Landvermesser, besetzten den Handelsposten Upper Fort Gary (heute ein Stadtbezirk von Winnipeg) und riefen eine provisorische Regierung aus.

Die provisorische Regierung der Red-River-Kolonie mit Louis Riel, dem Anführer der Métis (französisch: "Mestizen") in der Mitte. Sie handelte die Bedingungen für den Manitoba Act aus

Riel versuchte, Bedingungen mit der Regierung in Ottawa auszuhandeln, die für die verschiedenen Bevölkerungsgruppen am Red River, einschließlich der Protestanten, annehmbar waren. In Erfüllung von Forderungen der Rebellen wurde schließlich im Juli 1870 von der kanadischen Regierung die Provinz Manitoba ausgerufen, damals zunächst noch auf kleinerer Fläche als die heutige Provinz. Ihr Name leitet sich vom Ausdruck Manitou – „Großer Geist“ – ab. Der Schutz der französischen Sprache und des katholischen Glaubens wurden in Manitoba garantiert – damit war eine weitere Provinz innerhalb der Konföderation etabliert, die nicht ausschließlich von Anglokanadiern dominiert wurde. Louis Riel selbst jedoch wurde als Aufrührer gerichtlich verfolgt und musste in die USA flüchten; obwohl er mehrfach in Manitobas Parlament gewählt wurde, konnte er seinen Sitz nicht wahrnehmen, da er nicht amnestiert wurde.

Mit der Eisenbahn gewinnt man die sechste und siebente Provinz

Auch in British Columbia (BC) regte sich der Wunsch nach Selbstverwaltung und eigenverantwortlicher Regierung. Der Rückgang der Wirtschaftskraft nach dem Ende des Goldrausches sowie die Furcht vor einer möglichen Annexion durch die USA führten zur Bildung einer politischen Bewegung, die den Beitritt der Kolonie zur Kanadischen Konföderation forderte. Als die Vertreter aus BC mit der Regierung in Ottawa über die Modalitäten des Beitritts verhandelten, errangen sie die Zusage für den Bau einer transkontinentalen Eisenbahnlinie innerhalb von zehn Jahren. Damit stand dem Beitritt nichts mehr im Wege: BC trat 1871 als sechste Provinz der Konföderation bei, und Kanada erstreckte sich nunmehr vom Atlantik zum Pazifik. Schließlich trat 1873 auch Prince Edwards Island der Konföderation bei – allerdings erst, nachdem die Zentralregierung sich bereit erklärte, Schulden in Millionenhöhe für den Bau einer Eisenbahnlinie zu übernehmen.

Die Mounties

Um Gesetz und Ordnung an die Grenzen und in die fernen Regionen Kanadas zu bringen, wurde 1873 durch einen Parlamentsbeschluss die North West Mounted Police geschaffen. Sie sollte beispielsweise die Whisky-Händler, die illegal über die amerikanische Grenze kamen und heimliche Handelsposten für die Indianer unterhielten, vertreiben. Nach einem Massaker, das US-amerikanische Wolfsjäger auf kanadischem Territorium an Assiniboine-Indianern verübt hatten, wurden zunächst 300 Freiwillige rekrutiert, die mit roten Jacken ausgestattet wurden, damit sie deutlich von den blauen Uniformen der US-Kavallerie unterschieden werden konnten, die südlich der kanadischen Grenze einen blutigen Krieg gegen die Indianer führte. Die kurz The Mounties genannten Polizisten vertrieben erfolgreich die amerikanischen Eindringlinge und standen bald in dem Ruf, jeden gesuchten Verbrecher zu fassen. In der Tat sicherten sie so die kanadische Autonomie im Nordwesten und erhielten das Gesetz aufrecht. 1920 wurden sie als Royal Canadian Mounted Police reorganisiert.

Verträge mit den First Nations

Durch den British North America Act hatte die Zentralregierung auch die Zuständigkeit über das Indianerland in den Provinzen bekommen, ebenso wie sie mit dem Erwerb des Landes im Nordwesten und in der Arktis die Verantwortung für „Schutz und Wohlergehen" der dortigen Ureinwohner übernahm.

Die Regierung wollte das Land für Ackerbau, Viehzucht und den Eisenbahnverkehr erschließen. Anders als im südlichen Nachbarland USA, wo blutige Kriege zur Vertreibung der Indianer ausgefochten wurden, sollte dies in Kanada durch Verträge geregelt werden. Zunächst ging es um das Land, durch das die Eisenbahnlinien führen würden. Für einen pauschalen Geldbetrag bei der Unterzeichnung und bestimmte jährliche Zahlungen, nebst dem Versprechen, für Schulen, Ausbildung und wirtschaftliche Möglichkeiten zu sorgen und den Handel mit Alkohol zu unterbinden, wurde verlangt, dass die First Nations ihr Land abgeben und von nun ab auf begrenztem Gebiet, den Reservaten, leben sollten.

Louis Riel: „Tortured"; Statue vor dem Collège universitaire de Saint-Boniface in Winnipeg

Die mit den Vertragsabschlüssen beauftragten Regierungsangestellten gingen oft nach dem Motto „teile und herrsche" vor, um leichter zum Ziel zu kommen. Mit Hilfe von Missionaren wurden zunächst Verträge mit christlichen Indianern abgeschlossen, oder es wurde die Zustimmung zunächst von solchen Gruppen, die sich in Not befanden, erkauft, um dann einzelne Gruppierungen gegeneinander auszuspielen.

Häufig wurden solche Vertragsverhandlungen von den beteiligten Parteien ganz unterschiedlich wahrgenommen und interpretiert. Mündliche Absprachen – bei den Ureinwohnern traditionell als verbindliche Vertragsbestandteile betrachtet – wurden oft gar nicht schriftlich fixiert und später dann auch fast nie eingehalten. Indianische Führer sahen die Verträge als Abkommen zwischen Völkern an, die man ständig vervollkommnen und nachbessern muss, wenn sich die jeweiligen Verhältnisse ändern; die Europäer aber betrachteten sie als einmalige und endgültige Kaufverträge. Dies gibt bis heute Anlass zu rechtlichen Auseinandersetzungen.

Nordwest-Rebellion 1885: Die Schlacht am Fish Creek

Die Nordwest-Rebellion 1885

Der Druck der nach Manitoba einströmenden Siedler zwang die Métis dazu, sich weiter in den Westen zurückzuziehen, in das heutige Saskatchewan, wo sie keine Landansprüche mehr vorweisen konnten. Auch hierher kamen mittlerweile schon die Vermessungstrupps der Regierung, und die großen Büffelherden waren verschwunden. Wie die dort einheimischen Prärieindianer der Cree, Siksikau und Dakota gerieten die Métis in Hungersnot. Sie kamen auf die Idee, den in die USA geflüchteten Louis Riel zurückzuholen. Dieser erschien tatsächlich und stellte einen Forderungskatalog an die Regierung auf: Das Land sollte den Status einer Provinz erhalten, und eine gewählte Regierung sollte die Verwaltung der Ressourcen übernehmen. Als aus Ottawa keine Reaktion erfolgte, rief Riel 1885 eine provisorische Regierung aus, und es kam zur blutigen Rebellion von Métis und einigen Indianergruppen. Diese wurde mit militärischer Gewalt durch Truppen, die mit Hilfe der neu erbauten Eisenbahn herangebracht worden waren, niedergeschlagen. Es gab über 200 Tote, und die Führer des Aufstandes einschließlich Louis Riel wurden wegen Hochverrats zum Tode verurteilt.

Kanada wird noch größer: Alberta, Saskatchewan und die Territorien

Aus den von der Hudson Bay Company (HBC) erworbenen Territorien, die direkt der föderalen Regierung unterstanden, wurden – nach der bereits 1870 entstandenen Provinz Manitoba – noch weitere Verwaltungsdistrikte ausgegliedert: 1889 das Yukon Territory sowie 1905 Alberta und Saskatchewan als selbständige Provinzen. Anders als Provinzen erhielten die Territorien (Yukon und die North-West Territories) keine eigene Souveränität und Entscheidungsbefugnisse, sondern blieben direkt der föderalen Regierung in Ottawa untergeordnet. Großbritannien hatte Kanada 1880 auch die Hoheit über die arktischen Inseln übertragen, doch erst in einem formellen Akt, der 1909 auf Baffin Island stattfand, nahm der kanadische Staat diese offiziell in Besitz, und sie wurden den Northwest Territories zugeordnet.

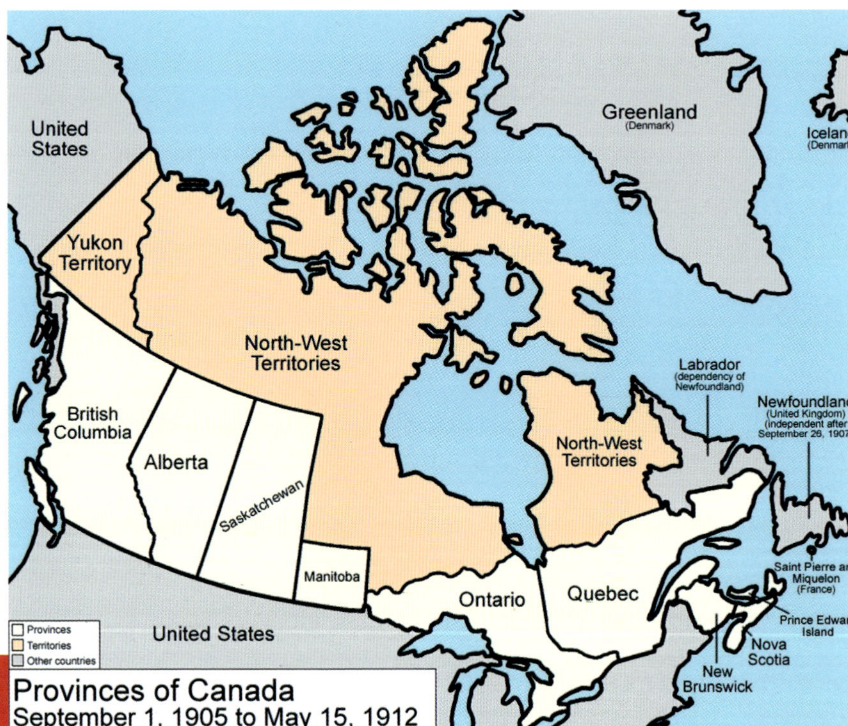

Kanada in den Jahren 1905-1912

Gold im Yukon

Im Sommer 1896 entdeckten drei Prospektoren, George Carmack und seine zur Tagish First Nation gehörenden Schwäger Skookum Jim und Tagish Charlie, an einem kleinen Bach in der Nähe des Klondike River eine reiche Goldader. Dieser Fund führte zum größten Goldrausch des Jahrhunderts. Es dauerte zwar noch mehr als ein Jahr, bis die Nachricht davon in die Welt drang, aber ab dann strömten die Goldsucher in Scharen in das Land – die meisten kamen an die Küste von Alaska und überquerten von dort das Gebirge über den White Pass oder den steilen Chilkoot Pass. An der höchsten Stelle, wo sie die Grenze zu Kanada passierten, wartete eine Abteilung der Mounties, die die Regeln zu überwachen hatte: Jeder Goldsucher, der nach Kanada hinein wollte, musste einen Jahresvorrat an Lebensmitteln mitbringen. Dazu kamen noch Werkzeug, Zelt und andere nötige Utensilien, so dass etwa eine Tonne Gewicht mitzuschleppen war. Ein gesunder Mann brauchte dafür etwa 90 Tage, dabei musste er den Pass über 40 mal bewältigen.

Goldsucher warten auf die Registrierung ihrer Claims, 1898

Die Mounties kontrollierten streng: Sie konfiszierten jede Schusswaffe, und sie schickten all die Leute zurück, die nicht über die notwendige Ausrüstung für die harte Zeit in der nördlichen Wildnis verfügten. Damals bedeutete die Grenze zwischen Alaska und Kanada auch die zwischen zwei Wertesystemen: Während auf der amerikanischen Seite faktisch Gesetzlosigkeit herrschte, die Goldsucher betrogen und von Diebesbanden bedroht wurden sowie Schießereien und Selbstjustiz an der Tagesordnung waren, sollte in Kanada für Recht und Ordnung gesorgt werden. Die Mounties arbeiteten sehr effizient und waren daher bei allen Gesetzesbrechern gefürchtet.

Minenarbeiten am Klondike, 1899

Blick auf den Yukon River mit Klondike City (im Vordergrund) und Dawson City (hinten rechts an der Mündung des Klondike River), 1899

Die neu gegründete Goldgräberstadt Dawson City entwickelte sich in den nächsten drei Jahren zur größten Stadt Kanadas westlich von Winnipeg. Es erscheint heute fast unglaublich – besonders wenn man die damaligen Transportmöglichkeiten betrachtet – was es in dieser Stadt alles gab: Luxusgüter wie Elektrizität, Telefone, fließendes Wasser, Pianos, Filmvorführgeräte (die damals gerade erst erfunden worden waren), die neueste Pariser Mode – und natürlich all die Plätze, an denen ein erfolgreicher Goldsucher sein Geld leicht wieder ausgeben konnte: Kneipen und Bars, Spielcasinos, Kabaretts, Revueshows, Stundenhotels ...

Die bisherigen Bewohner der Region – Indianer der Kutchin, Tagish oder Han – wurden quasi über Nacht aus ihrer Heimat verdrängt. Ihre Jagdgebiete wurden zerstört, die Wälder abgeholzt, und während in Dawson City gefeiert wurde, waren die Han-Indianer am Verhungern. In den ersten Jahren hatten viele der Goldsucher Glück und verdienten mehr oder weniger gutes Geld. Doch kurz nach 1900 war es dann nicht mehr der einzelne Goldgräber, der mit Glück und Fleiß seinen privaten Gewinn erwirtschaftete, sondern internationale Konsortien mit automatisierten Baggeranlagen, in denen das Gold sehr effektiv vom dem Restgestein getrennt wurde. So mancher Glücksritter ging daraufhin tiefer in die Berge, um – meist vergeblich – nach anderen Goldadern zu suchen, und es wurden immer wieder Geschichten und Gerüchte über weitere Funde erzählt oder erträumt, die für einen ständigen Nachschub an Goldsuchern und Arbeitskräften sorgten.

Szene in Dawson City, 1898: Die Stadt versinkt im Schlamm

Geschichtliche Ereignisse des 20. Jahrhunderts

Der Erste Weltkrieg und die Folgen

Kanada im Krieg

Kanadische Soldaten bei der Schlacht von Vimy (14. April 1917), Gemälde von Richard Jack (1866-1952)

Als Bestandteil des British Empire wurde Kanada, das damals nur über 3.000 reguläre Soldaten verfügte, im August 1914 in den Ersten Weltkrieg gegen Deutschland und Österreich-Ungarn mit den Verbundeten Serbien, Russland und Frankreich hineingezogen. Dieser Krieg war ein riesiger Einschnitt – nicht nur für Europa, wo die Nationen, ihre Kolonien und die Kräfteverhältnisse insgesamt eine gewaltige Umwälzung erlebten. Er veränderte auch Kanada, das für seine Beteiligung an diesem Krieg einen hohen Preis zahlte. Das Vorkriegskanada war ein noch dünn besiedeltes Land mit etwa acht Millionen Einwohnern, die überwiegend in ländlichen Gebieten lebten. Zwischen den Regionen gab es große, durch Sprache, Religion und Kultur bedingte Unterschiede (etwa drei Millionen Frankokanadier waren vorwiegend römisch-katholischen Glaubens). Der junge kanadische Staat war zwar in seinen internen Angelegenheiten unabhängig, wurde aber außenpolitisch immer noch durch Großbritannien repräsentiert. Viele der englischen Kanadier, die sich begeistert als Kriegsfreiwillige meldeten, hatten enge Bindungen zum Mutterland und waren voller nationaler Gefühle, wohingegen die Mehrheit der Frankokanadier den Krieg eher skeptisch betrachtete.

Remembrance Day

„Poppy pin" – das offizielle Symbol des Remembrance Day in Kanada ist ein Mohnblumen-Anstecker, blutrot mit schwarzer Mitte

Wenn man Anfang November in Kanada unterwegs ist, fallen die blutroten Anstecker mit schwarzem Zentrum auf, die vielerorts verkauft werden: die stilisierte Blüte des Klatschmohns, die bereits seit 1921 als Erinnerungszeichen an die Gefallenen der Kriege dient. Schon zwei Wochen vor dem *Remembrance Day* am 11. November, der heutzutage als Tag des Gedenkens an die Opfer aller bewaffneter Konflikte begangen wird, sieht man in den Straßen Kanadas viele Menschen mit einem solchen Anstecker, der auf der linken Seite möglichst nahe am Herzen getragen wird. Ein im Kanada sehr berühmtes Gedicht erhellt die symbolische Bedeutung dieser Mohnblumen, der „Poppies". Der kanadische Dichter und Offizier John Alexander McCrae hielt in ihm Impressionen vom Begräbnisplatz seines Freundes fest, der 1915 in der Zweiten Flandernschlacht bei Ypern ums Leben gekommen war. Auch McCrae kehrte nicht mehr aus dem Krieg zurück.

In Flanders Fields

In Flanders fields the poppies blow
Between the crosses, row on row,
That mark our place; and in the sky
The larks, still bravely singing, fly
Scarce heard amid the guns below.

We are the dead. Short days ago
We lived, felt dawn, saw sunset glow,
Loved, and were loved, and now we lie
In Flanders fields.

Take up our quarrel with the foe:
To you from failing hands we throw
The torch; be yours to hold it high.
If ye break faith with us who die
We shall not sleep, though poppies grow
In Flanders fields.

Zuerst gab es noch ausreichend Kriegsfreiwillige, doch die wachsende Zahl der Schlachten und der Verluste führten dazu, dass 1917 mit dem Military Service Act die Wehrpflicht in Kanada eingeführt wurde. Kanada hatte ein Kontingent von insgesamt 620.000 Soldaten in Europa, von denen in den verlustreichen Schlachten von Arras (Vimy Ridge), an der Somme, bei Ypern, Passchendaele (Belgien), Amiens und anderswo mehr als 60.000 Soldaten starben und mehr als 172.000 verwundet wurden. Für ein so entferntes und ja eigentlich an den Konflikten völlig unbeteiligtes Land war der Krieg extrem opferreich.

Kanadische Maschinengewehrschützen bei der Schlacht von Vimy, 1917

Durch den hohen Blutzoll hatte die Bewunderung, die den Errungenschaften des British Empire von so vielen Kanadier einst entgegengebracht worden war, stark gelitten. Kanadas Reputation hingegen war gewachsen, es wurde international nicht mehr als Bestandteil und Vasall von Großbritannien wahrgenommen, sondern als eigenständiges Land. Kanadas Ministerpräsident Robert Borden forderte am Ende des Krieges von der britischen Regierung, dem „Dominion of Canada“ wie auch den anderen Dominions, den ehemaligen britischen Kolonien Australien, Neuseeland und Südafrika, volle Anerkennung als „autonome Nationen eines imperialen Commonwealth“ zu geben, die nicht nur ihre internen Angelegenheiten selbst verwalten, sondern auch in der Außenpolitik eine eigene Stimme haben sollten. Borden setzte durch, dass Kanada seine eigene Unterschrift unter den Vertrag von Versailles setzen konnte, und als in Folge des Krieges der Völkerbund (als Vorläufer der UNO) gegründet wurde, erhielten Kanada und die anderen Dominions eigene Sitze in diesem Gremium.

Verwundete kanadische Soldaten auf dem Schlachtfeld von Passchendaele, Flandern 1917

Die Halifax-Explosion

Die Explosionswolke, etwa 20 Sekunden nach der Detonation aus etwa einer Meile Entfernung aufgenommen

Am 6. Dezember 1917 wurde im Hafen von Halifax der mit Sprengstoff beladene französische Frachter „Mont Blanc“ von dem norwegischen Schiff „Imo“ gerammt. Die „Mont Blanc“ geriet unmittelbar danach in Brand. An den Ufern sammelten sich Schaulustige; Boote und Schiffe eilten zum Löschen herbei. Nur die Besatzung der „Mont Blanc“ ahnte, was sich bald ereignen würde. Sie verließ eiligst mit ihren Rettungsbooten die Gefahrenstelle. Alle Versuche, die Schaulustigen oder Hilfsbereite zu warnen, schlugen fehl, da die Warnungen in französischer Sprache von den größtenteils Englisch sprechenden Einwohnern nicht verstanden wurden. Nur 20 Minuten nach dem Zusammenstoß explodierte die „Mont Blanc“. Die darauf unmittelbar erfolgende Druckwelle sowie eine anschließende 18 Meter hohe Flutwelle zerstörten in wenigen Sekunden weite Bereiche der Innenstadt. Nachfolgende stundenlange Brände verschlimmerten die Situation. Große Teile des Viertels North End der Halifax-Halbinsel wurden durch die Explosion innerhalb von Sekunden auf lange Zeit unbewohnbar. 2.000 Menschen, darunter 600 Kinder und Jugendliche, fanden infolge der Druckwelle, unter den zusammenstürzenden Häusern oder in den Flammen der um sich greifenden Brände den Tod. Über 9.000 Menschen wurden verletzt. Teile der zerstörten Schiffe lagen bis zu fünf Kilometer weit verstreut. Die Explosion war bis in das 200 km entfernte Charlottetown auf Prince Edward Island zu hören. Als am nächsten Tag ein Blizzard die Stadt mit einer 40 cm dicken Schneeschicht bedeckte, wurden zwar die Aufräumarbeiten erschwert, aber wenigstens konnte man die noch immer lodernden Feuer unter Kontrolle bekommen.

Zunächst wurde der Kriegsgegner Deutschland für das Unglück verantwortlich gemacht. Alle deutschstämmigen Bürger, die die Explosion in der Stadt überlebt hatten, wurden interniert. Eine sofort eingesetzte Untersuchungskommission fand jedoch bald heraus, dass die Ursache des Unglücks in menschlichem Fehlverhalten lag.

Halifax hatte noch sehr lange unter den Auswirkungen des Unglücks zu leiden. Für die überlebenden Bewohner der zerstörten Straßen und Häuser wurden im Laufe der Zeit neue Quartiere und Wohnblöcke errichtet. Noch heute lassen sich die Auswirkungen der Explosion im Stadtbild erkennen. Die „Halifax Explosion“ ist wohl die größte von Menschen ungewollt verursachte Katastrophe der Geschichte.

Weite Bereiche der Innestadt wurden zerstört

Halifax und der Untergang der „Titanic“

Als die Nachricht vom Zusammenstoß der „Titanic“ mit einem Eisberg am 15. April 1912 Halifax erreichte, ging man zunächst noch davon aus, dass das zu seiner Zeit größte, komfortabelste, aber – wie sich dann später bald herausstellte – eben nicht sicherste Schiff der Welt problemlos den rettenden Hafen von Halifax erreichen könnte. Es geschah, was niemand voraussah: Nach nur zwei Stunden und vierzig Minuten war das „Traumschiff“ der *White Star Line* gesunken. Von den rund 2.200 Reisenden und Besatzungsmitgliedern starben 1.513; einige davon fanden auf Friedhöfen in Halifax ihre letzte Ruhestätte.

Bis heute sind mit dem Schicksal der „Titanic“ viele Legenden und sogar Verschwörungstheorien verbunden. Das Maritime Museum of the Atlantic in Halifax präsentiert in einer Dauerausstellung zur „Titanic“-Katastrophe viele originale Ausrüstungsgegenstände und Geschichten rund um den Untergang des „unsinkbaren“ Schiffes.

James Camerons Hollywoodfilm „Titanic“, der 1997 in die Kinos kam, faszinierte – abgesehen von den attraktiven Hauptdarstellern Kate Winslet und Leonardo DiCaprio – auch durch Originalaufnahmen des Wracks in den Tiefen des Atlantiks. Mit 11 Oscars wurde er zum damals erfolgreichsten Film aller Zeiten. Als er den Haupthelden des Films Jack Dawson nannte, ahnte Cameron wohl nicht, dass sich unter den Passagieren der Titanic tatsächlich ein gewisser James Dawson befand. Dessen Grab, mit der Inschrift „J. Dawson“, befindet sich heute neben 120 weiteren Gräbern von Titanic-Opfern auf dem Fairview Lawn Cemetery in Halifax. Und dieses Grab ist eines der wenigen, die stets mit Blumen geschmückt sind. Für viele Besucher der Stadt und für manchen Fan von Leonardo DiCaprio ist dieser Friedhof in der Nähe der MacKay-Brücke das wichtigste Ziel in Halifax.

Auf dem Friedhof Fairview Lawn in Halifax befinden sich 120 Gräber von Opfern der „Titanic“-Katastrophe. Eins von ihnen ist seit 1997 zum wichtigen Ziel für viele Touristen geworden

In Kanada selbst hatte der Krieg aber auch noch andere „Nebenwirkungen“: Eine Welle von Patriotismus ging durch alle Gesellschaftsschichten. Zur Unterstützung von Soldatenfamilien entstand der Canadian Patriotic Fund, durch den auf der Basis von ehrenamtlicher Tätigkeit Geld gesammelt und verteilt wurde. Für die Betreuung verwundeter Soldaten sorgte die Military Hospitals Commission, und auch Kirchen, Wohltätigkeits- und Frauenorganisationen leisteten ihren Anteil zur Unterstützung der Kriegsteilnehmer. Der patriotische Eifer ging so weit, dass in ganz Kanada Menschen deutscher und österreichischer Herkunft aus ihren Jobs entlassen, verhaftet und in Internierungslager verbracht wurden. Die Stadt Berlin in Ontario änderte ihren Namen auf Kitchener. Die Kosten des Krieges bedeuteten eine erhebliche finanzielle Belastung für den Staat. Einiges konnte kompensiert werden, denn nicht nur die Exporte von Weizen und von Bauholz stiegen gewaltig an, sondern es wurde auch Kriegsmunition hergestellt und exportiert. Das „Imperial Mission Board“ wurde vorübergehend zu Kanadas größtem Arbeitgeber, der zur Herstellung von Granaten 250.000 Arbeiter beschäftigte. Wirtschaftlicher Aufschwung auf der einen Seite, aber Verlust, Trauer, familiäre Härten, Ungerechtigkeiten und Not auf der anderen: Lebensmittel und Treibstoff wurden knapp. Farmer sollten eigentlich von der Wehrpflicht befreit sein, um die Lebensmittelversorgung zu garantieren; waren es aber nicht, deshalb kam es in Québec City zu Unruhen, die mit Polizeigewalt beendet wurden. Schließlich musste der verschuldete Staat, um die Inflation einzudämmen, im April 1917 noch zusätzliche Steuern einführen.

Ein Wandgemälde in Winnipeg thematisiert den Generalstreik von 1919

Arbeiterbewegung

Nach dem Krieg, als dann 400.000 Soldaten auf den Arbeitsmarkt strömten, wurde aus dem vorherigen Mangel an Arbeitskräften ein Überschuss. Der daraus resultierende Lohnverfall führte in der Folgezeit zu einer starken Protestbewegung für gerechte Löhne und verbesserte Arbeitsbedingungen, zur Radikalisierung von Gewerkschaften und zu Streikaktionen, die unter dem Einfluss der weltweiten kommunistischen Bewegung auch eine politische Stoßrichtung annahmen. Obwohl ein Generalstreik in Winnipeg 1919 durch die Staatsmacht blutig niedergeschlagen wurde, erlebte die Bewegung für eine geeinte Gewerkschaft in den folgenden Jahren kanadaweit einen Aufschwung, was langfristig zu weiteren sozialen Reformen und zur Verbesserung der Rechte der Arbeitnehmer führte. In den führenden politischen Parteien etablierten sich reformatorische Kräfte. 1932, nach den Jahren der Weltwirtschaftskrise, kam es zur Gründung einer neuen politischen Partei aus Farmern und Gewerkschaftern unter Mitwirkung einer Gruppe unabhängiger Parlamentsmitglieder, der Co-operative Commonwealth Federation (CCF), aus der später, 1961, die New Democratic Party (NDP) hervorging. Im Laufe der kommenden Jahrzehnte wurden in Kanada verschiedene wichtige sozialpolitische Programme realisiert, wie Altersrenten (1926), Arbeitslosenversicherung (1940) und Sozialhilfe für Bedürftige (1944).

Wahlrecht für Frauen

Auch die Frauenrechte wurden zum Thema. Bereits 1880 hatte der damalige Ministerpräsident John A. MacDonald einen Vorstoß unternommen, das Wahlrecht für Frauen und für Ureinwohner einzuführen, sich damit jedoch nicht durchsetzen können. In den Provinzen am Atlantik standen zwar Bildungseinrichtungen wie Universitäten und Hochschulen den Frauen offen, aber politische Rechte hatten sie nicht.
In den westlichen Provinzen folgten Politiker dem wachsenden Druck von selbstbewussten, engagierten Frauen wie Nellie McClung. 1916 wurde in Manitoba, Saskatchewan und Alberta das Wahlrecht für Frauen eingeführt. Als 1917 auch noch British Columbia und Ontario

Die Frauenrechtlerin Nellie McClung setzte mit vier Mitstreiterinnen („The Famous Five") durch, dass auch Frauen als „qualifizierte Personen" gelten durften, denen es erlaubt war, für einen Senatssitz zu kandidieren

folgten, konnte die föderale Regierung nicht mehr zurückstehen, so dass in einem Gesetz von Mai 1918 Frauen das Recht erteilt wurde, an den Föderalen Wahlen teilzunehmen. Auch Nova Scotia führte das Frauenwahlrecht im gleichen Jahr ein, und 1919 bzw. 1922 folgten New Brunswick und Prince Edward Island.
Das erste weibliche Parlamentsmitglied für die Konföderation war 1921 Agnes Macphail. In der Politik aktive Frauen mussten sich zwar in den ersten Jahren von ihren männlichen Kollegen noch viele Beschimpfungen und Provokationen in gröbster wie auch in subtiler Form anhören, wussten sich dagegen aber zur Wehr zu setzen.

Rechte der First Nations

Während Arbeiterrechte und Frauenrechte sich nach dem Ersten Weltkrieg auf dem Vormarsch befanden, sah es mit den Rechten der Ureinwohner ganz anders aus. Die Gesetzgebung seit 1857, verstärkt

Ein Langhaus zur Ausrichtung von Potlatchs in Alert Bay

durch den Indian Act von 1876 und weitere Gesetze, war darauf angelegt, die Assimilation der Indianer an die nicht-indianische Gesellschaft voranzutreiben. Der „indianische Status" wurde als ein Übergangsstadium betrachtet und sollte die Indianer schützen, solange sie sich noch nicht fest angesiedelt und europäische Gepflogenheiten angenommen hatten. Der Status gewährte ihnen den Zugriff auf das Land und die Mittel des Reservats. Eine indianische Frau, die einen Nicht-Indianer heiratete, verlor jedoch automatisch ihren Status. Das Ziel dieser Politik bestand darin, dass die Indianer freiwillig ihren Status – und mit ihm ihre indianische Identität und die Zugehörigkeit zu ihrem Stamm – ablegen und sich in das Wertesystem der europäisch geprägten Gesellschaft einfügen sollten. Damit würden sie zu „freien Individuen" werden und die entsprechenden bürgerlichen Rechte wie das Recht zum Grunderwerb und das Wahlrecht erlangen. Das bedeutete aber das Verschwinden der indianischen Sprachen, Lebensweise, religiösen Auffassungen und damit der gesamten Kultur. Diese Assimilierungspolitik wurde durch eine Reihe weiterer Verordnungen und Verbote begleitet, wie z. B. das Verbot des Sonnentanzes (s. S. 41) und des Potlatchs (s. S. 46).

Besonders Duncan Campbell Scott, der 1913 – 1932 für die Indianerpolitik zuständig war, verfochte das Ziel, dass „nicht ein einziger Indianer übrig bleiben soll"[12], der nicht assimiliert wäre. Es gab aber bereits damals Versuche, eine nationale politische Organisation der Ureinwohner zu schaffen: So wurde z. B. 1919 die League of Indians of Canada ins Leben gerufen, für die sich der Kriegsveteran F.O. Loft engagierte. Sie richtete sich gegen den Verlust von Reservatsland, die Einschränkungen von Jagdrechten für Indianer, die restriktive Bildungspolitik der Regierung und die Verbote kultureller Bräuche, sowie die schlechten wirtschaftlichen und gesundheitlichen Bedingungen in den Reservaten. Loft schaffte es, Indianer aus verschiedensten geografischen Regionen und Sprachfamilien zum Beitritt zu bewegen, die Organisation wurde jedoch vom Department of Indian Affairs angefeindet und schließlich ausgebremst.

Es wirkt heute nahezu unglaublich, aber diese Politik der kulturellen Assimilierung wurde noch bis 1985 vorangetrieben; und erst seit 1960 wird allen Ureinwohnern Kanadas das Wahlrecht gewährt.

Kanada in der Mitte des 20. Jahrhunderts

Teilnahme am Zweiten Weltkrieg

Bereits im Spanischen Bürgerkrieg gegen die Franco-Faschisten gründeten kanadische Freiwillige aus kommunistischen und Gewerkschaftskreisen in Spanien das „Mackenzie-Papineau Bataillon", benannt nach William Lyon Mackenzie und Louis-Joseph Papineau, den Führern der Rebellionen von 1837 und 1838 in Upper und Lower Canada. Von den 1.600 Kanadiern, die in Spanien kämpften, überlebte nur die Hälfte. Die kanadische Regierung hingegen unterstützte damals die halbherzige Appeasement-Politik Großbritanniens unter Chamberlain gegenüber den faschistischen Bewegungen. Nach dem Einmarsch der deutschen Wehrmacht in Polen am 1. September 1939 aber erklärten Großbritannien und Frankreich Deutschland den Krieg, und eine Woche später folgte ihnen auch Kanada.

Die kanadische Besatzung eines Sherman-Panzers südlich von Vaucelles im Juni 1944

Kriegshandlungen

Die „Schlacht auf dem Atlantik" zur Abwehr der Angriffe der deutschen U-Boote auf den gesamten transatlantischen Schiffsverkehr dauerte fünf Jahre. U-Boote aus Deutschland kamen sogar bis in den St.-Lawrence-Strom hinein und versetzten Kanada zeitweilig in Panik. Kanadische Truppen eskortierten die transatlantischen Versorgungskonvois der Alliierten im Wasser und von der Luft aus. Die ursprünglich aus nur 13 Schiffen bestehende Flotte Kanadas wurde im Laufe des Krieges auf über 350 Schiffe aufgestockt.

Bei Überseeeinsätzen der kanadischen Armee wurden die kanadischen Truppen oft in schwere und opferreiche Kampfhandlungen verwickelt, so in Hongkong 1941 oder bei einem desaströsen Fehlversuch der Allierten 1942 an der Atlantikküste bei Dieppe in der Normandie zu landen. Bei der Invasion in Sizilien 1943 erlitten ebenfalls die Kanadier die schwersten Verluste. Bei der anschließenden Eroberung ganz Italiens waren sie erfolgreich und errangen bedeutende Siege bei Ortona und Rimini. Auch bei der Landung in der Normandie 1944 war Kanada stark beteiligt. Insgesamt kämpften eine Million Kanadier und Neufundländer im zweiten Weltkrieg, von diesen bezahlten 45.000 mit dem Leben, 55.000 wurden verwundet.

Denkmal für die kanadischen Opfer des 2. Weltkriegs in St. John's, Neufundland

Krieg und Außenpolitik

Der Krieg sorgte für ein engeres Zusammenrücken Kanadas mit den USA. Auf der Befehlsebene der alliierten Truppen spielte Kanada aber keine besondere Rolle – es ordnete sich dem Oberbefehl Großbritanniens und der USA unter. Auch bei den anschließenden Friedensverhandlungen saß Kanada nicht bei den Großmächten mit am Tisch, sondern unterzeichnete 1946 in Paris nur Friedensverträge mit Italien, Ungarn, Finnland und Rumänien. Mit dem nun geteilten Deutschland wurde zunächst kein Vertrag abgeschlossen. Erst 1951 wurde per königlicher Proklamation der Kriegszustand mit Deutschland beendet; im gleichen Jahr wurde auch mit Japan ein Friedensvertrag abgeschlossen. Insgesamt hatten sowohl das Bewusstsein der erbrachten Opfer wie auch die siegreichen Kämpfe das nationale Selbstverständnis der Kanadier befördert, und ihr Land als unabhängigen Staat zu betrachten, stand nunmehr außer Zweifel.

Auswirkungen im Inland

Kanada spielte eine wichtige Rolle als Ausbildungsland für die Luftstreitkräfte des gesamten Commonwealth. Als Kanadas Truppen nach Übersee gingen und nach verlustreichen Kämpfen die Zahl der Freiwilligen nicht mehr ausreichte, stand wiederum ein Gesetz zur Wehrpflicht zur Debatte. Darüber gab es heftige innenpolitische Auseinandersetzungen zwischen den Parteien, aus denen Premierminister Mackenzie King aber schließlich gestärkt hervorging. Das Verhältnis zwischen den wenig kriegsbegeisterten Frankokanadiern und der britisch geprägten Mehrheit blieb in dieser Hinsicht angespannt.

Der Krieg bewirkte auch eine Art „industrielle Mobilmachung". Obgleich es im Laufe der Kriegsjahre zur Verknappung von Treibstoff, Fleisch, Butter und anderen Waren kam, erlebte die kanadische

Wirtschaft dennoch einen großen Aufschwung, der mit einer Diversifizierung der Produktionskapazitäten einherging. Außer Munition wurden nunmehr auch Handfeuerwaffen produziert, dazu kamen Fracht- und Begleitschiffe und Flugzeuge, einschließlich Bomber, sowie hunderttausende Militärfahrzeuge. Nach dem Krieg setzte sich der wirtschaftliche Aufschwung fort, und Kanada wurden zu einem der wichtigsten Industrieländer.

Internierungslager

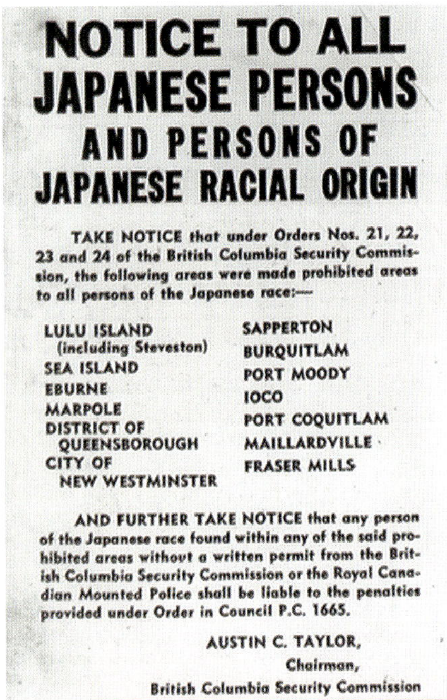

NOTICE TO ALL JAPANESE PERSONS AND PERSONS OF JAPANESE RACIAL ORIGIN

TAKE NOTICE that under Orders Nos. 21, 22, 23 and 24 of the British Columbia Security Commission, the following areas were made prohibited areas to all persons of the Japanese race:—

LULU ISLAND (including Steveston)	SAPPERTON
SEA ISLAND	BURQUITLAM
EBURNE	PORT MOODY
MARPOLE	IOCO
DISTRICT OF QUEENSBOROUGH	PORT COQUITLAM
CITY OF NEW WESTMINSTER	MAILLARDVILLE
	FRASER MILLS

AND FURTHER TAKE NOTICE that any person of the Japanese race found within any of the said prohibited areas without a written permit from the British Columbia Security Commission or the Royal Canadian Mounted Police shall be liable to the penalties provided under Order in Council P.C. 1665.

AUSTIN C. TAYLOR,
Chairman,
British Columbia Security Commission

Weisung der Behörden von British Columbia an die japanisch-stämmige Bevölkerung, bestimmte Gebiete und Orte nicht zu betreten

Die Angst vor Feinden im eigenen Land führte, wie auch schon im ersten Weltkrieg, zu Internierungen. Davon waren sowohl Angehörige feindlicher Nationen als auch kanadische Staatsbürger betroffen, so z.B. deutschstämmige Kanadier, aber auch pro-faschistisch eingestellte Personen, die es eben auch in Kanada gab. Dass Hysterie und Paranoia dabei zu manchen überzogenen Ungerechtigkeiten und paradoxen Situationen führten, ist wohl erklärlich, entschuldigt aber nicht, dass unter Generalverdacht gestellte Bevölkerungsgruppen ihrer bürgerlichen Rechte beraubt wurden. Dies geschah beispielsweise mit einer großen Zahl von Einwanderern aus Asien, die inzwischen an der Küste von British Columbia zu Hause waren. Obwohl schon längst kanadische Staatsbürger in zweiter Generation, wurden nach dem Angriff der Japaner auf Pearl Harbour über 20.000 japanischstämmige Kanadier quasi über Nacht tief ins Inland zwangsumgesiedelt, wo sie jahrelang, bis weit nach dem Krieg, verbleiben mussten. Es dauerte noch 40 Jahre, bis sich die kanadische Regierung für diese allein rassisch motivierte Menschenrechtsverletzung formal entschuldigte.

Jüdische Flüchtlinge

Eine unrühmliche Rolle spielte Kanada aufgrund seiner Haltung gegenüber den Flüchtlingen der Judenverfolgung in Europa. In den Jahren 1933 – 1945 nahmen die Vereinigten Staaten 200.000 jüdische Flüchtlinge auf, Großbritannien 195.000 (von denen dann 125.000 nach Palästina auswanderten), Argentinien 50.000 – und Kanada weniger als 5.000. Die auf jüdische Flüchtlinge bezogenen strikten Einwanderungsregeln unter dem Ministerpräsidenten King wurden von einer antisemitischen „öffentlichen Meinung“ gestützt. Besonders aggressiv wurden solche Positionen in der Provinz Québec vertreten. An der McGill-Universität in Montreal wurde sogar eine Quote eingeführt, um die Zahl jüdischer Studenten zu begrenzen. Aber auch anderswo wurden Juden angefeindet. 1939 wurde in Halifax fast tausend jüdischen Flüchtlingen an Bord des Dampfers „St. Louis“ die Einreise verweigert, und das Schiff kehrte nach Europa zurück, wo Hunderte von ihnen in Vernichtungslagern den Tod fanden.

Von der ältesten Kolonie zur jüngsten Provinz – der Beitritt von Neufundland

Großbritanniens älteste Kolonie Neufundland hatte nie prosperiert: Die Fischgründe vor den Küsten wurden von Großbritannien und anderen Nationen ausgebeutet, ohne dass die Bevölkerung der Insel daran Anteil hatte, und die Küstenfischerei sicherte zwar den Lebensunterhalt der Fischer, brachte aber keinen Wohlstand. Die Kolonie erhielt von Großbritannien Zuschüsse und besaß einen riesigen Schuldenberg. Wegen der großen Entfernungen und mangelnden Verkehrsmöglichkeiten gab es besonders für die abgelegenen Orte kaum Bildungsmöglichkeiten und medizinische Versorgung. Die Menschen lebten recht einfach, halfen sich selbst, so gut sie konnten, und entwickelten dabei eine starke Unabhängigkeit, auf die sie noch heute sehr stolz sind. Mit dem zweiten Weltkrieg, als sich Neufundlands Lage als strategisch wichtig erwies, verbesserte sich die ökonomische Basis deutlich, auch aufgrund der Errichtung von Militärbasen. Der Beitritt zur kanadischen Konföderation wurde von Joseph „Joey“ Smallwood, einem Politiker mit schillernder Persönlichkeit, vorangetrieben und erfolgte 1949 nach einem sehr knappen Referendum mit einem Stimmenverhältnis von 52 zu 48 Prozent. Unter Smallwoods Regierung entwickelten sich Infrastruktur – Straßen, Krankenhäuser und Schulen – und eine diversifizierte Wirtschaft. Noch heute wird Joeys Name von älteren Neufundländern mit dem Einzug des modernen Lebens auf der Insel nach Anschluss an Kanada in Verbindung gebracht. Doch

Das „Rad des Gewissens“ (Wheel of Conscience) des Architekten und Stadtplaners Daniel Libeskind (z.B. Jüdisches Museum, Berlin) thematisiert die Odyssee des mit jüdischen Flüchtlingen besetzten Dampfers „St. Louis“ (oben: in Havanna), das 1939 von den Behörden Kubas, der USA und Kanadas abgewiesen wurde und nach Europa zurückkehren musste. Das mehr als mannshohe Monument steht im Immigration Museum von Halifax

es gibt auch viele, die dem Verlust der vermeintlichen Selbstständigkeit des Landes nachtrauern.

Kanada im Koreakrieg

Denkmal für die kanadischen Gefallenen des Korea-Krieges

Als Nordkorea 1950 eine Invasion in Südkorea unternahm, verurteilten die Vereinten Nationen dies und riefen zur Unterstützung von Südkorea auf. 16 Staaten leisteten dem Aufruf Folge, und die USA planten und leiteten eine multinationale „Polizeiaktion“ gegen Nordkorea. Als dieses Unterstützung durch chinesische Truppen bekam, wurde nach blutigen Kampfhandlungen auf beiden Seiten der Grenze mit insgesamt drei Millionen Toten schließlich der alte Zustand – die Demarkationslinie am 38. Breitengrad – wieder hergestellt. Der damalige kanadische Außenminister Pearson betonte ausdrücklich, dass Kanada sich in diesem Krieg als Teil der UN und nicht der amerikanischen Streitkräfte sah. Obgleich die militärische Führung der USA akzeptiert wurde, versuchten kanadische Diplomaten, die Amerikaner von riskanten Plänen abzuhalten, den Krieg bis auf chinesisches Territorium auszudehnen, und regten stattdessen über die UN Friedensverhandlungen an. Manche Kanadier glauben sogar, dass Kanada die Ausweitung einer amerikanischen Aggressionspolitik verhindert habe, obgleich es dafür keine Beweise gibt.

Die UN-Friedensmission und Lester Bowles Pearson

Auf dem Höhepunkt der Suez-Krise 1956 – nach der Sperrung des Suez-Kanals durch den ägyptischen Präsidenten Nasser – als Großbritannien gemeinsam mit Frankreich die Kanalzone bombardierte und die Commonwealth-Staaten zum Beistand aufforderte, verweigerte Kanada seine Teilnahme. Der kanadische Diplomat Lester B. Pearson forderte stattdessem die Schaffung einer Friedenstruppe unter Hoheit der UNO: „We need action not only to end the fighting but to make the peace“.[13] Es kostete noch etwas Zeit und unermüdliche Anstrengungen Pearsons, bis schließlich mit viel Überzeugungsarbeit die erste internationale Friedensmission der Welt geschaffen wurde, die sich voller Heldenmut und mit nicht wenig Naivität zwischen die kämpfenden Truppen stellte und so schließlich ein Ende der Kampfhandlungen bewirkte. Pearson wurde 1957 mit dem Friedensnobelpreis geehrt. Noch viele spätere Einsätze kanadischer UN-Friedenstruppen folgten, wie 1960 im Kongo, 1963 im Jemen, 1964 auf Zypern, in den 1990er Jahren in Kroatien, Zaire, Bosnien und auf Haiti und im 21. Jahrhundert in Äthiopien, an der Elfenbeinküste und im Sudan ...

In den Jahren 1963 – 1968, als Lester Bowles Pearson Premierminister Kanadas war, wurde eine Reihe von tiefgreifenden Errungenschaften durchgesetzt, die das Land nachhaltig veränderten; dazu gehören neben Wirtschaftsverträgen mit den USA, die einen ökonomischen Aufschwung bewirkten, auch die Schaffung eines zentralen Rentenfonds, der mit automatischen Lohnabzügen finanziert wird, das System der staatlichen Gesundheitsfürsorge (National Medicare), die Aussetzung der Todesstrafe sowie die neue Nationalflagge mit dem Ahornblatt.

Der spätere Friedensnobelpreisträger Lester Bowles Pearson präsidiert der Gründungsveranstaltung der UN-Ernährungsorganisation FAO

Kapitel 3

Politik und Gesellschaft

Die nach britischem Vorbild konzipierte Kammer des House of Commons

Politik und Gesellschaft

Regierung und Verwaltung

Die Queen als Staatsoberhaupt und ihr Generalgouverneur

Vor einigen Jahren, als die Botschaft Kanadas in Dresden ein Konzert kanadischer Musiker veranstaltete, stand auf der Einladung, dass *The Honourable Adrienne Clarkson, Governor General of Canada* anwesend sei. Die zierliche ältere Dame, die dann auf die Bühne trat und die Gäste begrüßte, war – deutlich sichtbar – asiatischer Herkunft. Das Amt des Generalgouverneurs ist die höchste Position im Staate für einen Kanadier, denn das Land ist formal immer noch eine konstitutionelle Monarchie innerhalb des Commonwealth, mit der britischen Königin Elisabeth II. als Staatsoberhaupt, die also auch „Königin von Kanada" ist; der Generalgouverneur ist ihr Vertreter im Lande, der – üblicherweise auf Empfehlung des Premierministers – von der Queen berufen wird.

Reiterstandbild von Queen Elisabeth II, dem Staatsoberhaupt Kanadas, in Ottawa

Generalgouverneur ist seit Herbst 2010 David Johnston: männlich, weiß; er ist Nachfolger von Michaëlle Jean: weiblich, farbig, 1968 eingewandert als Flüchtling aus Haiti; sie löste Adrienne Clarkson ab, weiblich, asiatisch, 1941 als Flüchtling aus Hongkong nach Kanada eingewandert; ihr Vorgänger wiederum war weiß, männlich, frankophon: Romeo LeBlanc; er folgte Ramon John Hnatyshyn nach, der ukrainischer Herkunft war. Typisch kanadische Biografien von heute. Allerdings war noch bis Anfang 1952 der jeweilige Governor General ein Brite – erst dann erhielt erstmals ein Kanadier, Vincent Massey, diese Berufung.

Parlamentarische Demokratie

Kanada ist eine repräsentative parlamentarische Demokratie, die in Form einer Konföderation organisiert ist. Die Legislative, das Parlament, besteht aus zwei Kammern, dem Senat und dem Unterhaus, dem sogenannten House of Commons. Damit ein Gesetz in Kraft treten kann, ist die Zustimmung beider Kammern notwendig. Ausnahmen bilden Steuergesetze und Verfassungszusätze.

Parliament Hill in Ottawa, Sitz von Regierung und Parlament Kanadas

Abschied von einem Hoffnungsträger

Toronto, Airport: Auf dem Flachbildschirm im Flughafenrestaurant läuft nicht wie gewöhnlich der Sportkanal ohne Ton. Da sind Menschen zu sehen, viele Menschen, sie laufen langsam eine Straße entlang. Die Kellnerinnen und Kellner unterbrechen ihren Dauersprint zwischen Küche, Bar und den Gästetischen. Sie versammeln sich unter dem Bildschirm. Jemand hat den Ton angestellt, eine Militärkapelle mit Dudelsack ist zu hören, eine Art Trauermarsch. Die Leute auf dem Bildschirm folgen einem Sarg, bedeckt von der kanadischen Flagge.
Was hier für mehrere Stunden im TV läuft, ist die Übertragung der Trauerfeier für Jack Layton. Ein kanadischer Oppositionspolitiker ist gestorben. Hinter dem Sarg strömen Hunderte in die Royal Thompson Hall in Toronto. Tausende müssen draußen bleiben, sie verfolgen die Zeremonie über große Videoleinwände.
Ein Orchester intoniert ein Requiem, danach tritt ein Mann in einer

Jack Layton (links) bei einer Wahlveranstaltung der New Democratic Party (NDP) im Jahr 2008

eigenartigen schwarzen Robe auf die Bühne: Shawn Atleo von der Nuu-chah-nulth First Nation, der derzeitige Chief der „Assembly of First Nations“, dankt im Namen der kanadischen Ureinwohner Jack Layton und seiner Frau dafür, dass sie sich den Problemen indigener Gemeinden gewidmet haben. Mit weißen Adlerfedern und einer Rassel vollzieht er eine indianische Zeremonie in die vier Himmelsrichtungen.

Chormusik erklingt, später ein Jazz-Instrumental; dann intoniert Martin Deschamps, der schwerbehinderte Sänger der Band Offenbach, einen Chanson, und Steven Page von den Barenaked Ladies singt Leonard Cohens „Halleluja“. Dazwischen Ansprachen: ein Pastor, ein Rabbi, eine Muslima, die aus dem Koran zitiert; und Politiker, zumeist aus der NDP, der Partei, die von Layton geführt wurde. Auch Laytons Sohn und seine Tochter sprechen. Zum Schluss singt Lorraine Segato „Rise Up“, und Hunderte stimmen ein – da ist eine anrührende Kraft, ein Gemeinschaftsgefühl spürbar, dem sich kaum ein Zuhörer entziehen kann. Jack Layton war ein Hoffnungsträger, wie es ihn in der Politik selten gibt.

Layton, der an Krebs starb, hatte einen Abschiedsbrief an die Kanadier verfasst, im Kern eine Art Manifest für soziale Demokratie. Der Brief endet mit den Worten, die in den darauf folgenden Wochen in der Presse und in den übrigen Medien immer wieder zitiert werden: *„Love is better than anger. Hope is better than fear. Optimism is better than despair. So let us be loving, hopeful and optimistic. And we'll change the world.“* „Liebe ist besser als Zorn. Hoffnung ist besser als Furcht. Optimismus ist besser als Verzagen. Lasst uns also liebevoll, hoffnungsvoll und optimistisch sein, und wir werden die Welt ändern.“

Improvisierte Gedenktafel auf dem Parliament Hill am Tag von Jack Laytons Tod am 22.8.2011

Der Senat

Im Senat sitzen 105 Abgeordnete, die der Generalgouverneur auf Empfehlung des Premierministers ernennt. Die Sitze sind nach einem festen Schlüssel auf die verschiedenen Regionen aufgeteilt. Da die Zahl der Senatoren je Region seit 1867 gleich geblieben ist, bestehen mittlerweile große Disproportionen im Verhältnis zur Einwohnerzahl: Einige Provinzen sind weit überrepräsentiert, andere stark unterrepräsentiert. Die Dauer der Amtszeit ist für Senatoren nicht festgelegt, aber spätestens im Alter von 75 Jahren müssen sie den Dienst quittieren.

Im August 2015 hielten die Liberalen 29 Senatorensitze, die Conservative Party 47, hinzu kamen sieben unabhängige Senatoren. Von den übrigen im Parlament vertretenen Parteien hatten weder die New Democrats noch der Bloc Québecois oder die Green Party bisher einen Sitz im Senat.

Der Sitzungssaal des kanadischen Senats

House of Commons

Das kanadische House of Commons hat 308 Sitze; die Members of Parliament (*MP's*) können ebenfalls parteigebunden oder unabhängig sein. Der Führer der Partei, die die meisten Sitze im Parlament innehat, wird vom Generalgouverneur mit der Regierungsbildung beauftragt; er wird Prime Minister und stellt das Minister-Kabinett (die Exekutive) aus Mitgliedern des Parlaments zusammen. Die Oppositionspartei mit den meisten Sitzen im Parlament wird als Her Majesty's Loyal Opposition, die „Offizielle Opposition" bezeichnet. Eine formale Koalition von Parteien hat es in Kanadas Geschichte bisher noch nicht gegeben. Hingegen ist die Bildung einer Minderheitsregierung üblich, die dann in Sachfragen von der einen oder anderen Partei unterstützt werden kann.
Ein perfektes System? Manche sagen, Kanada habe nur eine partielle Demokratie und ein eher quasi-parlamentarisches System. Warum das so ist, wird im Folgenden ausgeführt.

Parteien und Wahlsystem

Die Parteien

Jack Layton (s. S. 136 f.) hatte nicht nur viele Freunde und Anhänger, sondern natürlich auch Gegner. Mit dem Aufstieg seiner Partei, der New Democrats (NDP), war nämlich ein „faktisches" Zweiparteiensystem – und damit der bisherige von Liberalen und Konservativen praktizierte Politikstil – gehörig durcheinandergebracht worden. Die Liberalen fanden sich plötzlich in einer für sie völlig ungewohnten Position von ziemlicher Bedeutungslosigkeit wieder.
Noch bis etwa 50 Jahre nach Gründung der kanadischen Konföderation hatte das Land – wie auch das Mutterland Großbritannien – auch offiziell zunächst nur zwei Parteien: die Konservative und die Liberale Partei (erstere, auch „Tories" genannt, in Allianz mit Québecs Parti bleu; die Liberalen – auch „Grits" genannt – im Bündnis mit Québecs Parti rouge).
Erst nach dem 1. Weltkrieg traten noch andere Parteien auf den Plan und forderten die Dominanz der Konservativen und der Liberalen heraus, darunter 1920 die Progressive Party, 1921 die Communist

Party, 1932 die Co-operative Commonwealth Federation (aus der 1961 die New Democrats hervorgingen); später folgten Bloc populaire canadien, Reform Party, Bloc Québécois, Green Party und andere.
Die Stärkung der New Democrats hatte seit den 1960er Jahren vorübergehend bereits für so etwas wie ein „Zweieinhalb-Parteien-System" gesorgt, bis die Partei in den 1990er Jahren vorerst wieder an Bedeutung verlor. In dieser Zeit etablierte sich in Québec der Bloc Québécois, der 1993 im Parlament 54 Sitze eroberte und damit vorübergehend zur offiziellen Opposition werden konnte. Seit 2003, unter der Führung Laytons, gewannen die New Democrats aber wieder zunehmend an Bedeutung.

Ein demokratisches Wahlsystem?

Für jeden der 308 Stimmbezirke des Landes wird ein Abgeordneter in das föderale Parlament gewählt. Positiv ist, dass damit eine direkte Repräsentanz des jeweiligen Wahlkreises im Parlament garantiert wird. Andererseits hat dieses System den Nachteil, dass der tatsächliche Stimmanteil der Wähler für die jeweilige Partei sich hierin überhaupt nicht widerspiegelt.
So errangen bei den Wahlen 2011 die Konservativen mit weniger als 40 % der Wählerstimmen eine komfortable parlamentarische Mehrheit von 53,5 % der Sitze; die Liberalen erhielten zwar knapp 19 % der Stimmen, aber nur 11 % der Sitze; bei den New Democrats war der Unterschied weniger deutlich – mit reichlich 30 % der Stimmen bekamen sie 33 % der Sitze; und die Grünen erhielten 2006 trotz etwa 6,5 % gar keinen, und erstmals 2011 mit knapp 4 % einen Sitz. Die Unzufriedenheit vieler Wähler, die sich dadurch schlecht repräsentiert fühlen, ist groß. Im Parlament selbst gab es bereits verschiedentlich – bisher vergeblich – Ansätze zu Reformen. Vor allem aber außerparlamentarische Organisationen wie der Council of Canadians und Fair Vote Canada streben danach, das Wahlsystem zu verändern und eine proportionale Repräsentanz im Parlament zu schaffen, und auch die „Occupy"-Bewegung in Kanada unterstützt diese Forderung lautstark.

Neben aller Unzufriedenheit findet man bei Kanadiern jedoch auch Stolz auf ihr heutiges Wahlsystem – hat es sich doch, verglichen mit

„Dignity – Égalité – Justice". Das Human Rights Memorial in Ottawa, Elgin Street

den anfänglichen Gepflogenheiten, gut entwickelt: Denn in den ersten hundert Jahren der Demokratie war das Wahlrecht noch auf männliche Grundeigentümer beschränkt, die entweder der Church of England oder der katholischen Kirche angehörten. Es gab anfangs auch noch keine geheimen Wahlen, was den Druck einflussreicher Personen auf die Wähler und auch den Stimmenkauf erleichterte. Große Teile der Bevölkerung wie Frauen, bestimmte Einwanderer oder religiöse Gruppierungen waren faktisch noch jahrzehntelang von der Wahl ausgeschlossen, und es dauerte noch bis 1960, dass endlich auch den Ureinwohnern Kanadas – First Nations und Inuit – das Wahlrecht zugesprochen wurde. Erst die Charter of Rights and Freedoms (1982) schrieb ein wirklich gleiches Wahlrecht für alle kanadischen Staatsbürger als Bestandteil der Verfassung fest.

Parteien im Parlament

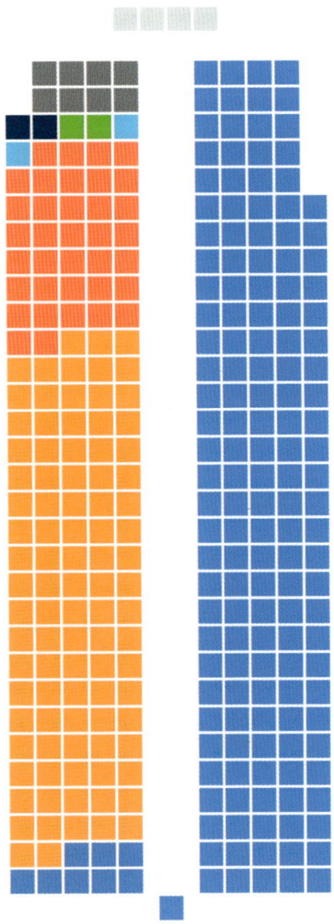

Conservatives (159)
New Democrats (95)
Liberals (36)
Bloc Québécois (2)
Green (2)
Strength in Democracy (2)
Independents (8)
Vacant (4)

Verteilung der Sitze (Stand: August 2015)

Derzeit gibt es 18 registrierte politische Parteien, von denen aber nur fünf im Parlament vertreten sind:

- Die konservative Partei hat mehrfach Namen und Gestalt gewechselt. Zunächst entstand 1942 die Progressive Conservative Party (PC) – ein rätselhafter Name, der einen Widerspruch in sich verkörpert. Der aktuelle Name der Partei auf föderaler Ebene (nicht aber in jeder der Provinzen!) ist seit der Vereinigung mit der Canadian Reform Conservative Alliance 2003 inzwischen wieder **Conservative Party of Canada**. Bei den letzten Wahlen 2011 errang die Partei 166 Sitze im House of Commons.
- Die 1867 gegründete **Liberal Party of Canada** reklamiert wichtige und weltbekannte Charakteristika des kanadischen Staates als Früchte ihrer Politik: von der Nationalflagge mit dem Ahornblatt, einer starken Ökonomie, über die staatlichen Gesundheitsfürsorge bis hin zur Zweisprachigkeit, dem Multikulturalismus und der UNESCO-Friedensmission. Auf der anderen Seite gab es in den letzten 15 Jahren viel Unzufriedenheit; hauptsächlich wegen einer Entfernung der „politischen Klasse" von den realen Problemen der Menschen und aufgrund nicht weniger Skandale, u.a. wegen Machtmissbrauch und Korruption. Schließlich mussten die Liberalen die Macht an die Konservativen abgeben, und bei den letzten Wahlen errangen sie nur noch 34 Sitze im House of Commons (2008 waren es immerhin noch 77 gewesen).
- Die **New Democratic Party**, eine linke Partei, die für Menschenrechte, mehr Demokratie, soziale Gerechtigkeit, Nachhaltigkeit der Wirtschaft und die Reform des Wahlrechts eintritt, bekam in den letzten Jahren immer mehr Anhänger, hatte 2008 bereits 34 Sitze im Parlament und erkämpfte sich bei der Wahl 2011 sogar 103 Sitze.
- Der **Bloc Québecois** (BQ), der nur Kandidaten aus der Provinz Québec aufstellt, verfolgt als vornehmliches Ziel die Herauslösung Québecs aus dem kanadischen Staat. Es erscheint ein wenig bizzar, dass diese Partei eine föderale sein will und faktisch dennoch separatistisch ist. Gleichzeitig ist der BQ eine sehr linke sozialdemokratische Partei, die sich für die Einhaltung des Kyoto-Protokolls einsetzt, eine Vorreiterin bei der Einführung der gleichgeschlechtlichen Ehe war und für die Legalisierung von Marihuana eintritt. Bei der Wahl 2011 errang sie vier Sitze im House of Commons.

- Trotz Benachteiligungen bei der Wahlkampagne konnte die **Green Party**, die für nachhaltige Entwicklung und Umweltschutz eintritt, 2011 erstmals in der Geschichte Kanadas einen Sitz im Parlament erobern.

Eine Flagge mit zwei Gesichtern: vorne die 1965 eingeführte kanadische Nationalflagge, auf der Rückseite „Le Fleurdelisé", die Flagge der Provinz Québec mit weißem Kreuz und vier Lilien auf blauem Grund

Die Wahlen

Der reguläre kanadische Wahlrhythmus sieht vor, dass vier Jahre nach der letzten Wahl, jeweils am dritten Montag im Oktober, Wahlen für das föderale Parlament anberaumt werden. Nicht jedes Parlament in Kanada hält allerdings so lange durch, und in letzter Zeit wurden öfters schon viel früher Neuwahlen angesetzt: Ein Premierminister darf nämlich nicht länger im Amt bleiben, wenn er nicht das Vertrauen der Mehrheit im Parlament genießt. Bei einer Minderheitsregierung kann dieser Fall ziemlich rasch eintreten.

Die Wahlkampagnen werden zumeist direkt vor Ort in den Stimmbezirken forciert. Daneben gibt es überregionale Veranstaltungen, wie die Fernsehdebatte, die zwischen den jeweiligen Parteiführern – und damit potentiellen Ministerpräsidenten – ausgefochten wird. Diese TV-Veranstaltung ist allerdings weit davon entfernt Chancengleichheit zu bieten. Es blieb auch bei den letzten beiden föderalen Wahlen bei einer Dreier-Runde mit den Kandidaten der Liberalen, Konservativen und Neuen Demokraten, da der konservative Kandidat mit einer Boykottdrohung dafür gesorgt hatte, dass die Kandidatin der Grünen von der Teilnahme ausgeschlossen blieb.
Anders als in Deutschland hängen Politikerbilder in Kanada nicht an den Laternen: Plakate sind gar nicht üblich, wohl aber feste Schilder. Das Aufstellen dieser Wahlschilder im öffentlichen Raum oder auf Bundes- oder Provinzeigentum kann problematisch sein, da hier jeweils bestimmte örtliche Regeln und Limitierungen zu beachten sind. Daher fragen viele Kandidaten bei privaten Grundstückseigentümern an – mit dem Ergebnis, dass viele Wahlschilder direkt in den Vorgärten stehen. Es versteht sich dabei, dass der jeweilige Grundstücksbesitzer nur der Partei, die er persönlich favorisiert, das Einstecken des Schildes gestattet.
An der Wahl teilnehmen kann jeder kanadische Staatsbürger, der am Wahltag mindestens 18 Jahre alt ist und im Wählerverzeichnis,

der permanenten Datenbank von Elections Canada, eingetragen ist. Dafür muss er sich einmalig unter Angabe von Name, Adresse, Geburtsdatum und Geschlecht registrieren lassen. Am einfachsten geht das, indem man auf der Einkommenssteuererklärung ein entsprechendes Häkchen setzt, das für die Datenübertragung an

Die Provinzen und Territorien Kanadas

Elections Canada sorgt. – Die Wahlen zu den kommunalen und den Provinzregierungen folgen jeweils eigenen Regelungen, letztlich aber einem ähnlichen Schema.

Föderation, Provinzen und kommunale Verwaltung

Für viele wichtige Bereiche obliegt die Verantwortlichkeit nicht der föderalen Regierung, sondern die Provinzen haben jeweils ihre eigenen – und manchmal sehr voneinander abweichenden – Regelungen. Auch jede Provinz- und jede Territorialregierung hat ein gewähltes Parlament. In den Provinzen spielt jeweils der Premierminister eine ähnliche Rolle wie der Prime Minister im föderalen Parlament; in den Territorien hingegen vertritt ein Commissioner die föderale Regierung.

Beispiele für Zuständigkeiten der föderalen bzw. der Provinzregierungen:

Föderale Regierung:
Nationale Verteidigung
Außenpolitik
Staatsbürgerschaft
Polizei
Strafverfolgung
Internationaler Handel
Einwanderung (geteilte Zuständigkeit)
Landwirtschaft (geteilte Zuständigkeit)
Umweltpolitik (geteilte Zuständigkeit)

Provinzregierung:
Bildungswesen
Gesundheitsfürsorge
Natürliche Ressourcen
Autobahnen/Fernstraßen
Polizei
Eigentumsrechte
Bürgerrechte
Einwanderung (geteilte Zuständigkeit)
Landwirtschaft (geteilte Zuständigkeit)
Umweltpolitik (geteilte Zuständigkeit)

Das Wappen der kanadischen Föderation

In den Gemeinden und Städten werden die kommunalen Angelegenheiten geregelt und verwaltet, wie etwa Regionalplanung, Straßenunterhalt, Müllabfuhr und Sammlung von zu recycelnden Wertstoffen, Winterdienst, Feuerwehr, Rettungsdienst, Sport- und Freizeiteinrichtungen, Nahverkehr, örtliche medizinische und soziale Versorgung. Die entsprechenden Ortssatzungen und kommunalen Verordnungen (*by-laws*) werden durch einen Rat (*Council*), dem ein Bürgermeister (*Mayor*) vorsteht, verabschiedet; durchgesetzt werden sie dann durch die Gemeindeverwaltung (*Municipality*).

Beamte der „berittenen“ Bundespolizei Royal Canadian Mounted Police (RCMP). Oben ist die traditionelle Ausgehuniform zu sehen

Über Polizei und Justiz

Polizei

Die Polizisten der Royal Canadian Mounted Police oder kurz RCMP („Königliche kanadische berittene Polizei“, s. S. 111) haben traditionell einen guten Ruf. Die sogenannten *Mounties* setzen das föderale Recht durch und übernehmen die polizeilichen Aufgaben in allen Provinzen – abgesehen von Québec und Ontario, die jeweils eine eigene Polizei haben: die Ontario Provincial Police (OPP) bzw. die Sûreté du Québec. Darüber hinaus gibt es noch jeweils eigene kommunale Polizeibehörden, insbesondere in den großen Städten oder bei den Ureinwohnern, wenn diese die Polizeiaufgaben nicht an die RCMP übertragen haben.

Die bekannte Paradeuniform der RCMP mit dem traditionellen roten Waffenrock mit königsblauen Abzeichen, gelben Knöpfen und Tressen, dunkelblauen Breeches, Reitstiefeln und dem breitkrempigen Hut tragen die Polizisten allerdings nur bei festlichen Anlässen. Der traditionelle Mythos der RCMP als Freund, Helfer und erfolgreicher Kämpfer gegen Kriminalität hat in jüngerer Zeit etwas gelitten. Kritik kam beispielsweise auf, als 2007 auf dem Flughafen von Vancouver der psychisch auffällige polnische Reisende Robert Dziekański von einem Polizisten mit einer Elektroimpulswaffe, einem sogenannten Taser, getötet wurde. Als es bei den Demonstrationen zum G-20-Gipfel in Toronto 2010, ebenso wie im Jahr darauf beim Zurückdrängen der Occupy-Bewegung, zu unverhältnismäßigen Übergriffen kam, betrachteten Kritiker das Vorgehen der Polizei als Verstoß gegen die kanadische *Charter of Rights and Freedoms*, in der das Recht auf Rede-, Meinungs- und Versammlungsfreiheit garantiert wird.

Justiz

In einem Land wie Kanada vor Gericht zu stehen, ist sicherlich nicht das Schlechteste, was einem Beschuldigten passieren kann. Ausgehend von der Unschuldsvermutung, solange bis das Gegenteil bewiesen ist, gewährt das Justizsystem einen fairen Prozess – so zumindest die Theorie. Glücklicherweise ist die Praxis heutzutage nicht mehr so weit entfernt von dieser Theorie wie noch vor Jahrzehnten. 1959 gab es beispielsweise einen gravierenden Justizirrtum, als der damals 14-jährige Steven Truscott als Jüngster in der kanadischen Justizgeschichte wegen angeblichen Mordes zunächst zum Tode verurteilt wurde. Das Urteil wurde vom damaligen Premierminister Diefenbaker zwar in lebenslange Haft umgewandelt, aber Truscott wurde erst zehn Jahre später auf Bewährung freigelassen, und erst im Jahr 2007, 48 Jahre nach der Tat, wurde er in einem Wiederaufnahmeverfahren freigesprochen, nachdem ans Licht gekommen war, dass die Staatsanwaltschaft systematisch entlastende Indizien unterschlagen und verfälscht hatte. Der Fall Truscott trug wesentlich dazu bei, dass die Todesstrafe in den 1960er Jahren zunächst ausgesetzt und schließlich 1976 ganz abgeschafft wurde. Ein anderer Justizirrtum im Jahr 1971, bei dem Donald Marshall junior (s. S. 177) unschuldig verurteilt worden war, hatte einen latenten Rassismus bei der Beweisaufnahme wie auch Fehler im Justizsystem offenbart und zur Veränderung des kanadischen Beweisrechts geführt. Heute will wohl kein kanadischer Richter mehr mit Rassismus-Vorwürfen in Zusammenhang gebracht werden, und mittlerweile gibt es auch Ansätze zu partiellen Lösungen im Fall von Widersprüchen zwischen der auf britisch-europäischer Tradition beruhenden kanadischen Rechtsordnung[14] und den traditionellen Rechtsauffassungen der Ureinwohner.

Befremdlich auf Europäer kann allerdings wirken, dass bei der Berichterstattung in der Tagespresse Verdächtige oder Beschuldigte fast immer mit vollem Namen und Wohnort genannt werden. Unsere Bedenken, dass dies zumindest Rufschädigungen, vielleicht aber sogar Selbstjustiz und Racheaktionen nach sich ziehen kann, teilen viele Kanadier nicht – sie setzen eher auf eine positive abschreckende Wirkung solcher Namensnennungen, vor denen laut Gesetz lediglich Minderjährige geschützt sind.

Besonderheiten im Familienrecht

Im Sommer 2006 machten zwei Mounties Schlagzeilen, als sie sich in Yarmouth (Nova Scotia) in ihrer Prunkuniform mit dem scharlachroten Waffenrock trauen ließen. Das war dann doch etwas sehr Neues – obgleich zu diesem Zeitpunkt die *same-sex marriage*, die Ehe zwischen gleichgeschlechtlichen Partnern, schon seit über 10 Jahren in den Parlamentsdebatten eine Rolle gespielt hatte. Schließlich war dann 2005 in Kanada als erstem Land des amerikanischen Kontinents ein Gesetz (Civil Marriage Act) angenommen worden, das die Ehe nunmehr geschlechtsneutral definierte. In einigen der Provinzen und Territorien war die *same-sex marriage* bereits 2003 eingeführt worden. Im Sommer 2007 schloss auch erstmals ein Mitglied des föderalen Parlaments, der Liberale Scott Brison, die Ehe mit seinem gleichgeschlechtlichen Partner, ebenfalls in Nova Scotia.

Hochzeit von Mathieu Chantelois und Marcelo Gomez in Toronto (Toronto City Hall im Hintergrund), eine der ersten gleichgeschlechtlichen Hochzeiten in Kanada

Außer der zivilrechtlichen Ehe gibt es in Kanada noch den – jeweils nach Regeln der betreffenden Provinz gestalteten – Status der *common-law marriage*, eine Art anerkannter Lebenspartnerschaft, die vor allem Konsequenzen für die steuerliche Behandlung hat. In der Provinz Sasketchewan ist es erlaubt, eine *common-law marriage* einzugehen, auch wenn man noch nicht von seinem bisherigen zivilrechtlichen Ehepartner geschieden ist.

Nach einer Heirat kann man den Namen des Ehepartners annehmen oder auch den eigenen behalten. Kinder können den Namen des Vaters oder der Mutter oder einen Doppelnamen bekommen, und im multikulturellen Kanada sind auch noch andere Namensvarianten möglich. Ausnahme ist die Provinz Québec, wo eine Heirat nicht als Grund für eine gesetzliche Namensänderung anerkannt wird – man behält hier also juristisch stets den eigenen Namen, darf aber im gesellschaftlichen Leben, sozusagen inoffiziell, auch den des Ehepartners benutzen.

Im Fall von Scheidungen orientiert sich die Zusprechung des Sorgerechts ausschließlich am Wohl des Kindes: Es gibt hier keinerlei Automatismus, dass ein Kind „normalerweise" bei der Mutter bleibt, sondern eine strikte Gleichberechtigung, und im Klagefall wägt das Gericht die jeweiligen Konditionen sorgsam im Interesse des

Kindes ab und entscheidet dann nicht selten auch gegen die Mutter, insbesondere auch, wenn deren materielle Situation ungünstiger ist als die des Vaters.

Kanadische Außenpolitik

Internationale Organisationen

Kanada ist Mitglied des Commonwealth of Nations, einer Vereinigung unabhängiger Staaten, bei denen es sich zumeist um ehemalige britische Kolonien handelt – gewissermaßen die Nachfolgerin des British Empire, die derzeit 54 Staaten mit fast 30 % der Weltbevölkerung umfasst.

Mit Gründung der UNO (United Nations Organization) 1945 wurde Kanada deren Mitglied. Als 1949 die NATO (North Atlantic Treaty Organization) geschaffen wurde, war Kanada einer der Hauptinitiatoren dieser Allianz, um – im eigenen Interesse – politische Rivalitäten zwischen den USA, Großbritannien und anderen europäischen Staaten auszugleichen. Mit der Formulierung von Artikel 2 des Nordatlantikvertrags, der unter dem Oberbegriff der „Harmonisierung" auch eine wirtschaftliche Zusammenarbeit zwischen den Mitgliederstaaten vorsieht, hoffte Kanada damals, den diplomatischen und militärischen Angelegenheiten auch eine ökonomische Kooperation hinzufügen zu können. Zu der gewünschten transatlantischen politischen und ökonomischen Union sollte es jedoch nie kommen. Als Konsequenz daraus reduzierte Kanada sein Engagement in der NATO und zog schließlich 1969 die Hälfte der in Deutschland und Norwegen stationierten Truppen zurück. Kanadische Soldaten übernahmen danach vor allem die Aufgabe des Peacekeeping in den UN-Friedensmissionen (s. S. 130). In Deutschland verblieben noch 5.000 kanadische NATO-Soldaten, bis 1993 nach dem Ende des kalten Krieges auch sie abgezogen wurden. Allerdings waren 1999 im Kosovo-Krieg wieder kanadische Flugzeuge an NATO-Bombardements beteiligt, und Kanada ist seit 2002 auch Teilnehmer der NATO-Mission in Afghanistan (ISAF) – wobei bisher 158 kanadische Männer und Frauen ihr Leben gelassen haben[15] – und nahm 2011 auch an der NATO-Mission in Libyen teil. Als führende Wirtschaftsnation der Welt mit politischem Gewicht

Denkmal für gefallene kanadische Soldaten aus vier Kriegen (1. und 2. Weltkrieg, Korea und Afghanistan) in Chester, Nova Scotia

war und ist Kanada seit 1976 regelmäßig bei Konferenzen der G7, bzw. seit 1998 der G8 vertreten. Dieses internationale Netzwerk der größten Industriestaaten praktiziert eine informelle Kooperation auf der Ebene von Ministern und hohen Regierungsbeamten vor allem in wirtschaftlichen Fragen.

Frieden und Krieg

Kanada hat eine lange Tradition der Friedensbewegung. Ein Teil der frühen Einwanderer, die vor allem aus dem deutschen Sprachraum stammenden Mennoniten und Quäker, verfolgte seit jeher eine Philosophie der Gewaltlosigkeit und lehnte Krieg und Militarismus ab. Die Pugwash-Konferenz (s. S. 151) verfocht seit 1957 eine aktive Friedenspolitik; 1961 wurde das Canadian Peace Research Institute (CPRI) gegründet; die überparteiliche Frauenorganisation Canadian Voice of Women for Peace (VOW) hält seit 1960 Mahnwachen gegen Gewalt und Krieg, für Abrüstung und Frieden ab. Währen des Vietnamkrieges dienten zwar etwa 10.000 Kanadier als Freiwillige in der US-Armee, aber zur gleichen Zeit flüchteten 20.000 amerikanische Wehrdienstverweigerer und 12.000 Deserteure über die kanadische Grenze und fanden hier Zuflucht und Asyl. Bereits seit 1976 gibt es in Kanada die Friedensorganisation Project Ploughshares, die ähnlich wie in den 1980er Jahren die unabhängige, christlich geprägte Friedensbewegung Schwerter zu Pflugscharen in der DDR und andere internationale Aktivisten für Abrüstung und Armutsbekämpfung eintritt. Sie wird vom Canadian Council of Churches unterstützt. Obgleich es also eine starke Stimmung für Abrüstung und gegen Krieg gibt, haben viele Kanadier eine ambivalente Auffassung dazu, denn sie sehen Kanada auch in der Pflicht zur internationalen Kooperation in Sicherheitsfragen. Militärisches ist nicht etwa per se unbeliebt; man respektiert die Soldaten und achtet die Veteranen; der Wille zur friedlichen Lösung von Konflikten und der Aufkleber auf dem Auto „Support our troups“ bilden für viele keinen Widerspruch.

Militärische Machtdemonstration bei einer Flugschau

Die Pugwash-Bewegung

Es begann mit dem Londoner Manifest von 1955, das von Albert Einstein, Joseph Rotblat und Bertrand Russel unterzeichnet worden war und Wissenschaftler in aller Welt dazu aufrief, die Gefahren des nuklearen Krieges zu untersuchen und die Regierungen zur Abrüstung zu veranlassen. Angeregt dadurch und getrieben von der Besorgnis über die Zuspitzung des Kalten Krieges, entschied sich der kanadische Millionär Cyrus Eaton, zu einer Ideenkonferenz einzuladen; sie fand in seinem Sommerhaus in Pugwash (Nova Scotia) statt, das heute als „Thinkers' Lodge" bekannt ist. An diesem Treffen, das auf dem Höhepunkt des kalten Krieges stattfand, nahmen Intellektuelle aus beiden Lagern teil – neben wichtigen Köpfen der westlichen Welt auch Wissenschaftler aus China und der Sowjetunion, darunter auch der sowjetische Kosmonaut Juri Gagarin. Eaton wurde deshalb von amerikanischen Politikern heftig angegriffen. Doch diese Friedensbemühungen leiteten eine Wende im Denken, Diskussionen und Verhandlungen ein. Die Bewegung fand Jahrzehnte später Anerkennung, als Dr. Rotblat und die internationale Pugwash-Organisation 1995 den Friedensnobelpreis erhielten. 2007 fand eine der Folgekonferenzen wieder am Ort des ersten Treffens in Pugwash statt. An ihr nahmen Wissenschaftler, Diplomaten und ehemalige Militärs teil, unter ihnen Romeo Dallaire, kanadischer Senator, Kommandeur der UN-Blauhelmtruppen bei der gescheiterten UNAMIR-Friedensmission in Ruanda Mitte der 1990er Jahre und Autor des Buches „Handschlag mit dem Teufel: Die Mitschuld der Weltgemeinschaft am Völkermord in Ruanda".

In der Thinkers' Lodge fand 1957 die erste Pugwash-Konferenz statt

1961 besuchte Juri Gagarin Pugwash, hier ist er mit dem Mitbegründer der Organisation Cyrus Eaton zu sehen

Arktische Souveränität

Nachdem 1880 die Souveränität über den arktischen Archipel von Großbritannien an Kanada übergegangen war, dauerte es noch längere Zeit, bis diese im Großen und Ganzen unwirtlichen, nur spärlich besiedelten Territorien als normales Hoheitsgebiet des Landes betrachtet wurden.

Mit der Errichtung eines Polizeipostens auf Herschel Island 1903 demonstrierte Kanada diese Auffassung erstmals auch nach außen, insbesondere in Richtung der amerikanischen Walfangflotte – denn sowohl die USA wie auch Dänemark tendierten damals dazu, Kanadas arktische Ansprüche zu ignorieren; Dänemark etwa bezeichnete 1919 Ellesmere Island offiziell als „Niemandsland". Als Reaktion darauf begann Kanada, in den 1920er Jahren Polizeiposten auf Ellesmere Island sowie auf Baffin Island und Devon Island einzurichten. Obwohl im Umkreis von hunderten Kilometern niemand lebte, wurde auf der Bache-Halbinsel sogar ein Postamt (mit Zustellung einmal pro Jahr!) errichtet, denn Postämter wurden international als Beweis für die Hoheitsansprüche anerkannt. In dieser Zeit begann auch die weitere Erforschung von Ellesmere Island per Hundeschlittengespann.

Eisbrecher „Henry Larsen", hier im Sommer im Hafen von St. John's, Neufundland

Auf Baffin Island besuchten dann alljährlich Polizisten jedes Inuit-Camp, erfassten die Bewohner für die Statistik, erläuterten ihnen die Gesetze und verfassten Berichte über die lokalen Bedingungen für die Regierung in Ottawa. Wenn nötig, leiteten sie auch Maßnahmen zur Strafverfolgung ein.

Als 1931 Norwegen formal seine Ansprüche auf Sverdrup Island aufgab, zahlte Ottawa 67.000 CAD an Otto Sverdrup für die Aufzeichnungen von seinen Expeditionen, um damit Kanadas Rechtsansprüche zu bekräftigen. In den 1950er Jahren kamen Bürokraten in Ottawa auf die Idee, Inuit in die unbewohnten Gebiete des Hohen Nordens umzusiedeln (s. S. 183), um dem Argument entgegenzuwirken, dass dieses Land unbewohnt und somit nicht von Kanada in Besitz genommen sei.

Obgleich Kanadas Ansprüche auf das Land in der Arktis heute sicher und international anerkannt sind, sind doch viele Gebiete im Norden weithin unbewohnt, und faktisch ist die nördliche Außengrenze Kanadas auch nicht militärisch gesichert. Ob die Canadian Rangers dafür eine Lösung darstellen? Diese etwa 5.000 freiwilligen Teilzeit-Reservisten, die zur kanadischen Armee gehören, sind zumeist Angehörige indigener Völker, vorwiegend Inuit. Man setzt auf ihre Erfahrungen und Kenntnisse, wie man sich im Hohen Norden, in unwegsamem Terrain, bei Schnee und Eis orientiert und fortbewegt. Ausgestattet mit Schneemobilen für den Winter und Allradfahrzeugen für den Sommer, sollen sie in mehrwöchigen Patrouillen Präsenz in den entlegenen nördlichen Gebieten zeigen und sie „bewachen". Das „Junior Canadian Rangers Program" bietet Jugendlichen aus entlegenen Gebieten im Norden Freizeitaktivitäten und Ausbildung in traditionellen und Ranger-Fähigkeiten und sichert so den Nachwuchs für die Canadian Rangers.

Ein Junior Canadian Ranger aus Makkovik, Labrador

Zum anderen gibt es aber Kontroversen um die arktischen Wasserstraßen – insbesondere, da mit den Klimaveränderungen und der Erwärmung der Arktis zunehmend Vorkommen von Erdöl und anderen Rohstoffen in der Region erforscht werden und sowohl Regierungen als auch private Investoren wieder die kommerzielle Nutzung der Nordwestpassage ins Auge fassen.

Kanada verlangt, dass ausländische Schiffe Genehmigungen für die Passage durch seine arktischen Gewässer einholen. Die USA haben den Öltanker „Manhattan" (1969) und die „Polar Sea" (1985) demonstrativ ohne Genehmigung durch kanadische Gewässer geschickt, und die juristischen Auseinandersetzungen, die darauf folgten, sind bis heute noch nicht abgeschlossen. Faktisch aber zeigt Kanadas Regierung eigentlich wenig Interesse an der Nordwestpassage und am Norden überhaupt. Nur regelmäßig alle vier Jahre jeweils vor den Wahlen werden neue Eisbrecher, der Bau eines arktischen Tiefseehafens, weitere Maßnahmen zur Verbesserung von Infrastruktur und zur sozialen Situation der Arktisbewohner versprochen – daran ändert auch eine Inuk als Ministerin in der derzeitigen Regierung nur wenig.

Bildung, Wissenschaft und Forschung

Vom Kindergarten bis zur High School

Bei den PISA-Tests der OECD lag Kanada nicht zufällig immer ganz weit vorn. Bildung ist ein gesellschaftlich weithin anerkanntes hohes Gut, und etwa sieben Prozent des Bruttoinlandsprodukts fließen ins Bildungssystem. Da die Hoheit über die Bildung jeweils bei den Provinzen und Territorien liegt, gibt es zwar kein zentrales Bildungsministerium, wohl aber regelmäßige stichprobenartige, national standardisierte Tests für die Schüler, wodurch sich Schwachpunkte lokalisieren lassen. Die Lehrpläne und die gesamte Herangehensweise sind hochmodern: Es wird nicht nur Wert auf das gelegt, was man wissen sollte, sondern auch darauf, wie das Wissen eingesetzt wird – die Fähigkeit der Schüler zur Lösung von Problemen. Das beginnt schon im Kindergarten und zieht sich durch bis zur Highschool.

Auf frühkindliche Bildung und Erziehung wird in Kanada großer Wert gelegt

Frühkindliche Bildung

Daycare center heißt die Kindertagesstätte in Kanada. Die Kinder werden zumeist in kleinen Gruppen intensiv betreut, ein für die Eltern kostenpflichtiger Service. Wird das Kind älter, gibt es in allen Provinzen als Teil der staatlichen Schulbildung eine Vorschule, die meist im Alter von 4 oder 5 Jahren beginnt und hier als Kindergarten oder Junior Kindergarten, manchmal auch als Grade Primary oder Pre-School bezeichnet wird. Spielerisches Lernen und Förderung der sozialen Entwicklung des Kindes stehen hier auf dem Programm, nicht selten werden hier aber auch schon Lese- und Schreibfähigkeiten erworben und die Zahlen geübt.

Elementary und High School

Mit dem Schulbus werden Kinder oft über größere Distanzen befördert

Die Schulausbildung von Klasse 1 bis 12 wird generell öffentlich finanziert. Neben öffentlichen gibt es, wie auch bei den Kindergärten, einen geringen Anteil kirchlicher und privater Einrichtungen, deren Besuch meist mit nicht unerheblichen Kosten verbunden ist. Einige Kinder werden auch zu Hause von ihren Eltern oder von Tutoren unterrichtet: Das sogenannte *home schooling*, in Deutschland nur ausnahmsweise unter strikten Auflagen möglich, ist in Kanada völlig legal und und wird besonders bei Kindern mit speziellen Bedürfnissen oder gesundheitlichen Problemen praktiziert; zudem ist es in einsamen Gegenden mitunter die beste Möglichkeit zur Sicherung der Schulbildung.
In der Regel besuchen Kinder ab dem Alter von sechs Jahren eine ihnen zugewiesene Schule nahe dem Wohnort; im Ausnahmefall ist auch eine selbständige Wahl möglich. Das Schuljahr hat 190 Tage, es beginnt zumeist im September nach dem „Labour Day“ und endet Ende Juni/Anfang Juli. Die Schulen sind fast ausnahmslos Ganztagsschulen, in denen die Kinder bis 15:30 Uhr bleiben; der Unterricht wird durch Freizeitangebote ergänzt.
An die Grundschule (Elementary School) mit den Klassen 1 bis 6 schließt sich die Junior High School bis Klasse 9 an. Alle Kinder werden gemeinsam unterrichtet, auch körperlich und geistig behinderte Kinder werden integriert, wobei sie durch spezielle Förderlehrer unterstützt werden. In der sich daran anschließenden Senior High School mit den Klassen 10 bis 12 können die Schüler je nach Begabung und angestrebtem Studium unterschiedliche – akademische oder praxisorientierte – Kurse belegen.
Schulpflicht besteht generell bis zum 16., in Ontario und New Brunswick bis zum 18. Lebensjahr. In Québec endet die Schule bereits nach Klasse 11 (17. Lebensjahr); wer dort anschließend die Universität besuchen will, muss zuvor noch für mindestens zwei Jahre auf ein College.

Gute Lernergebnisse

Die verschiedenen PISA-Tests ergaben, dass in Deutschland der Bildungserfolg sehr stark von der sozialen Herkunft abhängt. Für

Saint Mary's Universität in Halifax, Nova Scotia

Kanada sahen die Resultate dagegen ganz anders aus: Das Prinzip der sozialen Gleichheit verhindert hier Bildungsprivilegien in der Schule. Der Anteil an Kindern, deren Eltern erst kürzlich eingewandert sind, ist an vielen Schulen enorm hoch. Sie werden aber von den Mitschülern ganz selbstverständlich akzeptiert, und sie erhalten sehr früh eine gezielte Sprachförderung, so dass es meist nicht lange dauert, bis sie perfekt Englisch sprechen.

Im Unterricht gibt es viel Teamarbeit an gemeinsamen Projekten, und das Einbringen der jeweiligen kulturellen Besonderheiten ist gefragt. So lernen kanadische Kinder beizeiten, dass es nicht nur Weihnachten und Ostern gibt, sondern erfahren voneinander, wie Chanukkah, Diwali, Tết oder Hana Matsuri gefeiert werden. An den Nachmittagen gibt es attraktive Freizeitangebote. Es wird viel Wert auf Sport, auf Kreativität und gemeinsame Aktivitäten gelegt, und die Bindung zur Schule ist daher auch sehr ausgeprägt. Dass dieses Konzept erfolgreich ist, beweisen Kanadas Ergebnisse in den verschiedenen PISA-Tests, ob in Naturwissenschaften, Mathematik oder „Leseverständnis", wo das Land ganz vorn rangiert. Wenn auch kanadische Abiturienten im Wissensstand den deutschen vielleicht etwas hinterherhinken mögen, können sie dafür das, was in der Schule unterrichtet wurde, besser anwenden.

Lehrer

Um in Kanada vor eine Schulklasse treten zu können, muss man einen harten Auswahlwettbewerb und mindestens vier oder mehr

Jahre Studium absolviert haben. Die Provinzen haben hierzu jeweils unterschiedliche Regelungen. Das Gehalt wächst mit den Praxisjahren und insbesondere mit zusätzlichen Qualifikationen. Die Kandidaten werden in speziellen Assessment-Interviews auf ihre Eignung für den Job untersucht. Besonderes Augenmerk wird darauf gelegt, inwieweit sie Interesse und Begeisterung für den Beruf zeigen, emotionale Stabilität aufweisen und die Fähigkeit besitzen, eine gute Lernatmosphäre zu schaffen, kritisches Denken, Problemlösungskompetenzen und Verantwortungsgefühl bei den Schülern zu fördern. Wer Lehrer wird, verpflichtet sich zu lebenslangem Lernen – mindestens einmal im Jahr muss eine Weiterbildung besucht werden.

Studieren in Kanada

In Kanada gibt es sehr bekannte und angesehene Universitäten, die auch viele Studenten aus dem Ausland anlocken. Das Studium in Kanada kann aber recht teuer sein: In den verschiedenen Provinzen werden die Colleges und Universitäten in ganz unterschiedlichem Maß öffentlich (mit-)finanziert, und entsprechend schwankt die Höhe der Studiengebühren. Der Durchschnitt liegt bei etwas über 5.000 CAD pro Jahr, kann aber, je nach Provinz, Universität und Fachrichtung, auch deutlich darüber liegen. Am teuersten sind die Gebühren für den Abschluss eines MBA (Master of Business Administration) – da können sogar bis zu 20.000 CAD pro Jahr anfallen –, gefolgt von

Ontario College of Art and Design in Toronto

medizinischen Fachrichtungen, die mitunter ebenfalls fünfstellig ausfallen können. Ausländische Studenten zahlen in der Regel höhere Gebühren als kanadische.

Die Studienzeit dauert normalerweise von September bis Mai. Einige Universitäten haben Fachrichtungen mit einer Trimester-Einteilung – hier finden auch im Sommer Kurse statt. Über die Zulassung entscheidet jede Hochschule selbst. Für Auslandsstudenten sind gute Kenntnisse des Englischen oder Französischen Voraussetzung.

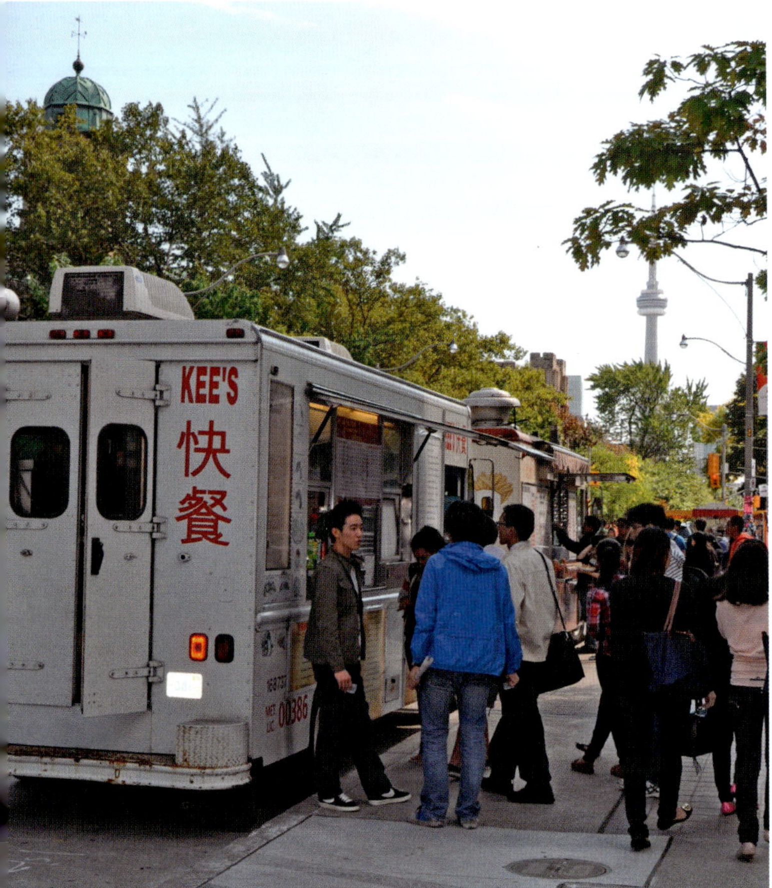

Die Studenten an der University of Toronto nutzen gern die Möglichkeiten der mobilen Lunch-Versorgung

Fast die Hälfte aller kanadischen Schüler nimmt eine berufsorientierte Ausbildung am College oder ein Studium auf; damit liegt Kanada im Ländervergleich in puncto *post-secondary education* weit vorn. Über 20 % aller Schüler erlangen einen Universitätsabschluss. Man unterscheidet dabei zwischen sogenannten Undergraduate und Graduate Studies: Nach dem Erwerb des Bachelor ist man berechtigt, das eigentliche Fachstudium anzutreten. Manche beenden das Studium bereits nach dem Bachelor, andere studieren weiter und erwerben den Master oder höhere akademische Grade.

Studenten aus Deutschland loben die Studienbedingungen in Kanada aufgrund der kleinen Gruppen und dadurch intensiveren Kurse und der sehr engagierten Professoren, die immer Zeit haben und für wirklich alle Probleme offen sind, wegen der guten Ausstattung mit Computerräumen, Bibliotheken, die genug Platz bieten, sowie der vielfältigen Sportmöglichkeiten. Sie schätzen auch die Vielfalt der Kulturen und das offene Klima. Eher weniger begeistert sind sie davon, dass fast alles – Studium, Bücher, Essen – teurer ist.

Wissenschaft und Forschung

Oben: „Alexander Graham Bell National Historic Site" in Nova Scotia mit Ausstellung von Arbeiten des Erfinders, Unternehmers und Sprachtherapeuten Bell, der seit 1870 in Kanada und vorübergehend auch in den USA lebte

Unten: Cabot Tower mit der „Marconi Station" auf dem Signal Hill in St. John's, Neufundland, wo Guglielmo Marconi 1901 das erste drahtlose transatlantische Funksignal empfing

„Wer im Alltag in zwei Sprachen spricht, wird seltener von Demenzkrankheiten heimgesucht als andere Menschen"[16], haben Wissenschaftler in Kanada herausgefunden. Oder auch:
„Kanadische Wissenschaftler haben erstmals das von genmanipulierten Pflanzen produzierte Bt-Toxin Cry1Ab im Blut von Frauen und Neugeborenen nachgewiesen."[17]
Aber nicht nur Ergebnisse medizinischer Studien aus Kanada finden manchmal ihren Weg in die Schlagzeilen der deutschen Medien. Kanada hat in vielen Forschungsbereichen die Nase vorn, neben Biowissenschaften und Medizin auch im Energiebereich und bei der Nanotechnologie, wie auch im Bereich Information und Kommunikation. Das hat durchaus Tradition – man denke nur an den Erfinder des Telefons Alexander Graham Bell, an die Drahtlos-Funkstationen von Marconi oder an den Medienwissenschaftler Marshall McLuhan (s. S. 298 f.). Dass Kanada auch eine lange und erfolgreiche Tradition in der Meeres- und Polarforschung hat, legt schon die geografische Lage nahe. Auch in den Feldern Umwelt und Klima wird viel geforscht, auch wenn die öffentlichen Mittel dafür von der derzeitigen Regierung gerade gekürzt werden.

Ein Drittel der kanadischen Forschung und Entwicklung wird als universitäre Forschung von den über 100 Universitäten und Colleges durchgeführt, die in der „Association of Universities and Colleges of Canada" zusammengeschlossen sind. Daneben gibt es eine Reihe von Forschungsinstituten und Technologiezentren, in denen das National Research Council Canada weit gefächerte wissenschaftliche Untersuchungen durchführt, sowie weitere nationale Forschungszentren. Die kanadische Regierung fördert auch die privatwirtschaftliche Forschung, vor allem durch großzügige gezielte Steuervergünstigungen.

Winterpanorama des Finanzdistrikts von Montreal

Das Gesicht des modernen Kanada

Kanada ist weltweit beliebt und geschätzt – nicht nur als aufregendes Reiseland, sondern auch wegen seiner Menschen und nicht zuletzt wegen der gesellschaftlichen und politischen Verhältnisse.
Der Charakter des Landes wurde durch die indigenen Völker ebenso wie durch die Einwanderer geformt. Die gravierendsten Transformationen des kanadischen Staates zu dem Kanada von heute, wie es die meisten kennen und schätzen, begannen unter der liberalen Regierung von Ministerpräsident Pearson und wurden in den Jahren 1968 bis 1986, weitgehend unter der ebenfalls liberalen Regierung von Pierre Trudeau, fortgeführt.
Ein kanadischer Freund, der mehr als ein Jahrzehnt in Deutschland gelebt hatte und dann in den siebziger Jahren nach Kanada zurückkehrte, erklärte uns: „Das Land, in das ich nun wieder heimgekommen war, habe ich kaum wiedererkannt; es hatte sich inzwischen in jeder Richtung so unglaublich modernisiert und so positiv verändert – es ist ein phantastisches Heimatland!"

Liberalisierung, Rechte und Freiheiten

Diese positiven Errungenschaften bestanden in ganz einfachen wie auch in komplizierten Maßnahmen, die quer durch alle Lebensbereiche gehen: so etwa die Etablierung eines steuerfinanzierten, für den einzelnen nahezu kostenfreien Gesundheitssystems mit einem föderalen Qualitätsstandard oder die Umstellung auf das metrische System. Dazu gehörte auch eine konsequente ökonomische Politik im nationalen Interesse, die den Einfluss der US-Konzerne zurückdrängte und dabei auch vor zeitweiligen Treibstoff-Subventionen nicht zurückschreckte, sowie ein nationales Energieprogramm.
Hinsichtlich der seit den Anfängen immer wieder problematischen Stellung von Québec zum Rest des Landes wurde letztlich ein Status quo erreicht, der – trotz immer wieder einmal aufflackernden separatistischen Bestrebungen – der frankokanadischen Provinz eine sichere Position innerhalb der Föderation garantiert; dazu trug auch das „Official Languages Act" bei, das die landesweite Zweisprachigkeit mit den Amtssprachen Englisch und Französisch festlegte.

Pierre Trudeau, mit einer kurzen Unterbrechung von 1968 bis 1984 Premierminister, war einer der Befürworter der „Kanadischen Charta der Rechte und Freiheiten". Foto von 1980

Außenpolitisch wurde die Friedenspolitik forciert, das Verhältnis zu China normalisiert, mit dem Kanada 1969 unter Premierminister Trudeau erstmals diplomatische Beziehungen aufnahm, und die Mitgliedschaft in der Gruppe der Sieben (G7) erreicht. Einen wichtigen Schritt zur weiteren Unabhängigkeit von Großbritannien bedeutete 1982 die „Re-patriation" („Heimführung") der Verfassung: Verfassungsänderungen müssen seither nicht mehr vom britischen Parlament genehmigt werden.

Ein gewaltiger Schritt vorwärts hinsichtlich der Menschen- und Bürgerrechte wurde mit der – ebenfalls 1982 als verfassungsrechtliches Dokument angenommenen – „Canadian Charter of Rights and Freedoms" erreicht, deren Aussagen zur Freiheit, zur Gleichheit und zu den Menschenrechten weithin als bahnbrechend, wegweisend und inspirierend betrachtet werden (wiewohl sie in Bezug auf wirtschaftliche und soziale Rechte nur wenige explizite Aussagen macht). Dazu kam 1983 mit dem „Privacy Act" eine Regelung zum Schutz persönlicher Daten und 1985 das „Access of Information Act", das die Transparenz von Regierungs- und Verwaltungsprozessen sicherstellt.

Multikulturelles Kanada

Im Einwanderungsland USA spricht man vom *melting pot*, vom Schmelztiegel, wenn es um die Integration der verschiedenartigen Völker im Lande zu einer Nation geht. Das ist ein ziemlich krasser Unterschied zum kanadischen Konzept des Multikulturalismus: Denn hier entsteht keine gleichförmige Suppe, in der die Ecken und Kanten, die Besonderheiten verlorengehen. Stattdessen behalten die verschiedenen kulturellen Hintergründe der eingewanderten Bevölkerungsgruppen ihren Stellenwert, und die einzelnen kulturellen Praktiken und Sprachen werden nicht nur akzeptiert, sondern gezielt gefördert, denn sie werden als Bereicherung der Gesellschaft verstanden.

Kanada ist also kein homogener Nationalstaat gemäß dem in Europa dominierenden „Westfälische System"[18], auf einer gemeinsamen Sprache, einem gemeinsamen Mythos, einer gemeinsamen Kultur beruhend – Kanada kann und will das gar nicht sein.

Schon die „Väter" der kanadischen Demokratie, Baldwin und

Torontos Chinatown

Lafontaine hatten 1848 den Wert einer „fair society“ mit dem Prinzip von Gleichheit und Teilhabe aller – ob anglophon, frankophon oder sonstiger Herkunft – an öffentlichen Gütern propagiert; gewaltsame nationalistische Attacken wurden verurteilt, und bereits damals wurde eine Einwanderungspolitik durchgesetzt, die Elemente des heutigen Multikulturalismus enthielt.

Die föderale Regierung Kanadas proklamierte erstmals 1971 den Begriff einer multikulturellen Politik, die die Gesellschaft in ihrer ganzen Breite von Ethnien, Sprachen, Bräuchen, Religionen etc. anerkennt und dabei Gleichheit und gegenseitigen Respekt einfordert. Es wurden dann entsprechende gesetzliche Rahmenbedingungen erarbeitet und schließlich 1988 – unter der konservativen Regierung von Mulroney – das „Canadian Multiculturalism Act“ verabschiedet.
Bereits mit der durch die Briten vorangetriebenen Besiedlung im 18. Jahrhundert, dem Goldrausch im 19. Jahrhundert und der Besiedlung des Westens im ausgehenden 19. und frühen 20. Jahrhundert waren immer wieder Einwanderer aus der ganzen Welt nach Kanada gekommen – ob aus Deutschland, Polen, China, Island, der Ukraine, Skandinavien oder Portugal. Dabei wurde anfangs – außerhalb von Französisch-Kanada – von den Fremden meist erwartet, dass sie sich der englischen Mehrheit unterordneten – doch allein durch die Anzahl der Zuwanderer änderte sich diese Betrachtungsweise allmählich.

Das Denkmal für Multikulturalismus von Francesco Pirelli an der Union Station in Toronto

Insbesondere seit Ende des 2. Weltkriegs wurden durch den wirtschaftlichen Boom Arbeitskräfte unterschiedlicher Qualifikationen in großer Zahl benötigt. Die neuen Immigranten hielten sich nicht mehr nur irgendwo auf dem Land, in entfernten Bergbaugebieten oder in Holzfällerlagern auf, sondern lebten nun auch mitten in den Städten; zum großen Teil waren sie gut ausgebildet, arbeiteten in wichtigen Positionen der Gesellschaft und ließen sich eine rassische oder ethnische Diskriminierung nicht gefallen.

Man sprach zunächst von einem Mosaik, in dem unterschiedliche Kulturen an einer gemeinsamen Gesellschaft arbeiteten, bis in den turbulenten 1960er und 1970er Jahren die multikulturelle Realität sich schließlich auch in der gestaltenden Politik wiederfand.

Die bis dahin verbliebenen rassistischen Barrieren bei den Einwanderungsregeln wurden beseitigt; seit 1972 ist ein Minister für Multikulturalismus zuständig; es gibt Regierungsprogramme zur Förderung der multikulturellen Gesellschaft sowie auch zahlreiche soziologische Untersuchungen und Forschungen zu diesem Thema. Dabei geht es nicht mehr nur darum, Vorurteile gegenüber den bestimmten Ethnien und ihren Besonderheiten zu überwinden, sondern auch um Maßnahmen zur Begleitung und Hilfe für neue Einwanderer und deren Zugang zu Bildung und Beschäftigung.

Der Begriff Multikulturalismus steht inzwischen für ein neues Selbstverständnis der kanadischen Identität und der verschiedenen ethnischen Gruppierungen im Land. Ob mit ihrer Sprache, ihren kulturellen Bräuchen und Festen, ihrer Religion, ihrer Musik, ihrer Kunst oder ihren Speisen – ethnische, kulturelle und religiöse Gemeinschaften in Kanada können ihre Traditionen leben und pflegen, soweit sie nicht gegen kanadische Gesetze verstoßen, wie es etwa im Fall von Polygamie der Fall wäre – auch muslimische Schiedsgerichte, die bei der Schlichtung ziviler Konflikte die Scharia anwenden wollen, haben sich dem kanadischem Recht unterzuordnen. Religiöse Feiertage, spezielle Diätvorschriften oder traditionelle Bekleidung der verschiedenen Religionen und Ethnien werden respektiert; lediglich in Québec ist das Tragen von Gesichtsschleiern oder Burkas in Schulen oder medizinischen Einrichtungen nicht erwünscht.

Der 27. Juni wird seit 2002 als Kanadischer Multikulturalismus-Tag gefeiert.

Québec und die separatistische Bewegung

Die französisch geprägte Provinz Québec hat in Kanada stets eine Sonderrolle gespielt. Seit der Niederlage gegen die Briten haben sich die Frankokanadier erfolgreich um den Erhalt ihrer Kultur und Sprache bemüht. Angesichts der wirtschaftlichen Abhängigkeit von den englischsprachigen Provinzen und einer gefühlten Bevormundung durch die Anglokanadier verlangte die Bevölkerung Québecs insbesondere in den 1960er Jahren, nachdem die Provinz einen wirtschaftlichen Aufschwung erfahren hatte, mehr Selbstbestimmung. Radikale Gruppierungen forderten einen unabhängigen Staat Québec. Als General de Gaulle bei seinem Besuch der Weltausstellung in Montreal 1967 vom Balkon der Stadthalle „Vive le Québec libre!" rief – den Slogan der Separatisten – fühlten sich diese radikalen Kräfte bestätigt. Die FLQ (Front de libération de Québec) hatte bereits über Jahre hinweg eine Reihe terroristischer Bombenattentate unternommen, bei denen mehrere Menschen ihr Leben ließen. Im Oktober 1970 entführten die Terroristen den britischen Handelsattaché und einen Québecer Minister. Daraufhin rief der Québecer Premierminister Bourassa die föderale Regierung zu Hilfe. Das föderale Parlament stimmte angesichts dieser besonderen Situation dem Ausnahmezustand zu und fand dafür breiten Rückhalt in der Bevölkerung. Dies zog zunächst eine weitere Eskalation nach sich: Die ergriffenen Polizeimaßnahmen wurden von den Terroristen mit der Ermordung des Handelsattachés beantwortet. Schließlich verlor die FLQ aber jegliche Unterstützung der Öffentlichkeit und der politische Terror konnte überwunden werden.

Politische Karikatur von 1911 zu Kanadas bikultureller Identität: „The next favor: a flag to suit the minority" (Der nächste Gefallen [den man der frankophonen Minderheit tut]: Eine Flagge, die der Minderheit genehm ist). Die britishe Flagge ist gegenüber der französischen winzig klein und das kanadische Ahornblat wird von fleurs-de-lis umrahmt

Die separatistischen Tendenzen waren damit allerdings nicht erledigt. Die treibende Kraft dabei war und ist die Parti Québécois (PQ). Der von ihr propagierte Nationalismus trieb solche Blüten wie die Eliminierung der englischen Sprache von Schildern und Beschriftungen. Natürlich ist es aber generell verständlich und legitim, den Gebrauch der Muttersprache und das Überleben der französisch geprägten Kultur zu protegieren – immerhin sind circa 80 % der Bevölkerung der Provinz frankophon. Der föderale Staat trug dem zumeist auch mit zahlreichen Zugeständnissen Rechnung. Andererseits ist ethnischer Nationalismus nicht hilfreich für die Überwindung so mancher ökonomischer Probleme Québécs. Als die Separatisten mehrfach versuchten, mit Volksabstimmungen die Unabhängigkeit für die Provinz durchzusetzen, waren es nicht zuletzt die Angehörigen der First Nations und der Inuit, die entschieden gegen eine Loslösung vom kanadischen Staat stimmten.

Demonstrierende Separatisten nach der Wahl der Parteiführung der Parti Québécois 2005

Die indigenen Völker im Kanada von heute

„O Canada! Our home and native land!" – so beginnt die kanadische Nationalhymne, doch einige Kanadier berichtigen hartnäckig ein Wort in der ersten Zeile, wenn sie das Lied singen:
„Our home on native Land" – und das hört man nicht nur von Satirikern, sondern auch von anderen, denen bewusst ist, wem das Land einst gehörte. Kanadas multikulturelle Gesellschaft,

die laut Verfassung ja niemanden diskriminiert, diese moderne, tolerante Gesellschaft hat leider noch immer eine ausgegrenzte und marginalisierte Bevölkerungsgruppe – die Ureinwohner[19]. Sie waren im 18. und 19. Jahrhundert faktisch enteignet und – meist zersplittert in kleine Gruppen – in isolierte, oft sehr abgelegene Reservate gedrängt und dort bevormundet worden. Doch auch im 20. Jahrhundert und bis heute blieb die überwiegende Mehrheit der First Nations und Inuit praktisch von der Teilhabe an den Gütern und am Wohlstand des Landes ausgeschlossen und lebt unter prekären Bedingungen.

Die Ureinwohner sind entsprechend den geltenden Verträgen und Gesetzen weitgehend von Steuerzahlungen befreit, sie erhalten Geldleistungen der Regierung und Wohlfahrtsschecks, und es gibt spezielle Fonds zur Studienfinanzierung für junge Leute, was zu manchen kontroversen Diskussionen unter anderen Kanadiern führt. Doch wird bei solchen Diskussionen eines nicht berücksichtigt: Diese speziellen Rechte wurden den Ureinwohnern in den vielen Versprechungen und Verträgen in der Vergangenheit garantiert – und sie zahlten dafür bereits mit einem exorbitanten Preis: ihrer Würde, ihrer Kultur, ihrer Selbstachtung – und der Überlassung des „native land".

Knapp 4 % der Einwohner Kanadas bezeichnen sich selbst als „aboriginal"; 80 % von ihnen leben in Ontario und den westlichen Provinzen Manitoba, Saskatchewan, Alberta und British Columbia. Den höchsten Anteil an Ureinwohnern hat die Stadt Winnipeg mit 10 %.

Flagge der Mi'kmaq

Menschenrechte

Bis zum Juni 2011 waren die gut 700.000 indianischen Ureinwohner von dem im Jahre 1977 beschlossenen Canadian Human Rights Act ausgeschlossen. Die Regierung hatte damals argumentiert, dass sie ja dem Indian Act unterstehen würden, und man erst in Ruhe prüfen müsse, inwieweit diese beiden Gesetze gleichzeitig angewendet werden könnten. Sinn des Human Rights Act war es, allen Menschen in Kanada gleiche Möglichkeiten zu schaffen und jegliche Diskriminierung zu verhindern. Der Ausschluss der Ureinwohner war allerdings ein grober Akt der Diskriminierung, der zudem im Gegensatz zu allen demokratischen Prinzipien stand.

Indigene Völker in Kanada: Arbeitslosigkeit, Bildung, Kriminalität, Gesundheit – Statistisches[20]

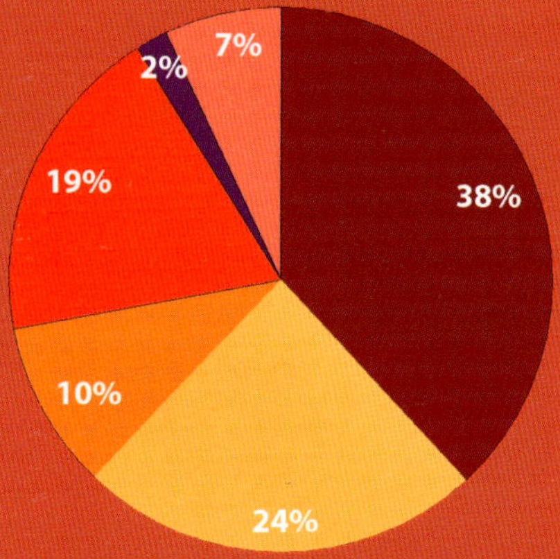

Bildungsniveau der Ureinwohner in der Provinz Ontario, Stand 2006

- *38 % ohne Abschlusszeugnis, Berufsabschluss oder akademischen Grad*
- *24 % Highschool-Abschluss oder Äquivalent*
- *10 % Berufsausbildung, Facharbeiter- oder Gesellenbrief*
- *19 % Abschluss von College oder CEGEP (vor- oder nicht-universitäre „post-secondary"-Bildung*
- *2 % Universitätszertifikat oder -diplom unterhalb des Bachelor-Abschlusses*
- *7 % Universitätsabschluss, akademischer Grad*

- Über 60 % der Ureinwohner sind entweder arbeitslos oder abhängig von Sozialfürsorge.
- Die Analphabetenrate ist doppelt so hoch wie im kanadischen Durchschnitt. Die Zahl der Highschool-Absolventen stieg in den letzten Jahrzehnten deutlich, liegt aber immer noch unter dem Durchschnitt: Mehr als ein Drittel erreicht keinen Highschool-Abschluss (landesweit sind es 15 %). Nur 9 % haben eine Universitätsabschluss (was immerhin eine Verbesserung gegenüber 2001 darstellt, als es nur 7 % waren), verglichen mit über 20 % im kanadischen Durchschnitt (s. Abbildung).
- Der Anteil der rund 4 % Ureinwohner des Landes an den Gefängnisinsassen ist mit 19 % weit überprozentual hoch.
- Die Suizidrate liegt fünfmal (bei Jugendlichen siebenmal) so hoch wie im Durchschnitt.
- Trotz Verbesserungen in den letzten Jahren liegt die Lebenserwartung noch immer sieben bis acht Jahre unter dem kanadischen Durchschnitt.
- Die Kindersterblichkeit ist doppelt so hoch wie im Landesdurchschnitt.
- Die Diabetes-Rate liegt drei- bis fünfmal so hoch, Tuberkulose kommt acht- bis zehnmal so häufig vor.

Auch Fälle von exzessivem Alkohol- und Drogenmissbrauch sind erschreckend augenfällig, vor allem durch damit einhergehende Erscheinungen wie familiäre Gewalt und pränatale Schädigungen wegen Trinkens während der Schwangerschaft. Allerdings ist die Zahl von Alkoholikern bei den indigenen Völkern generell statistisch niedriger als im Landesdurchschnitt.

In Gemeinden mit erfolgreich durchgesetzten Landansprüchen, Selbstverwaltung, Gesundheitsfürsorge, Kultureinrichtungen und höherem Lebensstandard sehen all diese Statistiken übrigens bedeutend besser aus; und bei indigenen Jugendlichen mit Highschool-Abschluss und weitergehender Bildung ist die Suizidrate um den Faktor 10 geringer als im Bevölkerungsdurchschnitt!

Leben in den Reservaten – Wohnen und Infrastruktur

Die Lebensbedingungen in vielen Reservaten werden von Beobachtern oftmals mit „Dritte-Welt-Standard“ charakterisiert. Was ein erster optischer Eindruck, im Vergleich zu „normalen“ Städten und Dörfern, zumeist offenbart: deutlich „billigere“ Häuser (meist minderwertige Materialien und dürftige Bauqualität); weniger Künstlichkeit und „Ordnung“ bei Grünflächen und Vorgärten; viele ältere und kaputte Autos. Das ist jedoch nicht allgemeingültig und besagt für sich genommen auch noch nicht allzu viel.

Ein Blick in Statistiken hilft weiter. Etwa 500.000 Angehörige der First Nations Kanadas leben in 3.117 oft sehr kleinflächigen und zersplitterten Reservaten (gelegentlich regelrechten „Parzellen“), die im Durchschnitt unter 10 km² groß sind. Fast die Hälfte der Häuser und Wohnungen hat eine Qualität, die sehr weit unter dem kanadischen Durchschnitt liegt; sie sind großenteils reparaturbedürftig, wenn nicht gar baufällig, und dazu meist sehr beengt, weil überfüllt. Schätzungen der Assembly of First Nations (AFN) besagen, dass derzeit etwa 80.000 zusätzliche Wohnungen benötigt werden, um die allgemeine Wohnungsnot in den Reservaten zu beseitigen.

Einfache Wohnbauten im Reservat der Kainai First Nation im südlichen Alberta

Die Abgelegenheit vieler indigener Gemeinden sorgt für zusätzliche Probleme mit der Verkehrsanbindung und Versorgung. Ein guter Teil ist nur per Boot, Flugzeug, über Eisstraßen oder zu Fuß erreichbar. Das bedeutet, dass es beispielsweise sehr schwierig sein kann, überhaupt Baumaterial heranzubringen. Auch eine verlässliche Stromversorgung ist nicht überall vorhanden. Solch eine isolierte Lage hat natürlich auch Konsequenzen für die Möglichkeiten und die Kosten von Reisen –

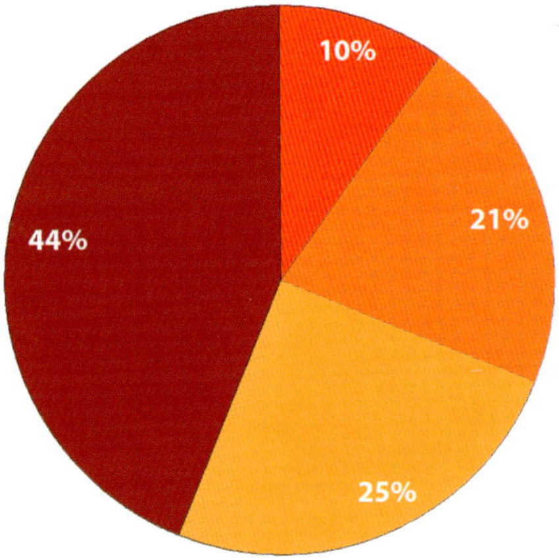

Wie Manotibas First Nations ihr Wasser bekommen

- 44 % Versorgung per LKW
- 25 % Leitungswasser
- 21 % Brunnenwasser
- 10 % Keine Versorgung

sei es zur Behandlung von Gesundheitsproblemen, zur Jobsuche, zur Weiterbildung, zum Studium oder auch nur zum Besuch von Verwandten und Freunden. Auch die Angebotsbreite an Lebensmitteln und Konsumgütern ist eingeschränkt, und die Preise dafür liegen oft weit über dem Landesdurchschnitt, weil hohe Transportkosten zu Buche schlagen.

Trinkwasser und Abwasser sind ein weiteres Problem. Die Infrastruktur, die den „normalen" kanadischen Bürgern üblicherweise seitens der Gemeinden bzw. Provinzen und Territorien bereitgestellt wird, garantiert stets gewisse minimale Versorgungsstandards, zum Beispiel für die Wasserqualität. Nach dem Indian Act aber gibt es für die Wasserversorgung der Reservate, die der föderalen Regierung obliegt, keine gesetzlich definierten Mindeststandards. Daher ist der Zugang zu Trinkwasser für viele Angehörige der First Nations problematisch. Vielerorts gibt es keine Wasserleitungen. Die staatliche Gesundheitsbehörde musste für fast ein Viertel (124 von 631) First Nations[21] die Empfehlung aussprechen, Wasser nur abgekocht zu verwenden bzw. in Flaschen zu kaufen – aufgrund von Gesundheitsrisiken durch Krankheitskeime oder wegen chemischer Umweltverschmutzung. In Gemeinden ohne fließendes Wasser gibt es in der Regel natürlich auch keine geordnete Abwasserentsorgung; man hat „Outhouses", und nicht selten werden lediglich Toiletteneimer benutzt.

Desolater Zustand eines Ladens im Reservat der Kainai First Nation im südlichen Alberta

Residential schools – Internierung statt Internat

Die *residential schools* stehen für ein dunkles Kapitel der kanadischen Geschichte. Unter dem Indian Act von 1876 offiziell im Jahr 1892 gegründet, verfolgten sie die Zielsetzung, den Kindern ihre eigene Kultur „auszutreiben“ und sie an die europäisch-kanadische Gesellschaft zu assimilieren; gemäß der offiziellen Maxime lag ihr Zweck darin, „das Indianersein im Kind zu beseitigen“ („to kill the Indian in the child“). Die Ausführung dieser Maxime überließ die Regierung weitgehend der Kirche; die Kinder sollten christianisiert und damit „zivilisiert“ werden. 60 % der *residential schools* wurden von der römisch-katholische Kirche betrieben, weitere 30 % von der Anglican Church und der United Church of Canada beziehungsweise deren Vorgängern – Presbyterianern, Methodisten und anderen.

Die Ruine der St. Michael's Indian Residential School in Alert Bay, British Columbia

Im Jahr 2011 reiste die Kommission für Wahrheit und Versöhnung (Truth and Reconciliation Commission of Canada) durch die kanadischen Provinzen und suchte Gemeinden und Reservate der indigenen Völker auf, um ehemalige Schüler der *residential schools* zu dort vorgefallenen Misshandlungen und Missbrauchsfällen anzuhören. Nicht wenige der Befragten verloren während ihrer Aussage die Beherrschung, wurden heimgesucht von ihrer Erinnerung an manchmal jahrelang Verdrängtes und vermochten nur unter Schluchzen und Tränen zu antworten.

Dem vorangegangen war eine offizielle Bitte um Entschuldigung des derzeitigen Ministerpräsidenten Harper, die am 11. Juni 2008 im staatlichen Fernsehsender CBC ausgestrahlt worden war: „... Heute erkennen wir an, dass diese Politik der Assimilation falsch war, großen Schaden verursacht hat und keinen Platz in unserem Lande hat. Die Regierung von Kanada entschuldigt sich aufrichtig und bittet die Ureinwohner dieses Landes um Vergebung dafür, sie so ungemein falsch behandelt zu haben. Es tut uns leid.“

Duncan Scott, 1920 Chef des Department of Indian Affairs, hatte einst erklärt: „Ich will das Indianerproblem loswerden. Unser Ziel ist, wei-

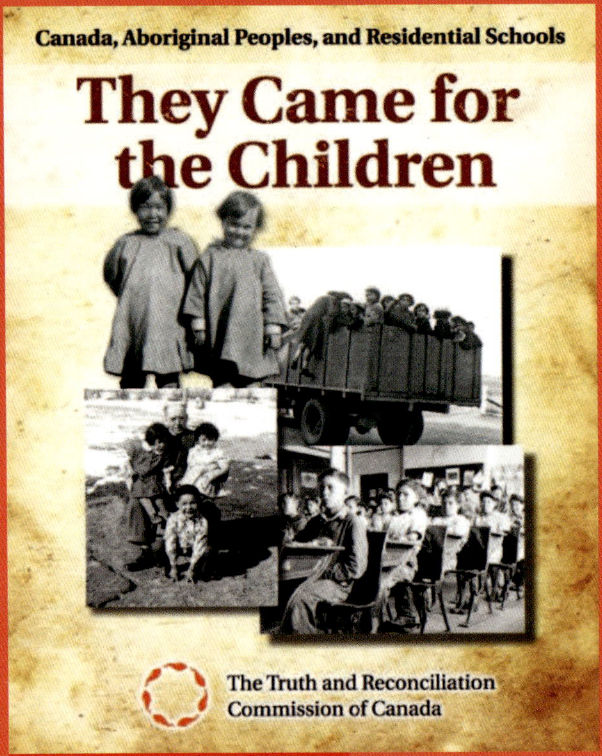

Das Titelblatt des Reports der Truth and Reconciliation Commission

ter zu machen, bis nicht ein einziger in Kanada übrig bleibt, der nicht eingegliedert ist". Im Laufe von circa 100 Jahren wurden in etwa 130 *residential schools* rund 150.000 Kinder dieser Umerziehung unterzogen. Die Kinder der Indianer, Inuit und Métis im Schulalter wurden zwangsweise – wenn nötig, unter Polizeieinsatz – in die Internatsschulen verbracht und damit monate- oder jahrelang von ihren Familien isoliert. Anstatt familiäre Liebe und Zuwendung zu erfahren, mussten sie strenge, ihnen unverständliche Regeln befolgen; sie durften ihre Notdurft nur zu bestimmten Zeiten verrichten, mussten ihnen fremde Speisen essen oder hungern, wurden angehalten, zu beten und „Sünden" zu beichten, die sie nicht begangen hatten oder nicht verstanden. Selbst wenn sich die Schule in der Nähe der Camps oder des Reservats befand, durften die Kinder nicht einmal zu Weihnachten oder zu Ostern, sondern lediglich in den Sommerferien zu ihrer Familie zurück. Von der ersten Stunde an wurde ihnen bei Strafe verboten, ihre eigene Sprache zu sprechen. Strafe bedeutete in der Regel, körperlich misshandelt und/oder eingesperrt zu werden.

Abgesehen von dem physischen und psychischen Terror, dem die Kinder dabei ausgesetzt wurden, waren zudem viele der Schulen schlecht ausgestattet und unzureichend finanziert. Das hatte Überbelegung, Unterernährung, hygienische Probleme und gesundheitliche Vernachlässigung zur Folge, was wiederum zu hohen Krankheitsraten führte. Die Sterblichkeitsrate war zeitweise, wie P.H. Bryce bereits 1909 in einer erst viel später veröffentlichten Untersuchung feststellte, enorm hoch; tausende Schulkinder starben an Tuberkulose.

Die *residential schools* führten zur familiären und kulturellen Entwurzelung mehrerer Generationen von Ureinwohnern. Familiengefüge wurden zerstört, die Verbindungen der Kinder zu Eltern und Großeltern riss ab. Dies trug dazu bei, dass einige der indigenen Sprachen binnen weniger Jahrzehnte ausstarben. Traditionelle Fertigkeiten und kulturelle Bräuche konnten nicht mehr weitergegeben werden. Stattdessen wurde durch Religions- und anderen Unterricht den Kindern ein fremdes Wertesystem aufgezwungen. Sogar Freizeitaktivitäten, wie die Vorführungen amerikanischer Cowboyfilme, vermittelten den Kindern ein bleibendes Gefühl der eigenen Unterlegenheit und Minderwertigkeit. Verstärkt wurde dies durch die paternalistische Herangehensweise auch seitens wohlmeinender Lehrer, Priester und Nonnen, aber erst recht durch körperliche und seelische Misshandlungen. Viele waren und sind traumatisiert; die Folgen – Entwurzelung, Depressionen, Suizid, mangelhafte Fähigkeiten zum Eingehen familiärer Bindungen, zur elterlichen Fürsorge und dazu, sein Leben in die eigenen Hände zu nehmen, Armut, Alkoholismus und Gewaltbereitschaft – sind bis heute präsent. Zudem werden seit den 1990er Jahren immer mehr Fälle von sexuellem Missbrauch insbesondere an den katholischen Einrichtungen bekannt.

Hilfsangebot für traumatisierte ehemalige Schüler der residential schools, Kainai First Nation

Die Revision des Indian Act in den 1950er und 60er Jahren führte dazu, dass die *residential schools* aus der Verantwortung der Kirchen in die des Department of Indian Affairs übergeben und schließlich nach und nach geschlossen wurden. In den 1970er und 1980er Jahren wurde die Verwaltung der Schulen in den Reservaten in die Eigenverantwortung der First Nations übertragen.
Die offizielle Entschuldigung der Regierung und die juristische Vereinbarungen zur Zahlung von Entschädigungen an die Betroffenen – jeder, der die Beweisaufnahme „durchsteht", kann 10.000 CAD für das erste Schuljahr und 3.000 CAD für jedes weitere Jahr beanspruchen – sind die eine Seite. Ein ebenso bedeutsamer Aspekt ist die angemessene psychotherapeutische Betreuung der Geschädigten, um ihr Selbstvertrauen wieder aufzubauen und Traumata zu überwinden. Die Aboriginal Healing Foundation unterstützt daher mit staatlichen Geldern lokale Projekte wie z.B. die „Healing Drum Society" in Yelloknife oder das „Enaahtig Healing Lodge and Learning Center" in Ontario.

Modernere Schule in Ivujivik, aufgrund des Dauerfrostbodens ein Bau auf Stelzen

Seit der Schließung der *residential schools* (s. S. 171) können die Kinder in Schulen innerhalb der Reservate unterrichtet werden, wo sie nach Möglichkeit auch wieder Unterricht in ihrer eigenen Sprache erhalten; der Anteil an Kindern, die von Lehrern ihrer eigenen Ethnie unterrichtet werden, wächst kontinuierlich. Teilweise mangelt es in den Reservaten allerdings nach wie vor an geeigneten Gebäuden. Mancherorts kann der Unterricht nur in Baucontainern oder Trailern abgehalten werden, anderswo in über verschiedene Orte verstreuten Gebäuden – in diesen Fällen fehlen zumeist auch Turnhalle, Bibliothek oder Essensversorgung. Nach Schätzungen der AFN müssten derzeit mindestens 40 neue Schulen gebaut werden, um nur den am dringendsten notwendigen Bedarf zu decken. Anderswo findet man aber auch bereits moderne Schulen, die mehr oder weniger den landesweiten Standards entsprechen.

In sogenannten „reicheren" Gemeinden, die auch über Einnahmen aus natürlichen Rohstoffen oder aus Gewerbeunternehmen verfügen, existieren solche offensichtlichen Probleme nicht. Gemeindezentren sind manchmal sogar zu komplexen „Heritage Centres" ausgebaut, die als Versammlungs- und Festsaal, Ausstellungsraum, für Vorführungen traditioneller Fertigkeiten und zur Vermittlung von Kenntnissen über natürliche Umgebung, traditionelle Lebensweise und Stammesgeschichte dienen können.

Ein neuer Ansatz wird benötigt

Die föderale Regierung mit dem für die First Nations zuständigen Department for Aboriginal Affairs and Northern Development Canada (AANDC) bekennt sich zwar zur Verbesserung von Infrastruktur und Lebensqualität in den Reservaten, aber die praktische Umsetzung dieses Bekenntnisses durch die Bereitstellung der dafür erforderlichen

Geldmittel steht auf einem anderen Blatt. Dazu kommt, dass Infrastrukturprojekte für kleine Gemeinden schwierig durchzuführen sind, insbesondere wenn die Mittel immer nur von Jahr zu Jahr bewilligt werden, so dass Großvorhaben praktisch ausfallen und nur gekleckert wird, wo geklotzt werden müsste.

Teslin Tlingit Heritage Centre, Yukon

Der Auditor General of Canada, der „Generalgutachter“, der die Politik der Regierung unabhängig zu bewerten hat, stellte jüngst in einer kritischen Analyse fest, dass zu oft nicht einmal klar ist, welche Standards eigentlich geschaffen werden sollten. Zudem fehlten Festlegungen, wer jeweils die Verantwortung zu tragen hat; außer an den Mitteln zur Finanzierung mangele es an organisatorischen und logistischen Strukturen für ihren effektiven Einsatz. Das ist teilweise mit Gleichgültigkeit, Ablehnung und dem Nicht-Wahrhaben-Wollen von Problemen seitens der verantwortlichen Behörden zu erklären, aber auch mit der nach wie vor fehlenden gegenseitigen Akzeptanz und dem mangelnden Willen zum gleichberechtigten Miteinander-Beraten – ein Erbe von über 200 Jahren kolonialistischer Politik. Und leider steht auf Seiten der indigenen Völker auch nicht immer hinreichend fachlich und juristisch ausgebildetes Personal zur Verfügung, um eine effektive und nachhaltige Selbstverwaltung der Finanzmittel zu gewährleisten.

Die ökonomisch-soziale Kluft zwischen den indigenen Völkern und anderen Kanadiern hat sich in den vergangenen Jahrzehnten vertieft, was viel damit zu tun hat, dass die Probleme vom Rest der Gesellschaft nicht ausreichend wahrgenommen werden – „aus den Augen, aus dem Sinn“: Man weiß einfach zu wenig von dem, was in den abgelegenen Orten im Norden Saskatchewans, Ontarios oder Manitobas oder in den noch entlegeneren Gemeinden der Inuit vor sich geht. Angesichts von Notstandssituationen in besonders schlecht ausgestatteten Reservaten rief der Vorsitzende der AFN, Shawn Atleo, kürzlich sowohl die Regierung in Ottawa als auch die First Nations selbst dazu auf, endlich über das Indian Act hinauszugehen und einen Neuanfang zu machen.

Verwaltung: Band, Chief und Council

Die *Band* ist weder eine Musikgruppe noch eine umherziehende Bande – der aus der Anthropologie übernommene Begriff bezieht sich zumeist, aber nicht immer, auf eine einzelne Gemeinde oder „Verwaltungseinheit" eines indigenen Volkes. Die *Band* verwaltet das Land des Reservats oder mehrerer parzellierter Reservate, deren juristische Eigentümerin die britische Krone ist und von dieser treuhänderisch zur Verfügung gestellt wird. Die Verwaltung der *Band* wird von einem Chief und den gemäß dem Indian Act gewählten Ratsmitgliedern, den Councillors wahrgenommen. In einigen *Bands* läuft die „Wahl" des Führers und des Rates allerdings nach traditionellen Bräuchen ab und es gibt dabei zuweilen auch *hereditary*, vererbte Häuptlingswürden – mitunter auch neben einer gewählten Verwaltung – und natürlich gibt es in diesem Zusammenhang auch jede Menge Kontroversen: Handelt es sich um undemokratische Cliquenherrschaft oder um unverzichtbare Traditionen? Ins Gerede kam das System, als 2010 die exorbitanten Spitzengehälter einiger weniger Chiefs und Ratsmitglieder bekannt wurden; daraufhin erließ die Regierung im November 2011 ein Gesetz zur Offenlegung der Bezüge und Kosten.
Die Reservatsverwaltungen gelten zwar formal als autonom, die Entscheidungen der Ratsversammlungen erhalten aber erst nach Billigung durch den Minister Rechtsgültigkeit.

Politische Bewegungen und Organisationen

Etwa 5.000 indianische Freiwillige hatten am Zweiten Weltkrieg teilgenommen: Seite an Seite mit anderen Kanadiern hatten sie gegen rassische Verfolgung und ethnische Unterdrückung, für Demokratie, Freiheit und Gleichheit in der Welt gekämpft; als sie aber zurück nach Hause kamen, fanden sie wieder die alten Zustände vor: elende Behausungen in verstreuten Reservaten, Beschränkungen der Bewegungsfreiheit, keine vollen staatsbürgerlichen Rechte.
Die Kriegsveteranen wurden zu Anführern einer politischen Bewegung, die ihre Forderungen lautstark artikulierte. Die Proteste veranlassten die Regierung 1951 zu einer Revision des 1876 erlassenen Indian Act. Damit erlangten die Indianer die partielle Kontrolle über ihre eigenen Angelegenheiten in den Reservaten, einschließlich

der Finanzen. Grundlegend hatte sich jedoch noch immer wenig geändert – das Ziel des Indian Act war nach wie vor die Assimilation und das Verschwinden der indigenen Kultur. Auch am Statusverlust für Frauen, die Weiße heirateten, änderte sich vorerst nichts (s. Kap. *Rechte der First Nations*) – es sollte noch bis 1985 dauern, bis diese Bestimmung geändert wurde. Aber immerhin waren erste Schritte getan, denen weitere folgen sollten. Dazu gehörte auch die Profilierung von Organisationen wie der bereits 1939 gegründeten Indian Association of Alberta (IAA), die die ureigenen, unveräußerlichen Rechte der Ureinwohner einforderte.

Im Hohen Norden entstand 1971 Inuit Tapirisat Kanatami (ITK), eine Allianz der Inuit zur Bewahrung ihrer Sprache und Kultur und zur Verbesserung ihrer Lebensbedingungen. Im gleichen Jahr wurde der Native Council of Canada als nationale Interessenvertretung der Métis und Nicht-status-Indianer gegründet, der zwischenzeitig in Congress of Aboriginal Peoples (CAP) umbenannt wurde, und 1983 entstand der Métis National Council (MNC).

Die in den 1970er und 80er Jahren in den USA gegründete Bewegung American Indian Movement (AIM) zog auch Aktivitäten in Kanada nach sich. Insbesondere innerhalb der Reservate entstanden Bewegungen, die allmählich eine Revitalisierung der indianischen Kultur (s. S. 178) einleiteten und einen neuen Stolz der Ureinwohner bewirkten. Selbst die Regierung ging dazu über, in offiziellen Dokumenten den Begriff „First Nations" zu benutzen. Seit den 1980er Jahren erlangten immer mehr Bands die Selbstverwaltung hinsichtlich Gesundheitsfürsorge, Schulen und Land- und Ressourcennutzung.

Zum Teil wurden überregionale Vertretungen für gemeinsame Anliegen gegründet, so etwa die Native Women's Association of Canada als Interessenvertretung indigener Frauen, soziale Organisationen wie die First Nations and Inuit Suicide Prevention Association of Québec and Labrador, oder auch Bündnisse, um beim Verhandeln mit der Regierung über Landrechte gemeinsam aufzutreten. Als Dachverband territorialer Organisationen entstand die Assembly of First Nations, in der die Chiefs von über 600 *Bands* vertreten sind. Auch wurden Organisationen und Einrichtungen speziell für Angehörige der indigenen Völker in den großen Städten geschaffen, wie die Indian Friendship Centers oder Tungasuvvingat Inuit speziell in Ottawa. Ende Im Protest gegen eine bevormundende Verwaltungspolitik entstand 2012 die politische Basisbewegung „Idle no More!" (Nicht länger tatenlos!).

Noch ein Fall „Donald Marshall jr."

Donald Marshall jr. wurde durch eine irrtümliche Mordanklage 1971 bekannt (s. Kap. Justiz, S. 147). Weitaus bedeutsamer für die kanadischen Ureinwohner war aber ein über ihn gefälltes Urteil des Obersten Gerichtes von 1999 zum Fischereirecht, auf das sich nun 34 First Nations in den Atlantikprovinzen berufen können. Das Gericht sprach Marshall von der Anklage frei, illegal Aale verkauft, außerhalb der erlaubten Saison gefischt und nicht zugelassene Netze benutzt zu haben; es folgte seinen Argumenten, die sich auf einen Vertrag von 1760 stützten. Dieser gibt den Mi'kmaq das Recht, die Produkte von Jagd, und Fischfang zu verkaufen, um ihren Lebensunterhalt bestreiten zu können. Von diesem Recht machen sie nun – dank Donald Marshall jr. – wieder Gebrauch, mitunter zum Ärger der lokalen nicht-indigenen Fischer, die sich an zahlreiche gesetzliche Einschränkungen zu halten haben.

„Cultural Revitalisation“

„Ja, es gab Schmerzliches. Ja, es gibt Tragödien. Aber es gibt auch Erfolge und Schönes.“ (Buffy St. Marie, Sängerin und Angehörige der Cree aus Saskatchewan)

Die Probleme der indigenen Völker Kanadas wie Armut, Arbeitslosigkeit, Alkohol, Drogen, Gewalt etc. sind offensichtlich. Aber in den vergangenen 40 Jahre wurde ein Prozess zur Wiedergewinnung ihres kulturellen Erbes in Gang gesetzt. Viele begannen, ihre Sprache wieder zu erlernen und sich auf ihre Werte, ihre Religion und Spiritualität, ihre Heilmethoden, ihre Musik, Tänze und Traditionen zurückzubesinnen, teils in Synthese mit modernen Auffassungen, teils explizit dagegengesetzt. Darauf aufbauend und im Bewusstsein ihrer kulturellen Identität gelingt es ihnen, aus der so gestärkten Position heraus in immer größerem Maße Selbstbestimmung und Selbstverwaltung durchzusetzen.

Natürlich ist die Zeit der großen Büffelherden vorbei, und das Land hat sich grundlegend verändert. Eine Rückkehr zur alten Lebensweise von vor 250 Jahren ist nicht nur unmöglich, sondern wird auch von niemandem angestrebt. Auch die Indianer und Inuit wollen nicht mehr auf die „Errungenschaften der modernen Zivilisation“ verzichten, und dennoch wollen sie gemäß ihrer Kultur leben können.

Hinweis auf einen heiligen Ort der Mi´kmaq mit der Bitte an Außenstehende, ihn nicht zu betreten

Dazu gehören auch Jagd und Fischfang, insbesondere da, wo dies für den Lebensunterhalt nach wie vor notwendig ist.

Viele kleine Schritte machten immer größere möglich. In der Vergangenheit berichtete 20 Jahre lang ein wöchentliches Radiomagazin der CBC, „Our Native Land“, immer am Sonnabend über das Leben der First Nations – sei es über konkrete Fälle von Diskriminierung, über die indianische Frauenbewegung oder über neue indianische Literatur. Heute finden sich Sendungen über „Aboriginal“-Themen als Bestandteile des ganz normalen Programms auf den verschiedensten Sendeplätzen.
Im Sommer 2010 fand aus Anlass des 400. Jubiläums der Taufe des Häuptlings Membertou (s. S. 85) ein Powwow statt. Anders als sonst üblich, war der Veranstaltungsort diesmal nicht in einem Reservat, sondern lag mitten im Zentrum von Halifax, der Provinzhauptstadt von Nova Scotia. Dabei gab es wie auf den meisten Powwows heutzutage nicht nur mehrtägige Wettbewerbe in traditionellen Tanzstilen, es war zugleich eine überregionale soziale Zusammenkunft, ein Fest der First Nations aus ganz Kanada und den USA. Auch Kanadas Staatsoberhaupt Queen Elizabeth II. war anwesend. Über die althergebrachten Zeremonien und Tänze hinaus wurden zudem traditionelle Kulturtechniken und künstlerische Arbeiten präsentiert. Solche Feste sind nicht nur ein Augenschmaus für Touristen – sie geben den Indianern auch ihre Würde und ihren Stolz auf ihre Kultur zurück. Die begeisterte Resonanz bei allen Teilnehmern und die große Anzahl von Besuchern führte dazu, dass auch im Folgejahr wieder ein internationales Powwow mitten in Halifax veranstaltet wurde.

Glooscap, eine mythische Schöpfergestalt der First Nations der Atlantikküste. Skulptur am Glooskap Heritage Centre bei Truro, Nova Scotia

Der bekannte Haida-Künstler Christian White hat in seinem Wohnort Old Massett in British Columbia ein Longhouse im traditionellen Stil errichtet, das als Gemeindezentrum genutzt wird. In einer benachbarten Werkstatt bietet er jungen Leuten ohne Beschäftigung einen Ort zur handwerklichen und künstlerischen Betätigung und vermittelt ihnen seine Fertigkeiten und sein Wissen über das kulturelle Erbe. Wie in Old Masset werden auch in anderen Dörfern der First Nations British Columbias heute wieder traditionelle Totempfähle aufgestellt und Kanus im alten Stil gebaut. Die Rückgewinnung des

kulturellen Erbes stärkt das Gefühl der Sinnhaftigkeit des Tuns und der eigenen Identität und hilft den jungen Leuten bei dem Bemühen, ihren Platz in der kanadischen Gesellschaft zu finden.
Gerade für die in abgelegenen Regionen lebenden Angehörigen der Inuit und First Nations stellt das Internet über seine Informationsportale und sozialen Netzwerke eine wichtige Errungenschaft zur Überwindung der Isolation und zum kulturellen Austausch dar.

Heutiges Leben in der Arktis

In den großen Städten Kanadas begegnet man nur selten Inuit; die meisten leben heute immer noch im dünn besiedelten Norden des Landes, inzwischen allerdings sesshaft in 54 Gemeinden in Nunavut, den Northwest Territorries, Québec und Labrador. Die nördlichste Gemeinde ist Grise Fjord auf Ellesmere Island. Hier gibt es manchmal wochenlang leere Kühlregale im örtlichen Supermarkt. Die Ursachen mögen in Bürokratie und organisatorischen Unzulänglichkeiten liegen, kombiniert mit den ganz normalen Herausforderungen, die solch hohe Breitengrade (76° N) für die Versorgung per Flugzeug bereithalten: hohe Kosten, begrenzte Kapazität und Unwägbarkeiten durch ein harsches Klima. Die Menschen sind über den Mangel an jeglichen Frischwaren überhaupt nicht erfreut. Dennoch muss in Grise Fjord niemand hungern, denn in der 140 Einwohner-Gemeinde geht man regelmäßig auf die Jagd, und der Rest wird durch dauerhaft haltbare Nahrungsmittel abgedeckt, die man beliebig bevorraten kann.

Die meisten Inuit-Gemeinden befinden sich an den Orten, wo sich früher die Niederlassungen der Hudson's Bay Company oder der verschiedenen Missionen befanden. Im Iglu oder im Zelt lebt man nur noch unterwegs, auf der Jagd, ansonsten bewohnen die Inuit heute ganz normale Häuser aus Holz. Sie tragen industriell gefertigte Kleidung, aber insbesondere im Winter auch noch die traditionellen, handgefertigten Fellstiefel, Handschuhe und Parkas. Die Lebensmittel kommen aus dem Supermarkt, werden aber durch Fisch und Fleisch von Jagdtieren sowie durch das Sammeln wilder Beeren ergänzt. Ein seit Mitte 2011 mit dem Ziel der Subventionierung gesunder Lebensmittel eingeführtes Regierungsprogramm „Nutritition North“ schlug fehl, da es neben punktuellen Verbesserungen trotz Subventionen zu

Linke Seite: Powwows sind nicht nur traditionelle Tanzwettbewerbe, sondern identitätsstiftende soziale Zusammenkünfte
Oben: Rachelle Armstrong aus Sakmay, Sasketchewan, und Wilma Simon, Eskasoni, Nova Scotia, führen die Parade der Frauen an
Unten: „Grand Entry“ des Mawiomi Grand Chief Membertou, Halifax 2010

drastischen Erhöhungen der Ladenpreise führte. Dies hat seit dem Sommer 2012 vermehrt zu Protestaktionen der Inuit geführt. Wenn man weiß, dass man dort im Supermarkt für einen einzelnen Apfel vielleicht 3 CAD bezahlen muss, für eine Paprika auch mal 6 CAD und für die Zwei-Liter-Packung Orangensaft 12 CAD – und das bei einem Einkommen weit unter dem kanadischen Durchschnitt, wundert es einen nicht, dass die Inuit, schon um ihren Vitaminbedarf zu decken, auf Jagd und Fischfang angewiesen sind. Beispielsweise hat Maktaaq, die Haut von Walen mit der darunter liegenden Fettschicht, die einen nussigen Geschmack hat und von den Inuit als Delikatesse betrachtet wird, eine höhere Vitamin-C-Konzentration als Zitrusfrüchte.

Mehr als der Hälfte aller Inuit-Familien sind noch heute abhängig von der Jagd. Abgesehen davon ist die Jagd Bestandteil der traditionellen Kultur, in der die Inuit tief verwurzelt sind. Natürlich benutzen sie dafür heute Feuerwaffen und modernes Angelgerät, aber auch traditionelle Werkzeuge wie das praktische Ulu, das „Frauenmesser“ zum Zerlegen von Fleisch. Die Jagd spielt natürlich auch über die eigene Ernährung hinaus eine wirtschaftliche Rolle – z.B. die anderswo zu Recht in der Kritik stehende Robbenjagd: Eine Robbe liefert den Inuit noch Futter für Schlittenhunde und Felle zur Anfertigung von geeigneter Pelzkleidung, in erster Linie Fäustlinge und Stiefel, die wegen ihrer unübertroffenen Eigenschaften trotz aller Funktionskleidung moderner Fabrikation für die Inuit unentbehrlich sind.

Die traditionellen Namen der Inuit drücken aus, was in ihrer Kultur wichtig ist: Landschaft und Umwelt, Familie, Tiere, Geister. Für Missionare und Beamte waren diese Namen meistens unaussprechlich und schwer zu merken. Missionare führten mit der Taufe oft europäische Namen ein; Beamte behalfen sich mit einem von der Regierung eingeführten Nummernsystem: Jede Person musste ein Lederschild mit der Aufschrift „Eskimo Identification Canada“ bei sich tragen, ähnlich wie eine „Hundemarke“, auf das die „Disc Number“, bestehend aus einem Buchstaben („E“ für den Osten, „W“ für die westliche Arktis), der Nummer der Gemeinde und einer individuellen Nummer, eingebrannt war. In Verbindung mit dem Taufnahmen hieß dann vielleicht jemand „Tobias E 6 – 102“. Erst 1969 wurden für die Inuit Familiennamen nach europäischen Vorbild eingeführt. Ausnahme ist Labrador – dort hatte die Missionskonferenz der Herrnhuter Brüdergemeine bereits 1893 die Einführung von Familiennamen beschlossen. Manche der Labrador-Inuit wählten damals den Tauf- oder Inuit-Namen des

High Arctic Relocation – Erzwungene Umsiedlung

Der Umstand, dass so weit im hohen Norden überhaupt Menschen leben, ist auf die *High Arctic Relocation* zurückzuführen, eine Maßnahme der kanadischen Regierung während des Kalten Krieges. In den 1950er Jahren wurden 87 Inuit aus Inukjuak (Québec) und aus Pond Inlet mit dem Versprechen auf bessere Lebens- und Jagdbedingungen und staatliche Unterstützung auf unwirtlichen Inseln im hohen Norden angesiedelt. Hintergrund war das Bestreben Kanadas, seine staatliche Souveränität in der Arktis zu untermauern (s. S. 152), indem man diese Gebiete nun als besiedelt bezeichnen konnte. Die Inuit kamen in eine ihnen unbekannte Gegend – weit jenseits des Polarkreises, 2.000 km nördlicher als Nord-Québec – ohne dass sie ausreichende Versorgungsgüter, Felle und andere Materialien für Winterbekleidung und Unterkunft zur Verfügung hatten. Es gab kaum Vegetation, nur wenig Wild, und im Winter wurde es nicht hell; die Inuit hatten schwer unter Hunger und der extremen Kälte zu leiden. Entgegen vorherigen Versprechungen wurde ihnen die Rückkehr in den Süden verweigert. Trotz aller Entbehrungen gelang es den überlebenden Siedlern und ihren Nachkommen sich anzupassen und die heute lebendigen Gemeinden Grise Fjord und Resolute Bay aufzubauen; somit leisteten sie wie von der Regierung geplant ihren Beitrag zur Präsenz Kanadas in der Hohen Arktis. Als Nachkommen der Umgesiedelten an die Öffentlichkeit gingen, untersuchte die Royal Commission die Umstände der Ansiedlung und bestätigte, dass hier Unrecht geschehen war. Daraufhin wurde 1996 von der Regierung ein Fonds zur Unterstützung der Betroffenen zur Verfügung gestellt; doch erst 2010 gab es eine offizielle Entschuldigung der Regierung.

Der Dokumentarfilmfilm „Martha of the North" erzählt das Schicksal der damals fünfjährigen Martha Flaherty (bei der es sich übrigens um die Tochter des „illegitimen" Sohnes des weißen Filmemachers Robert Flaherty handelt, der in den dreißiger Jahren mit dem Stummfilm „Nanook of the North" berühmt geworden war). Sie musste die Folgen der Zwangsumsiedlung in aller Härte erfahren und kämpfte später um Gerechtigkeit für alle Betroffenen.

Oben: High Arctic Relocation: Inuit-Familien wurden 1953 von Inukjuak, Québec, 2.000 km nordwärts zur Resolute Bay (linker Pfeil) und zum Grise Fiord (rechter Pfeil) umgesiedelt
Unten: Neujahrsgrußkarte aus den fünfziger Jahren, die die Hoheitsansprüche der UdSSR auf Arktis und Antarktis bekräftigte

Vor der Einführung von Familiennamen 1969 mussten die Inuit die in den 1940ern eingeführten Identifikationsmarken ständig bei sich führen

Vaters als Nachnamen, andere verwendeten symbolische Begriffe, oder sie übernahmen einfach die Namen von Missionaren, Siedlern oder anderen Personen.

Nunavut, Nunavik, Nunatsiavut ...

Am 1. April 1999 wurde ein großes Gebiet, sechsmal so groß wie Deutschland, aus den Northwest Territories herausgelöst. Das neue Territorium erhielt den Namen Nunavut – „unser Land" in Inuktitut – und wurde an diesem Tag von den dort seit Jahrtausenden lebenden Inuit in Selbstverwaltung übernommen, mit eigener Regierung und eigenem Parlament, dessen Abgeordnete aus einem Kreis von parteiunabhängig auftretenden Kandidaten direkt gewählt werden. Derzeit leben dort etwa 33.000 Einwohner, von denen 85 % Inuit sind; in den kleineren Orten sind es bis zu 95 %. Die 28 weit

auseinanderliegenden Gemeinden können nur per Flugzeug, in wenigen Sommermonaten auch per Schiff, erreicht werden; das Asphalt-Straßennetz ganz Nunavuts misst weniger als 35 Kilometer.
Nunavuts Hauptstadt Iqaluit („Platz der Fische") liegt auf Baffin Island an der Frobisher Bay und hat über 7.000 Einwohner. Die nächstgrößeren Orte sind Rankin Inlet mit etwa 2.200 und Cambridge Bay und weitere sieben Gemeinden mit über 1.000 Einwohnern. Die meisten Gemeinden werden von weniger als 500 Menschen bewohnt, die kleinste Gemeinde Grise Fjord hat nur 150 Einwohner.
Mit der Gründung von Nunavut wurde das Final Land Claims Agreement unterzeichnet, ein weiterreichender Vertrag, der die Nutzungsrechte über das Land durch die Inuit festlegt. Für 350.000 der 1,9 Millionen Quadratkilometer werden ihnen Eigentumsrechte zugestanden, davon haben sie auf 38.000 Quadratkilometern zusätzlich zu den Jagd- und Fischereirechten das Recht zur Nutzung der Bodenschätze (u.a. Gold, Silber, Kupfer und Zink).
Die Einführung der Selbstverwaltung in Nunavut sicherte der Inuit-Kultur das Überleben. In den Schulen wird nun ihre Geschichte und ihre Sprache gelehrt. Inuktitut war insbesondere in den entlegenen Gemeinden immer in Gebrauch. Heute wird die Sprache von 65 % der Erwachsenen gesprochen; die ganz alten Leute können zumeist

Nunavuts Hauptstadt Iqaluit im Winter

noch gar kein Englisch. Auch die Arbeitssprache der Regierung ist Inuktitut – sie muss also auch von den nicht-inuitstämmigen Regierungsmitarbeitern erlernt werden.

In den Northwest Territories leben knapp 5.000 Inuit in sechs Inuit-Gemeinden. In Québec sind es 10.000 Inuit in 14 Gemeinden auf dem etwa 500.000 Quadratkilometer großen nördlichsten Zipfel der Labrador-Halbinsel. Sie nennen ihr Land Nunavik, „Platz zum Leben". Das James Bay Agreement (s. S. 187) führte zur Einführung einer Art autonomen Verwaltung, dem Kativik Regional Goverment. Um diese politisch auszuweiten und eine eigenständige Regierung Nunaviks zu bilden, wurde zwischen der Regierung Kanadas, der Provinzregierung und regionalen Vertretern bereits eine Vereinbarung ausgehandelt; allerdings stimmte die Mehrheit der Bevölkerung Nunaviks 2011 gegen diese Vereinbarung und forderte Nachbesserungen.

Nunatsiavut, „unser schönes Land", heißt das autonome Gebiet in der Provinz Neufundland und Labrador an der Grenze zu Québec. 2005 war ein Lands Claims Agreement unterzeichnet worden, das den Labrador-Inuit 15.800 Quadratkilometer übereignet und über 72.520 Quadratkilometer Land und 44.000 Quadratkilometer Meeresfläche besondere Rechte zur traditionellen Landnutzung und zur kommerziellen Fischerei einräumt. Seit 2005 ist das Nunatsiavut Government als regionale Selbstverwaltung verantwortlich für Ressourcenmanagement, Gesundheitswesen, kommunale Dienstleistungen, Bildung und Kultur und muss sich Herausforderungen wie einer extrem hohen Arbeitslosigkeit (mit 30 % mit Abstand der höchsten in ganz Kanada), Kriminalität, Alkohol- und Drogenmissbrauch stellen. Die fünf Gemeinden, in denen knapp 3.000 Inuit leben, liegen über hunderte Kilometer verteilt an der Nordostküste Labradors und sind bei gutem Wetter per Flugzeug, für wenige Monate im Sommer auch wöchentlich per Linienschiff erreichbar.

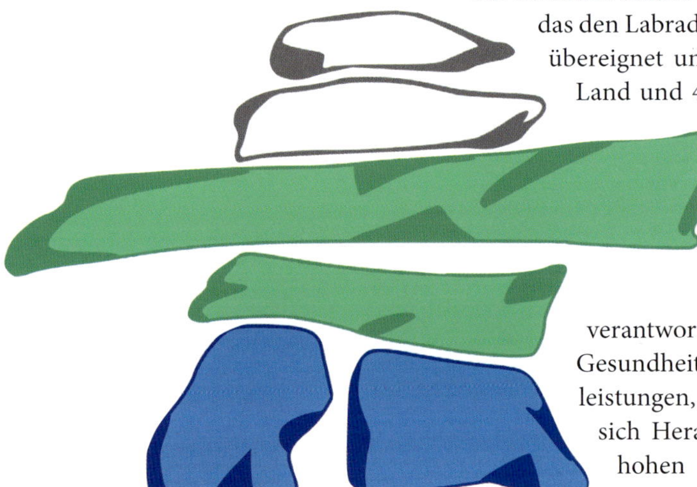

Das Symbol auf der Flagge von Nunatsiavut: ein Inukshuk, ein menschenähnlicher Steinwegweiser, in den Farben Labradors

James Bay Agreement und Makivik Corporation

Als die Regierung von Québec in den 1970er Jahren einen riesigen Staudamm im Norden der Provinz plante, wurde sie durch Proteste der betroffenen First Nations und Inuit gezwungen, mit ihnen Verträge über die Landnutzung auszuhandeln. Die Ureinwohner gaben im sogenannten „James Bay And Northern Québec Agreement" von 1975 ihr Recht auf einige Millionen Quadratkilometer Land auf – im Gegenzug wurde den Cree, Naskapi und Inuit die Selbstverwaltung in ihren Gemeinden, einschließlich der Schulen und des Gesundheitswesens zugestanden, dazu exklusive Jagd- und Fischerei-Rechte sowie ein Kompensationsfonds von insgesamt 225 Millionen CAD, zahlbar über 25 Jahre. Die Vertragsbedingungen wurden in den Folgejahren nochmals modifiziert und angepasst, als weitere Staudammprojekte folgten.

Ein erfolgreiches Unternehmen der Makivik Corporation: Air Inuit. Der obere Schriftzug ist in der Cree-Silbenschrift geschrieben, die auch für Inuktitut benutzt wird

In Nunavik übernahm die Makivik Corporation die Treuhänderschaft über die den Inuit zugestandenen Geldmittel (120 Millionen CAD), mit dem Mandat, sie zur Förderung der ökonomischen und sozialen Entwicklung der Inuit einzusetzen. Aufsichtsrat und Exekutivkomitee werden von den Inuit Nunaviks direkt gewählt. Makivik investierte das Kapital bemerkenswert erfolgreich in eine Reihe von Firmen, vor allem im Infrastruktur- und Transportbereich, die direkt in Nunavik, aber auch arktisweit operieren. Damit konnte man in der Region viele Arbeitsplätze schaffen und Gewinne erzielen, die man nun reinvestiert, und auch für Umweltschutzprojekte und die Sprach- und Kulturförderung einsetzt. Das heißt allerdings nicht, dass Probleme wie Arbeitslosigkeit, Wohnungsmangel etc. mit ihren Folgeerscheinungen in Nunaviks Gemeinden überwunden sind.

Einwanderung

Das Kanada, das wir heute kennen, wurde durch die indigenen Völker und die neuzeitlichen Einwanderer geformt. Viele der letzteren kamen erst im 20. Jahrhundert ins Land, und etwa die Hälfte der heutigen Bevölkerung wanderte sogar erst nach dem 2. Weltkrieg ein. Waren die Einwanderer im 18. und 19. Jahrhundert noch überwiegend Briten, Amerikaner und Deutsche, kamen gegen Ende des 19. Jahrhunderts viele Chinesen dazu. Im 20. Jahrhundert folgten zunächst vor allem Italiener, Portugiesen, Ukrainer, Polen und Griechen, Menschen aus der Karibik und Lateinamerika – und vor allem aus Asien: Inder, Chinesen, Japaner und Philippiner. Allein in Halifax passierten zwischen 1928 und 1971 anderthalb Millionen Einwanderer das „Eingangstor" am Pier 21, um in das Traumland Kanada einzureisen. Die kanadische Staatsbürgerschaft gibt es strenggenommen erst seit der Einführung des Citizenship Act von 1946 – zuvor galt noch der Status des *British subject*; seit 1977 ist auch eine doppelte Staatsbürgerschaft möglich.

Eine auf dem Census 2001 basierende Darstellung, die einen Überblick darüber gibt, aus welchen Staaten wieviele Einwanderer und nicht ständige Einwohner Kanadas am Anfang des Jahrtausends stammten

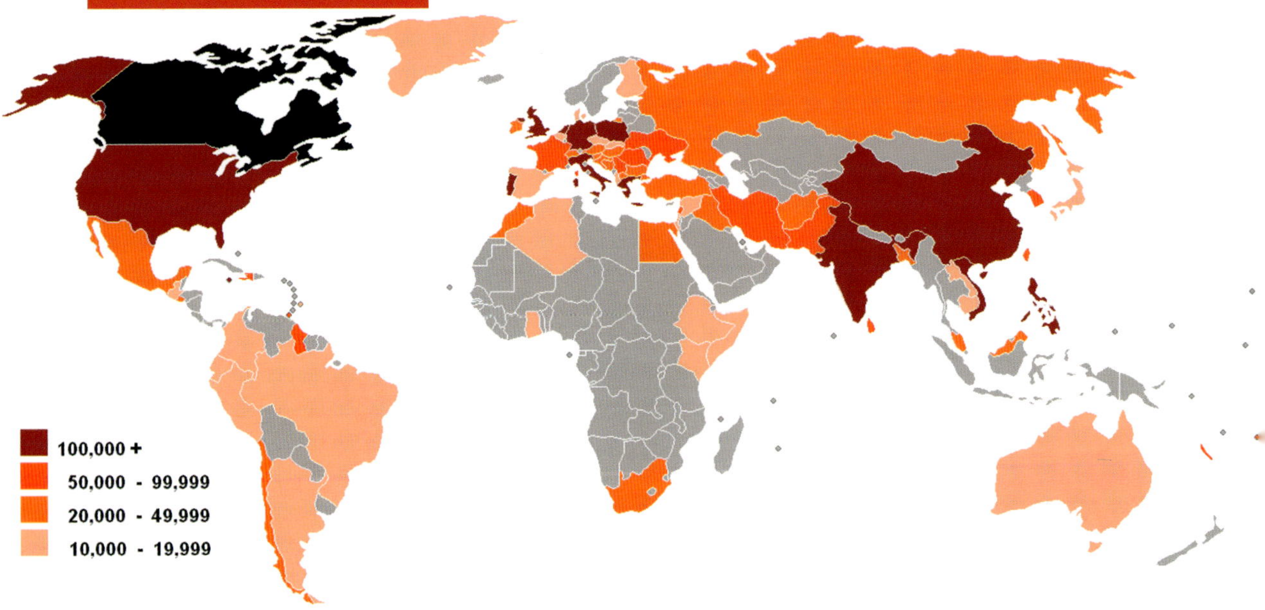

Einwanderung heute

In den letzten 10 Jahren sind pro Jahr rund 250.000 Menschen nach Kanada eingewandert – das ist die höchste Einwanderungsrate pro Kopf der Bevölkerung auf der ganzen Welt. Schon seit 1971 ist die Mehrheit der jährlich nach Kanada einwandernden Menschen nicht-europäischer Herkunft. Der letzte Census 2006 erbrachte als Ergebnis, dass mehr als ein Viertel der Kanadier außerhalb Kanadas geboren wurde und von diesen wiederum 70 % weder Englisch noch Französisch als Muttersprache haben. Die meisten Einwanderer kommen mittlerweile aus Asien (einschließlich Mittelasien) und der größte Teil von ihnen siedelt sich in den Metropolen von Toronto, Vancover, Calgary, Ottawa, Montreal oder Edmonton an. Etwa zwei Drittel sind reguläre Einwanderer, die Lücken auf dem Arbeitsmarkt füllen, gut 20 % kommen im Zuge der Familienzusammenführung, etwas unter 10 % sind politische Flüchtlinge. Statistiker haben berechnet, dass in spätestens 20 Jahren die *visible minorities*, die nicht europäischstämmigen Minderheiten, die Mehrheit der städtischen Bevölkerung in Kanada bilden werden.

Kriterien für die Einwanderung

Es gibt sehr strikte Kriterien, nach denen bestimmt wird, wer für die Einwanderung nach Kanada in Frage kommt. Seit den späten 1960er Jahren existiert ein Punktesystem, durch das jeder Bewerber nach Kriterien wie Alter, Sprachkenntnissen (Englisch bzw. Französisch) oder der Nachfrage nach seinen jeweiligen beruflichen Fertigkeiten klassifiziert wird. In jüngster Zeit wurde dieses System etwas „verfeinert", indem unabhängige, gut ausgebildete Einwanderer mit einer hohen Wahrscheinlichkeit auf Beschäftigung bevorzugt werden: Für das „Skilled Worker"-Programm wird je nach Lage des Arbeitsmarkts eine Mindestpunktzahl festgelegt, und ein verbindliches Arbeitsangebot eines kanadischen Arbeitgebers erhöht die Punktzahl nochmals maßgeblich. Außer diesen Regelungen gibt es noch Programme mit besonderen Bedingungen und Kriterien für Unternehmer und Investoren. Daneben bieten einzelne Provinzen eigene Zuwanderungsprogramme nach speziellen Kriterien an. Hat man diese Hürden überwunden und sich in Kanada niedergelassen, wird man als *landed immigrant* bezeichnet. Damit sind alle Rechte verbunden, die gebürtige Kanadier innehaben –

allerdings mit Ausnahme der politischen Rechte wie dem Wahlrecht. Erst nach einer bestimmten Anzahl von „Wartejahren" (derzeit drei) kann ein *landed immigrant* den Erwerb der Staatsbürgerschaft beantragen.

Gemeinnützige Arbeit – Volunteers, Heilsarmee und Katimavik

Die Heilsarmee ist in Kanada eine bedeutende Wohfahrtsorganisation

Stärker als in Deutschland fallen in Kanada Aktivitäten mit gemeinnützigem Zweck ins Auge: Volunteers setzen sich ehrenamtlich in verschiedenen Organisationen mit meist sehr konkreten Zielsetzungen zur Verbesserung des gesellschaftlichen Lebens ein, ob im Naturschutz, bei der Unterstützung Bedürftiger, für den Bau eines Spielplatzes oder die Renovierung der Gemeindehalle. Solche ehrenamtliche Tätigkeit hat in der Gesellschaft gemeinhin ein hohes Ansehen. Vielerorts begegnet man mehr oder weniger einfallsreichen Maßnahmen zum Aufbringen von Geldern für gemeinnützige Zwecke, sogenanntem Fundraising: etwa öffentlichen Versteigerungen oder *silent auctions* („stillen Auktionen"), bei denen sich Interessenten für einen der gespendeten Gegenstände in eine Liste eintragen, oder Einladungen zum *fundraising supper*, wo gegen Spenden Selbstgekochtes und -gebackenes verzehrt werden kann. Natürlich spielen auch diverse große Organisationen eine Rolle, die sich für wohltätige oder gemeinnützige Zwecke einsetzen – von der Heilsarmee oder der Kiwanis-Foundation über lokale Foodbanks bis hin zu „Katimavik" (benannt nach dem Inuktitut-Wort für „Versammlungsplatz"), einem Programm für Jugendliche von 17 bis 26 Jahren, die sechs oder neun Monate freiwillig in kommunalen, kulturellen oder ökologischen Bereichen arbeiten und dabei etwas dazulernen wollen. Beim Beschluss des Staatshaushalts 2012 kündigte Premierminister Harper als Teil der Sparmaßnahmen das Ende von „Katimavik" an, was landesweit Proteste hervorrief; die Organisation bemüht sich nun um Sponsorengelder.

Fazit: „Canadianness"?

Spricht man mit Kanadiern über das Besondere, was das Leben im ihrem Land ausmacht und was sie vom politisch, wirtschaftlich und kulturell so übermächtigen Nachbarland USA unterscheidet, hört man oft den Begriff „true canadianness". Dieser eigentlich unübersetzbare Begriff (vielleicht könnte man sagen: „Kanadischsein") drückt so etwas aus wie eine Identität, die unvergleichbar ist – sie stützt sich eben nicht auf eine gemeinsame Sprache und Religion, ein homogenes kulturelles Ideal oder einen nationalen Mythos. Das aber bedeutet überhaupt kein Defizit, sondern eine Stärke, denn Canadienness steht für etwas Komplexeres.

Uns begegnet „true canadianness" in Form von außergewöhnlicher Höflichkeit, Freundlichkeit, Hilfsbereitschaft, Großzügigkeit; wir treffen auf Respekt, Toleranz, uneingeschränkte Akzeptanz von Andersartigkeit. Wir begegnen Zurückhaltung und Bescheidenheit anstelle von Geltungsbedürfnis und Gier; allenthalben sehen wir Understatement. Wir erleben die Liebe der Menschen zur Großartigkeit ihres Landes und ihre Achtung vor Dingen, die nicht mit Geld aufzuwiegen sind (wie z.B. die kanadischen Nationalparks). Das ist nicht unbedingt das Erbe des Teils der Einwanderer, die im 18. und 19. Jahrhundert das fremde Land eroberten und hier Geldwirtschaft, kapitalistische Strukturen und Rationalisierung einführten.

Das kanadische Ahornblatt mit Hilfe einer Schablone auf den Bürgersteig gesprüht

Der Wunsch zum Ausgleich und zur Versöhnung, der gegenseitige Respekt, die Bereitschaft einander zuzuhören, bevor man urteilt, und Positionen anderer gelten zu lassen, die Bereitschaft, scheinbar Etabliertes in Frage zu stellen und neu zu durchdenken, Kompromisse, Umwege oder ungewöhnliche Wege zu akzeptieren, sind in der kanadischen Gesellschaft seit den Anfängen verwurzelt und lassen Kanada zumindest hier und da etwas anders sein als Westeuropa und die USA, wo entsprechend dem vorherrschenden Neoliberalismus geradlinige, am Nutzen orientierte Sichtweisen dominieren. Der kanadische Intellektuelle John Ralston Saul führt das darauf zurück, dass die Einwanderer sich seit 400 Jahren nicht nur an das Klima und die Geographie des Landes angepasst haben, sondern auch in gewisser Weise an die Menschen, die hier vorher lebten; sie hätten an die Anpassungsleistung der Ureinwohner angeknüpft, einiges von ihnen gelernt und einige ihrer grundlegende Sichtweisen angenommen. Natürlich heißt das nicht, dass sämtliche Kanadier so denken und handeln; aber hier könnten Wurzeln des „typisch Kanadischen" liegen.

BMO

Kapitel 4

Aspekte der Wirtschaft

Financial District, Downtown Toronto

Aspekte der Wirtschaft

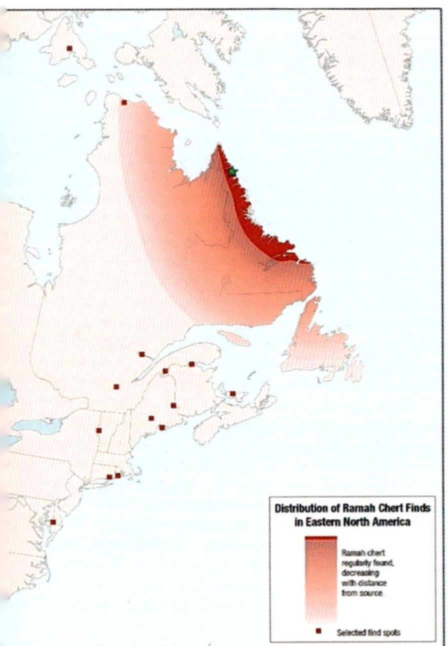

Fundstätten von Artefakten aus Ramah-Feuerstein in Kanada und den USA mit abnehmender Dichte Richtung Südwesten. Die roten Punkte stellen ausgewählte Einzelfundstätten dar

Frühe wirtschaftliche Beziehungen im heutigen Kanada

Vor dem Kontakt mit Europäern

Handelsbeziehungen zwischen benachbarten Familien und Stämmen waren die ersten wirtschaftlichen Aktivitäten der Ureinwohner im heutigen Kanada. Dieser Warenaustausch fand natürlich nicht auf der Basis von Währungen im heutigen Sinne statt, sondern bestand zunächst im Tausch von Ware gegen Ware. Zu den ersten Handelsgütern zählten Fische, Fleisch und Felle. Obsidian und Ramah Chert zur Herstellung von Klingen und Schneiden wurden ebenfalls schon vor 7.000 Jahren gehandelt. Ramah Chert ist ein schwach lichtdurchlässiges Gestein, eine Art hellgrauer Feuerstein, der nur an zwei Stätten im nördlichen Labrador – am Cape Mugford und in der Ramah Bay – zu finden ist. Aufgrund der weiten Verbreitung von Artefakten aus Ramah Chert von Neuengland im Süden bis zu den Großen Seen im Westen kann man bereits von komplexeren Handelsbeziehungen mit Zwischenhändlern ausgehen.

Vor etwa 5.000 Jahren entstanden regelrechte Handelsstraßen für den Warenaustausch, meistens Flüsse und Seen, und auch die ersten reisenden Händler machten sich mit ihren Waren auf den Weg. Mit der Zeit wurde der einfache Warentausch durch den Handel mit sogenannten Ersatzwährungen ergänzt, zu deren Wert man den Wert der

Waren in Bezug setzte. Als solche dienten Felle, Produkte wie Decken oder auch Waffen, viel später dann auch Pferde.

Folgen der Kontakte mit Europäern

Erste flüchtige Handelskontakte zu Europäern entstanden mit der Ankunft der Wikinger in Neufundland um das Jahr 1000. Sie währten aber nur kurz, bis sich dann ab 1500 regelmäßige Kontakte zu Fischern, Händlern und später Missionaren entwickelten. Während die meisten Völker gerade genug Lebensmittel erjagten, sammelten und produzierten, um den eigenen Bedarf zu decken, erwirtschafteten die Indianer der Pazifikküste aufgrund der reichhaltigen Nahrungsquellen, die ihnen Meer und Küste boten, Überschüsse, die sie den Völkern aus dem Hinterland im Tausch gegen Waren anboten. Als Mitte des 18. Jahrhunderts russische Händler die nordamerikanische Pazifikküste erreichten, um Seeotter zu jagen und diese mit riesigen Profiten nach China zu verkaufen, hatte der Pelzhandel in Ostkanada schon lange begonnen. Ohne Rücksicht auf die Bestände und Reproduktionsmöglichkeiten der Tiere und die Lebensbedingungen der einheimischen Völker wurde ein regelrechter Vernichtungsfeldzug geführt gegen alles, was ein Fell hatte und sich in Europa zu höchsten Preisen absetzen ließ. Indianer und Inuit gerieten durch den neu geweckten Bedarf an Waffen, Munition und Werkzeugen, aber auch an Mehl, Zucker, Tee, Alkohol und Tabak schnell in eine Abhängigkeit, aus der sie sich nie wieder befreien konnten.

Aufgegebene Walfangstation auf Grady Island vor der Küste Labradors

War eine bestimmte Tierart nicht mehr ausreichend verfügbar, ob aufgrund jahreszeitlicher Wanderungen oder ihres stark zurückgegangenen Bestandes, konzentrierte man sich auf andere Arten, bis auch diese fast ausgerottet waren. So verschwanden, mal schnell, mal langsamer, Otter, Seelöwen, Biber, Büffel und schließlich auch Wale …

Haida Gwaii: Im nachgewachsenen „Wald der zweiten Generation“ sieht man vereinzelt noch die Stümpfe der mächtigen Baumriesen von einst

Mit Beginn des 19. Jahrhunderts wurden auch die reichen Holzbestände radikal ausgebeutet, da Europa einen großen Bedarf an Holz u. a. für den Schiff- und Bergbau hatte. Nachdem die besonders wertvollen langen und mächtigen Eichenstämme, die im Schiffbau Verwendung fanden, gefällt waren, konzentrierte man sich auf Bauholz und später auf Schnittholz für die Papierindustrie. Entlang der Wege und Straßen, der Flüsse und Küsten entstanden riesige Kahlschlagflächen. Von den langfristigen Auswirkungen auf die Tier- und Pflanzenwelt, auf das Klima und letztendlich auf die Menschen selbst hatte man damals noch keine Vorstellung. Der Bedarf an Holz in England und Europa war unermesslich, so dass jedes Jahr hunderte Schiffe den Weg über den Atlantik nahmen. Ein großes Problem war es, äquivalente Handelsgüter für eine effektive Auslastung der Schiffe für den Rückweg nach Kanada zu finden, denn die Bevölkerungszahl in Kanada und damit der Bedarf an Gütern war noch immer sehr gering. Dem konnte man abhelfen, indem man Auswanderer zunächst in England, Schottland und Irland und bald auch in Deutschland und der Schweiz akquirierte und nach Kanada brachte.

Industrialisierung

Schon im 17. Jahrhundert wurden die ersten großen Unternehmen und Aktiengesellschaften gegründet, mit dem Ziel, sich an der Ausbeutung der natürlichen Ressourcen Kanadas zu beteiligen. Bis heute existiert die Hudson's Bay Company (HBC), die 1670 gegründet wurde und damit das älteste Unternehmen Kanadas ist. Die Abkürzung HBC wird gern auch als „Here before Christ“ übersetzt, eine Verballhornung, die das widersprüchliche Verhältnis der Öffentlichkeit zu diesem Unternehmen zeigt. Heute vertreibt die Firma ihre Produkte unter den Firmennamen The Bay, Zellers, Fields und Home Outfitters. 1817 entstand mit den Gewinnen aus dem Holzgeschäft die erste kanadische Bank, die Bank of Montreal, die noch heute als BMO Financial Group zu den größten kanadischen Banken gehört. Infolge einer rasanten Entwicklung der Holzindustrie und der zunehmenden Besiedlung des Landes entstanden weitere Industriezweige. Dies waren zunächst die Landwirtschaft und die Nahrungsmittelproduktion, später kamen Straßenbau und das Verkehrs- und Transportwesen hinzu. Bereits 1885 verband die damals längste Eisenbahnstrecke der Welt die Städte Halifax, Montreal und Toronto im Osten Kanadas mit Vancouver im fernen Westen. Die sich im 19. Jahrhundert entwickelnde Fertigungsindustrie und die wachsende Zahl der Haushalte benötigten Rohstoffe und Energie, und es entstanden die ersten Bergbau- und Energieunternehmen. Neben weiteren Banken zur Finanzierung der Industrieansiedlungen wurden auch die ersten Versicherungsunternehmen und 1832 und 1861 die Börsen in Montreal bzw. Toronto gegründet.

Überbleibsel der Infrastruktur des beginnenden 20. Jahrhunderts: Überdachte Brücke in Hartland, New Brunswick (oben) und Eisenbahn-Schneepflug der Canadian Pacific Railway

Die kanadische Wirtschaft seit dem 20. Jahrhundert

Durch die enge wirtschaftliche Bindung an die USA (s. S. 198) konnte sich auch Kanada der weltweiten Wirtschaftskrise, der Großen Depression, nicht entziehen, die mit dem Börsencrash am „Black Friday" im Oktober 1929 begann und die dreißiger Jahre beherrschte. Erst in den vierziger Jahren und insbesondere nach dem 2. Weltkrieg erholte sich die kanadische Wirtschaft von den Auswirkungen der Weltwirtschaftskrise. Es entstand das Kanada, das man heute kennt: eine starke Wirtschaftsnation, die im Gegensatz zu den USA ein öffentlich finanziertes Gesundheitswesen, eine einkommensbezogene Sozialversicherung und ein alle Bürger umfassendes Rentensystem besitzt. Diese Entwicklung verlief nicht ohne Konflikte; es gab mehrfach rezessive Phasen, wie zu Beginn der 1980er und zu Beginn und Mitte der 1990er Jahre. Die aktuelle Finanzkrise dagegen hat Kanada bisher ohne größere Auswirkungen überstanden.

Kanada als Handelspartner der USA

Kanada ist gemeinsam mit den USA und Mexiko Mitglied des Nordamerikanischen Freihandelsabkommens NAFTA (North America Free Trade Agreement), das seit 1994 die Handelsbeziehungen zwischen den drei Mitgliedsstaaten regelt. Zwei Nebenabkommen betreffen Umweltfragen und Arbeitsrechte. In diesen Verträgen spiegeln sich die langjährigen engen Beziehungen Kanadas besonders zu den USA wieder. Obwohl Kanada durchaus von NAFTA profitiert, das zur Sicherung von Absatzmärkten und Arbeitsplätzen beiträgt, ist Kanada dadurch als „Juniorpartner" eines Wirtschaftsriesen auch in gewisser Weise abhängig, ein Umstand, der von US-amerikanischer Seite bei manchen Gelegenheiten zum Nachteil Kanadas ausgenutzt wird. 37 % des Bruttoinlandproduktes von Kanada gehen in den Export, drei Viertel davon werden als Waren und Leistungen in die USA exportiert. Schon seit vielen Jahren befinden sich große Fertigungsstätten der US-Fahrzeugindustrie in Kanada.

BlackBerry, eine auch in Europa bekannte Marke des kanadischen Unternehmens Research in Motion (RIM)

Kanadische Handelsmarken

Die Rolle Kanadas als verlängerter Arm der US-Industrie führte dazu, dass es nur wenige international bekannte kanadische Marken gibt. Zu den Ausnahmen gehören etwa das Luftfahrtunternehmen Air Canada, der Schienenfahrzeug- und Flugzeughersteller Bombardier (s. S. 214) und der Cirque du Soleil, der sich von einer nur lokal bekannten Theater- und Zirkustruppe zu einem weltweit agierenden Unterhaltungskonzern entwickelte. Das Unternehmen Research in Motion (RIM) aus

Waterloo, Ontario, kennt man in Europa durch seine Produktfamilie BlackBerry (s. S. 216), das lange das führende Handy – oder besser Kommunikationsgerät – für die Business-Welt war. Dass RIM laut *Fortune Magazine* mit fast 20 Mrd. CAD Jahresumsatz zu den führenden 500 Unternehmen der Welt gehört, ist aber weniger bekannt.

Das weltberühmte Entertainment-Unternehmen Cirque du Soleil wurde 1984 in Montréal gegründet

Wirtschaftsstruktur und Beschäftigung

Die Zentren der kanadischen Wirtschaft sind im Land ungleich verteilt und liegen alle in unmittelbarer Nähe zur US-Grenze: die Großräume von Toronto und Montreal, Calgary und Vancouver. Der Rest Kanadas besitzt eine eher geringe Wirtschaftskraft, wenn man von den Regionen der Rohstoffgewinnung absieht. Deshalb spricht man in Kanada auch von den „Have"-Provinzen, also den wohlhabenden Provinzen wie Ontario, Québec, Alberta und British Columbia, und den „Have not"-Provinzen, wie den Atlantikprovinzen oder Nunavut im Norden. Ausgleichszahlungen (*transfer payments*) sollen diese historisch und territorial bedingten Unterschiede ausgleichen, was nur teilweise und schon gar nicht zur allgemeinen Zufriedenheit der Bürger funktioniert, obwohl zur Zeit immerhin circa 60 Milliarden Dollar dafür zur Verfügung stehen. Die Arbeitslosenrate unterscheidet sich von Region zu Region ähnlich stark wie in Deutschland und liegt im kanadischen Durchschnitt bei 7,1 %. In Saskatchewan etwa beträgt sie 4,6 %, in Newfoundland/Labrador 13,5 %. Im Yukon und in den Northwest Territories liegt sie unter dem kanadischen Durchschnitt, in Nunavut dagegen mit etwa 20 % deutlich darüber. Bei den Angehörigen der First Nations und Inuit liegt sie generell weit über den Durchschnittszahlen in den jeweiligen Gebieten.
Über 70 % der Beschäftigten Kanadas sind im Dienstleistungsbereich, über ein Viertel in der Industrie und der Rest in der Landwirtschaft

tätig. Eine ähnliche Verteilung zeigt das Bruttoinlandsprodukt. Auch wenn Kanada zu den Ländern mit der höchsten Lebensqualität der Welt gehört, ist es im Alltag nicht das Paradies, als das es vielen Touristen erscheinen mag. Es gibt zwar einen Mindestlohn von zurzeit – je nach Provinz – zwischen 9 und 11 CAD (umgerechnet rund 6,50 bis 8 €), in der Privatwirtschaft gilt aber bei der Beschäftigung das Prinzip „Hire and fire". Für viele Kanadier ist deshalb die Anstellung bei einem staatlichen Arbeitgeber ein erstrebenswertes Ziel, bieten solche Jobs doch deutlich mehr soziale Sicherheit als die in der freien Wirtschaft.

Als Deutscher in Kanada

Wer mit dem Gedanken spielt, nach Kanada auszuwandern, sollte sich vorher sehr genau informieren, welche rechtlichen Hürden zu überwinden sind und welche Chancen oder auch Risiken einen am Arbeitsmarkt erwarten. Man muss ganz klar feststellen, dass Kanada nicht mehr auf Einwanderer aus Europa angewiesen ist und dass man am Arbeitsmarkt nicht nur mit den Kanadiern, sondern vor allem auch mit hoch motivierten und gut ausgebildeten asiatischen Immigranten konkurrieren muss. Gute Chancen für eine erfolgreiche Einwanderung hat aber immer noch, wer jung und gesund ist, eine sehr gute Ausbildung hat, möglichst perfekt englisch oder französisch spricht, im beruflichen Einsatz örtlich flexibel ist und über ein ausreichendes Startkapital für die ersten zwei Jahre verfügt. Das Startkapital ist besonders wichtig, um ausreichende Reserven gerade bei den Unwägbarkeiten zu Beginn des Aufenthaltes zur Verfügung zu haben. Das kann etwa ein unvorhergesehener Wechsel des Arbeitgebers oder des Arbeitsortes sein, wenn sich die hochgesteckten Erwartungen nicht mit der Realität in Übereinstimmung

Deutsche Backwaren werden auch in Kanada geschätzt

bringen lassen. Der kanadische Arbeitgeber weiß natürlich, dass sich der Einwanderungswillige in einer gewissen Zwangssituation befindet. Man sollte nicht überrascht sein, wenn das auch ausgenutzt wird. Aber auch für den Arbeitgeber ist die Einstellung von neu Eingewanderten mit den in Verbindung damit zu bewältigenden Anforderungen oft eher ein Risiko als eine Chance.

Europäische Gäste müssen sich erst an die für sie unbekannten Namen der Handelsketten gewöhnen

Kanada aus Sicht des Verbrauchers

Ungewohnt und für den Europäer meistens unbekannt sind die Namen von Tankstellen, Supermärkten, Hotels oder Baumärkten. Getankt wird beispielsweise bei Petro-Canada oder Irving, den Wochenendeinkauf tätigt man im Atlantic Superstore, bei Sobeys oder bei Safeway. Der Baumarkt heißt Canadian Tire, und seinen Becher Kaffee oder Capuccino holt man sich bei Tim Hortons. Das Handy, hier *cellphone* oder schlicht *cell* genannt, klingelt dank Rogers und Bell, und den Alkohol bekommt man nicht im Supermarkt (außer in Québec): Dafür ist der staatliche Liquor Store zuständig, der sich jedoch zumeist direkt neben dem Supermarkt befindet, manchmal sogar durch eine Tür mit ihm verbunden ist.

Auf ein interessantes Phänomen stößt man in Kanada als einem klassischen Einwanderungsland: In manchen Gegenden werden ganze Berufsgruppen oder Geschäftsfelder von Vertretern bestimmter Nationen „beherrscht". Das fällt besonders in Vancouver auf, wo fast die Hälfte der Bevölkerung aus Asien stammt. Hier helfen sich Großfamilien gegenseitig beim beruflichen Fortkommen. Aber auch in anderen Provinzen lässt sich dies feststellen, wie zum Beispiel in Toronto, wo ein großes Taxiunternehmen fest in der Hand libanesischer Einwanderer ist oder bestimmte Hotels ausschließlich von indischen oder pakistanischen Familienclans betrieben werden. Bisher führte das jedoch zu keinen wesentlichen Problemen, da das multikulturelle Kanada auch solchen Entwicklungen offen gegenüber steht.

Aktuelle Probleme und Herausforderungen

Land- und Forstwirtschaft, Fischerei und Jagd

Angesichts seiner großen Landesfläche und der mit 200.000 Kilometer mit großem Abstand längsten Küstenlinie der Welt ist es nicht verwunderlich, dass trotz der gut aufgestellten Industrie für Kanada auch im 21. Jahrhundert Land- und Forstwirtschaft sowie Fischerei und Jagd einen hohen Stellenwert besitzen.
In diesen Branchen sind insgesamt 170.000 Menschen beschäftigt, sie gehören also zu den kleineren Wirtschaftszweigen Kanadas.

Landwirtschaft

Die Anbauflächen befinden sich zu 80 % im Gebiet der ehemaligen Prärien in den Provinzen Saskatchewan, Alberta und Manitoba. Kanada gehört zu den größten Getreideexporteuren der Welt, ein großer Teil der Lieferungen geht in die benachbarten USA. Noch vor kurzer Zeit hatten alle Farmer in diesen Provinzen und in einem kleinen Teil von British Columbia ihren Weizen und ihre Gerste ausschließlich an das 1935 gegründete Canadian Wheat Board (CWB) zu verkaufen. Bereits in den 1920er Jahren gab es Vorläufer des CWB, die die Farmer durch ein Nachfragemonopol (ein sogenanntes Monopson) davor bewahren sollten, in die Abhängigkeit der großen Handels- und Transportunternehmen zu geraten. In einer Befragung, die in jüngerer Zeit durchgeführt wurde, sprachen sich 62 % der Farmer für die Beibehaltung des Monopsons aus. Seine Gegner betrachteten dieses staatliche Instrument festgesetzter Abnahmepreise allerdings weniger als Schutz denn als Bevormundung. Unter der konservativen Regierung von Premierminister Harper wurde das Monopson daher im August 2012 aufgehoben.
Vor allem in den frühen Pioniertagen waren die *grain elevators*, turmartige Getreidesilos mit einem Lastenfahrstuhl zum Transport des Getreides, typisch für die Getreideanbaugebiete Kanadas. Diese Silos haben im allgemeinen einen Gleisanschluss, damit man das Getreide direkt per Bahn abtransportieren kann.

Oben: Riesige Weizenfelder in der Prärie-Provinz Manitoba
Unten: Für die Prärie Kanadas typischer Grain elevator mit Gleisanschluss

Milch- und Viehwirtschaft werden besonders in Québec und Ontario betrieben. Speziell Québec ist bekannt für seine auf französischen Traditionen beruhenden hochwertigen Milch- und Käseprodukte. Zum Glück der übrigen Kanadier werden einige dieser Produkte auch in den Supermärkten der anderen Provinzen angeboten. Obst und sogar Wein werden klimabedingt in den südlichen Gebieten der Provinzen Ontario, Québec, British Columbia und Nova Scotia produziert. „Weinanbau" klingt zunächst vielleicht etwas überraschend, denken doch viele bei Kanada nur an Schnee und Eis. Der Blick auf die Karte zeigt jedoch, dass sich der Süden Kanadas auf der geografischen Breite von Frankreich, Italien und Spanien befindet.
Nicht überall prosperiert die Landwirtschaft. Viele Höfe werden verlassen, wenn sich die Flächen als zu klein erwiesen haben oder es keine interessierten Erben gibt. Auch für kanadische Landwirte ist es schwer, auf dem umkämpften Markt neben Billigimporten zu bestehen. Der Zuzug in die Wirtschaftszentren mit besseren Verdienstmöglichkeiten hält weiter an. Die Arbeit in der Landwirtschaft ist körperlich schwer

Kürbisfeld auf Vancouver Island (oben), Markt in Saint John: „Buy local food, support local business“

und zeitaufwändig, zusätzliche Arbeitskräfte sind deshalb kaum verfügbar. Dazu kommt, dass in Kanada im Gegensatz zu den USA und Europa Nahrungsgüter. kaum subventioniert werden. Damit erklären sich auch die teilweise deutlich höheren Preise für Lebensmittel im Vergleich mit Deutschland.

Es gibt aber auch vielversprechende neue Entwicklungen. Wie in Europa haben sich viele Farmen Kanadas in den letzten Jahren auf ökologische Feld- und Viehwirtschaft umgestellt. Jüngere Leute, besonders auch Familien mit Kindern, suchen nach Alternativen zu den stressigen Arbeitsbedingungen in der Industrie und wenden sich einem ökologischen Landleben zu. Die Produkte dieser *organic farms* werden meist direkt über sogenannte *Farmer`s Markets*, Bauernmärkte, vermarktet, gemäß dem Slogan „Kaufe lokale Produkte, unterstütze lokale Produzenten“ („Buy local food, support local business“).

Das geschlagene Holz wird verflößt (oben); Kahlschlag auf der zu British Columbia gehörenden Inselgruppe Haida Gwaii (unten)

Forstwirtschaft

Kanada ist das Land mit den größten Waldflächen. 34 % der Fläche sind heute mit Wäldern bedeckt (Quelle: UN – FAO, das sind 91 % der ursprünglichen Waldfläche), von denen mehr als die Hälfte noch immer Urwälder sind, der Rest steht der Holzwirtschaft zur Verfügung. Die größten Bestände an nutzbarem Holz befinden sich in British Columbia. Obwohl 96 % der Fläche der Provinz sich im Besitz oder unter der Verwaltung des Staates befinden, wird die Holzwirtschaft fast ausschließlich von dem US-amerikanischen Konzern Weyerhaeuser Company beherrscht, einem der größten Forstwirtschaftskonzerne der Welt, der 1900 durch den deutschen Holzunternehmer Friedrich Weyerhäuser gegründet wurde. Seit vielen Jahren gibt es einen Kampf von indigenen Völkern und Naturschützern gegen die Kahlschlagwirtschaft der Industrie. Nur langsam beginnen sich nachhaltigere Forst-

Zum Trocknen aufgehängte Fische in Nunavik (oben) Fischerboote an der Küste der Magdalenen-Inseln (Îles de la Madeleine) (unten)

methoden durchzusetzen.[22] Man muss schon selbst einen solchen Kahlschlag gesehen haben, um eine Vorstellung von der Verwüstung der Landschaft zu bekommen. Die damit verbundenen negativen Auswirkungen auf die Pflanzen- und Tierwelt, den Zustand der Flüsse, den Wasserhaushalt und das Klima lassen sich kaum abschätzen. Erst die Zukunft wird zeigen, wie die Natur unseren Bedarf an Holz und Papier verkraftet. Leider ist der Lerneffekt bisher nur gering, denn striktere gesetzliche Regelungen in den Industrieländern führten zu einem Ausweichen der Holzkonzerne in die Wälder Asiens, Afrikas und Südamerikas.

Fischerei

Auch wenn sich die Fischwirtschaft seit Jahren infolge der sich stark verringernden Fischbestände im Rückgang befindet, stellt sie doch nach wie vor eine wichtige Einnahmequelle dar, von der viele Küstenbewohner abhängig sind. Besonders nachdem die kanadische Regierung im Jahre 1992 ein Fangverbot für Kabeljau vor den atlantischen

Küsten ausgesprochen hatte, kam es zu starken Protesten der Küstenfischer Neufundlands. Über 40.000 Menschen verloren ihre Arbeit, viele Fischer waren nicht mehr in der Lage, die Kredite für Boote und Fangeinrichtungen zu bedienen. Ganze Familien standen plötzlich ohne jegliches Einkommen da. Die Leidtragenden waren besonders die Familien- und Kleinbetriebe, obwohl zunächst, bis zur Erweiterung der Fischereigrenzen, vor allem internationale Fangflotten, später auch lokale Großunternehmen mit Schleppnetzen die Bestände des einst so reichlich vorhanden Kabeljaus dezimiert hatten. Nur wenige Fischer konnten auf andere Arten und Meerestiere wie Shrimps ausweichen, die meisten mussten sich neue Jobs zum Beispiel in der Ölindustrie in Alberta suchen.

Fangverbot für Streifenbarsche im St. Lorenz-Golf

Neben dem industriellen Fischfang werden immer mehr Fischfarmen, sogenannte Aquakulturen, errichtet, um den Markt mit frischem Fisch zu beliefern. Die Reaktionen auf den Farm-Fisch sind jedoch sehr widersprüchlich, da Standards für gesundes und nachhaltiges Produzieren und funktionierende Kontrollen über die Art und Menge der gefütterten Nahrung fehlen. Außerdem passiert es immer wieder, dass Fische aus diesen Farmen in die Meere und Flüsse gelangen, dabei Krankheiten verbreiten und wild lebende Fischbestände verdrängen. Nahrungsreste und die Ausscheidungen der Fische in den Farmen sinken als Schlamm zu Boden und verändern das Wasser und die natürlichen Umgebungsbedingungen. Auch wenn man angesichts des durch das Bevölkerungswachstum bedingten stark ansteigenden Bedarfs an Fischfarmen nicht vorbeikommt, gibt es noch viel zur Verbesserung der Fischzucht zu tun.

Jagd

Die kommerzielle Jagd zur Fleisch- und Pelzgewinnung wurde in den letzten Jahrzehnten von der Jagd auf Trophäen abgelöst, einer allerdings sehr fragwürdigen Art der Suche (oder besser Sucht) nach Selbstbestätigung von meist vermögenden Jägern. Man muss sich nur die Fotos der Jäger, die ihre Beute präsentieren, im Internet ansehen, um einen kritischen Abstand zu dieser Art von Jagd zu bekommen. Noch ist die Macht der Waffenlobby und Waffennarren jedoch groß, und nur gesetzliche Maßnahmen werden diesen Unsinn einschränken können.

In den dünn besiedelten Gebieten ist die Selbstversorgung mit Fleisch durch die Jagd ganz selbstverständlich

Leider trifft man auch immer wieder auf Wilderei, zum Beispiel, um Bären die Galle zu entnehmen und nach China zu verkaufen. Die Tierkadaver vermodern dann im Wald.
Einen ganz anderen Stellenwert hat dagegen die legale traditionelle Jagd zur Ernährung, bei der, besonders bei den First Nations und Inuit, auch Innereien, Felle, Geweihe und Knochen Verwertung finden. Allerdings kommt es gelegentlich vor, dass unter Missachtung der Traditionen nur die kommerziell verwertbaren Teile entnommen und in den mehr oder weniger legalen Handel gebracht werden.

Chancen und Risiken in der Rohstoff-, Energie- und Wasserwirtschaft

Die Vorkommen von Rohstoffen wie Eisenerz, Gold, Kupfer, Nickel, Öl, Gas und Kohle verteilen sich über ganz Kanada. Die größten Förderstätten für metallische Mineralien liegen in Québec, Ontario und Neufundland und Labrador, für nicht-metallische Mineralien in Ontario, den Northwest Territories und Québec und für Kohle in British Columbia. In der Vergangenheit war der Abbau dieser Rohstoffe wie fast überall in der Welt mit erheblichen Umweltschädigungen verbunden. Seit 2009 gibt es eine Green Mining Initiative (GMI) der föderalen Regierung und der Provinzen, die die Forschung, Entwicklung und Anwendung umweltfreundlicher und nachhaltiger Bergbautechnologien beschleunigen soll. Die Zusammenarbeit mit der Bevölkerung, besonders auch mit First Nations und Inuit, soll integraler Bestandteil der Genehmigungsverfahren für die Erschließung oder den Ausbau von Fundstätten sein und neue Arbeitsplätze schaffen helfen. Da letztendlich aber die Preisentwicklung an den internationalen Märkten über die Wettbewerbsfähigkeit der kanadischen Industrie entscheidet, muss man abwarten, ob und wie erfolgreich sich die neue Initiative entwickeln kann, wenn es gilt, den Erhalt von Arbeitsplätzen und die

Rechte Seite: Großflächige Eingriffe in Landschaft und Ökosystem durch den Ölsand-Abbau: Pro Liter Öl werden 3-6 Liter Wasser aus dem Athabasca River entnommen (oben); Ölsand-Verarbeitungsanlage (Upgrader) der Syncrude Canada Ltd. am Highway 63, im Hintergrund Giftschlammbecken (unten)

Schonung der Umwelt miteinander in Einklang zu bringen.

Die kanadischen Ölreserven gelten als die zweitgrößten nach denen von Saudi-Arabien. Speziell die Ölsande im Gebiet des Athabasca River im Nordosten Albertas gehören zu den größten Lagerstätten der Welt. Sie bestehen zu über 80% aus Sand und circa 10% aus Bitumen, Wasser und Ton. Schon Alexander Mackenzie berichtete am Ende des 18. Jahrhunderts über diese Vorkommen, wie später auch die bekannten Arktisforscher Franklin und Richardson. Allerdings ist die Gewinnung von Öl aus Ölsanden sehr teuer und lohnt sich erst bei Marktpreisen für Rohöl von mehr als 70 US-Dollar.

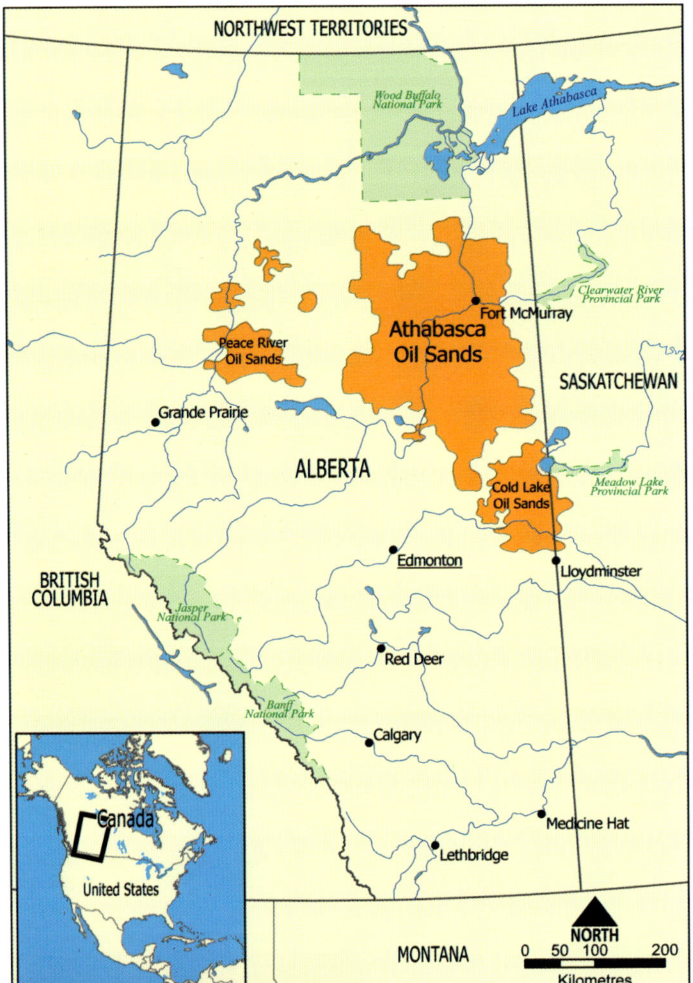

Die Verteilung von Ölsand-Lagerstätten in der Provinz Alberta

Die Ölsande werden zu 20 % im Tagebau abgebaut, wobei riesige Flächen komplett abgeräumt werden müssen, was die karge Natur mit ihrer borealen Vegetation großflächig und nachhaltig zerstört. Bei 80 % der Vorkommen wird das Rohöl dem Sand mittels heißen Dampfs unterirdisch entzogen und an die Oberfläche gepumpt. Für die Gewinnung von Rohöl aus Ölsand braucht man pro Barrel die drei- bis vierfache Menge an Wasser. Da das Bitumen nicht vollständig in Öl umgewandelt werden kann, verbleiben Rückstände, die wieder in den Boden eingebracht werden. Abgesehen von dem enormen Wasserverbrauch bedeutet die durch die Rückstände verursachte Verschmutzung der Gewässer und Böden eine große Schädigung der Umwelt in der Nähe der Gruben. Bisher war das Gebiet mit wenigen hundert Menschen extrem dünn besiedelt. Heute besitzt die Stadt Fort McMurray, wo sich die Verwaltung der Bergbauanlagen befindet und die Beschäftigten der Ölfirmen wohnen, eine Bevölkerung von rund 90.000 Menschen. Viele von ihnen stammen aus Neufundland, wo durch den Niedergang der Fischindustrie tausende Arbeitsplätze verloren gingen. Der Durchschnittsverdienst in der Ölsandindustrie beträgt 100.000 CAD im Jahr – das ist doppelt so viel wie das durchschnittliche Einkommen in Toronto oder Montreal.[23] Dies hat einen ständig fließenden Zustrom an Arbeitskräften aus allen Regionen Kanadas zur Folge. Obwohl viel gebaut wird, besteht ein großer Mangel an Wohnraum. Viele Arbeiter sind daher gezwungen, in Wohnunterkünften ihrer Unternehmen zu leben und ihre Familien nur an freien Tagen zu sehen.

Dem Athabasca River (hier noch unberührt, umgeben von borealem Wald, südlich von Fort McMurray) werden durch den Abbau von Ölsand große Wassermengen entzogen; weiter stromabwärts wurden bereits hohe Konzentrationen an toxischen Stoffen gemessen

So sehr sich die Provinz Alberta über die Steuern aus der Ölproduktion freut, die Umweltschädigungen und darüber hinausgehende bisher kaum erforschte Risiken für Natur und Menschen im Gebiet der Ölsandförderung führen immer wieder zu lautstarken Protesten gegen die Nutzung des Ölsands, die Energie und Umweltpolitik der Regierung und die nicht ausgereiften von den Unternehmen zum Einsatz gebrachten technologischen Verfahren. In jüngster Zeit wurden stark angestiegene Krebserkrankungsraten in nahe gelegenen Siedlungen der First Nations sowie Missbildungen bei aus dem Athabasca River stammenden Fischen festgestellt. Dem Bau von Ölleitungen in die USA durch *native land* stehen Gesetze entgegen, die gerade die Rechte der Ureinwohner auf ungestörte und traditionelle Nutzung des Landes schützen sollen. Die rechtlichen und politischen Auseinandersetzungen der verschiedenen Interessengruppen zeigen das ganze Dilemma der Abwägung zwischen politökonomischen Zielen wie Wachstum oder Erhöhung von Lebensstandard und Wohlstand – was auch immer man darunter versteht – und dem Schutz der letztlich auch für die Menschen lebensnotwendigen Natur und Umwelt. Da fast der gesamte Export von kanadischem Öl, speziell aus den Ölsandgebieten Albertas, in die USA geht, wird die Frage nach der Abhängigkeit Kanadas von US-amerikanischer Politik und vom Wohlergehen der amerikanischen Wirtschaft aufgeworfen.
Das wichtigste Unternehmen im Geschäft mit dem Ölsand ist Suncor Energy mit Sitz in Calgary, Alberta. Suncor ist das drittgrößte kanadische Unternehmen mit einem Jahresumsatz von 34 Milliarden Dollar.

In den letzten Jahren wurden umfangreiche Öl- und -Gasvorkommen im Meer vor der Küste von Neufundland und Nova Scotia erschlossen. Bei Sable Island vor Nova Scotia gibt es ein großes Gasvorkommen, östlich von Neufundland befinden sich die drei Ölplattformen Hibernia, Terra Nova und White Rose. Hibernia, mit einer Höhe von 224 Metern die größte Ölplattform der Welt, fördert bis zu 50 Millionen Barrel pro Jahr. Das Terra Nova-Ölfeld hat ein Volumen von 400 Millionen Barrel, das White Rose-Ölfeld ein Volumen von 440 Millionen Barrel Rohöl. Das Sable Offshore Energy Project in der Nähe von Sable Island, Nova Scotia, liefert Gas und Flüssiggas. Die Ausbeutung der vier Vorkommen hat eine herausragende Bedeutung für die industriearmen Regionen an der Atlantikküste Kanadas, da auch im Bereich der Zulieferer- und Serviceindustrie viele neue Arbeitsplätze entstanden sind, die den durch den Rückgang der Fischindustrie verursachten Arbeitsplatzverlust zumindest teilweise ausgleichen konnten. Dem gegenüber stehen allerdings die Risiken einer Offshore-Förderung speziell in diesem von Stürmen und immer mehr Eisbergen bedrohten Teil des Nordatlantiks.

Versorgungsschiffe für die vor der Küste Neufundlands liegenden Ölplattformen im Hafen von St. John's

Kanada gehört zu den Ländern mit bedeutenden Wasservorkommen, die zur Energiegewinnung besonders in Québec und Labrador genutzt werden. Da sich die Wasserkraftwerke im abgelegenen Norden befinden, wird die Energie mit Hochspannungsleitungen über Hunderte von Kilometern in die Industriegebiete entlang des Sankt-Lorenz-Stroms und in den Osten der USA transportiert. Das bedeutet nicht nur Energieverluste, sondern bei Extremwetterlagen auch ein hohes Risiko für die Energieversorgung: Schon mehrfach wurden nach heftigen Eisregen Hochspannungsleitungen zerstört, und hunderttausende Haushalte blieben für mehrere Tage ohne Strom. Dazu kommen die Umweltzerstörungen durch den Bau von Staudämmen und die entstehenden Stauseen, die große Flächen im Norden vernichtet und damit den dort ansässigen indigen Völkern sowie Tieren und Pflanzen ihren Lebensraum genommen haben. Wenn man dann noch berücksichtigt, in welch exzessiver Weise besonders in den USA Energie und Wasser für Klimaanlagen, Golfplätze und Swimmingpools verschwendet werden, sind die Proteste der First Nations mehr als verständlich[24]. Leider hat sich die Politik in der Vergangenheit meist auf die Seite der Verbraucher oder besser der Verschwender geschlagen. Erst in jüngster Zeit beginnt man, angesichts der weltweiten Klimaveränderung nach neuen Wegen einer nachhaltigen Entwicklung der Energieversorgung zu suchen.

Windkraft-Testfeld des Wind Energy Institute of Canada am North Cape, Prince Edward Island

Verarbeitende Industrie und Bauwirtschaft

Ungefähr drei Millionen Kanadier sind in der Fertigungsindustrie und in der Bauwirtschaft beschäftigt, davon circa 75% allein in den Provinzen Ontario und Québec. Das erklärt sich einerseits aus der Bevölkerungsverteilung in Kanada und andererseits aus der Nähe zu den Wirtschaftszentren im Nordosten der USA. Die Kfz-Industrie in Kanada gehört zu den Industrien mit konstanten Wachstumszahlen. Es gibt zwar keine kanadische Automarke, aber wichtige US-amerikanische Hersteller wie General Motors, Ford und Chrysler sowie japanische wie Toyota und Honda sind überwiegend in Ontario mit Fertigungsstätten vertreten. In Kanada werden jährlich rund zwei Millionen Pkws produziert, womit das Land an zehnter Stelle der weltweiten Autoproduktion liegt. Dies entspricht ungefähr der Gesamtproduktion von Daimler, dem nach Volkswagen zweitgrößten deutschen Autohersteller. Der bedeutendste kanadische Hersteller in der Fahrzeugindustrie ist Magna International mit Sitz in Aurora, Ontario. Magna gehört mit einem Umsatz von 24 Milliarden CAD – vergleichbar mit den Umsätzen der deutschen Konzerne Hochtief oder Bertelsmann – zu den 500 größten Unternehmen der Welt. Gegründet wurde die Firma von dem Österreicher Frank Stronach im Jahr 1957. Heute hat das Unternehmen weltweit 75.000 Mitarbeiter und fertigt komplette Fahrzeuge u. a. für Daimler, Chrysler und BMW.

Der Hochgeschwindigkeitszug Zefiro 380 von Bombardier bei einer Präsentation in Berlin 2010

Ein klassisches kanadisches Unternehmen ist die Bombardier Inc. mit Sitz in Montreal, gegründet 1944 von Joseph-Armand Bombardier. Er war der Entwickler eines typisch kanadischen Gefährts: des Schneemobils, damals ein von Ketten angetriebenes autoähnliches Fahrzeug mit Skikufen anstatt Vorderrädern. Heute ist das zweisitzige Ski-doo weltweit verbreitet. 1970 wandte sich Bombardier der Produktion von Schienenfahrzeugen zu und ist heute, nach der Akquisition der deutschen Unternehmen Deutsche Waggonbau AG und Adtranz (ehemals zu Daimler/Chrysler gehörend) einer der größten weltweit tätigen Schienenfahrzeughersteller. Der Hauptsitz der Schienenfahrzeugsparte von Bombardier befindet sich übrigens in Berlin und nicht in Kanada. Zur Produktpalette gehört neben Straßenbahnen, Nahverkehrszügen, Reisezugwagen und Lokomotiven neuerdings der Hochgeschwindigkeitszug Zefiro, der zunächst in China produziert wird und auch dort zum Einsatz kommt. Bombardier fertigt seit der Übernahme des kanadischen Staatsunternehmens Canadair 1986 auch Flugzeuge, speziell für den Regional- und Businessverkehr. Bekannt ist besonders der Learjet als Firmenflugzeug oder Privatflieger für Betuchte. Auch die Markenrechte der berühmten arktis- und wildniserprobten Kleinflugzeuge Beaver und Otter gehörten einmal zum Bombardier-Konzern, bis sie 2006 an die Firma Viking Air in British Columbia verkauft wurden, die 2008 die Produktion der Twin-Otter wieder aufgenommen hat.

In Kanada befinden sich wichtige Fertigungsstätten der Metallindustrie. So gehört Rio Tinto Alcan mit Sitz in Montreal zu den drei größten Produzenten von Aluminium. Vor einigen Jahren gab es eine Übernahmeschlacht um den kanadischen Hersteller Alcan, die 2007 Rio Tinto, der multinationale Bergbaukonzern mit Sitz in London und Melbourne, gewann. Der einst größte kanadische Stahlkonzern Stelco mit Sitz in Hamilton, Ontario, ist heute Teil von US Steel; allerdings ist die Zukunft des Standortes in Hamilton infolge der Wirtschaftskrise und sich aus der Übernahme und Umstrukturierung ergebender Probleme ungewiss. Besser geht es dem Unternehmen Defesco, ebenfalls aus Hamilton, das heute zu ArcelorMittal, dem weltgrößten Stahlproduzenten gehört, der von London aus von Lakshmi Mittal, einem der reichsten Männer der Welt, geleitet wird.

Eine Legende der kanadischen Luftfahrt: die Twin Otter

Andere wichtige Industriezweige sind die Chemieindustrie, die Nahrungsgüterindustrie – zum Beispiel mit dem Konzern George Weston, dem fünftgrößten kanadischen Unternehmen – die Elektro- und Elektronikindustrie und die Holzverarbeitung. Viele Firmen gehören zu internationalen, oft US-amerikanischen Konzernen und sind entlang der Grenze zu den USA, speziell in Ontario und Québec angesiedelt.

Die Bauindustrie ist nach Umsatz und Beschäftigtenzahl neben der Fertigungsindustrie der wichtigste Industriezweig in Kanada. Durch riesige Infrastrukturprojekte wie den Bau von Straßen, neuen Flughäfen, Wasserkraftwerken, den Bergbau oder den Ausbau von Industriekapazitäten entwickelte sich die Bauwirtschaft überproportional. Da sich die Bevölkerung Kanadas in den letzten 50 Jahren verdoppelt hat, mussten umfangreiche Anstrengungen unternommen werden, um

Bauprojekte in Kanada: Gleisanlagen in Toronto, neue Hafenanlage in Britisch Columbia, Apartment-Hochhaus in Toronto

die entsprechenden Kapazitäten bei Wohnungen, Schulen und Krankenhäusern, im Nahverkehr usw. zu schaffen. Als Tourist sieht man zunächst die rasant in die Höhe wachsenden Stadtzentren. Erst wenn man mit dem Auto oder der Bahn die Stadtmitte verlässt, fallen einem die manchmal riesigen Wohngebiete in den Vorstädten mit ihrer zumeist einfallslosen Einfamilienhaus-Architektur auf, die aufgrund ihrer Entfernungen zu den Stadtzentren oder Industriegebieten viel zusätzlichen Verkehr hervorbringen, der wieder neue Straßen erforderlich macht und somit eine weitere Zersiedelung der Landschaft zur Folge hat.
In der kanadischen Bauindustrie sind speziell bei den großen Bauprojekten international agierende Baukonzerne tätig; der Wohnungsbau ist meist in der Hand kleinerer und mittlerer Handwerksbetriebe, besonders außerhalb der großen Industriezentren.

Informations- und Telekommunikationsindustrie

Research in Motion (RIM) mit Sitz in Waterloo, Ontario, ist mit 17.000 Beschäftigten und 20 Milliarden USD Umsatz das größte und bekannteste kanadische Unternehmen in der Telekommunikation. Das 1984 gegründete Unternehmen brachte 1999 das BlackBerry auf den Markt, bis heute eines der erfolgreichsten Smartphones, das allerdings in jüngster Zeit durch das iPhone von Apple und die mit dem Betriebssystem Android arbeitenden Geräte anderer Hersteller unter Druck geraten ist. Als Antwort auf die Angebote der Konkurrenz begann das Unternehmen 2010 mit der Produktion von Tablet-PCs. Nach einem mehrtägigen Ausfall des BlackBerry-Internet-Services im Oktober 2011 bleibt abzuwarten, inwieweit RIM sich von dem damit verbundenen erheblichen Imageschaden erholen und dem Druck von Apple und anderen Konkurrenten in Zukunft standhalten kann.

IBM Canada ist eines der wichtigen kanadischen Unternehmen der Informationstechnologie. 20.000 Mitarbeiter sind allein am Standort Markham, Ontario, beschäftigt. Das Tochterunternehmen der US-amerikanischen International Business Machines Corporation ist für die Sparte IBM Software Solutions zuständig und eine wichtige Säule der „neuen“ IBM als Software- und Consulting-Unternehmen nach dem Verkauf der PC-Sparte an den chinesischen Hersteller Lenovo. Auch andere führende internationale IT-Unternehmen wie HP, Siemens, Microsoft und Apple haben große Niederlassungen in Kanada.
Weitere bekannte kanadische IT-Firmen sind CAE aus Montreal, ein führender Hersteller von Simulations- und Modellierungssoftware, OpenText mit Content-Management-Systemen sowie der Grafiksoftware-Hersteller Corel.

Einst Vorreiter bei der Entwicklung von Smartphones für Geschäftsleute, ist der Hersteller der BlackBerrys durch die Konkurrenz von Apple und anderen Smartphone-Anbietern arg unter Druck geraten: BlackBerry Storm und BlackBerry Playbook von RIM

Bell, Rogers, Telus und EastLink sind einige der bekannteren Internet-Provider in Kanada. Über 80 % der Bevölkerung sind regelmäßig online. Internet gibt es, wie auch in Deutschland, optional in Paketen mit Festnetztelefon, Handy und TV. Kostenloses Internet steht in allen Bibliotheken, in vielen Restaurant- und Café-Ketten, Shopping-Malls, Hotels und neuerdings auch auf den kanadischen Flughäfen zur Verfügung. Trotz der riesigen Dimensionen Kanadas kann man von einer fast 100-prozentigen Internetverfügbarkeit in bewohnten Gebieten ausgehen. Ähnlich ist es mit dem Mobilfunkservice: das Handy bzw. *cell* oder *mobile*, wie es in Kanada heißt, ist in den meisten besiedelten Gebieten einsetzbar. Ein aus Europa mitgebrachtes Handy funktioniert jedoch nicht immer, da der GSM-Standard noch nicht überall zur Verfügung steht.

Kommunikationstechnik in der Arktis, kostenloses Internet und die gute alte Post

Finanz- und Versicherungswirtschaft

Eine wichtige Säule der kanadischen Wirtschaft bilden Banken und Versicherungen. Fünf der zehn größten kanadischen Unternehmen gehören in diesen Industriezweig. Wenn man durch den Finanzdistrikt Torontos läuft, bekommt man angesichts der vielen bis in die Wolken reichenden Bürotürme ein Gefühl für die Bedeutung und den Einfluss der Banken und Versicherungen auf die kanadische Gesellschaft. Die fünf größten Banken Kanadas sind:

1. Royal Bank of Canada (RBC), gegründet 1864 in Halifax,
2. Toronto Dominion Bank (TD Canada Trust), gegründet 1857 in Toronto,
3. Bank of Nova Scotia (Scotiabank), gegründet 1932 in Halifax,
4. Bank of Montreal (BMO) gegründet 1817 in Montreal und
5. Canadian Imperial Bank of Commerce (CIBC), gegründet 1867 in Toronto.

Das Gebäude der Royal Bank of Canada in Toronto

Das kanadische Bankensystem gilt als das sicherste und effektivste der Welt. Die kanadischen Banken unterhalten landesweit 8.000 Niederlassungen und verfügen über 18.000 Bankautomaten. Alle großen kanadischen Banken arbeiten heute mit eigenen Investment- und Versicherungsgesellschaften.

Die beiden größten kanadischen Versicherungskonzerne Manulife Financial mit einem Jahresumsatz von 37 Milliarden CAD – das größte kanadische Unternehmen überhaupt – und Sun Life Financial mit 24 Milliarden CAD Jahresumsatz sind schon lange keine reinen Versicherungsunternehmen mehr, sondern bieten vielfältige Finanzdienstleistungen für Geschäfts- und Privat-Kunden in der ganzen Welt an. Unter den zehn größten Unternehmen Kanadas befinden sich auch zwei Finanzbeteiligungskonzerne - Power Corporation of Canada und Onex. Damit sind sieben der zehn größten kanadischen Unternehmen mehr oder weniger direkt mit dem Finanzmarkt verbunden. Es spricht für die kanadische Wirtschaft, dass von keinem dieser Unternehmen irgendeine Negativschlagzeile in der aktuellen Finanzkrise zu lesen war.

Das etwas andere Gesundheitswesen – Medicare

Das Gesundheitswesen ist Kanadas drittgrößter Wirtschaftszweig und seit 1984 zu großen Teilen öffentlich finanziert. Damals verabschiedete die Regierung Trudeau das Canada Health Act, in dem die Bedingungen für die staatlichen Transferzahlungen an die Provinzen und Territorien zur Finanzierung des Gesundheitssystems festgelegt sind. Geregelt wird darin nur die Finanzierung; der genaue Umfang an medizinischen und sonstigen Leistungen wird von den jeweiligen Leistungsträgern der Provinzen und Territorien bestimmt. Im Laufe der Jahre gab es immer wieder Diskussionen darüber, wie das System den sich verändernden Bedingungen anzupassen sei. Die Qualität der medizinischen Versorgung ist sicherlich nicht in allen Kommunen auf gleichem Niveau, nicht überall ist eine ausreichende Dichte von Allgemeinmedizinern und Fachärzten vorhanden. Mit seinem Grundprinzip „Medizinische Versorgung ohne jegliche finanziellen oder sonstige Schranken für jeden Bürger Kanadas in hoher Qualität“ wird das Gesundheitssystem aber nach wie vor von der überwiegenden Mehrheit der Kanadier hoch geschätzt, obwohl auch hier die Kosten für Medikamente steigen und Zahn- und Augenarztkosten in Abhängigkeit von den verschiedenen Provinzen und Territorien meist privat zu tragen sind. Ein großer Vorteil des kanadischen Systems – auch gegenüber dem deutschen – ist, dass jeder kanadische Bürger automatisch krankenversichert ist, unabhängig davon, ob er berufstätig, arbeitslos oder gar obdachlos ist. Für die meisten Kanadier ist es deshalb unverständlich, dass sich viele US-Amerikaner gegen ein staatliches Gesundheitssystem wehren. Die durchaus vorhandenen Probleme sind Gegenstand reger öffentlicher Diskussionen – und wurden auch in manchen kanadischen Kinofilmen wie „Die Invasion der Barbaren“, „Mein Leben ohne mich“ und „Die große Verführung“ behandelt, die auch in den deutschen Kinos liefen.

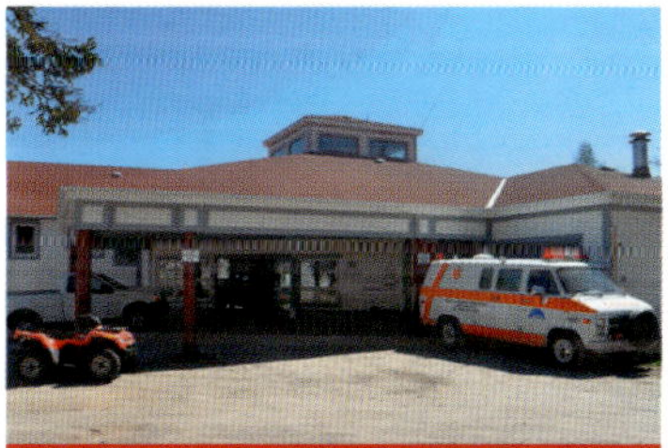

Auch in abgelegenen Gebieten ist eine umfassende medizinische Versorgung gewährleistet: Krankenhaus in Nain, Labrador

CASEY

Kapitel 5
Kanadische Lebensart

Ein Traum für viele Kanadier: Ein Bootshaus am See

Kanadische Lebensart

Über allem weht die kanadische Flagge

Die kanadische Nationalflagge

Das rote Ahornblatt auf weißem Grund mit den flankierenden roten Streifen, die Nationalflagge Kanadas, wird weltweit mit Wohlwollen und Anerkennung wahrgenommen.
Viele denken unwillkürlich sehnsüchtig: „Oh Kanada ...“. Eine Bilderflut beginnt in der Vorstellung abzulaufen: schnee- und eisbedeckte Bergriesen hinter strahlend blauen Seen, die in der Sonne glitzern und funkeln, das Ganze umrahmt von rot-gelb in der Sonne leuchtenden Wäldern; ein rotes Kanu wird mit kräftigen Schlägen durch eine Stromschnelle gelenkt, Bären und Elche stehen am Ufer und über allem schwebt der Weißkopfseeadler ... Ein an Kitsch grenzendes Klischeebild, aber für viele der Ausdruck des Traums von einem naturnahen, vom Stress der Berufswelt und der Großstädte befreiten, gesunden Leben. Dass die kanadische Nationalhymne mit eben den Worten „O Canada“ anfängt, wissen die meisten Kanada-Sehnsüchtigen allerdings nicht – und dass die kanadische Realität nur teilweise etwas mit dem romantischen Blick von außen zu tun hat, wird von vielen verdrängt.

1965 wurde die alte kanadische Flagge, die noch den Union Jack der Kolonialmacht Großbritannien enthielt, durch die neue „Ahornblatt-Flagge“ ersetzt. Aus heutiger Sicht war das der vielleicht entscheidende Schritt zur Ausbildung eines kanadischen Nationalbewusstseins. Mit großem Stolz wird diese Flagge überall gezeigt: Sie weht vor dem eigenen Haus, nicht nur an Feiertagen, bei Volksfesten und Sportveranstaltungen; kanadische Reisende befestigen sie auf ihren Koffern und Rucksäcken, oft auch um zu zeigen, dass man nicht aus den USA ist; sie schmückt T-Shirts, Basecaps, Tassen, Bikinis, Hockeyschläger und Golfbälle, und sie wird natürlich bei allen offiziellen Anlässen und vor allen öffentlichen Gebäuden gehisst. Mit Nationalismus hat das alles nichts zu tun, man hat ein unbelastetes Verhältnis zu seiner multikulturellen Heimat, die sich besonders in den letzten 50 Jahren durch die Einwanderung auch aus vielen nicht anglo- oder frankophonen Ländern stark verändert hat. Die meisten der Neu-Kanadier können sich problemlos mit der kanadischen Gesellschaft, ihren Zielen und Wertvorstellungen identifizieren.

Touristen aus aller Welt zeigen stolz ihre Verbundenheit mit Kanada durch das Tragen von Kleidung und Utensilien, die mit der kanadischen Flagge verziert sind. Man ist stolz darauf, sich als Kanada-Fan zu präsentieren. Kanada bereist zu haben, gilt als „cool". Manche US-Bürger nutzen die kanadische Flagge sogar als Tarnung bei Reisen durch Mittel- und Südamerika, Afrika oder Asien, weil sie sich vom positiven Ansehen Kanadas in der Welt Vorteile und Sicherheit versprechen.

In Calgary (Alberta) leben fast 70 % der Einwohner in weit in die Landschaft ausgreifenden Vorstädten, soviel wie nirgendwo sonst in Kanada

Lebensstil in Stadt und Land

Der Kanadier liebt sein Haus, seinen Rasen und seine Freizeit über alles. Anders als in vielen Ländern Mitteleuropas, wo die Mehrheit der Einwohner bei oft erheblich höherer Siedlungsdichte und eingeschränkten räumlichen Freiheiten in Wohnungen lebt, zieht der Kanadier das Wohnen im eigenen Haus vor. Die Folge sind riesige monotone Wohngebiete mit standardisierten Holzhäusern, die sich im Umfeld der Großstädte entlang der Highways hinziehen. Je nach Geldbeutel ist der Vorgarten und der sogenannte Backyard mal winzig oder auch 50 und mehr Quadratmeter groß. Der Abstand zum Nachbarhaus beträgt oft nicht mehr als anderthalb Meter. Der Rasen ist extrem kurz geschnitten, und hinterm Haus ist immer genügend Platz für einen Sitzplatz mit Grill. Die Garage ist häufig Bestandteil des Erdgeschosses, davor befindet sich ausreichend Platz, um einen Basketballkorb anzubringen und Würfe zu trainieren. In Kleinstädten oder auf dem Land sind die Grundstücke natürlich viel größer. Der Rasen

Vancouver, Stanley Park

wird regelmäßig geschnitten, um Mücken und den berüchtigten *blackflies*, kleinen aggressiven Kriebelmücken, die schmerzhafte Wunden hinterlassen können, wenig Raum zu geben. Der Vorgarten wird als Dekorationsfläche für Thanksgiving (Erntedank), Halloween oder die Weihnachtszeit genutzt. *Christmas decorating*, das Schmücken von Haus, Hof und Wohnzimmer zur Weihnachtszeit, ist eines der beliebteren Hobbys kanadischer Männer. Dann glitzert und glänzt es überall – am Tag und auch in der Nacht. Aufgeblasene Schnee- und Weihnachtsmänner, in Kanada *Santa Claus* genannt, bewegen sich im Wind. Das Haus ist mit Kerzengirlanden umrahmt, aus Stahl gefertigte Rehlein und anderes Getier sind auf der Rasenfläche verteilt. Eine Autofahrt durch ein Wohngebiet zur vorweihnachtlichen Abendzeit ist ein durchaus interessantes Erlebnis – der staunende Mitteleuropäer kann dabei feststellen, dass die kanadische Tradition, was Art und Umfang der Dekoration angeht, oft weit von der heimischen abweicht.

Weihnachtsdekoration

Wochenende und Freizeit gehören der Familie oder den Freunden. Viel Zeit wird in der Natur verbracht, ob mit Kanu, *4-Wheeler* (Quad) oder Fahrrad im Sommer oder mit Ski und Snowmobile im Winter. Man trifft sich zum Fischen oder auf der Jagd.
An den Beginn der Jagdsaison wird man durch das laute Knallen der Jagdwaffen am frühen Morgen erinnert. Ist Wasser in der Nähe, geht es auf Enten- und Gänsejagd, zumeist vom gut getarnten Boot aus. Hirsche werden neuerdings auch wieder mit dem Sportbogen gejagt. Wer das Glück hatte, im Losverfahren eine Lizenz für einen Elch zu gewinnen, zieht meist mit Freunden oder den männlichen Familienangehörigen in die Wälder. War die Jagd erfolgreich, schmückt ein mächtiger Schädel mit einem ausladenden Geweih den Pickup-Truck. Ein martialischer Anblick, der für viele Europäer gewöhnungsbedürftig ist. Einen weitaus friedlicheren Eindruck macht im Vergleich dazu das Fischen. Besonders das Fliegenfischen dient mehr der Entspan-

nung als der Versorgung mit Nahrung, zumal die Fische infolge der Industrialisierung der Fischerei auch bei weitem nicht mehr so groß sind wie noch vor dreißig, vierzig Jahren. Andererseits gibt es dort, wo bei der Wanderung der Lachse flussaufwärts reiche Fischgründe vorhanden sind, auch Konkurrenten: Schwarzbären und Grizzlys. Die meisten Kanadier sind bodenständig, man nutzt die Natur und Wildnis in der Umgebung und trifft sich mit Freunden und Nachbarn zum Sport oder zum Grillen. Manche fahren mit dem Camper durchs Land, und wenn es ins Ausland geht, dann meistens in den Wintermonaten in die Karibik oder nach Florida. Anders als die US-Bürger fahren viele Kanadier auch nach Kuba, es ist preiswert und Strände und Hotels sind von guter Qualität.

In einem multikulturellem Land wie Kanada ist das Freizeitverhalten auch von der Religion und der traditionellen Kultur bestimmt. Über die Jahre haben sich Einwanderer gleicher Nation und Religion in bestimmten Stadtvierteln angesiedelt, so dass es Gebiete gibt, die bevorzugt von Italienern, Indern, Libanesen oder auch Chinesen bewohnt werden. Kirchen und Tempel, Geschäfte oder Gaststätten sind dann entsprechend kulturell geprägt. Ureinwohner wie First Nations und Inuit leben zu großen Teilen in den Reservaten bzw. in den Siedlungen in der Arktis mit ihren vielfältigen Problemen, die von Arbeitslosigkeit, Armut, eingeschränkter Infrastruktur und Isolation von den prosperierenden Regionen des Landes geprägt sind.

Ein Umweltbewusstsein, wie wir es in Europa kennen, beginnt sich nur langsam zu entwickeln. Vielen Kanadiern ist die Begrenztheit der natürlichen Ressourcen nicht bewusst, vielleicht verständlich bei dem riesigen Land mit der geringen Bevölkerungsdichte. Trotzdem findet man an vielen Straßen und Highways Schilder mit dem Hinweis „Adopt-a-Highway", was bedeutet, dass Bürger einen bestimmten Abschnitt zur freiwilligen und unbezahlten Müllsammlung übernommen haben. Die Städte in Kanada sind deutlich sauberer als viele Städte in Deutschland. Es ist wenig Abfall zu sehen, und beträchtlich weniger Graffiti als in Deutschland verunzieren die Gebäude. Hundekot muss durch den Besitzer entsorgt werden, wofür eine gut ausgebaute Infrastruktur an Behältern mit kostenfrei entnehmbaren Plastikbeuteln und speziellen Entsorgungsbehältnissen bereit steht. Auch ohne offensichtlichen Druck und Präsenz von Ordnungskräf-

Die Kanadier verbringen ihre Freizeit gerne in der Natur.

„Dog poop pick-up bags": Hundebedarf: Tüten für das große Geschäft

ten funktioniert dies viel besser als in Deutschland[25]. *Walking the dog*, mit dem Hund Gassi gehen, stellt eine der beliebtesten Freizeitaktivitäten der Kanadier dar. Übrigens besteht in den Städten fast überall Leinenzwang.

Zur Begrenzung der Kosten für den Arbeitsweg wie auch der Umweltbelastung haben sich in den letzten Jahren besonders in ländlichen Gebieten viele Fahrgemeinschaften gebildet, die von den Kommunen durch den Bau von Parkplätzen, sogenannten *Carpool parking lots*, an wichtigen Kreuzungen der Highways und Landstraßen unterstützt werden.[26]

Zu Besuch bei einer kanadischen Familie

Ein Besuch bei einer kanadischen Familie kann völlig anders ablaufen als bei einer deutschen, auch wenn es dafür keine typisch kanadischen Regeln gibt. Familien in Kanada unterscheiden sich untereinander auf vielfältige Weise durch ihre kulturellen Ursprünge. Ob nun britischer oder französischer, indigener oder asiatischer, ost- oder westeuropäischer Herkunft; ob es sich um reise-erfahrene handelt oder um solche, die sich kaum jemals aus ihrem traditionellen Umfeld entfernt haben; ob sie zur Intelligenz oder zu den sogenannten Vermögenden gehören, es ist immer eine gewisse Herausforderung, aber auch (fast) immer ein angenehmes Erlebnis, neue Nachbarn oder neue Bekannte zu besuchen. Selbstverständlich bringt man ein kleines Geschenk oder eine kleine Aufmerksamkeit mit. Das kann auch ein Beitrag zum Menü sein, allerdings sollte man sich mit dem Gastgeber vorher abstimmen: wer will schon fünf verschiedene Desserts essen. Nicht in allen Familien wird übrigens Alkohol getrunken. Wenn man ein alkoholisches Getränk, eine gute und teure Flasche Wein zum Beispiel, mitbringt, sollte man davon ausgehen, dass man sie gleich selber vorgesetzt bekommt, denn der Gastgeber vermutet, dass einem gerade dieser Wein, Sekt oder Whisky besonders gut schmeckt.

Wichtig ist es, die vereinbarte Zeit für den Besuch einzuhalten. Kanadier essen bedeutend früher zu Abend als wir, manche Familien sogar schon vor 18 Uhr. Üblicherweise brechen die Gäste dafür spätestens um 23 Uhr wieder auf. Häufig geht es sehr familiär zu, die Kleidung kann leger sein, man bringt seine Hausschuhe mit oder läuft in der Wohnung oder im Haus auf Strümpfen, man bedient sich oft selbst aus

den Töpfen in der Küche und beginnt zu essen, sobald der Teller gefüllt ist. Am besten ist es, wenn man sich an die Gastgeber oder andere kanadische Gäste hält, dann kann man eigentlich in keine kulturelle Falle tappen. Das Essen ist meist schmackhaft, aber auch oft schwer und kräftig. Fast immer wird ein Dessert angeboten, ein meist schwerer Kuchen oder eine süße Creme, und Kaffee nach „amerikanischer Art" — also sehr dünn.
Der Umgang mit dem Gastgeber und den anderen Gästen ist unkompliziert. Man spricht sich in den meisten Fällen einfach mit dem Vornamen an. Fragen nach Familienangehörigen oder dem Beruf sind nicht ungewöhnlich, aber natürlich nicht nach Details wie dem Gehalt oder der aktuellen Vermögenslage. Das scheint für den Kanadier sowieso nicht so wichtig zu sein, denn die soziale Zugehörigkeit ist im allgemeinen von geringerer Bedeutung als in Deutschland. Es ist nicht ungewöhnlich, dass die Gäste einer Party völlig unterschiedlichen sozialen Schichten angehören. Wirklich wichtig ist, dass man ein netter, freundlicher und bei Bedarf auch hilfsbereiter Zeitgenosse ist. Eine Einladung zu einem Gegenbesuch ist natürlich selbstverständlich. Man sollte dann auch auf eine „Tour" durch das eigene Haus vorbereitet sein. Kanadier interessieren sich durchaus für die Einrichtung der Zimmer oder die architektonischen und handwerklichen Besonderheiten der Wohnstätte ihrer Gastgeber.

Kanadier als Hausbesitzer

Kanadier haben ein weit lockereres Verhältnis zu ihrem Wohneigentum als wir Deutschen. Man kauft und verkauft, man vergrößert oder verkleinert sich je nach Bedarf und man folgt der Arbeitsstätte, wann immer es notwendig wird. Diesen Gewohnheiten kommt die übliche Holz-Leichtbauweise der Häuser entgegen. Man baut kein Haus für 400 Jahre, sondern für 20 oder 30 Jahre. Das heißt aber nicht, dass es nicht auch viel ältere Häuser gibt. Besonders an der Küste sind die sogenannten Kapitänshäuser, meist groß, komfortabel und manchmal auch mehr als 100 Jahre alt, sehr gefragt. Wichtiger als die Grundfläche der Immobilie ist die Anzahl der Schlafzimmer, oft ist jeweils auch ein Bad inklusive. Man nutzt üblicherweise die Hilfe eines Maklers, und dass Schilder „For Sale" – zu verkaufen – im Vorgarten stehen, hat nicht zu bedeuten, dass der Besitzer in finanziellen Schwierigkeiten steckt, sondern dass er sich verändern will. Viele Kanadier verkaufen gleich einen großen Teil des im neuen Haus nicht mehr benötigten Hausrats. Das nennt sich dann *Yard Sale* – Hofverkauf – und es gibt von Kinderspielzeug, Büchern, Kleidung bis hin zu Gartenwerkzeugen oder Möbeln fast alles billig zu erstehen. Es kann auch eine ganz exotische Sache wie ein Eisbär-Schädel dabei sein. Ein Künstler erzählte eines Tages in seiner Galerie in Bear River, Nova Scotia, dass er auf diese Weise den zweitgrößten je gefundenen Schädel dieses „Herren der Arktis“ erstanden hatte.

Am Moving Day, dem 1. Juli, wird in Québec umgezogen. Was im neuen Heim keinen Platz mehr hat, wird an Ort und Stelle beim Yard Sale *verkauft, selbst Eisbärschädel*

In Québec gibt es den sogenannten *Moving Day* (Umzugstag), der seit 1973 mit dem *Canada Day* am 1. Juli zusammenfällt. Üblicherweise beginnen und enden an diesem Tag Mietverträge. Das ist allerdings kein Gesetz, sondern mehr eine zur Regel gewordene Gewohnheit. Alle Welt scheint wirklich gerade an diesem Tag umziehen zu wollen, die Umzugsfirmen und Autovermieter stehen Kopf, alle haben 24 Stunden geöffnet. An Urlaub ist an einem solchen Tag kaum zu denken, da mit Sicherheit irgendein Bekannter oder eine befreundete Familie um Hilfe beim Umzug bittet.

Fastfood auf kanadisch

Alle großen US-amerikanischen Fastfood-Ketten sind mit geringen lokalen Anpassungen auch in Kanada vertreten. Es gibt jedoch eine klassische kanadische Marke, die alle übertrifft und die natürlich, von wem auch sonst, von einem Eishockey-Spieler gegründet wurde, von Tim Horton. Bereits drei Jahre nach der Gründung des Unternehmens stieg ein Investor ein, der das Unternehmen Tim Hortons zur mit Abstand größten Fastfood-Kette Kanadas mit heute über 4.000 Filialen entwickelte, die inzwischen auch in den USA und auf Wunsch der kanadischen Truppen sogar in Afghanistan vertreten ist.

Tim Hortons stand zunächst für Kaffee und Donuts, ein für europäische Geschmäcker oft gewöhnungsbedürftiger Teigring, der ähnlich dem Pfannkuchen in Fett ausgebacken wird und oft viel zu süß ist. Heute gibt es neben verschiedenen heißen und kalten Kaffeegetränken noch gemahlenen Tim Hortons Kaffee für zu Hause, auch Kakao, diverse Sandwichs, neben Donuts auch andere Kuchenstücke und sogar schmackhaften Fruchtjoghurt. Für viele Kanadier beginnt der Tag mit einem schnellen Frühstück auf die Hand bei einem der unzähligen Tim Hortons. Da können sich dann schon Schlangen von Autos bilden, die sich um die immer gleich gestalteten Filialen wickeln. Der spätere Vormittag und der Nachmittag gehört dann den Pensionären, die stundenlang in ihrem Lieblingsladen bei einem *double-double*, einem Becher Kaffee mit doppelt Zucker und doppelt Sahne, mit ihren Freunden oder Ex-Kollegen abhängen. Die „Mädels" sitzen nicht weit davon entfernt in ihrer Clique. Tim Hortons ist für viele Kanadier vielleicht das gleiche wie für manchen Deutschen die Kneipe um die Ecke, in der man sich mit Bekannten, manchmal nur kurz am Stehtisch, für ein, zwei Bier zum Klönen trifft – nur dass es hier keinen Alkohol gibt.

Die Fast-Food-Kette Tim Hortons ist eine Kultur-Ikone Kanadas und inzwischen auch in den USA (Mitte) und Kandahar (unten) vertreten

Was ist typisches kanadisches Essen?

Da man normalerweise nicht die Gelegenheit hat, bei einer kanadischen Familie zum Frühstück eingeladen zu werden, findet dieses für den Touristen üblicherweise im Hotel, dem Bed & Breakfast oder im Restaurant statt. Das Buffet, wenn überhaupt vorhanden, ist oft nur einfach bestückt: aufgewärmter Kaffee, Orangensaft, Cornflakes, Milch und vielleicht Croissants, manchmal auch eine Schüssel mit kleingeschnittenen Früchten und Joghurt im Becher. Wem das nicht reicht, be-

Lobster vorher/nachher

stellt á la carte, was aber oft nicht einfach ist, denn die Kombinationen sind für Mitteleuropäer recht ungewohnt: Zum Rührei gibt es Schinken, Speck oder Würstchen, *Hash Browns* – das sind geraspelte und geröstete Kartoffeln – oder noch Pancakes mit Ahornsirup und Würstchen. Toast wird meist separat bestellt, Marmeladen, Honig und Erdnussmus gehören oft zum Gedeck und sind im Preis enthalten. Lässt man sich auf so einen Bestellvorgang ein, wird man gleich feststellen, dass dazu spezielle Sprach- und Sachkenntnisse nötig sind. Man glaubt gar nicht, wie viele Varianten der Eierzubereitung es gibt: *Scrambled eggs* sind Rühreier, die nach Geschmack mit Zwiebeln, Pilzen, Paprikas oder Tomaten bzw. Käse veredelt werden können. Auch Spiegeleier gibt es in Varianten wie *sunny side up* („sonnige Seite oben"), was ungefähr bedeutet: einseitig gebraten, das Eigelb ist flüssig, das Eiweiß fest, *over easy* („über Kopf, leicht") ist zwar beidseitig gebraten, das Eigelb aber zum Teil noch flüssig, und das geht dann weiter über *over medium*: Eigelb fast fest, zu *over hard*: Eiweiß und Eigelb vollständig gebraten. Toastbrotsorten werden in Varianten von weich und pappig bis *whole wheat* angeboten, was wohl unseren Vorstellungen von einem Vollkorntoast am nächsten kommt. Butter ist meist gesalzen – auch das ist ungewohnt. Käse gehört leider sehr selten zum Frühstücksangebot. Wem das Ganze zu kompliziert wird, der bestellt einfach nur genau die Dinge, die er möchte und hält sich nicht an die Kombinationsvorschläge der Speisekarte, bezahlt aber etwas mehr, da dann auch Kaffee oder Tee und Saft extra bezahlt werden müssen. Und nicht zu vergessen: zu den Preisen auf der Karte addieren sich in Kanada noch Steuern und 10 bis 15 % Trinkgeld; letzteres ist eigentlich ein Bediengeld und oft der einzige Lohn der Angestellten!

In Kanada ist der klassische Filterkaffee beliebt

Als klassisches Einwanderungsland besitzt Kanada zwangsläufig keine „landestypische" Küche. Ähnlich wie in Europa gibt es ein reichhaltiges Angebot an Restaurants mit internationaler Küche, seien sie indisch, chinesisch, thailändisch, italienisch oder griechisch. Oft sind die Speisekarten mit lokalen Gerichten ergänzt, wie Lachs in unterschiedlichen Verarbeitungen, Steak und manchmal auch Elchfleisch. In den Familien gibt es natürlich eine Art Hausmannskost, die sich je nach dem Herkunftsland oder auch gemäß lokalen Traditionen unterscheidet. Da werden dann Schweinepastete auf französische Art, Wildreis-Pilz-Kasserole in Anlehnung an indianische Gerichte, verschiedene Fisch- oder auch Gemüsesuppen und die über alles geliebten *Stews* (Schmor- oder Eintopfgerichte auf Basis verschiedener Fleischsorten), Kartoffeln und Gemüse gekocht.

Typisches Familienrestaurant

Für die Bewohner der Atlantikküste sind *lobster* (Hummer) ein unverzichtbares Lieblingsgericht. Dabei sind sie nicht nur den Gourmets vorbehalten, denn die Preise können überaus moderat sein. Vorausgesetzt, man kauft sie in der Saison noch lebendig im Supermarkt, oder noch besser direkt beim Fischer. In diesem Fall kommt man nicht umhin, die Hummer selbst zu töten, was nicht jedem gefällt. Wer das vermeiden möchte, sucht sich seine Hummer (die mittelgroßen sind die besten) im Supermarkt aus und überlässt das Töten und Kochen dem Personal. Nach einer halben Stunde übernimmt man dann die heißen, essbereiten *lobster* und muss sich sputen, sie alsbald zu verzehren. Wer das direkt am Strand machen will, sollte die Schalen schon im Supermarkt knacken lassen, denn wer hat schon sein „Profi-Hummer-Besteck" samt Schürze dabei? Eine Schürze gibt es übrigens auch im Restaurant, denn der Saft spritzt beim Knacken der Schalen umher, nur selten ohne Schaden anzurichten. Außer flüssiger Butter braucht man eigentlich nichts weiter als Beilage. Hummer waren nicht immer als Delikatesse akzeptiert. Im frühen 19. Jahrhundert dienten sie als Dünger, Hühnerfutter und Armeleute-Essen. Heute sind frische Hummer in europäischen Edelrestaurants kaum zu bezahlen, denn der Preis für ein frisch gefangenes Exemplar aus Nova Scotia vervielfacht sich auf seinem Weg nach Europa auf „wundersame" Weise. Hummerfleisch gibt es auch als Zutat in der berühmten *Seafood-Chowder,* einer dickflüssigen Fischsuppe, die entlang der Küste in vielen Geschmacksvarianten zu jedem guten Mal angeboten wird. Sie schmeckt natürlich um so besser, je ausgesuchter die Zutaten sind. Glücklicherweise wird sie in zwei Größen angeboten: *Cup* und *Bowl*, was dem Inhalt nach einer Tasse oder einer kleineren

Kanadischer Ahornsirup ist auch bei uns erhältlich

Schüssel entspricht. Neben Fisch und *lobster* gehören auch Jakobsmuscheln und andere Meeresfrüchte zu einer guten *Chowder*. In Fastfood-Buden gibt es *lobster* sogar in Sandwichs als McLobster.

In ganz Kanada ist natürlich Fleisch Bestandteil einer kräftigen Mahlzeit, ob als Steak gebraten, geschmort, hier *stew* genannt, oder als Hamburger. Wild wird in Restaurants viel seltener angeboten, als man es erwarten würde. Allerdings gelangen *deer* und *moose*, also Hirsch bzw. Reh und Elch, oder auch Enten und Gänse im Herbst in die Tiefkühltruhen – für viele ist das wichtig, um die Kosten für die Ernährung in Grenzen zu halten.

An der Pazifikküste hat der Lachs eine ähnlich dominante Position wie der Hummer an der Atlantikküste. Schon seit Jahrhunderten das wichtigste Nahrungsmittel für die Westküstenbewohner, gibt es ihn auch heute noch – ob gebraten in der Pfanne, in Folie gekocht oder als *planked salmon*, traditionell mit Draht auf Holzplanken befestigt und am offenen Lagerfeuer ganz langsam gegrillt. Dabei wird der Lachs mittels einer Marinade aus Zutaten wie Honig oder Ahornsirup, Essig und diversen Gewürzen ständig feucht gehalten.

Für den Reisenden ist wichtig, dass kanadische Gaststätten, besonders in der Provinz, schon gegen 18.00 Uhr zum Abendessen laden. Und häufig wird dann, ganz anders als bei uns in Deutschland, schon gegen 21.00 Uhr geschlossen. Es ist nicht üblich, noch mit seinem Bier oder Wein gemütlich den Abend zu beschließen. Gleich nach dem Essen erhält man seine Rechnung. Gibt es dann keine Bar für ein letztes Glas in der Nähe, bleibt einem gar nichts anderes zu tun, als zu Bett zu gehen. Der Vorteil daran ist, dass man früher aufstehen und sich wieder Landschaft, Natur und Kultur widmen kann.

Straßenreparatur in Kanada: Warnung vor fliegenden Steinen

Immer schön langsam – kanadischer Straßenverkehr

Wem deutsche Verkehrsverhältnisse vertraut sind, der wird den kanadischen Straßenverkehr als ausgesprochen erholsam empfinden. Ausgenommen werden müssen allerdings die Großstädte Toronto, Montreal und Vancouver, die sich hinsichtlich des Verkehrs, abgesehen von der Maximalgeschwindigkeit, kaum von Berlin, Hamburg oder München unterscheiden. Ganz anders geht es auf dem „flachen Land“ zu. Mit ge-

mütlichen 80 bis 100 Stundenkilometern gleitet man durch die Landschaft. Genug Zeit, sich links und rechts umzuschauen. Allerdings sollte man die Warnschilder für Wildwechsel oder Elche, Bisons und sonstiges Getier sehr ernst nehmen. Auf Neufundland bekommt man am Straßenrand sogar die jeweils aktuelle Statistik von Auto-Elch-Zusammenstößen mitgeteilt, die für Autoinsassen sehr gefährlich sind.
Fußgänger gelten in Kanada, wie viele Tiere auch, als schützenswerte Spezies, so dass die Autos schon bremsen, wenn man sich gerade erst vorsichtig dem Straßenrand genähert hat und eventuell die Absicht haben könnte, die Straße zu überqueren. Dabei erntet man keinesfalls böse Blicke eines eiligen Fahrers, sondern ein freundliches und aufmunterndes Lächeln, dass nun einem sicheren Überqueren der Straße nichts mehr im Wege steht. In den Metropolen aber sollte man sicherheitshalber auf das Grün der Ampeln vertrauen. Hier haben die gestressten Autofahrer genauso wenig Zeit wie in Europa, und man hetzt von einem Termin zum anderen und kämpft um jede kostengünstige Parklücke, die nicht allzu weit vom Zielort entfernt sein sollte. Auf jeden Fall ist es hier von Vorteil, wenn man sich mit mehreren Personen im Fahrzeug befindet, denn auf vielen Highways und innerstädtischen Schnellstraßen gibt es Sonderspuren für Autos mit zwei und mehr Fahrgästen.
Typisch für Kanada ist die enge Verbindung des Straßenverkehrs mit den Jahreszeiten, denn im Gegensatz zum Rest der Welt gibt es hier nur zwei Jahreszeiten: Winter und *Street Repair* (Straßenreparatur). Das kann man bei den teilweise sehr harschen Witterungsbedingungen auch nicht anders erwarten. Das Gute an der Sache ist, dass Verkehrsregelungen bei Straßenreparaturen nur selten einem dummen Computer und seinen Ampeln überlassen werden. Meist wird der Verkehr in Abhängigkeit von den Verkehrsströmen von freundlichen, oft weiblichen, Mitmenschen geregelt, so dass sich die Wartezeiten im allgemeinen in Grenzen halten.

Sport in Kanada ist gleich Hockey ... und ein wenig Anderes mehr

Ohne Zweifel ist Hockey die kanadische Sportart! Man sagt dazu auch nicht Eishockey wie sonst fast überall in der Welt. Ballspiele mit einem Schläger sind ungefähr 3000 Jahre alt, wie man auf einem Relief in einem Athener Museum sehen kann. Eishockey ist dagegen bestenfalls

NHL Winter Classic im Ralph Wilson Stadium, New York City am 1. Januar 2008 (oben).
Terry Fox, ein kanadischer Held (Beacon Hill Park, Victoria, unten)

200 Jahre alt. Die Stadt Windsor in Nova Scotia beansprucht für sich, der Geburtsort des Eishockeys zu sein. Am dortigen College sollen die Studenten um 1800 zum ersten Mal das irische Spiel Hurley, eine Art Feldhockey, auf einer Eisfläche gespielt haben.

Wer kanadischer Staatsbürger werden möchte, sollte auf jeden Fall über erweitertes Grundwissen in Sachen Hockey verfügen, denn in welchem anderen Staat der Welt würde ein Hockey-Trainer und -Reporter, Don Cherry, zu den wichtigsten zehn Persönlichkeiten der nationalen Geschichte gewählt werden? Der Hockeyspieler Wayne Gretzky ist ebenso dabei wie auch die bedeutenden kanadischen Politikern Sir John A. Macdonald, Pierre Trudeau, Lester B. Pearson und Tommy Douglas oder Sir Frederic Banting, der Erfinder des Insulins, und der weltbekannte Wissenschaftler und Umweltaktivist David Suzuki. Außerdem gehören der in Schottland geborene US-Staatsbürger (sic) Alexander Graham Bell, ein erfolgreicher Erfinder und Unter-

nehmer, wie auch der jung an Krebs verstorbene Terry Fox zu den zehn wichtigsten kanadischen Persönlichkeiten. Terry Fox wollte 1980 mit einem Lauf von Ost- nach Westkanada auf die Probleme von an Krebs erkrankten Menschen aufmerksam machen und dabei Geld für die Krebsforschung sammeln. Er verstarb mit nur 22 Jahren, nachdem er bereits über 5.000 km bis fast zur Mitte Kanadas gelaufen war.
In der 1917 in Montreal gegründeten Liga, der National Hockey League (NHL), spielen nicht nur sieben kanadische Teams, sondern auch 23 US-Teams. Die NHL ist zur Zeit in zwei Gruppen gegliedert: die *Eastern* und die *Western Conference*. Am Ende einer langen Saison mit jeweils 82 Spielen für jedes Team wird dem Sieger der Stanley Cup überreichte, benannt nach dem kanadischen Governor General of Canada Lord Stanley of Preston, der sich große Verdienste bei der Entwicklung des Hockeys erworben hatte. Die erfolgreichsten Teams in der NHL sind bis heute die Montreal Canadians und mit größerem Abstand folgend die Toronto Maple Leafs und die Detroit Red Wings. Trotz der deutlichen Überzahl an US-Teams in der NHL gibt es zur Zeit ein ausgeglichenes Verhältnis bei den Stanley Cups. Erfolgreichster Spieler aller Zeiten ist der oben erwähnte Wayne Gretzky, an den meisten Stanley Cup Siegen war allerdings der Montrealer Spieler Henri Richard mit 11 Titeln beteiligt.

Die Hockey Hall of Fame in Toronto

Der eigentliche kanadische Nationalsport ist Lacrosse, eine Ballsportart der First Nations, in dem die Spieler mit Netzschlägern einen Ball in das gegnerische Tor befördern müssen. Das Spiel ist seit dem 17. Jahrhundert im heutigen Ostkanada bekannt. 1904 und 1908 wurden anlässlich der Olympischen Spielen in Los Angeles und London sogar Wettkämpfe veranstaltet. Danach geriet das traditionelle Spiel nahezu in Vergessenheit. Das kanadische Parlament erhob dann 1994 Lacrosse zur Nationalsportart. Um die Hockeyfans nicht zu verärgern, einigte man sich darauf, Hockey zum Winter- und Lacrosse zum Sommer-Nationalsport Kanadas zu erklären. Heute wird Lacrosse in vielen Ländern gespielt, außer in Kanada und den USA zum Beispiel auch in England, Deutschland und sogar in Australien.

Allgegenwärtige Baseballmannschaft Toronto Blue Jays

Zu den in Kanada bevorzugten Sportarten gehören auch Baseball – die Toronto Blue Jays spielen als einzige kanadische Mannschaft in der amerikanischen Baseball Liga – und Basketball. Sowohl Curling, das seit der Olympiade 2010 in Vancouver auch in Europa bekannte Eisstockschießen, mit 750.000 Spielern, als auch Golf mit 300.000 Spielern sind wirkliche Volksportarten. Zu den bekanntesten kanadischen Sportlern gehören der Automobilrennfahrer Jaques Villeneuve, Weltmeister in der Formel 1 von 1997, der Basketball-Spieler Steve Nash und die Eiskunstläufer Toller Cranston, Brian Orser, Elvis Sojko, die alle zur absoluten Weltspitze zählten. Der Sprinter Ben Johnson errang traurige Berühmtheit, als er 1988 bei der Olympiade in Seoul mit einem sagenhaften Weltrekord die Goldmedaille errang und sie kurz danach wegen Dopings wieder abgeben musste.

Große Beachtung und viel Unterstützung erhält in Kanada der Behindertensport. Wie der bereits oben erwähnte Terry Fox engagieren sich viele bekannte Sportler mit Behinderungen für die Anerkennung, Gleichberechtigung und Unterstützung von Menschen mit sogenannten Handicaps. Sie machen mit spektakulären Aktionen auf Probleme aufmerksam und sammeln zum Beispiel Geld für die Entwicklung neuer Heilmethoden und Medikamente. Große Verdienste erwarb sich der Querschnittsgelähmte Rick Hansen, der viele Medaillen bei den Sommer-Paralympics 1980 und 1984 gewann. Von 1985 bis 1987 umrundete er im Rollstuhl die Erde und sammelte dabei 26 Millionen Dollar für die Rückenmark-Forschung. Bis heute hat die von ihm gegründete Stiftung mehr als 200 Millionen Dollar für diese Forschung bereitgestellt. Und jedes Jahr findet weltweit ein Lauf, der Terry Fox Run, statt, um Geld für die Krebsforschung zu sammeln; bisher kamen bereits 500 Millionen Dollar zusammen. Wie Terry Fox gehört auch Rick Hansen zu den beliebtesten Persönlichkeiten in Kanada.

Urteile und Vorurteile

Ein besonderes Kapitel in den Beziehungen zwischen den USA und Kanadas sind die Urteile und Vorurteile über die jeweils andere Nation. Während viele US-Amerikaner fest davon überzeugt sind, dass Kanada hauptsächlich von Schnee und Eis bedeckt, von Eisbären bewohnt ist und ohne umfangreiche Unterstützung durch die USA nicht überlebensfähig wäre, halten viele Kanadier die Amerikaner für ignorant, waffenstarrend, ungebildet und überheblich. Man könnte sagen, dass es die typischen Probleme zwischen kleinen und großen Nachbarn sind, nicht unähnlich denen zwischen der Bundesrepublik und Österreich oder zwischen West- und Ostdeutschland. Dabei geht der

Riss mitten durch die kanadische Gesellschaft. Während manche Politiker, wie der seit 2006 amtierende kanadische Premier Harper, daran arbeiten, Kanada so eng wie möglich mit den USA zu verzahnen, wollen andere genau das Entgegengesetzte. Auch viele US-Amerikaner halten Kanada für das „bessere" Nordamerika; fanden doch dort viele Wehrdienstverweigerer während der Kriege in Vietnam, Irak und Afghanistan sichere Zuflucht.
Aber auch innerhalb Kanadas ist man sich nicht ganz grün. Die Leute in British Columbia seien zu reich, die in Nova Scotia zu arm und die in Newfoundland lebten hinterm Mond. *Newfie*-Witze sind in Kanada genauso beliebt wie Ostfriesen-Witze in Deutschland. Die Bewohner des Nordens verprassen angeblich das Geld, das die im Süden mühsam erarbeiten müssen. In New Brunswick gäbe es sowieso nichts zu

George W. Bush als Vogelscheuche

sehen, deshalb schmäht man es als „Durchfahrprovinz“. Prince Edward Island sei ein Kartoffelacker mit etwas rotem Strand drum herum und zu vielen nostalgisch gestimmten japanischen Touristen, die zu den Stätten einer literarischen Figur, der Ann of Green Gables, unterwegs sind. Frankophone aus Québec denken immer mal wieder über separatistische Ambitionen nach, was zur Folge hat, dass auch Leute in den Atlantikprovinzen anfangen, über eigene Wege nachzudenken. Zurzeit gehören diese Überlegungen aber eher ins Reich von Fantasie und Spekulation.

Höflichkeit auf kanadisch

Auffällig ist die zuvorkommende Höflichkeit der meisten Kanadier, die uns Europäern zunächst ungewohnt und vermeintlich zu persönlich ist. Begrüßt wird man meist mit der Frage „How are you today?“, allerdings will der Kanadier natürlich nicht wirklich detailliert wissen, wie es einem geht, es handelt sich nur um eine Grußformel, wie bei uns „Guten Tag!“. Bei der Vorstellung benutzt man dann den eigenen Vornamen: „I am Jim!“ und verwendet den Vornamen des Gegenübers auch sofort im Gespräch. Das hat aber nichts mit dem Duzen unter Freunden und Verwandten in Deutschland zu tun. Auf „How are you today?“ würde man bei uns in Deutschland problemlos antworten: „Nicht schlecht, ganz gut“, was vermutlich heißt „Super, alles ok, keine Probleme“. Der Kanadier würde vielleicht antworten: „Excellent, I am doing very fine“ oder so ähnlich, vielleicht hat er aber auch gerade heftigen Schnupfen, die Freundin ist ihm davon gelaufen oder er hat soeben seinen Job verloren. Er wird seinen wirklichen Gemütszustand auf keinem Fall verraten, sondern einem immer mit strahlendem Lächeln entgegen treten.

Ganz anders die meisten Deutschen, unter denen speziell die Berliner und andere Norddeutsche für ihre Unpersönlichkeit und scheinbare Ruppigkeit bekannt sind, was unter ausländischen Touristen oft als Unfreundlichkeit und Pampigkeit missverstanden wird, auch wenn es meist nicht wirklich so gemeint ist. Der deutsche Tourist in Kanada in seiner gewohnten Sachlichkeit und Direktheit kann auf Kanadier manchmal etwas unhöflich wirken, was diese sich zwar kaum anmerken lassen, was man als Tourist aber wissen und am besten durch besondere Freundlichkeit ausgleichen sollte.

Ici, l'art

Kapitel 6
Kultur

„Hier lebt die Kunst": Plakate an einer Spielstätte für freie Künstlergruppen

Kultur

Eigenständigkeit und Vielfalt

Die kanadische Kultur ist keineswegs eine bloße Variante der US-amerikanischen, auch wenn ihr hoher Stellenwert manchmal kaum wahrgenommen wird und sie sogar gerade im Ausland teilweise erfolgreicher ist als in Kanada selbst. So sind Filme, Musik, Fernsehsendungen, Zeitschriften und anderes aus den USA im kanadischen Alltag mitunter leichter zu entdecken als einheimische Produkte. Auf der anderen Seite ist uns Europäern oft gar nicht bewusst, dass dieser oder jener Musiker, Künstler oder Film eben aus Kanada kommt und nicht etwa aus den USA. Im Folgenden sollen einige bedeutende Vertreter dieser Kultur vorgestellt werden.

Straßenmusiker in Toronto

Musik in Kanada

Die ältesten bekannten kanadischen Lieder, sogar die ältesten des nordamerikanischen Kontinents, wurden von dem französischen Dichter und Anwalt Marc Lescarbot aufgezeichnet, als er auf seiner Reise nach Nouvelle France (1606 – 1607) den Häuptling der Mi'kmaq, Membertou, singen hörte. Lescarbot transkribierte drei Lieder, die mit Text und Noten bis heute erhalten geblieben sind. Die Ursprünge der kanadischen Musik sind also bei den First Nations und den Inuit zu finden. Mit Beginn der Kolonialisierung durch Frankreich und später England gelangten mit den Einwanderern die verschiedenen europäischen Musiktraditionen nach Kanada.

In der Mitte des 17. Jahrhunderts, nachdem europäische Streich- und Blasinstrumente wie auch Orgeln nach Kanada gelangt waren, entstanden bereits die ersten „Musikschulen“, privat betrieben von Musikern und Lehrern, in Labrador auch von Herrnhuter Missionaren. Die Herrnhuter waren auch die ersten, die bereits im 18. und frühen 19. Jahrhundert Instrumente, christliche Lieder und Kantaten, aber auch Noten von Bach, Mozart und Haydn in die Niederlassungen ihrer Missionen nach Labrador brachten. Sie begannen bald, begabte Inuit im Spielen der unbekannten Melodien auf von diesen bis dahin nie gesehenen Instrumenten zu unterrichten. Es ist ziemlich wahrscheinlich, dass die kanadischen Erstaufführungen einiger bedeutender Werke dieser deutschen Komponisten durch Inuit-Musiker in den einsamen Siedlungen Labradors stattfanden.[27]

Ashley MacIsaac

Natürlich brachten die Einwanderer ihre Volksmusik und die dafür benötigten Instrumente mit. Bis heute werden diese Traditionen gepflegt. Bekannt sind die Geiger oder Fiddler von Cape Breton, Nova Scotia, mit ihrer sehr rhythmusbetonten Tanzmusik in der Tradition ihrer schottisch-keltischen Vorfahren. Die Geiger werden meistens durch Gitarristen oder Pianisten begleitet. Auf größeren Veranstaltungen ergänzen Stepptanz und Dudelsack die Darbietungen der Fiddler. Von den Ursprüngen in der traditionellen Volksmusik mit durchaus strengen Regeln haben manche junge Musiker sich längst gelöst und die Musik unter Einbeziehung von Folk, Rock und Weltmusik weiterentwickelt, ohne den Bezug zu den Traditionen zu verlieren. **Natalie MacMaster** ist die ungekrönte und überaus erfolgreiche Königin, sogar mit Ehren-Doktorhut, dieser zeitgenössischen Variante der Fiddle-Musik. Bei den Auftritten ihres Cousins **Ashley MacIsaac** geht es dann noch ganz anders zur Sache. MacIsaac beherrscht die ganze Palette von Klassik bis Punk und zögert auch nicht, in viele politische, kulturelle und musikalische Fettnäpfchen zu treten, ob geplant provozierend oder nur ungestüm hineinstolpernd, sei dahin gestellt. So wurden von ihm ironisch gemeinte Ansagen von der Bühne herab von Zuhörern als rassistisch missverstanden. Bei einem Auftritt in einer US-Fernsehsendung provozierte er das Publikum, indem er zum Abschluss einer Stepptanz-Einlage durch einen gezielt angesetzten Sprung überraschenden Einblick unter seinen Schottenrock gewährte. Auf jeden Fall ist er wie seine Cousine ein hoch-

Traditionelle Fiddle-Musik: Natalie McMaster und Donnell Leahy

angesehener Musiker, der als Solist oder gemeinsam mit Weltstars wie Philip Glass, den Chieftains oder den White Stripes seit Jahren auf den Bühnen der ganzen Welt zu Hause ist.
Auch historische Militärmusik kann man heute noch hören, wenn zum Beispiel an den Sommertagen in Halifax die Pipers and Drummers – Dudelsackspieler und Trommler – des 78. Highland Regiments aufziehen und das mittägliche Ritual des „Noon guns“, des Kanonenschusses um 12.00 Uhr einleiten. Der infernalische Knall ist in der ganzen Innenstadt zu hören. Aufsehen erregten die Musiker, als Paul McCartney sie am 11. Juli 2009 einlud, ihn während seines Konzertes in Halifax bei dem nur selten live gespielten Song „Mull of Kintyre“ zu begleiten. Der Erfolg war so überwältigend, dass sich McCartney entschloss, auch bei weiteren Konzerten nicht auf die Pipers and Drummers zu verzichten.

Glenn Gould (1932-1982) war einer der bedeutendsten Interpreten klassischer Musik und zählt mit seinen Aufnahmen noch heute zu den erfolgreichsten Pianisten überhaupt. Er war aber auch Komponist und Autor von Dokumentationen für den kanadischen Sender CBC. 1955 wurde er mit einem Schlag weltbekannt, als seine Interpretation der Goldberg-Variationen von Johann Sebastian Bach erschien. Allein diese Aufnahme reichte aus, ihn zum internationalen Star zu machen. Viele weitere Aufnahmen mit Werken von Bach, Beethoven, Mozart, aber auch Schönberg, Webern, Berg und Hindemith folgten. Kurz vor seinem frühen Tod mit gerade einmal 50 Jahren spielte er die Goldberg-Variationen noch einmal ein. Glenn Gould trat als einer der ersten westlichen Musiker bereits 1957 in der Sowjetunion auf. Insbesondere seine Bach-Aufnahmen erlangten dort Kult-Status und erschienen sogar auf Schallplatte – für einen westlichen Künstler inmitten des Kalten Krieges, zumal in Anbetracht der vielen großartigen einheimischen Pianisten, wahrlich keine Selbstverständlichkeit. Glenn Gould verstand sich nicht als reiner Interpret, sondern verwendete oft das Originalmaterial, um es mit seinen Mitteln weiterzuentwickeln. Das fand nicht immer Anerkennung unter den Experten. Sein Publikum liebte ihn aber gerade dafür und verfolgte begeistert seine Auftritte, die er, auf einem ungewöhnlich tiefen Hocker sitzend, manchmal summend begleitete. Er wies stets darauf hin, dass es sich dabei nicht um eine Marotte handelte, um die Aufmerksamkeit des Publikums zu gewinnen, sondern um eine Gewohnheit, die auf seine

Der Pianist Glenn Gould (1932-1982)

frühe Musikerziehung durch seine Mutter zurückging. Sie hatte ihn stets angewiesen, zur Musik zu singen. (Auch der Pianist Keith Jarrett summt übrigens gelegentlich während seines Spiels.) Bereits 1964 hörte Gould auf, öffentlich Konzerte zu geben, und konzentrierte sich ganz auf die Produktion seiner Schallplatten und Rundfunkaufnahmen.

Glenn Gould-Skulptur vor dem Gebäude des Rundfunksenders CBC in Toronto

Weniger bekannt sind Goulds Rundfunkessays, in denen er Kollegen wie Pablo Casals oder Leopold Stokowski vorstellte. Immer noch ein Geheimtipp ist die Radio-Dokumentation „Solid Trilogy", in der er über einsame Landschaften, geschichtliche Ereignisse, bemerkenswerte Menschen und Musik reflektiert. Ungewöhnlich sind die parallel ablaufenden Erzählungen und Gespräche, die – stereo – aus unterschiedlichen Richtungen wahrzunehmen sind und von Gould kontextbezogen akustisch hervorgehoben werden. In „The Quiet in the Land" setzt er zum Beispiel einen Chor aus einer Mennoniten-Kirche gegen Janis Joplin mit „Mercedes Benz" und lässt Mitglieder der Mennoniten über die Veränderungen in der Gesellschaft, die Verteilung von Reichtum und über ihr Verständnis von Religion und über ihre Umwelt zu Wort kommen.

Ab Mitte des 20. Jahrhundert drängte zunehmend US-amerikanische Musik auf den kanadischen Markt und reduzierte den Einfluss der europäischen Musik: Tanz- und Filmmusik, Musical, Jazz, Blues, Gospel und später Rockmusik. Zum Schutz der einheimischen Kultur wurde 1971 per Gesetz festgelegt, dass mindestens 25 % der im Radio gespielten Musik kanadischer Herkunft zu sein hat. In den 1980er Jahren wurde diese Quote auf 30 % erhöht; seit 1999 liegt sie bei 35 %, für neu zugelassene private Sender bei 40 %. Eine durchaus nicht abwegig erscheinende Maßnahme, wenn man bedenkt, dass alle kanadischen Rockstars seit den 1960er Jahren sich erst in den USA durchsetzen mussten, ehe sie auch in Kanada ihre Anerkennung fanden. Das ging so weit, dass breiten Kreisen nicht einmal bekannt war, dass Musiker wie Paul Anka, Joni Mitchell, Neil Young, Robbie Robertson und Buffy Sainte-Marie Kanadier sind. Der in Montreal geborene Leonard Cohen mit seinen teilweise an französische Chansons angelehnten Liedern wurde dagegen von Anfang an mit Kanada identifiziert.

Neil Young (geb. 1945), der schon seit 1963 Platten veröffentlicht, ist ohne Zweifel der bekannteste und erfolgreichste kanadische Singer-

Songwriter und Rockmusiker. Er spielte in den Gruppen Buffalo Springfield sowie Crosby, Stills, Nash & Young und bis heute auch immer wieder mit seiner eigenen Band Crazy Horse. Sein musikalisches Spektrum ist genauso breit wie sein politisches Engagement und seine vielseitigen sozialen Aktivitäten, von „Farm Aid", einer Organisation zur Unterstützung familiengeführter Landwirtschaften, bis zu Benefiz-Konzerten für die von ihm und seiner Frau gegründete „Bridge School", einer Einrichtung zur Förderung mehrfach geschädigter Kinder. Neil Young erhielt viele Preise und wird immer wieder auch als Leitfigur – „Godfather" für die Musiker des Grunge bezeichnet, einer Musikrichtung, die wesentlich von Nirvana und Pearl Jam geprägt wurde. Neil Youngs erfolgreichstes Album „Harvest", das seit 1975 über 5 Millionen mal verkauft wurde, enthielt neben dem Nummer-1-Hit „Heart of Gold" mit dem Titelsong „Harvest", „A Man Needs a Maid" und „The Needle and the Damage Done" Songs, die er noch heute, 35 Jahre später, immer wieder einmal in seinen Konzerten spielt. Mit seinen zeitweiligen musikalischen Partnern Crosby, Stills und Nash nahm er mehrere Platten auf und geht immer mal wieder mit ihnen auf Tour. Gleich die erste gemeinsame Platte „Déjà Vu" wurde eines der erfolgreichsten Alben der Musikgeschichte. Songs wie „Helpless" und „Woodstock" stehen für die Jugendkultur einer Zeit, die mit Schlagwörtern wie „Hippies" und „Woodstock-Festival" nur unvollkommen umschrieben wird.

Neil Young

Geschrieben wurde der Song "Woodstock" von der bis heute einflussreichsten kanadischen Musikerin **Joni Mitchell** (geb. 1943). Obwohl sie ihren geplanten Auftritt in Woodstock wegen des Verkehrschaos um den Veranstaltungsort herum gar nicht absolvieren konnte, gelang es ihr, mit dem Lied die ungewöhnliche Atmosphäre des Konzertmarathons einzufangen, und sie schuf damit den Erkennungssong für eine ganze Generation. Joni Mitchell beeinflusst bis heute viele Songschreiberinnen und Folk-Sängerinnen, obwohl sie sich nie auf dieses Genre festlegen ließ. 1971 gelang ihr mit der LP „Blue" ein Riesenerfolg. Die Musikzeitschrift Rolling Stone bezeichnete es als eines der besten 30 Popmusikalben überhaupt. Der Song „River" aus diesem Album gehört heute zum Repertoire vieler Sängerinnen und Sänger und ist fast eine kanadische Hymne geworden. Schon seit ihrer Jugend fühlte Joni Mitchell sich dem Jazz verbunden. 1978 begann sie mit Charles Mingus an einem Album zu arbeiten, das aber erst nach dessen frühem Tod 1979 erschien und als Hommage an den Verstorbenen den schlichten

Titel „Mingus“ trägt. Zu den daran beteiligten Musikern gehörte auch der Pianist Herbie Hancock, der ihr fast 30 Jahre später das mit zwei Grammys prämierte Tribute-Album „River: The Joni Letters“ widmete, an dem neben Joni Mitchell selbst Sänger wie Leonard Cohen, Tina Turner und Norah Jones beteiligt waren. In den letzten Jahren widmete sich Joni Mitchell vor allem der Malerei und erklärte in Interviews ihre musikalische Karriere für beendet. Bereits von 2002 bis 2007 hatte sie allerdings eine musikalische Schaffenspause eingelegt, bevor sie sich mit dem Album „Shine“ erfolgreich zurückgemeldet hatte. Joni Mitchell wurde mehrfach mit dem Juno Award (s. S. 252) ausgezeichnet. 2000 erhielt sie ihren Platz auf Canada's Walk of Fame.

Joni Mitchell (1983)

Leonard Cohen (geb. 1934) begann schon als Student Gedichte und später auch Erzählungen zu veröffentlichen. 1967 ging er nach New York, um Sänger zu werden. In über 50 Jahren hat er seitdem 12 Bücher, 12 Studioalben und eine Reihe von Live-Mitschnitten veröffentlicht. Sein Einfluss auf die Musikwelt zeigt sich durch die mehr als zweitausend Coverversionen seiner Lieder, darunter zahlreiche von ihrerseits berühmten Sängern wie Joe Cocker, Jennifer Warnes, Judy Collins und Johnny Cash. Zu den bekanntesten Liedern zählen „Suzanne“, „So long Marianne“, „Hallelujah“, „First we take Manhattan“ und seine erfolgreichste Single „Lover Lover Lover“. In den 1990er Jahren erhielt er mehrere Juno Awards. Nach einer mehrjährigen Pause, in der er sich in ein buddhistisches Zen-Kloster in Kalifornien zurückzog, erschien er 2001 wieder auf den Bühnen der Welt. Noch heute zieht er auf seinen Konzerten Tausende Zuhörer in den Bann seiner oft melancholischen, im ruhigen Sprechgesang vorgetragenen Lieder. Nur selten gibt es einen solchen vielstimmigen Aufschrei seiner Fans wie bei seinen Berliner Konzerten, wenn er singt „First we take Manhattan, then we take Berlin ...“

Leonard Cohen

Buffy Sainte-Marie (geb. 1941) ist die bekannteste Sängerin der First Nations Kanadas. Sie wurde in Saskatchewan geboren und wuchs als Waise bei Verwandten ihrer Eltern im US-amerikanischen Bundesstaat Maine auf. Bereits in jungen Jahren wurde sie als Sängerin und Autorin vieler Lieder bekannt. In Deutschland waren besonders „The Universal Soldier“ in einer Aufnahme von Donovan und „Up where we belong“ aus dem Film „Ein Offizier und Gentleman“, gesungen von Jennifer Warnes und Joe Cocker, erfolgreich. Buffy Sainte-Marie en-

Buffy Sainte-Marie

gagiert sich trotz zahlreicher Behinderungen durch die Behörden seit Beginn ihrer Karriere unermüdlich für die Interessen ihres Volkes. Sie erhielt viele Preise und Ehrungen, produziert weiterhin CDs und ist auf vielen Konzertbühnen zu erleben.

Die großen Namen Joni Mitchell, Neil Young und Leonard Cohen stellen lediglich die Spitze des kanadischen Musikschaffens dar. Die Liste der großartigen kanadischen Singer/Songwriter ist weit länger. Ein weiteres Beispiel ist der in Deutschland weniger bekannte, aber dennoch auch hier über eine treue Fangemeinde verfügende **Bruce Cockburn** (geb. 1950). Für zahlreiche später geborene Musiker bildet diese „alte Garde" ihrerseits die musikalischen Wurzeln.

Ein relativ häufig in Deutschland zu sehender, bedeutender kanadischer Gitarrist und Sänger ist **Don Ross** (geb. 1960). Als einer der besten Fingerstyle-Gitarristen überhaupt ist er der einzige Musiker, der bisher zweimal die bedeutende US National Fingerstyle Guitar Championship gewann. Die Liste der Gitarrespieler, die nach dem Besuch eines seiner Konzerte das Instrument gewechselt oder das Musikmachen ganz aufgegeben haben, dürfte lang sein. Dabei ist Don Ross ein Musiker, der seine phänomenale Technik immer der Musik unterordnet. Er ist auch ein charmanter Plauderer, der während seiner Tourneen schnell und erstaunlich gut Deutsch gelernt hat.
In Deutschland bekannt wurde Ross durch seine Auftritte mit dem Gitarristen **Michael Friedman** (geb. 1954). Der in Vancouver in eine musikalische Familie hinein geborene Friedman hat mehrere Jahre in der DDR gelebt und verfügt daher über enge Beziehungen zur deutschen Musikszene. Er ist nicht nur ein außergewöhnlicher Sänger und Gitarrist, sondern auch ein exzellenter Geschichtenerzähler, so dass seine Konzerte jedes Mal zu einem nachhaltigen Erlebnis werden.
Der 1983 bei einem Flugzeugunglück verstorbene **Stan Rogers** (geb. 1949) hat noch heute großen Einfluss auf viele junge Liedermacher; besonders bekannt wurde sein Song „Northwest Passage" in Erinnerung an die gescheiterte Expedition von Sir John Franklin.
Der vielfach preisgekrönte **Ron Hynes** (geb. 1950) aus Neufundland, dessen Stimme an Johnny Cash erinnert, gilt als „Man of a Thousand Songs" – zugleich der Titel eines seiner Singlehits sowie eines sehr persönlichen Dokumentarfilms über ihn.
Die aus der Nähe von Montreal stammende Sängerin und Songschrei-

Michael Friedman

berin **Lynn Miles,** die 1987 ihre ersten Songs produzierte und vorübergehend in Los Angeles lebte, ist eng in der Country-Blues-Tradition verwurzelt und verblüfft mit interessanten und witzigen Texten. Die zornige junge Dene-Sängerin **Leela Gilday** aus Yellowknife, die selbstbewusst ihre First-Nations-Herkunft hervorhebt und bereits nationale Preise errungen hat, und die mehrfach für Juno-Awards nominierte Liedermacherin **Sara Harmer**, die sich in den letzten Jahren vor allem in Umweltschutz und Politik engagiert, sind in Deutschland leider kaum bekannt.

Der Gitarrist Don Ross

Einer der vielseitigsten kanadischen Singer/Songwriter ist **Ian Tamblyn** (geb. 1947) aus Ottawa. Die Liste seiner Alben und CD-Veröffentlichungen ist lang. Daneben ist er auch Autor von Theaterstücken. Zu seinen musikalischen Werken gehören auch Alben mit Instrumentalmusik, in die zum Teil auch Feldaufnahmen wie Vogellaute eingebunden werden. Besonders hervorzuheben ist „The Four Coast Projekt", in dem sich Tamblyn Themen der jeweiligen Küstenregionen Kanadas widmet. Bisher erschienen sind jeweils ein Album zum Lake Superior, zur Nordwestküste und zur Arktis.

Der Songschreiber Ian Tamblyn

Auch als Musik-Produzent tritt Ian Tamblyn in Erscheinung – so mit dem Album „Dancing Alone: Songs of William Hawkins" (2008), auf dem eine Vielzahl kanadischer Musiker einem anderen bedeutenden kanadischen Musiker und Dichter ihren Tribut zollen: **William Hawkins** (geb. 1940), der in den 1960er Jahren als Sänger/Songschreiber und Dichter zu frühem Ruhm gekommen war, seit Anfang der 1970er Jahre nach einer Alkoholentziehungskur über 35 Jahre als Taxifahrer gearbeitet und 1997 mit einer Zusammenstellung von neuen und frühen Aufnahmen seiner Songs unter dem Titel „Dancing Alone" ein musikalisches Comeback gefeiert hatte.

Sarah McLachlan (geb. 1968), die als eine der erfolgreichsten Sängerinnen und Songschreiberinnen Kanadas auch bei der Eröffnungsfeier der Olympischen Winterspiele 2010 in Vancouver nicht fehlen durfte, wurde nicht nur für ihre im Mezzosopran vorgetragenen emotionalen Balladen bekannt, sondern auch als Initiatorin des Tournee-Musikfestivals „Lilith Fair", bei dem von Mitte bis Ende der 1990er Jahre (mit einem Revival 2010) ausschließlich Sängerinnen und Musikerinnen bzw. von Frauen geführte Bands auftraten. Der Auslöser dafür war McLachlans Verärgerung darüber gewesen, dass Radiostationen und

Konzertveranstalter sich weigerten, zwei weibliche Musiker nacheinander zu spielen bzw. auftreten zu lassen.

Wenn von kanadischen Sängern und Songschreibern die Rede ist, darf natürlich auch der Familien-Clan der in Montreal geborenen Folk-Sängerin **Kate McGarrigle** (1946-2010) nicht unerwähnt bleiben: Mit ihrer Schwester **Anna** bildete sie seit den 1970er Jahren ein erfolgreiches Duo, das sowohl englische also auch französische Folk-Alben veröffentlichte. Aus der Ehe mit dem aus New York stammenden Folk-Sänger Loudon Wainwright III gingen die Kinder **Rufus** und **Martha Wainwright** hervor, die heute ihrerseits – jeweils auf ganz eigene originelle Weise – Erfolge als Musiker, Sänger und Songschreiber feiern: Rufus etwa auch mit einer Oper, Martha mit einem Tribut-Album an Edith Piaf.

Country Music spielt in ländlichen Regionen Kanadas eine bedeutende Rolle. Namhafte Vertreter dieser Richtung wie **Hank Snow** (1914-1999) oder auch **Wilf Carter** (1904-1996) wurden vor allem auch durch ihre Auftritte in den USA bekannt. Eine einheitliche Volksmusik gibt es in einem Einwanderungsland wie Kanada natürlich nicht, sondern eine Vielzahl indigener und national geprägter Stilrichtungen. Auffallend ist hier das manchmal sehr strenge Festhalten an Traditionen der Herkunftsländer und andererseits eine Fusion vieler Stilrichtungen aus der ganzen Welt zu neuen Formen von Folk und World Music.

Céline Dion

Die erfolgreichste kanadische Sängerin **Céline Dion** (geb. 1968) hat weltweit über 230 Millionen Platten verkauft. Berühmt wurde sie vor allem mit ihrem größten Hit „My Heart Will Go On" aus der „Titanic"–Verfilmung von James Cameron, der sich als Tonspur zur tragischen Liebesgeschichte zwischen Kate Winslet und Leonardo DiCaprio in die Annalen der Filmgeschichte eingeschrieben hat – eine Edelschnulze, die ihr zunächst gar nicht gefallen haben soll. Ihr Manager musste sie angeblich dazu überreden ihn aufzunehmen. Großen kommerziellen Erfolg bescheren ihr auch ihre Engagements im „Caesars Colosseum" in Las Vegas, wo sie bereits seit 2003 – natürlich mit Pausen – bei fünf Shows pro Woche auf der Bühne steht. Sie dürfte dort eine der bestbezahlten „Arbeitnehmerinnen" sein.

Im Bereich von Pop und Rock finden sich viele weitere bekannte Namen wie **Gordon Lightfoot**, **Bachman-Turner Overdrive**, **Bry-**

an Adams, **Alanis Morisette** oder auch die Prog-Rock-Bands **Saga** und **Rush**. Selbst **Steppenwolf** wird von vielen als kanadische Band angesehen, da ihr Gründer, der in eine ostpreußische Familie hinein geborene Johann Krauledat, später als John Kay in Kanada aufwuchs und immer wieder auf seine Bindung und Zugehörigkeit zu Kanada hinweist. **David Clayton Thomas** von Blood, Sweat & Tears, **Robbie Robertson** von The Band oder auch **K.D. Lang** und **Nickelback** gehören ebenfalls in die lange Liste bedeutender kanadischer Musiker.

Arcade Fire in Stockholm 2007

Zu den erfolgreichsten kanadischen Bands aus dem Independent-Bereich gehören die 2001 in Montreal gegründeten **Arcade Fire**. Mit ihren bisher drei zwischen 2004 und 2010 entstandenen Alben erstürmten sie nicht nur die Charts – nicht alltäglich für unabhängig produzierte Musik – sondern heimsten auch verschiedene Preise ein. 2011 erhielten sie für ihr drittes Album „The Suburbs" einen Grammy sowie einen Juno Award. Ihre Konzerte sind von ebenso hohem musikalischem wie optischem Schauwert: Die sieben Musiker wechseln ständig die Instrumente, jeder erhält seine Soli oder Gesangsparts. Streichinstrumente und Orgel spielen eine gewichtige Rolle in der sonst von dröhnenden Gitarren und Schlagzeug angetriebenen Musik. Der ursprünglich aus Texas stammende Win Butler ist als Sänger und Autor der meisten Songs von Arcade Fire von erheblicher Bühnenpräsenz. Wie ein Derwisch wirbelt er über die Bühne und treibt die Musik voran, was zu regelrechten Begeisterungsstürmen der Fans führt.
Weitere wichtige Musiker aus der jüngeren Generation jenseits des Mainstream sind die lose Künstlervereinigung **Broken Social Scene** aus Toronto, in deren Umfeld auch die erfolgreiche Sängerin **Feist** angesiedelt ist, und **Wolf Parade** aus Montreal.

Oscar Peterson 1977

Der wohl bis heute bekannteste kanadische Jazzmusiker ist **Oscar Peterson** (1925-2007). Der Erfolg seines Klaviertrios ist legendär. Über einen Zeitraum von vierzig Jahren spielte es auf jeder wichtigen Bühne und auf jedem bedeutendem Jazz-Festival weltweit. Im Unterschied zu anderen Trios dienten Bass und Schlagzeug nicht nur der Unterstützung und Begleitung des Pianisten, sondern waren gleichberechtigte Partner im gemeinsamen Spiel. Die „Canadiana Suite" (1964) des Oscar Peterson Trios mit Ray Brown am Bass und Ed Thigpen am Schlagzeug ist eine musikalische Reise durch die Landschaften von Petersons Heimat Kanada. In seiner 60 Jahre währenden Karriere war er an über

Juno Awards

Das kanadische Äquivalent zu den US-amerikanischen Grammys, die Juno Awards, hatte seinen Ursprung in Leserbefragungen des von der kanadischen Musikindustrie herausgegebenen RPM Magazine, auf deren Basis seit 1964 jeweils im Dezember Listen der besten kanadischen Musiker und Alben des Jahres veröffentlicht wurden. Seit 1970 gibt es wie bei den Grammys medienwirksame Veranstaltungen zur Preisverleihung. 1975 wurden die Preise erstmals von der Canadian Music Awards Association verliehen, die seit 1977 Canadian Academy of Recording Arts and Sciences (CARAS) heißt. Wie auch die Grammys werden die Junos in verschiedenen Kategorien verliehen, zum Beispiel „Bestes Album des Jahres", „Künstler des Jahres" etc., jeweils für eine Reihe unterschiedlicher musikalischer Stilrichtungen. Die jeweils neuen Mitglieder der Canadian Music Hall of Fame (auch „Juno Hall of Fame" genannt) werden bei der Preisverleihung ebenfalls offiziell vorgestellt.

200 Alben beteiligt, gewann sieben Grammys und erhielt mehrere Juno Awards sowie eine Vielzahl von Orden, Auszeichnungen und Ehrendoktorwürden.

Der in Toronto geborene, aber in den USA aufgewachsene Pianist, Arrangeur und Komponist **Gil Evans** (1912-1988) ist besonders durch seine Zusammenarbeit mit Miles Davis bekannt geworden. Zwischen 1948 und 1982 arbeiteten sie in unterschiedlicher Intensität an vielen gemeinsamen Projekten. Schallplatten wie „Porgy and Bess" (1958) und „Sketches of Spain" (1960) zählen bis heute zu den erfolgreichsten Jazzplatten überhaupt. Unter seinem eigenen Namen veröffentlichte Evans 1961 „Out of the Cool", ein Album, das sich schon durch seinen Titel von den Arbeiten mit Miles Davis abgrenzte und bis heute als ein Meilenstein des orchestralen Jazz gilt.
Weitere bekannte kanadische Jazzer sind der Trompeter, Flügelhornist und Komponist **Kenny Wheeler** (geb. 1930) und die Sängerin und Pianistin **Diana Krall** (geb. 1964). Die als fotogene und unterkühlte Ikone des *Smooth Jazz* auch von vielen Nicht-Jazz-Fans verehrte Diana Krall entfernte sich mit ihrem jüngsten Album „Glad Rag Doll" (2012), auf dem sie dem Folk und Ragtime – nach ihrer Aussage dem „Rock'n'Roll der 20er Jahre" – huldigt, weit von ihrem angestammten Genre. Das Repertoire der Sängerin **Holly Cole** (geb. 1963) geht demgegenüber von jeher weit über Jazz-Standards hinaus und umfasst Rock- und Pop- ebenso wie Musical- und Country-Stücke, Songs der Beatles ebenso wie solche von Tom Waits, die sie jeweils auf ihre ganz eigene Weise adaptiert, wobei das Original häufig erst auf den zweiten Blick wiederzuerkennen ist.
Eine internationale Größe im Blues war der leider 2008 jung verstorbene **Jeff Healey** (geb. 1966).

Der bekannteste kanadische Vertreter der Neuen Musik ist **R. Murray Schafer** (geb. 1933), der in seinen Werken vielfältige Elemente wie visuelle Effekte, Interaktion mit dem Umfeld, auch mit dem Publikum, integriert. In den späten 1960er Jahren initiierte er das „World Soundscape Project", in dessen Rahmen sich das neu begründete Fachgebiet der Akustischen Ökologie mit den akustischen Beziehungen und Wechselwirkungen zwischen Lebewesen und ihrer Umwelt befasst. Bekannt wurde Schafer auch durch seine neuen Ansätze in der Musikerziehung junger Menschen.

Diana Krall live im Paramount Theater in Charlottesville, Virginia, 2010

Kanadische Schriftsteller und ihr Beitrag zur Weltliteratur

Böse Zungen behaupten, die typische kanadische Literatur, in Kanada üblicherweise kurz als „CanLit“ bezeichnet, sehe in etwa so aus: Der Handlungsort ist etwas düster und bedeutungsschwer, möglichst eine abgelegene Gegend; die handelnden Figuren agieren kaum, sondern sinnen vorwiegend Begebenheiten aus der Vergangenheit nach; Humor beschränkt sich auf jede Menge Ironie; die männliche Hauptfigur ist ein schwieriger Charakter, beispielsweise ein grübelnder Alkoholiker, die weibliche Hauptfigur hingegen zunächst eine Art Opfer, das sich aber dann kraftvoll erhebt; Höhepunkt könnte eine Familienbegegnung wie etwa eine Beerdigung sein, die die handelnden Charaktere zusammenführt; die etwas kryptischen Dialoge behandeln ein dunkles Geheimnis aus der Vergangenheit, und das alles in einem eher schlichten und nüchternen Sprachstil.

Es ist etwas verblüffend, dass solche „Zutaten“ sich – natürlich nur im weitesten Sinne – tatsächlich in einer beträchtlichen Zahl kanadischer Romane und Erzählungen wiederfinden lassen, darunter auch bei bedeutenden Autoren wie Alice Munro, Margaret Atwood und Joseph Boyden; aber keineswegs lassen sich deren herausragende Bücher auf ein solches „Muster“ reduzieren. Hingegen ist es vielleicht unvermeidlich, dass bestimmte Eigenheiten des Landes – wie beispielsweise die grandiose, aber auch unbarmherzige Natur, die außerhalb der urbanen Ballungsgebiete bestimmte Lebensweisen und Handlungsmuster hervorbringen kann, oder bestimmte regionale und sozialpolitische Zusammenhänge – sich in der Literatur widerspiegeln. Darüber hinaus gibt es natürlich kanadische Literatur in Hülle und Fülle, die diesem „Muster“ überhaupt nicht entspricht.

Über lange Zeit war die kanadische Literatur die Literatur der überwiegend englischen und französischen Einwanderer, die anfangs zumeist das Überleben in einer rauen Umgebung thematisierten, wie etwa **Catharine Parr Trail** in „Briefe aus den Wäldern Kanadas“. Die ausschließlich orale Erzähltradition der Ureinwohner fand seitens der etablierten Gesellschaft zunächst keine Beachtung. Ein Ausnahmefall ist **John Tanner**, ein Farmerssohn, der als neunjähriges Kind von Ottawa-Indianern entführt wurde und über Jahrzehnte als einer der ihren lebte. Seine Erinnerungen an diese Zeit, die unter dem Titel „30 Jahre unter den Indianern Nordamerikas“ als Buch veröffentlicht wurden, sind eines der wenigen authentischen Zeugnisse indianischer Kultur zu Beginn des 19. Jahrhunderts in literarischer Form. Heute ist das Bild dagegen ein anderes. Auch wenn die Beiträge der kanadischen Schriftsteller zur Weltliteratur nach wie vor vorwiegend auf Englisch oder Französisch verfasst werden, sind sie in der Gesamtbetrachtung vielseitig und multikulturell; die polnisch- oder indischstämmigen Kanadier haben ebenso eine Stimme wie die Ureinwohner.

Lucy Maud Montgomery (1874-1942) schrieb 23 Romane, darunter „Anne auf Green Gables“ – der erste Band einer Roman-Reihe, die international so bekannt wurde, dass sie am Handlungsort auf Prince Edward Island einen Industriezweig begründete: Begeisterte Leser, darunter tausende Touristen aus Japan (wo die titelgebende Anne 1952 auch zur Heldin einer Filmserie wurde) und anderen Teilen der Welt pilgern zu dem Haus mit den grünen Giebeln und in den Vergnügungspark, der in der Nähe errichtet wurde; sie besuchen ein „Anne“-Musical und kaufen die unzähligen Anne-Shirley-Souvenirs; manche lassen sich gar vor dem „Anne-Shirley-Haus“ trauen.
Der emanzipatorische, subtil feministische Anspruch der Romane um die rothaarige, sommersprossige, eigenwillige und ideenreiche Anne, die sich nicht in das herkömmliche Rollenbild einfügt, wurde seitens der Literaturkritik erst spät wahrgenommen und positiv bewertet.

Lucy Maud Montgomery 1897

Der kosmopolitische Großstädter **Mordecai Richler** (1931-2001) widerlegt das eingangs beschriebene Muster auf der ganzen Linie. Seine wichtigsten Bücher „Solomon Gursky war hier“ und „Barneys Version“ sind unterhaltsame Satiren – und gleichzeitig sehr ernsthafte, große Gesellschaftsromane. Richler verfügt über die dem jüdischen Humor so eigene Kombination von Identifikation und Distanz – inklusive der Fähigkeit, auch über sich selbst zu lachen.

Das Haus „Green Gables“

Der engagierte Umweltschützer **Farley Mowat** (geb. 1921) wurde mit Büchern über die grandiose Natur des Nordens („Ein Sommer mit Wölfen“) und die schwere Situation der Caribou-Inuit bekannt („Gefährten der Rentiere“, „Chronik der Verzweifelten“). Wenngleich

Kritiker darüber stritten, ob seine Texte wirklich, wie behauptet, authentische Erlebnisberichte sind, gebührt ihm das Verdienst, erstmals eine breite Masse auf die Schönheit der Natur, aber auch auf gravierende Probleme und auf Fehler der Regierungspolitik im arktischen Norden Kanadas hingewiesen zu haben. Sein Buch „Der Schneewanderer" wurde 2003 verfilmt. Mowats leidenschaftlicher Einsatz für den Schutz der nordischen Natur, der auch in seinen jüngeren, frühere Erlebnisse behandelnden Büchern „No Man's River" und „Eastern Passage" (beide bisher nicht auf Deutsch) zum Ausdruck kommt, brachte ihm Freunde wie Feinde ein.

Alice Munroe (geb. 1931) wurde als Autorin von Kurzgeschichten international bekannt und vielfach mit Preisen ausgezeichnet. Ihre Erzählungen handeln zumeist von Frauen – Müttern, Töchtern, Schwestern – die ihr Geschick in die eigenen Hände nehmen. Diese Geschichten sind unsentimental und alles andere als trivial, manchmal sehr anrührend, oder auch abgründig, in der Regel mit offenem Ende. Munroe veröffentlichte 17 Erzählungsbände, darunter „Kleine Aussichten", „Offene Geheimnisse", „Das Bettlermädchen" „Tricks" und „Zu viel Glück".

Die Grande Dame der kanadischen Literatur: Booker-Preisträgerin Margaret Atwood beim Signieren ihrer Bücher

Zu den wichtigsten kanadischen Autoren der Gegenwart gehört **Margaret Atwood** (geb. 1939). Sie schreibt Gedichte, Kurzgeschichten und Essays, berühmt wurde sie aber vor allem durch ihre Romane. In Deutschland am bekanntesten ist wohl ihr großartiger und erschreckender Zukunftsroman „Der Report der Magd", dessen Verfilmung durch Volker Schlöndorff unter dem Titel „Die Geschichte der Dienerin" in Kino und TV zu sehen war. Andere wichtige Romane, wie „Der blinde Mörder", „Katzenauge", „Lady Orakel" oder „Alias Grace", spielen in der jüngeren Geschichte oder in der Gegenwart und thematisieren immer wieder die Stellung der Frau in der Gesellschaft. Atwood setzt sich auch mit aktuellen Problemen Kanadas und der globalisierten Welt auseinander, insbesondere mit der Gefährdung der Natur und dem Konsumismus. Ihr 2009 erschienenes Buch „Das Jahr der Flut", eine Art Fortsetzung ihres Science-Fiction-Romans „Oryx und Crake", ist wieder eine ironische Auseinandersetzung mit gefährlichen Tendenzen unserer nicht-nachhaltigen Lebensweise und gleichzeitig eindrucksvolle Prophezeiung und Warnung. Das Sachbuch „Payback", eine kulturwissenschaftliche Betrachtung zum Thema Schulden, ist auch als ein Kommentar zur globalen Finanzkrise zu verstehen. Neben ihrer literarischen Tätigkeit engagiert sich Margaret Atwood in der kanadischen Öffentlichkeit mit zunehmender Lautstärke im Natur- und Kulturschutz – wobei sie sich auch über moderne Kommunikationsmedien wie Twitter Aufmerksamkeit verschafft.

Michael Ondaatje, bei uns hauptsächlich durch den verfilmten Roman „Der englische Patient" bekannt geworden, bei einem Vortrag 2010

Der Weltbürger mit kanadischem Pass **Michael Ondaatje**, geboren 1943 im damaligen Ceylon, ist ein vielseitiger Poet, Romanautor, Filmemacher und Herausgeber. In seinen Romanen verschmilzt er Vergangenheit und Gegenwart, Dokumentarisches und Fiktives, Alltägliches und Unwahrscheinliches zu vielschichtigen und spannenden Beziehungsgeflechten. Er begeisterte mit „Der englische Patient", einem Buch über den Grafen László Almásy, das auch in Deutschland aufgrund seiner Verfilmung mit Ralph Fiennes, Juliette Binoche und Willem Dafoe große Bekanntheit erlangte. Andere bedeutende Bücher sind „Buddy Boldens Blues" und „Anils Geist". Sein virtuoser Umgang mit den Handlungssträngen im preisgekrönten Roman „Divisadero" verwirrte manche Leser, aber auch manche Literaturkritiker.

Der Cree-Indianer **Tomson Highway** (geb. 1951) ist vor allem als Theaterautor bekannt. Sein Drama „Dry Lips Oughta Move to Kapuskasing" war das erste Stück eines indigenen Autors, das als große kommerzielle Produktion lief – es wurde erfolgreich am Royal Alexandra Theatre (s. Kap. *Darstellende Kunst in Kanada*) inszeniert; und er schrieb das erste Opernlibretto in der Sprache der Cree, „Pimooteewin" – „The Journey". Sein Roman „Der Kuss der Pelzkönigin" über das traurige Kapitel der Internatsschulen für die Kinder der First Nations und die fortbestehenden Traumata, die ihr weiteres Leben bestimmten, wurde auch in Deutschland veröffentlicht.

Der Cree Tomson Highway ist vor allem als Dramatiker bekannt

Joseph Boyden (geb. 1967) hat indianische Vorfahren und thematisiert diesen Erfahrungshorizont in seinen Büchern. Aus der Perspektive zweier Cree-Indianer, die als Kriegsfreiwillige im ersten Weltkrieg indianische Überlebenstechniken anwenden, schildert er in „Der lange Weg" die physischen und psychischen Verwundungen durch den Krieg. „Durch dunkle Wälder" kontrastiert die Erfahrungen einer sehr heutigen jungen Indianerfrau in der Wildnis der modernen Großstädte mit der harschen Schönheit des traditionellen Lebens in den Wäldern, das jenseits jeder Naturromantik ebenfalls gefährlich – und zudem gefährdet ist.

Joseph Boyden schreibt aus der Perspektive der First Nations

Der Ojibwa **Drew Hayden Taylor** (geb. 1962) ist Autor von Kurzgeschichten, Romanen und vor allem Theaterstücken, darunter vielen Komödien, die häufig inszeniert wurden – außer in Kanada auch in den USA, Italien und in Deutschland. Er setzt sich ironisch mit Stereotypen und dem touristischen Blick auf das Leben der indigenen Völker auseinander.

Wohl der bekannteste Inuit-Schriftsteller war **Alootook Ipellie** (1951-2007). Essays von ihm wurden auch in den deutschsprachigen Büchern „Die Stimme der Ureinwohner: der kanadische Norden und Alaska" und „Abraham Ulrikab im Zoo" veröffentlicht. In seinen Werken geht es oft um Begleiterscheinungen des Wechsels vom nomadischen Leben auf dem Land zur Lebensweise in Siedlungen. Sein wichtigstes Buch „Arctic Dreams and Nightmares" enthält 20 Kurzgeschichten mit Illustrationen des Autors. Ipellie war auch als Cartoonist und Buchillustrator tätig und schuf Animationsfilme – der Stellenwert der visuellen Kommunikation unter den Inuit trägt offenbar dazu bei, dass die Anzahl bedeutender Texte von den Werken der bildenden Kunst wie auch der epischen Filmkunst weit übertroffen wird. (Ein Beispiel dafür sind etwa die Filme von Zacharias Kunuk, s. Kap. *Kanadische Regisseure und Spielfilme).*

Aus der Vielzahl kanadischer Lyriker seien hier nur drei angeführt: Zu Beginn des 20. Jahrhundert wurde **Robert W. Service** (1874-1958) bekannt, der lange Zeit in Whitehorse und in Dawson City lebte und dort zum „Barden des Yukon" wurde. Der Goldrausch in Klondike war bereits vorüber, als er ihn in Gedichten und Balladen verarbeitete und damit berühmt wurde. Die von den Mi'kmaq abstammende Dichterin und Songschreiberin **Rita Joe** (1932-2007) thematisierte in ihren Gedichten und Liedern die Erfahrungen der First Nations mit der inzwischen dominierenden europäisch-kanadischen Kultur mit dem Anliegen, das vorherrschende negative Stereotyp des „Indianers" durch ein positives Bild der Traditionen und Werte ihres Volkes zu ersetzen. Ihr bekanntester Song ist „The Drumbeat Is the Heartbeat of the Nation". Der berühmteste Vertreter der kanadischen Lyrik wurde bereits im Abschnitt über Musik gewürdigt: **Leonard Cohen**. Lange bevor seine Musikerkarriere begann, fanden seine Gedichtbände internationale Anerkennung. Seine letzte Gedichtsammlung „Buch der Sehnsüchte" wurde 2006 veröffentlicht.

Andere wichtige kanadische Werke der kanadischen Literatur, an denen deutsche Leser nicht vorbeigehen sollten, sind beispielsweise „Der Triumph der Geraldine Gull“ von **Joan Clark** (geb. 1934), „Fort“ und „Die Bildhauer“ von **Jane Urquhart** (geb. 1948), „Fluchtstücke“ und „Wintergewölbe“ von **Anne Michaels** (geb. 1958), einer kanadischen Autorin polnischer Herkunft, „Vernimm mein Flehen“ und „Wohin die Krähen fliegen“ von **Ann-Marie MacDonald** (geb. 1958), „Schiffbruch mit Tiger“ von **Yann Martel** (geb. 1963) und „Strand der Geister“ von **Eden Robinson** (geb. 1968), die von den Haisla- und Heiltsuk First Nations in British Columbia abstammt. Weitere Literaturhinweise finden sich in der Liste im Anhang des Buches.

Die Shortlist des Rogers Writers' Trust Fiction Prize, des Belletristikpreises des kanadischen Schriftstellerverbandes im Jahr 2011. Der Gewinner war Patrick deWitt mit „The Sisters Brothers“ (Mitte)

Bildende Kunst in Kanada

Kanada steht natürlich bei jedem Europäer zunächst für „native and nature" – Ureinwohner und Natur. Nur wenige aber würden beim Thema Kunst gerade an Kanada denken. Ein Fehler, wie sich bei näherer Betrachtung herausstellt, denn natürlich haben Natur und Ureinwohner etwas mit Kunst zu tun. Gerade in Kanada gehört die Beschäftigung mit der Natur und dem historischen und gegenwärtigen Umgang mit den Ureinwohnern zum Alltag und ist folgerichtig auch Gegenstand der Kunst. Die Bedrohung der Natur durch Ausbeutung ihrer Ressourcen, das Bevölkerungswachstum sowie die alltäglichen Probleme eines Einwanderungslandes gehen wohl an keinem kanadischen Künstler spurlos vorbei – und das nicht erst heute, denn bereits im 19. Jahrhundert beobachteten Künstler das Vordringen der weißen Einwanderer immer weiter nach Westen und die verheerenden Folgen für die dort seit Jahrtausenden lebenden Völker. Auf diese selbst wiederum gehen die frühesten Wurzeln der kanadischen Kunst zurück.

Ausgrabungsstätte der University of Northern British Columbia auf Calvert Island in prähistorischen Küchenabfällen

Die frühe Kunst der kanadischen Ureinwohner

Die Geschichte der Kunst der indigenen Völker Kanadas hängt eng mit der Besiedlungsgeschichte Nordamerikas zusammen, die nach heutigem Stand der Wissenschaft mit der Überquerung der Beringstraße begann. Die ersten Menschen auf amerikanischem Boden waren zunächst vollauf mit dem puren Überleben ihrer Familien und Clans beschäftigt und hatten kaum Muße und Ambitionen, sich mit Dingen zu beschäftigen, die über die Nahrungsbeschaffung und den sonstigen Lebensunterhalt hinausgingen. Dennoch erschufen sie irgendwann Dinge, die man im weitesten Sinne mit „früher Kunst" bezeichnen kann. Man wird diesen Begriff schwer definieren können, er soll aber hier für die Objekte und Darstellungen verwendet werden, die nicht nur der Erhaltung des Lebens dienten, sondern durch ästhetische Formen, Muster oder figürliche Darstellungen über eine solche Funktion hinausgingen.

Prähistorische Kunst der First Nations

Die ältesten heute bekannten Kunstwerke Kanadas sind Petroglyphen, die sich in dem Seengebiet „Lake of the Woods" im Grenzgebiet von Ontario, Manitoba und den USA befinden. Man hat mit der Radiokarbon-Methode ein Alter von 5.000 Jahren ermittelt. Wenn man die riesige Entfernung von der Beringstraße und die Zeit bedenkt, die die frühen Einwanderer benötigten, um die Region der Großen Seen zu erreichen, kann man mit hoher Wahrscheinlichkeit davon ausgehen, dass eines Tages noch ältere Kunstwerke gefunden werden.[28]

Im Delta des Fraser River in British Columbia befindet sich eine der wichtigsten archäologischen Fundstätten Kanadas. Obwohl es verschiedene Interpretationen der Funde gibt – die Altersangaben schwanken zwischen 3.500 und 9.000 Jahren – ist man sich über die Bedeutung der Fundstätten für die Besiedlungsgeschichte Nordamerikas einig. Beeindruckend ist eine kleine menschliche Figur, die an der sogenannten „Glenrose Cannery site", dem Standort der ehemaligen Glenrose-Konservenfabrik gefunden wurde: der „St Mungo Man", der mit seinem Bart und dem Haarschopf an asiatische Darstellungen erinnert. Die Figur befand sich in einer Tiefe von acht Metern unter der Oberfläche, was auf starke Sedimentablagerungen durch den Fraser River hindeutet. Die Fundstätten sind heute leider durch ein Straßenbauprojekt bedroht. Sollte es umgesetzt werden, würden wahrscheinlich weitere Zeugnisse der Besiedlungsgeschichte für immer verloren gehen.

Totem Poles

Die wohl bekanntesten Kunstwerke der First Nations an Kanadas Westküste sind die Totempfähle oder Totem Poles (s. S.45). Es handelt sich dabei im allgemeinen um sehr hohe, aus dem Holz von Riesenlebensbäumen (Thuja plicata, Western Redcedar) herausgearbeitete Skulpturen, die von erfahrenen Schnitzern in aufwändigen und von Segnungen begleiteten Prozeduren hergestellt und in heiligen Zeremonien am Bestimmungsort aufgestellt werden. Da die Lebensdauer dieser Totempfähle witterungsbedingt nicht viel länger als 100 Jahre beträgt, gibt es keine Möglichkeit, die Entwicklung dieser Holzschnitzkunst über lange Zeiträume zu verfolgen. Auch ist bis heute unklar, wie lang diese Tradition tatsächlich schon besteht.

Innenraum eines Hauses der Nuu-chah-nulth; Zeichnung von John Webber, 1778

Als im Frühjahr 1778 James Cook auf seiner dritten Weltreise vier Wochen im Nootka Sound von Vancouver Island an der Pazifik-Küste Nordamerikas ankerte, war auch der in London geborene 26-jährige John Webber, Sohn des deutsch-schweizerischen Bildhauers Abraham Wäber, an Bord der HMS „Resolution". Webber war ein in Bern und Paris ausgebildeter Dekorationsmaler und als Expeditionsmaler angeheuert worden. Im Nootka Sound traf James Cook auf eine Siedlung der Nuu-chah-nulth First Nation. Es wurden – nicht immer einfache – Handelsbeziehungen aufgenommen, und die Besatzung suchte gelegentlich auch die Siedlung Yuquot („Friendly Cove") auf. Bei einer dieser Gelegenheiten muss es gewesen sein, dass Webber sehr detailliert den Innenraum eines Gebäudes und seine Bewohner zeichnete. Es handelte sich damit nicht nur um die erste bekannte künstlerische Darstellung von Angehörigen der First Nations British Columbias durch einen Europäer, sondern auch um die erste bekannte Darstellung von mit menschlichen Gesichtern verzierten Poles. Es sind zwei Skulpturen im hinteren Teil des Hauses zu sehen, also nicht freistehend außerhalb des Gebäudes, wie man es aus späteren Darstellungen kennt. Leider gibt es von Webber nur diese eine Zeichnung, so dass Vergleichsmöglichkeiten mit anderen eventuell im Ort vorhandenen Totem Poles fehlen. Bedauerlicherweise wurde auch nichts über die Bedeutung und die Funktion der Pfähle überliefert. Beeindruckend sind auf jeden Fall die vielen Details in der Darstellung Webbers, die in den später für den Druck der Expeditionstagebücher angefertigten Kupferstichen nicht mehr auftauchen. An der eingefärbten Zeichnung ist erkennbar, dass die Skulpturen offenbar mit rötlicher Farbe bemalt waren.

John Bartlett: Erste Darstellung eines Totempfahls in dem Haida-Dorf Kiusta, 1791

Die erste Darstellung eines im Freien stehenden Totempfahls stammt von dem Pelzhändler John Bartlett aus Boston. Er ankerte 1791 in der Nähe des Haida-Dorfes Kiusta und zeichnete die Skizze eines Holzgebäudes mit einem großen aufrecht an der Hauswand stehenden Totem Pole.[29]

Totempfähle sind auch aus anderen Kulturen wie zum Beispiel aus Hawaii oder Neuseeland bekannt. Was die Totem Poles der First Nations der Nordwestküste von den anderen bekannten Formen unterscheidet, ist die beeindruckende Höhe dieser Monumentalskulpturen und die außergewöhnliche Vielfalt und Komplexität der figürlichen Darstellungen.

Zu beachten ist, dass der Begriff „Totem" nicht auf Helden- oder Götterverehrung verweist und deshalb nicht missverstanden werden darf. Totem Poles sind so unterschiedlich in Bedeutung und Form, wie die Gruppen von First Nations, die sie hergestellt haben. Man muss sie vor allem als clan-, familien- bzw. gruppenbezogene Standbilder sehen, denn ihre Bedeutung, die dargestellten Figuren, ihre Beziehungen zueinander und die eventuell erzählten Geschichten waren meist nur den jeweiligen Bildhauern und deren Auftraggebern bekannt und somit für Außenstehende nur bedingt verständlich. Jedes Volk, jede Gemeinschaft hatte ihre eigenen Stil- und Erzähltraditionen und innerhalb dieser Traditionen hatte jeder Künstler wiederum seine eigenen

Oben: Rekonstruktion eines Haida-Dorfes von Bill Reid
Unten: Pfahl aus dem Dorf Ninstints, Anthropologisches Museum der Universität von British Columbia

Vorlieben, die er an andere Mitglieder der Gemeinschaft weitergeben konnte. Transformationen von Tieren in übernatürliche Kreaturen oder auch in Menschen bzw. von Menschen in Tiere sind häufig auftretende Motive. Sie reflektieren Geschichten der Vorfahren oder auch aktuelle Geschehnisse und sagen etwas über die Bedeutung und die Macht der Besitzer innerhalb der Gemeinschaft aus.

Zur Zeit der Ankunft der europäischen Händler kam es zunächst zu einem Aufschwung in der Produktion von Totempfählen, da besser geeignete Metallwerkzeuge zur Verfügung standen und sich durch die Beteiligung am Pelzhandel die materiellen Umstände der First Nations, speziell der Häuptlinge und der ihnen Nahestehenden, verbesserten. Mit den Pelzhändlern und Seeleuten kamen aber auch Krankheiten, die bald zur drastischen Verringerung der Bevölkerungszahlen führten. Später folgten Missionare, die alles daran setzten, dass diese „heidnischen Objekte" schnellstmöglich aus den Orten verschwanden. Als dann die Wissenschaftler und Sammler ethnografischer Objekte aus dem amerikanischen Osten und Europa auf diese „Völker von Künstlern" aufmerksam wurden, begann an der Nordwestküste der Ausverkauf der Kultur. Davon hat sie sich bisher nicht erholt, obwohl sich besonders mit Beginn der 1970er Jahre viele Künstler wieder auf ihre Traditionen besannen und es zu einem erneuten Aufschwung in der traditionellen Kunst der Totem Poles kam. Heute findet man Totem Poles nicht nur in den abseits gelegenen Dörfern der Haidas, Tlingits und all der anderen Völker an der Pazifikküste, sondern auch in den Museen und Parks von Vancouver, Victoria und Ottawa, sowie vor vielen öffentlichen Gebäuden und sogar vor Supermärkten.

Die frühe Kunst der Inuit

Die Geschichte der Inuit in Kanada ist um einige Jahrtausende jünger als die der First Nations. Erst vor ungefähr 4.500 Jahren erreichten die ersten Paläoeskimos den Kontinent. Vor etwa 2.500 Jahren hatten sie ihre Kultur und Technik so stark an die Umweltbedingungen der Arktis angepasst, dass die Archäologen von einer neuen kulturgeschichtlichen Epoche, der Dorset-Kultur sprechen (s. Kap *Die ersten Bewohner Kanadas*). Der Name wurde 1925 durch den bedeutenden kanadischen Ethnologen Diamond Jenness geprägt. Von beauftragten Sammlern hatte er insbesondere aus der Gegend des am Nordufer der Hudson Strait gelegenen Cape Dorset viele Artefakte erhalten, die sich von denen der Paläoeskimos deutlich unterschieden. Die Spuren der Dorset-Kultur sind aber nicht auf die Gegend um Cape Dorset begrenzt, sondern lassen sich in der ganzen östlichen Arktis nachweisen. Sie stellten kleine Figuren aus Treibholz und aus Elfenbein her. Häufig waren das Masken mit menschlichen

Dorset-Kultur: Knochenschnitzereien, ca. 600 Jahre v.u.Z.

Petroglyphen im Norden von Nunavik

Zügen, wahrscheinlich für schamanistische Zwecke, und Tierdarstellungen, wie Walrosse und Karibus, die wohl der Beschwörung einer erfolgreichen Jagd dienten. Als Werkzeuge wurden Feuersteinabschläge (Flint) oder kalt geformtes Meteoriten-Eisen verwendet.
Gegenüber dem Ort Cape Dorset, auf der anderen Seite der Hudsonstraße, gibt es einige wenige Stellen mit Felsbildern, die von Dorset-Eskimos etwa zwischen den Jahren 500 vor unserer Zeitrechnung und 1500 geschaffen wurden. Die bedeutendste Fundstelle von Petroglyphen befindet sich in der Nähe der Siedlung Kangiqsujuaq im Norden von Nunavik. Die 165 maskenartigen Gesichter befinden sich in einer über 100 Meter langen Felswand aus Speckstein und sind um 1500 Jahre alt. Leider haben darauf auch bereits mehrfach neuzeitliche Besucher –Touristen und Einheimische – ihre Spuren hinterlassen.

Vor ungefähr 1000 Jahren begann die Verdrängung der Dorset- durch die Thule-Kultur. Sie wurde von aus Alaska eingewanderten Menschengruppen verbreitet, erfahrenen Jägern, zu deren Beute auch Wale zählten. Infolge des sich erwärmenden Klimas und der dadurch bedingten geringeren Ausdehnung des Eises drangen die Thule-Eskimos weiter Richtung Norden vor, und sie entwickelten mit der Zeit sehr effiziente Jagdtechniken (s. Kap. *Die ersten Bewohner Kanadas*); beides Umstände, die ihre Lebensbedingungen verbesserten und so dafür sorgten, dass sie mehr Zeit auf die Verzierung ihrer Gebrauchsgegenstände verwenden konnten. Neben Tier- und Menschenfiguren, die schon von der Dorset-Kultur bekannt sind, fand man bei Ausgrabungen von Thule-Häusern Tierdarstellungen, zum Beispiel Köpfe von Eisbären, die offenbar nicht zu schamanistischen Zwecken, sondern zur Verzierung von Haushalts- und Jagdgegenständen dienten, außerdem verzierte Kämme, Schneebrillen oder auch Gefäße zur Aufbewahrung von Nadeln aus Elfenbein. Der Thule-Kultur wird auch die Entstehung der Inuksuit (in der Einzahl Inukshuk, s. S. 53) zugeordnet: Steinsäulen, die aus Felsbrocken zusammengesetzt werden und als Landmarken dienen. Sie werden verwendet, um wichtige Wegpunkte und Wegrichtungen zu markieren, Jagd- und Fischgründe zu kennzeichnen oder auch um an wichtige Ereignisse oder Personen zu erinnern. Die Inuksuit sind in der ganzen Arktis von Alaska bis Grönland gebräuchlich. Zunächst aus einzelnen aufgerichteten Felsen bestehend, oder auch aus mehreren zusammengesetzt, wurden sie in jüngerer Zeit auch menschlichen Gestalten nachempfunden. Auf der Foxe-Halbinsel an der Südküste von Baffin Island befindet sich Inukshuk Point, eine Ansammlung von über hundert Inuksuit. Über die Gründe für so viele Inuksuit in einem begrenzten Territorium ist nichts bekannt. Mancher Inukshuk hat eine durchaus beträchtliche Größe von 2-3 Metern Höhe und ein Gewicht von mehreren Hundert Kilogramm. Es handelt sich in so einem Fall nicht um das Werk Einzelner, sondern um Gruppen von Erbauern. Über die Bedeutung besonders der älteren Inuksuit lässt sich nur spekulieren.

Inukshuk in Ivujivik, Nunavik (oben)
Flagge Nunavuts (unten): Die Verwendung eines Inukshuk ist nachvollziehbar, ihre (von bestimmten Inuit-Politikern beabsichtigte) Kombination mit einem christlichen Kreuz allerdings durchaus umstritten

Mit dem Kontakt zu Walfängern und Händlern aus Europa entwickelte sich der Austausch von Waren und Dienstleistungen. Die Inuit stellten sich schnell auf die Bedürfnisse der Weißen ein und begannen Souvenirs herzustellen. Das waren Tiere und Szenen aus ihrem Alltag, später sogar Schachfiguren oder Haushaltsgegenstände, meist aus Elfenbein oder Stein.

Bildende Kunst in Kanada seit dem 19. Jahrhundert

Paul Kane (1810-1871), aus Irland stammend und als Maler Autodidakt, wurde durch seine Zeichnungen und Gemälde von Indianern und ihren Lebensumständen bekannt. Er war mit ihnen auf seinen beiden Reisen in den Jahren 1845-1848 in Berührung gekommen, als er mit Unterstützung der Hudson's Bay Company bis dahin kaum erschlossene Gebiete im kanadischen Westen bis hin zur Pazifikküste bereiste. Die Anregung dazu hatte er von George Catlin erhalten, dem berühmten Maler der Prärieindianer der USA, den er während eines Europabesuchs in London kennengelernt hatte. 1846 war Kane Augenzeuge einer der letzten großen Büffeljagden in Kanada. Aus heutiger Sicht besonders wertvoll sind seine hunderte Skizzen, die er vor Ort anfertigte, während er die Gemälde später im Studio aus seinen vielfältigen Erinnerungen kombinierte und sich daher nicht mehr detailgetreu an die vorgefundenen Situationen halten konnte. Kane war als Maler auch kommerziell erfolgreich, was es ihm ermöglichte, ausschließlich von seiner Kunst zu leben – durchaus nicht selbstverständlich zu seiner Zeit. Sein 1859 veröffentlichtes Buch „Wanderungen eines Künstlers unter den Indianern Nordamerikas", das er mit seinen Gemälden und Zeichnungen illustrierte, war auch in Deutschland und anderen europäischen Ländern erfolgreich.

Paul Kane, Selbstportrait

Paul Kane (1810-1871): Tanzende Medizinmänner mit Masken

Cornelius David Krieghoff (1815-1872), geboren in Amsterdam, studierte als junger Mann Malerei in Düsseldorf und später auch in Paris. Er ist heute der bekannteste, wenn auch ein durchaus umstrittener Genre-Maler des 19. Jahrhunderts in Kanada. Seine Gemälde kanadischer Landschaften und des Alltagslebens der Siedler erinnern an holländische Gemälde des 17. Jahrhunderts und sind in allen bedeutenden Museen zu sehen. Seine Bilder wurden vielfach reproduziert; besonders bekannt sind seine zahlreichen Winterszenen. Daneben setzte er sich in seinen Gemälden auch gelegentlich mit dem Leben und der Kultur der First Nations auseinander.

Die Auseinandersetzungen zwischen der traditionellen Malerei des Naturalismus und den neuen Strömungen des Impressionismus und später des Fauvismus sowie des deutschen Expressionismus wurden auch in Kanada registriert und nachempfunden. Zu einer der wichtigsten Vertreterinnen der kanadischen Moderne zu Beginn des 20. Jahrhunderts wurde eine junge Frau aus British Columbia: **Emily Carr** (1871-1945)

Cornelius David Krieghoff (1815-1872): The Toll Gate

Charles Edenshaw (1839-1920)

studierte zunächst in San Francisco und ging 1899 nach England. Als sie 1905 nach Westkanada zurückkehrte, suchte sie die Nähe der Küsten-Indianer, um in ihren Siedlungen zu leben und ihre Kultur zu dokumentieren. Ihr besonderes Interesse galt den unter dem Druck der Politik langsam verschwindenden Totempfählen, die sie häufig zum Gegenstand ihrer Bilder machte. Auf einer Reise nach Paris im Jahre 1910 lernte sie auch die Kunst der französischen Moderne kennen, die einen erheblichen Einfluss auf ihre Malerei ausübte. Von nun an kombinierte sie ihre bei den Westküsten-Indianern gemachten Erfahrungen mit den Stilmitteln der Moderne. Erst 1927, nach einer langen Periode wirtschaftlicher Schwierigkeiten, in der sie kaum malte, und erst nachdem ihre frühen Bilder von der Westküste die Aufmerksamkeit von Ethnologen erregt hatten, kam sie in Kontakt mit einer Gruppe von Malern, die bald zum Markenzeichen der kanadischen Kunst werden sollten: der Group of Seven (s. S. 270). Die Herren waren von dem Werk der unbekannten Künstlerin aus British Columbia so beeindruckt, dass sie sie zu

ihrer „Mutter der modernen Kunst" ernannten. Mindestens ebenso wichtig war für Emily Carr aber der Respekt und die Akzeptanz, die sie bei den Indianern von Vancouver Island fand. Später wurde sie in Anerkennung ihres Werkes und ihrer Rolle in der kanadischen Gesellschaft zu einer Ikone der Frauenbewegung.

Thomas John Thomson (1877-1917), allgemein Tom Thomson genannt, war der Spiritus Rector der Künstlergruppe Group of Seven, deren Gründung er selbst allerdings nicht mehr erlebte. Er starb 1917 auf bis heute nicht endgültig geklärte Weise im Algonquin Park in Ontario, wo er sich zum Malen aufhielt. Ebenso wie einige Mitglieder der späteren Group of Seven arbeitete er in Toronto in der Designfirma Grip. Gemeinsam verbrachten sie aber viel Zeit in der Wildnis von Ontario, nicht unähnlich der Künstlergemeinschaft Die Brücke in Dresden einige Jahre zuvor. 1913 quittierte er seine Arbeit, um im Algonquin Park zu leben, wo er gelegentlich als Feuerwehrmann oder Führer arbeitete und sich hauptsächlich dem Malen widmete. Thomson zeichnete zunächst Skizzen direkt in der Natur, anhand deren er später in seinem Atelier in Toronto seine großen Gemälde anfertigte. Kommerzielle Erfolge stellten sich zunächst nicht ein, obwohl es gerade die Bilder aus dieser Zeit waren, die mit ihren kräftigen Farben und ihrem schwungvollen und breiten Pinselstrich Freunde und Kollegen stark inspirierten.

Oben: Emily Carr (1871-1945): Autumn in France, 1911. National Gallery of Canada

Unten: Die Malerin im Sattel

Group of Seven

1919 traten sieben der mit Tom Thomson befreundeten Maler als Group of Seven an die Öffentlichkeit: Franklin Carmichael (1890-1945), Lawren Stewart Harris (1885-1970), Alexander Young Jackson (1882-1974), Frank Johnston (1888-1949), Arthur Lismer (1885-1965), J. E. H. MacDonald (1873-1932) und Frederick Varley (1881-1961). 1920 fand ihre erste Gruppenausstellung statt und markierte den Beginn einer neuen, kanadischen Kunstschule. Gegenstand ihrer meist großflächigen Gemälde war die Schönheit der kanadischen Wildnis.

Links: Haida-Haus
Rechts: Simeon-Perkins-Haus in Liverpool, Nova Scotia

änderte sich auch die Art des Bauens. Von nun an bestimmten vorwiegend britische Bautraditionen den Stil der Gebäude. Die Ähnlichkeiten mit der Architektur in Neuengland in den USA sind also nicht überraschend. Es wurden sogar vorfabrizierte Häuser aufgebaut, die nicht nur aus Neuengland, sondern teils aus Deutschland importiert wurden: Die Herrnhuter Missionare brachten im sächsischen Niesky vorgefertigte Häuser mit nach Labrador, um schnell in den wenigen Sommerwochen die benötigten Gebets-, Schul- und Wohnräume errichten zu können, zumal dort auch geeignetes Bauholz nicht in ausreichendem Maße vorhanden war. Anders gingen die Siedler in Nova Scotia vor: Hier wurde großzügig Kahlschlag betrieben, um ausreichend Holz für Häuser, Kirchen und Schiffe und gleichzeitig Flächen für Ackerbau und Viehzucht zu gewinnen. Viele an der Atlantikküste im sogenannten „Cape Cod Style" gebaute Häuser sind noch heute gut erhalten. Dabei handelt es sich um einfach zu errichtende Holzhäuser mit anderthalb Stockwerken und zentralem Kamin, die allseitig, auch auf dem Dach, mit Holzschindeln verkleidet wurden. Die Häuser wurden oft nicht gestrichen, und bereits nach zwei Jahren entstand durch die Witterung und die salzhaltige Seeluft ihr glänzend silbriges Erscheinungsbild. Die Haustür befindet sich in der Mitte der Hausfront. Unten sind die Wohnräume und die Küche und unterm Dach die Schlafräume. Derartige Häuser finden sich in fast jedem Ort; ein sehr schönes Beispiel ist das Simeon Perkins House von 1766 in Liverpool an der Südküste Nova Scotias, das auch als Museum zu besichtigen ist. (Mehr über den Hausbau der Siedler aus Deutschland und der Schweiz: s. Kap. *Deutsche Siedler in Lunenburg*.)

Im 18. und 19. Jahrhundert pflegte man in der Architektur zunächst auch in Kanada den Georgian Style, benannt nach den britischen Kö-

Das Parlamentsgebäude in Ottawa im Gothic Revival Style
Das Campbell House in Toronto im Georgian Style

nigen Georg I-IV aus dem Haus Hannover. Meist kam er bei Herrenhäusern oder öffentlichen Gebäuden zur Anwendung. Auch heute noch existieren in Kanada viele Gebäude, bei denen die Georgianische Architektur zumeist in abgewandelter Form zu sehen ist. Unter der Herrschaft von Queen Victoria wurde dann, den Ansprüchen eines Empires an sich selbst entsprechend, ein neuer Architekturstil gesucht und gefunden, der viktorianische. Er unterschied sich deutlich vom Georgianischen Stil, denn man orientierte sich nun an der Gotik. Bis ins frühe 20. Jahrhundert wurden viele offizielle Gebäude, Kirchen, Paläste und Herrenhäuser in diesem *Gothic Revival Style* erbaut. Beispiele dafür sind das Parlamentsgebäude und die Parlamentsbibliothek in Ottawa des kanadischen Architekten Thomas Fuller (1823-1898) oder auch die Kirche Notre-Dame de Montreal. Weitere beliebte Adaptionen waren der Tudor Style für Hotels und Villen, der Neo-Klassizismus für viele Bankgebäude und der Beaux-Arts Style für das Musée des Beaux-Arts in Montreal, für Torontos Hauptbahnhof Union Station wie auch für die heutige „Hockey Hall of Fame", ein ehemaliges Bankgebäude in Toronto.

Ein ungewöhnlicher Baumeister war der in Labrador geborene Simon **Thomas Gibbons** (1851-1896), der sowohl der erste Pfarrer der Church of England mit Inuit-Abstammung als auch der erste Architekt der Inuit überhaupt war. Charakteristisch für die meisten der von ihm errichteten Kirchen sind deren Türme im „Rhineland Helmet Style", den Gibbons bei einer Reise nach England kennengelernt hatte. Ein besonders schönes Beispiel ist in Jordan Falls, Nova Scotia, zu besichtigen. Mit der wachsenden Bedeutung Kanadas nach dem 1. Weltkrieg wurde auf der Suche nach typisch kanadischen Stilmerkmalen der soge-

Fairmont Empress Hotel in Victoria, Châteaux Style (links) Commerce Court West mit der Canadian Imperial Bank of Commerce in Toronto von I. M. Pei

nannte „Château Stil" erfunden. Bekannte Beispiele dafür sind berühmte Hotels wie das „Château Frontenac" in Quebéc City oder das „Fairmont Banff Springs Hotel", das in fast jedem Buch über die Rocky Mountains abgebildet ist.

In der Zeit nach dem 1. Weltkrieg begann auch in Kanada der Trend zu immer höheren Gebäuden, wofür einerseits steigende Grundstückspreise, andererseits auch der von den Bauherren durch ein auffälliges Äußeres erhoffte Werbeeffekt verantwortlich war. Besonders international tätige Banken und Versicherungsgesellschaften setzten auch in den kanadischen Großstädten auf diesen neuen, zunächst von New York und Chicago forcierten Trend.
Namhafte internationale Architekten hinterließen ihre Spuren in Kanada. Eines der bekanntesten Beispiele ist auch nach 40 Jahren noch das Toronto Dominion Centre, 232 Meter hoch, gebaut nach Entwürfen des deutschen Architekten **Ludwig Mies van der Rohe** (1886-1969), des ehemaligen Direktors des Bauhauses in Dessau.
Auch der chinesischstämmige amerikanische Stararchitekt **I. M. Pei** (geb. 1917) – bekannt geworden u.a. durch die Pyramide am Louvre in Paris und auch federführend beim Erweiterungsbau des Deutschen Historischen Museums in Berlin – hinterlegte im Financial District in Toronto seine Visitenkarte mit der Gestaltung des 232 Meter hohen Commerce Center West der CIBC Bank.
Neben dem sogenannten Internationalen Stil der klassischen Moderne kamen auch andere Stile wie Brutalismus oder Postmoderne zur Ausführung, ohne allerdings wirklich bedeutende Bauwerke zu hinterlassen. Vielleicht findet gerade deshalb seit einigen Jahren eine Renaissance

Moshe Safdie: Habitat 67 in Montreal, Brutalismus

der Internationalen Moderne statt – diesmal nicht nur unter der Federführung ausländischer, sondern auch von immer mehr kanadischen Architekten, wie dem weltweit tätigen Stararchitekten **Frank Gehry** (geb. 1929) mit der Art Gallery of Ontario und auf einem ganz anderem Gebiet **Peter Clewes** (geb. 1955) mit Appartment-Hochhäusern in Toronto. Wirklich beeindruckend ist die Zahl der Museumsneubauten und Museumserweiterungen in Kanada, die sich durch ein ungewöhnliches und mutiges Gestaltungskonzept auszeichnen. **Douglas Cardinal** (geb. 1934), ein Architekt mit Métis- und Blackfoot-Vorfahren, entwarf das Canadian Museum of Civilization in Gatineau und eine Reihe von anderen Gebäuden, in deren fließenden Linien sich Formen aus Natur und Landschaft widerspiegeln. Hervorzuheben sind auch **Bruce Kuwabara** (geb. 1949) mit dem Gardiner Museum in Toronto, **Moshe Safdie** (geb. 1938) mit der National Gallery of Canada in Ottawa und **Arthur Erickson** (1924-2009) mit dem Museum for Anthropology in Vancouver.

Eine Sonderstellung unter den zeitgenössischen Architekten Kanadas nimmt **Brian MacKay-Lyons** (geb. 1954) aus Nova Scotia ein, der sich mit seinen Entwürfen an den traditionellen Holz-Bauweisen Atlantik-Kanadas orientiert. Viele Entwürfe ungewöhnlich gestalteter Einfamilien- und Sommerhäuser, meist in exponierter Küstenlage erbaut, stammen aus seinem Büro. Aber auch größere Gebäudekomplexe wurden von ihm entworfen, unter anderem die kanadische Vertretung in Dhaka,

der Hauptstadt von Bangladesch. Neben Lehraufträgen an verschiedenen Universitäten betreibt MacKay-Lyons auch eine Sommerschule namens „Ghost Architectural Laboratory“ auf seiner Farm in Kingsburg, Nova Scotia, in der junge Architekten durch projektbezogenes Lernen ihr Wissen erweitern können.

Ähnliche Ansätze verfolgt **Richard Kroeker** aus Halifax, der in seinen Entwürfen auf Bauweisen der Mi'kmaq First Nations zurückgreift. Aufmerksamkeit erregte er besonders mit einem Versuchsbau, in dem er neben der Korbflechttechnik der Mi'kmaq zur Verkleidung des Gebäudes auch tausende Telefonbücher für die Wandkonstruktion einsetzte.

Kombination von Tradition und Moderne: Gebäude von MacKay-Lyons

Kanadische Filmkunst

Steht man vor einem großen Kino in Kanada und studiert die Plakate, fühlt man sich wie in den USA. Es dominieren die Blockbuster aus Hollywood, daneben auch manches US-amerikanische B-Movie – und es ist mitunter schwierig, etwas wirklich Sehenswertes zu entdecken. Kleine Kinos mit interessantem Programm sind sehr rar, anders als in Deutschland findet man sie selbst in den großen Städten nicht so leicht. Gleichwohl existiert eine interessante kanadische Film-Szene mit vielen unterschiedlichen kulturellen Einflüssen. Neben anglo- und frankokanadischen Filmen finden sich auch solche asiatischer Einwanderer und der Ureinwohner, doch natürlich ist der Einfluss aus dem großen Nachbarland USA unübersehbar. Gegenüber der tempo- und actionreichen Blockbuster-Konkurrenz aus Hollywood haben es kanadische Filme allerdings oft schwer beim kanadischen Publikum, insbesondere dann, wenn sie nachdenklich sind, ein verhaltenes Erzähltempo und Zwischentöne aufweisen. Englischsprachige kanadische Filme haben in kanadischen Kinos einen durchschnittlichen Marktanteil von nur 2 %. Etwas anders sieht es beim frankokanadischen Film aus: Nicht nur über die Sprache, auch über die Inhalte bieten viele dieser Filme zumindest Frankokanadiern mehr Identifikationsmöglichkeiten; innerhalb von Quebéc haben sie immerhin etwa 25 % Marktanteil. Im Vergleich zur mächtigen US-amerikanischen Konkurrenz – die sich zudem auch durch direkte Verträge mit den kanadischen Kinobetreibern die Vormachtstellung beim Publikum gesichert hat – ist die kanadische Filmindustrie geradezu winzig. Um zu verhindern, dass die kanadische Filmkunst vollends überrannt wird, wurden Fördereinrichtungen wie die staatseigene Organisation Telefilm Canada gegründet, die in 40 Jahren über 500 Filmproduktionen finanziell unterstützt hat, sowie das National Film Board, das vor allem Dokumentar-, Animations- und experimentelle Filme subventioniert. Die wichtigsten Auszeichnungen für kanadische Kinofilme – das kanadische Äquivalent zu den US-amerikanischen Oscars – sind die Genie Awards.

Das seit über 35 Jahren alljährlich im September stattfindende **Toronto International Film Festival (tiff)** gehört weltweit zu den bekanntesten und beliebtesten Filmfestivals. Im Gegensatz etwa zu den Filmfestspielen von Cannes gibt es hier keinen Wettbewerb; das Festival ist daher vor allem ein Medienereignis, bei dem sich die Branche trifft und auch zukünftige Oscar-Anwärter in Position gebracht werden. Viele der im folgenden Abschnitt angeführten Spielfilme erlebten hier ihre Premiere.

Das Gebäude des „Toronto International Film Festival" (tiff) in Toronto

Auf dem Gebiet der **Animationsfilme** gibt es in Kanada eine lange Tradition mit einem breiten Spektrum, das vom herkömmlichen Trickfilm alter Schule bis zu modernsten computergenerierten Filmen reicht.

Eine hohe Qualität und überaus große Bandbreite an Themen und künstlerischen Mitteln zeigen kanadische **Dokumentarfilme**. Die nationalen Filmförderungsprogramme sind in dieser Hinsicht sehr aktiv.[33] Stellvertretend für eine Vielzahl sehr unterschiedlicher Themen und Handschriften sollen hier nur **John Walker** („Strand", „Under the Dark Cloth", „Passage", „A Drummers Dream"), **Peter Raymont** („Shake Hands with the Devil: The Journey of Roméo Dallaire", „Genius Within: The Inner Life of Glenn Gould"), **Paul Cowan** („Justice Denied") und **Catherine Martin** („L'esprit des lieux – The Spirit of Places") genannt werden. Aktuelle Entwicklungen präsentiert jährlich im Mai das Dokumentarfilm-Festival **„Hot Docs"** in Toronto.

Spricht man über das kanadische Filmwesen, kommt man nicht an IMAX vorbei. Die in Toronto ansässige IMAX Corporation hat das erfolgreichste Kinosystem für Großfilmformat entwickelt. IMAX steht für Images MAXimum, die „größtmöglichen Bilder". Dieses weltweit größte Filmformat macht es möglich, Filme in enormer Auflösung auf riesige Flächen zu projizieren und damit einen visuellen Effekt zu erreichen, mit dem die Zuschauer gleichsam in das Geschehen hineingeholt werden. Neben Kinos für 70-mm-Filme gibt es IMAX Dome mit halbkugeliger Leinwand und Projektionsflächen bis 700 m^2 sowie als jüngste IMAX-Entwicklung 3D-Technologien für räumliches Sehen. Mittlerweile gibt es IMAX-Kinos in den größeren Städten der ganzen Welt.

Kanada ist ein beliebtes Produktionsland für Filme aus anderen Ländern. Dies mag zum einen daran liegen, dass es relativ preiswert ist; zum anderen findet man dort Orte, die noch nicht von der Moderne geprägt sind, wo es einfacher ist, historische Sets nachzustellen. Beispielsweise ist der Ort Shelburne in Nova Scotia als Filmset für „Der scharlachrote Buchstabe“ mit Demi Moore berühmt geworden; Lunenburg war der Drehort für Mike Barkers „Moby Dick“-Verfilmung von 2010, die Straßenzüge New Yorks sind häufig eigentlich die Torontos, Teile von „Leaving Las Vegas“ entstanden in Halifax, und auch „American Psycho“ sowie Teile der TV-Serie „Gilmore Girls“ und von „Die Frau des Zeitreisenden“ wurden in Toronto gedreht.
Eine gute Gelegenheit, kanadische Filme aller Genres zu sehen, bieten übrigens die Langstreckenflüge von Air Canada, wo im Gegensatz zur Lufthansa fast alle Flugzeuge mit einem individuellen Bildschirm ausgestattet sind.

Kanadische Regisseure und Spielfilme

Die Werke der erfolgreichen, über die Grenzen des Landes hinaus bekannten kanadischen Filmemacher sind oft im Autorenfilm- oder gar Avantgarde-Bereich zu finden; schlagende Erfolge im Unterhaltungsfilm wurden dagegen wesentlich seltener gelandet.

Meister des subtilen Horrors: David Cronenberg

Eine der Ausnahmen ist **Norman Jewison** (geb.1926), der mit Filmen wie „Jesus Christ Superstar“ oder „Mondsüchtig“ internationale Bekanntheit allerdings vor allem in den USA erreichte, dabei aber immer betonte, dass er seinen Erfolg seiner kanadischen Perspektive verdanke. Er gründete 1988 in Toronto das „Canadian Film Center“ zur Ausbildung von Nachwuchs-Filmemachern. Sein jüngster von Kanada, Frankreich und Großbritannien gemeinsam produzierter Film war „The Statement - Am Ende einer Flucht“ (2003).

Denys Arcand (geb. 1941) ist ein politisch denkender Regisseur aus Québec, der zahlreiche Dokumentarfilme drehte. Mit dem Spielfilm „Der Untergang des amerikanischen Imperiums“ von 1986, dem bis dahin erfolgreichsten kanadischen Film überhaupt, feierte er internationale Triumphe. Die fast 20 Jahre später gedrehte Fortsetzung dieser Geschichte, die subtile Tragikkomödie „Die Invasion der Barbaren“, erhielt 2004 als bisher einziger kanadischer Spielfilm den Oscar als bester fremdsprachiger Film.[34] Es ist eine berührende Geschichte über die Irrtümer des Lebens und Liebens, den Zustand der Welt, politische Illusionen, Krankheit und Tod in einer gelungenen Balance von ironischen, sarkastischen, zynischen, melancholischen und sentimentalen Elementen. Auch Arcands Filmdrama „Jesus von Montreal" über die Inszenierung eines modernen Passionsspiels erhielt internationale Preise.

David Cronenberg (geb. 1943) wurde im Genre der Horror-Filme mit „Die Fliege" berühmt; seine filmischen Adaption von Burroughs skandalumwitterten Roman „Naked Lunch" ist eine gekonnte, stilsichere Verschmelzung von Albtraum und Halluzination. „Crash", obwohl in den USA wegen seinen Darstellungen von Gewalt und sexuellen Handlungen umstritten, wurde in Kanada wie in Europa mit Preisen ausgezeichnet. In seinen Filmen „Spider" und „A History of Violence" erwies sich Cronenberg wieder als Meister des subtilen Horrors; „Tödliche Versprechen – Eastern Promises" – mit Armin Mueller-Stahl in der Rolle eines Paten der russischen Mafia – wies unter der Oberfläche einer Gangstergeschichte ebenfalls die Cronenberg-typischen grenzüberschreitenden, irrationalen, verstörenden Elemente auf. „Eine dunkle Begierde" („A Dangerous Method"), ein Film über die Entstehung der Psychoanalyse und eine Dreiecksbeziehung zwischen Sigmund Freund, Carl Gustav Jung und der Patientin Sabina Spielrein, die ihrerseits eine Ausbildung zur Psychoanalytikerin absolviert, erhielt bei seiner Premiere bei den Filmfestspielen in Venedig 2011 viel Beifall und gewann 2012 mehrere Genie Awards.

Der auf große Produktionen spezialisierte James Cameron 2010 bei der TED-Konferenz

James Cameron (geb. 1954) lebt seit 1971 in den USA und hat auch seine überaus erfolgreichen und mit zahlreichen Preisen bedachten Filme wie „Terminator", „Aliens", „Titanic" und „Avatar" ausschließlich dort produziert; in seiner alten Heimat Kanada wird er lediglich in seinem Engagement für Umweltschutz und Rechte der indigenen Völker aktiv.

Im Werk von **Atom Egoyan** (geb. 1960), einem kanadischen Regisseur armenisch-ägyptischer Herkunft, tauchen immer wieder Themen wie Entfremdung,

Guy Maddin bei den Berliner Filmfestspielen 2011

Voyeurismus und das vergebliche Streben nach emotionaler Erfüllung auf. Seinen größten Erfolg hatte er 1997 mit „Das Süße Jenseits – The Sweet Hereafter", einem preisgekrönten Meisterwerk über den Umgang mit Verlust und Trauer. Der erschütternde, kunstvolle politische Film „Ararat" stellt sich den Schwierigkeiten des Erinnerns an den Völkermord an den Armeniern und behandelt dessen kulturelle, historische und persönliche Nachwirkungen. „Where the Truth Lies – Wahre Lügen" präsentiert die Welt des Showbusiness in kunstvoller, verwirrender und tabuloser Weise. Seine Regiearbeit „Chloe" von 2009 ist ein Beziehungsdrama mit raffinierten Handlungsgeflechten und überraschenden Wendungen, das von den Kritikern allerdings etwas stereotyp als „Erotikthriller" etikettiert wurde.

Die Filme des exzentrischen Filmavantgardisten **Guy Maddin** (geb. 1956) fallen stilistisch durch die Verwendung von archaisch anmutenden Mitteln wie altmodischen Objektiven, zerkratztem Filmmaterial, Zwischentiteln, undeutlicher Synchronisation auf; die Kulissen sind surrealistisch verfremdet. Er inszeniert seltsame, verworrene Geschichten in einer zerbrechlichen Welt, manchmal melodramatisch, manchmal grotesk und bizzar, oft voller parodistischem Witz. Von seinen fast 40 Filmen seien hier nur drei genannt: „Careful – Lawinen über Tolzbad", ein parodistisch-melancholischer Kultfilm in alpinem Ambiente, „The Saddest Music in the World", ein aberwitziges Spektakel mit Isabella Rosselini in einer Paraderolle und der Pseudo-Dokumentarfilm „Mein Winnipeg", der die mythisch-surrealen Kindheitsfantasien Maddins mit einem liebevoll-nostalgischen Porträt der Stadt verbindet.

Der international bekannte Inuit-Künstler **Zacharias Kunuk** (geb. 1957) hat mehrere Professionen – er trat als Bildhauer, Szenenbildner, Autor, Schauspieler und Filmregisseur in Erscheinung und gründete das erste Web-Portal für indigene Filmemacher „ISUMA TV". Die Filmkunst der Inuit knüpft direkt an ihre Tradition der mündlichen Überlieferung von Geschichte und Geschichten an, die bis ins zwanzigste Jahrhundert überdauert hat.
Kunuks gefeierter und preisgekrönter Film „Atanarjuat – Die Legende vom schnellen Läufer" war der erste international erfolgreiche Film, der auf Inuktitut gedreht wurde: Eine alte Legende von einem üblen Geist, der Konflikte in die Inuit-Gemeinschaft bringt, von Liebe, Rivalität, vom harten und ausdauernden Ringen eines Inuk gegen diese Be-

Szene aus dem Film „Atanarjuat: The Fast Runner“, bei dem Zacharias Kunuk Regie führte (2001). Mit freundlicher Genehmigung von www.isuma.tv/lo/en/fastrunnertrilogy

drohung und von den Ritualen von Kampf und Versöhnung, die mit sparsamen Worten, aber in sehr eindrucksvollen Bildern erzählt wird. Kunuk hatte bereits zuvor Doku-Dramen über das Leben und die Geschichte der Inuit in Inuktitut gedreht. Sein zweiter Spielfilm „The Journals of Knud Rasmussen“ behandelt die Probleme und Zwänge, denen die Inuit zur Zeit der Forschungsreisen Rassmussens unter dem kulturellen Einfluss der weißen Händler und Missionare ausgesetzt waren. Als dritten Teil seines epischen Spielfilm-Tryptichons produzierte Kunuk „Before Tomorrow“ – eine anrührende dramatische Erzählung über die Überlebenskunst der Inuit unter schwierigsten Bedingungen – bei dem er aber nicht selbst Regie führte.

Die Schauspielerin und Regisseurin Sarah Polley

Sarah Polley (geb. 1979) arbeitete als Schauspielerin mit Regisseuren wie Denys Arcand, David Cronenberg, Kathryn Bigelow und Wim Wenders zusammen und wurde durch so unterschiedliche Filme wie „Das süße Jenseits“, „Das Gewicht des Wassers“, „Mein Leben ohne mich“, „Don't Come Knocking“, „Das geheime Leben der Worte“ und „Beowulf und Grendel“ bekannt. Für ihr Regiedebüt mit dem Spielfilm „An ihrer Seite“ mit Julie Christie, das ein verheiratetes Paar in der Auseinandersetzung mit einer Alzheimer-Erkrankung zeigt, wurde sie für den Oscar nominiert. Ihre zweite eigene Regie- und Drehbucharbeit „Take This Waltz“, eine bitter-süße Geschichte über den Zusammen-

Wer hätte das gedacht? Die bekannten Schauspieler Donald Sutherland, Christopher Plummer, Pamela Anderson, Leslie Nielsen, Dan Aykroyd, Jim Carrey, Graham Greene, Keanu Reeves, Michael J. Fox; William Shatner (als Captain Kirk) wurden in Kanada geboren

bruch einer Ehe, hatte auf dem Toronto Film Festival 2011 Premiere. Zu den auch international erfolgreichen kanadischen Filmen aus den letzten Jahren gehören neben den oben bereits erwähnten auch die romantische Musical-Parodie „Bollywood/Hollywood“ von Deepa Mehta (2002), die Sozialkömodien „Mambo Italiano“ (2003), „Die große Verführung“ (2003) und „C.R.A.Z.Y.“ (2005), sowie „Emotional Arithmetic“ (2007), „Die Frau die singt – Incendies“ (2010) und „Barney‘s Version“ (2010).

Kanadische Schauspieler

Kanada hat eine Reihe bedeutender Schauspieler hervorgebracht; von einigen weiß man allerdings kaum, dass es sich um Kanadier handelt. Erwähnt seien hier nur die Namen Leslie Nielsen, Christopher Plummer, Donald Sutherland, Pamela Anderson, Dan Ackroyd, Michael J. Fox, Mike Myers, Jim Carey, Kiefer Sutherland, Keanu Reeves sowie die berühmten First-Nations-stämmigen Darsteller Gary Farmer (bekannt aus den Jim-Jarmusch-Filmen „Dead Man“ und „Ghost Dog“) und Graham Greene (u.a. „Der mit dem Wolf tanzt“). Für die jüngere Generation seien neben der bereits erwähnten Sarah Polley Ellen Page und Hayden Christensen genannt. Die kanadische Folksängerin K.D. Lang spielte in der deutschen Produktion „Salmonberries“ von Percy Adlon eine Hauptrolle.

Die kanadische Medienlandschaft

Es ist kein Zufall, wenn man die Zeitung *24 hours* aufschlägt und dort dem gleichen Artikel begegnet, den man kurz zuvor in der *Toronto Sun* gelesen hat. Zahlreiche Zeitungen in Kanada gehören zur Sun Media Corporation, die ihrerseits Teil des Medienkonzerns Québecor Media Inc. ist; unter ihrem Einfluss stehen auch noch *Calgary Sun*, *Edmonton Sun*, *Ottawa Sun*, *Winnipeg Sun*, *Le Journal de Montréal* und *Le Journal de Québec* sowie über 30 weitere Tageszeitungen.

Ein zweite bedeutende Größe in der kanadischen Zeitungswelt ist der Pressekonzern Postmedia Network mit so wichtigen überregionalen Zeitungen wie *National Post*, *The Gazette*, *Ottawa Citizen* und *Vancouver Sun*; dazu kommen noch über 20 regionale Zeitungen und einige Online-Portale wie *Canada.com*. Daneben gibt es auch wichtige Zeitungen, die wie der *Toronto Star* von etwas kleineren, relativ unabhängigen Medienunternehmen herausgegeben werden oder sich wie der *Chronicle Herald* seit über 100 Jahren im Besitz eines Familienunternehmens befinden. Die größte und vielleicht wichtigste Zeitung *Globe and Mail* gehört über die Woodbridge Company mehrheitlich der Thomson-Familie, deren Unternehmen 2008 nach dem Aufkauf der Reuters Group in Thomson Reuters Corporation umbenannt wurde.

Website des Online-Magazins rabble.ca

Wie fast überall ist auch in Kanada angesichts von Kapitalkonzentration, Globalisierung und Internet ein Wandel der Presse- und Medienlandschaft spürbar – leider mitunter auf Kosten der Informationsvielfalt. Am Zeitungsstand findet man trotzdem immer noch ein gewisses Spektrum von Presseerzeugnissen. Alternative, von Wirtschaftsinteressen unabhängige Berichterstattung ist jedoch heute am ehesten im Internet zu finden, z. B. über das Nachrichtenportal der staatlichen Canadian Broadcasting Corporation *cbc.ca*; völlig

Titelseite des Native Journal

unabhängig und dabei auch regierungskritisch ist beispielsweise das von Non-Profit-Medienaktivisten betriebene Portal *Rabble.ca*. Daneben existieren auch verschiedene Zeitungen, die sich speziell den in den Mainstream-Medien eher unterrepräsentierten Problemen der First Nations, Metis und Inuit widmen, wie zum Beispiel das monatlich erscheinende, in ganz Kanada erhältliche Native Journal.

Rundfunk und Fernsehen in Kanada sind seit langem durch ein Nebeneinander von staatlich finanzierter CBC und privaten kommerziellen Anbietern gekennzeichnet, wobei die größten Marktanteile von Großkonzernen wie Rogers, Bell und Québecor gehalten werden.
Fernsehen wird in Kanada zumeist über Satellit oder Kabel verbreitet. Große Telekommunikationsanbieter wie Rogers, Videotron oder Bell vertreiben Programmpakete für Kabelempfang, oder Fernsehsender vertreiben ihre Programme direkt an die Endkunden, wie im Fall des Kabelfernsehgiganten „Shaw direct". Das terrestrische Fernsehen ist wie in Europa bereits zu weiten Teilen auf digitalen Empfang umgestellt. In manchen Gegenden werden nur die CBC-Programme terrestrisch ausgestrahlt, doch ziehen auch die privaten Sender nach, und nahe der US-Grenze sind auch US-Sender terrestrisch empfangbar.
Zum Schutz des kanadischen Kulturschaffens vor der übermächtigen Konkurrenz aus den USA wurde bereits vor Jahrzehnten festgelegt, dass 60 % der in den Fernsehsendern ausgestrahlten Filme kanadischen Ursprungs sein müssen; Radiosender haben (mit gewissen Ausnahmen etwa im Fall von Spartenprogrammen) heute eine Quote von 40 % für kanadische Musiktitel. Dies sorgte zusammen mit gezielten Fördermaßnahmen für die Entwicklung eines starken Produktionssektors; heute ist Kanada nach den USA weltweit der zweitgrößte Exporteur von Fernsehproduktionen. Zu den auch in Deutschland ausgestrahlten Serien gehören etwa „Die Strandpiraten" („The Beachcombers"), die Zeichentrickserie „Erdferkel Arthur und seine Freunde", die Science-Fiction-Serien „Odyssee 5" und „LEXX – The Dark Zone", die Sitcom „Call Me Fitz", die Krimiserie „Missing – Verzweifelt gesucht", die Mystery-Serie „PSI Factor – Es geschieht jeden Tag" und die im Biotechnologen-Milieu spielende Serie „ReGenesis". Diese Auswahl zeigt das breite Spektrum an Genres. Zu den innerhalb Kanadas meistgesehenen

TV-Produktionen gehören die Comedy-Serien „Corner Gas" und „Trailer Park Boys".

Petition der Friends of Canadian Broadcasting gegen die von der konservativen Harper-Regierung beabsichtigten Budget-Kürzungen

Ähnlich den öffentlich-rechtlichen Sendern in Deutschland und der britischen BBC deckt die staatliche CBC Television die Bereiche Nachrichten und Aktuelles, Bildung, Sport, Unterhaltung und Kinderprogramm ab. Die Nachrichten der CBC werden zur kanadischen Abendbrotzeit zwischen 17 und 19 Uhr ausgestrahlt; Hauptnachrichtensendung ist „The National" um 22 Uhr. Zu den beliebtesten CBC-Produktionen gehören die Sportsendung „Hockey Night in Canada", die Comedy-Serie „Little Mosque in the Prairie" über die Irrungen und Wirrungen einer Muslimfamilie in einer Kleinstadt in Saskatchewan (als „Unsere kleine Moschee" auch im Schweizer Fernsehen zu sehen), und die wöchentlichen Shows „This Hour Has 22 Minutes" und „Rick Mercer Report", die zu den sehenswertesten Sendungen im kanadischen Fernsehen gehören. Besonders erfolgreich war der Satiriker Rick Mercer mit dem Special „Talking to Americans", in dem er die Ignoranz der Bürger – und auch führender Politiker – des Nachbarlandes USA gegenüber Kanada durch gezielte Fragen zu erfundenen, teils absurden Sachverhalten vorführte. Dies veranlasste seinerzeit Präsident George Bush jun., der CBC keine Interviews mehr zu geben. Jeweils auf Englisch und Französisch sendet CBC Radio 1 hauptsächlich Nachrichten und Informationen; ist man stundenlang mit dem Auto in den Weiten Kanadas unterwegs und hat sich am „Dudelfunk" der Privaten allmählich satt gehört, weiß man die informativen und oft tiefgründigen Wortbeiträge umso mehr zu schätzen. CBC Radio 2 sendet Musik und Beiträge zu Kunst und Kultur, einschließlich klassischer Musik, Jazz und Theater. CBC Radio 3 ist an junge Leute gerichtet und sendet vorwiegend Indie-Rock, jedoch nur über Satellit und Internet. In den Northwest Territories, im Yukon, in Nunavut und im nördlichen Quebéc laufen im Programm von CBC Radio 1 auf Kurzwelle teilweise auch Beiträge in den Sprachen der jeweiligen Ureinwohner.

Die bislang bestehende breite Finanzierung der CBC-Rundfunk- und Internet-Angebote aus Steuermitteln – da es in Kanada im Gegensatz zu Deutschland keine Rundfunkgebühr gibt – wird unter der konservativen Harper-Regierung zunehmend kontrovers diskutiert und in Frage gestellt. Ob die dagegen mit Online-Petitionen mobil machende Protestbewegung „I love CBC" dem Einhalt gebieten kann, bleibt abzuwarten.

Marshall McLuhan

Wer schon einmal Veranstaltungen und Ausstellungen in der Kanadischen Botschaft in Berlin besucht hat, kennt den „Marshall McLuhan Salon“: Ein multimediales Informationszentrum, das jedem Interessierten offensteht und eine Vielzahl unterschiedlicher Materialien zu kanadischen Themen zur Verfügung stellt. Benannt wurde es nach dem bedeutenden kanadischen Medientheoretiker Marshall McLuhan (1911 - 1980).

McLuhan wurde 1911 in Edmonton geboren und wuchs in Winnipeg auf. Er war ein leidenschaftlicher Leser und verfügte über enorme rhetorische Fähigkeiten. Als Professor für englische Literatur wirkte er vor allem an der Universität von Toronto. Bei seinen Studenten war als genialer und zerstreuter Professor beliebt.

Zweitname der St. Joseph Street in Toronto: Marshall McLuhan Way

Marshall McLuhens kommunikationstheoretische Studien über die Wirkung der Massenmedien auf das Denken und Handeln der Menschen waren zunächst noch sehr umstritten, machten ihn aber Ende der sechziger Jahre weltberühmt. Mit seinen Erkenntnissen und Theorien prägte er die Diskussion über Medien bis zu seinem Tod, und neuerdings erleben seine Gedanken eine Renaissance. Anlässlich seines hundertsten Geburtstags im Jahr 2011 befassten sich wieder verschiedene Konferenzen und Abhandlungen mit seinen Thesen.

Bereits Jahrzehnte vor der Erfindung des Internets hatte McLuhan den Begriff des „Surfens“ als schnelle, irreguläre und multidirektionale Bewegung durch Dokumente oder Wissen eingeführt. Ein weiterer von ihm stammender, längst zum geflügelten Wort gewordener Begriff ist das „globale Dorf“. Er beruht auf der These, dass die Menschen unter dem Einfluss der elektronischen Medien eine kollektive Identität annähmen und so zu einem „globalen Dorf“ zusammenwüchsen. Die moderne Technologie sei ein Werkzeug, das die Selbstauffassung eines Individuums und auch einer Gesellschaft konstant forme. Zwar meinte McLuhan mit der „elektronischen Technologie“ vor allem das Fernsehen, das sich in den sechziger Jahren rasant durchsetzte. Doch auch und gerade im Internetzeitalter erscheinen seine Thesen als aktueller denn je.

McLuhans Buch „Das Medium ist die Botschaft“ wurde zur vieldiskutierten Grundlage der modernen Medientheorie. Zum Untermauern der These, dass nicht primär die Inhalte der Medien einen kulturellen Wandel bewirkten, sondern ihre technische Form, führen Medienwissenschaftler zurzeit gern den „Arabischen Frühling" als Beispiel an. Ein anderes Beispiel ist die Bewegung „Occupy Wallstreet" und ihr weltweites Echo.

Dabei war McLuhan beileibe kein Modernist. Wiewohl er aus heutiger Sicht als Visionär der modernen Informationstechnologien erscheint, war der sechsfache Familienvater tatsächlich ein eher konservativer, zudem tief religiöser Mensch mit einer eigentlich technikfeindlichen Einstellung. Für ihn brachten die elektronischen Medien Radio und Fernsehen eine neue Unübersichtlichkeit ins Leben der Menschen, und er befürchtete, auf diesen gesellschaftlichen Wandel seien die Menschen nicht vorbereitet.

Marshall McLuhan 1967, einen Spiegel haltend

Mit seinen Veröffentlichungen wurde McLuhan zum Star der amerikanischen Debattierzirkel – und auch der Medien, die er eigentlich verabscheute – und schließlich zum Guru der Popkultur, was sein Image unter Wissenschaftlerkollegen allerdings in Mitleidenschaft ziehen sollte.

Seine Bücher zeichneten sich abgesehen von ihrem Inhalt durch ihr damals sensationelles Erscheinungsbild aus: eine auffällige, irritierende Typografie, angereichert mit scheinbar zusammenhangslosen Illustrationen, oft aus Werbeanzeigen, wie man sie damals noch nicht kannte. Kritiker bewerteten seine „genial-schwierigen" Arbeiten als strukturlos, unsystematisch und widersprüchlich. Ihre Popularität und Wirkung beruhe vor allem auf McLuhans Wortspielen, auf Zuspitzungen, Kernsätzen und Schlagworten. Zweifellos sind seine Bücher nicht leicht verständlich – aber seine Fähigkeit, Entwicklungen vorauszusehen, sollte sich in der Tat als beachtlich erweisen. So erkannte er bereits 1962: „Das nächste Medium, was immer es ist – vielleicht eine Ausweitung unseres Bewusstseins – wird das Fernsehen als Inhalt mit einbeziehen, nicht als dessen bloßes Umfeld, und es in eine Kunstform verwandeln. Der Computer als Forschungs- und Kommunikationsinstrument könnte die Recherche von Information optimieren, die Zentralbibliotheken in ihrer bestehenden Form überflüssig machen, die enzyklopädische Funktion des Individuums wiederherstellen und in einen privaten Anschluss umkehren, über den individuell zugeschnittene Informationen sofort und für Geld abgerufen werden können."[35]

Darstellende Kunst in Kanada

Bei einem Spaziergang durch Downtown Toronto stößt man im Entertainment District, an der Ecke Queen Street West/University Avenue, auf ein modernes Gebäude mit ungewöhnlich transparenter Fassade. Auch die große Treppe im Inneren besteht aus Glas. Es handelt sich um das Four Seasons Centre for Performing Arts. Das über 2.000 Sitze verfügende Auditorium mit exzellenter Akustik wurde 2006 eigens für die Canadian Opera Company (COC) und das National Ballet of Canada, Kanadas größtes Ensemble für klassisches und zeitgenössisches Ballett, erbaut. Die COC ist einer der wichtigsten Opernproduzenten in ganz Nordamerika und für ihre künstlerische Qualität und kreative Innovation international bekannt.

Ein paar Straßen weiter sieht man in der King Street ein Gebäude, in dem schon seit über hundert Jahren ohne Unterbrechungen Theateraufführungen stattfinden: das Royal Alexandra Theatre. 1963 vom Theater-Impresario Ed Mirvish erworben, ist es eine der Spielstätten, in denen die Produktionsgesellschaft Mirvish Productions seines Sohnes David seit Ende der achziger Jahre erfolgreich Musical-Produktionen im Broadway-Stil aufführt.

Oben: Das Four-Seasons-Centre in Toronto, Sitz der Canadian Opera Company und des National Ballet of Canada
Unten: Das Royal Alexandra Theatre, ebenfalls in Toronto

Neben kommerziell ausgerichteten, sich selbst tragenden Theatern – die es praktisch nur in Großstädten wie Toronto, Vancouver und Montreal gibt – und staatlicher Bezuschussung gewinnt das private – in der Regel Projekt-bezogene – Sponsoring eine immer größere Bedeutung.

Da die einst großzügigen staatlichen Förderungen seit den 1970er Jahren stetig zurückgegangen sind, mussten sie zunehmend durch manchmal fantasiereiche Methoden zur Beschaffung von Spenden und Sponsoren ersetzt werden. Besonders in kleinen Städten kann man auf dem Theaterplakat auch einmal den Satz finden: „Pay what you can", nebst einem Orientierungsbetrag, den man mindestens für das Ticket aufbringen sollte. Manche der kleinen Häuser in der Provinz sind jedoch längst geschlossen und werden bestenfalls von anderen Kultureinrichtungen genutzt, fungieren nur mehr als Ort für gelegentliche Auftritte reisender Künstler oder als Programmkino, in dem einmal pro Woche ein sehenswerter Film läuft; andere schaffen

In den Metropolen Toronto, Vancouver und Montreal gibt es eine Reihe sich selbst tragender Theaterprojekte. Eigens engagierte Schauspieler wie die brillante Marla McLean wirken als Publikumsmagneten

es vielleicht noch, mit Hilfe von Enthusiasten eine Inszenierung pro Saison auf die Beine zu stellen. Auf der anderen Seite gibt es auch freie Ensembles ohne feste Spielstätte.

Allen Problemen zum Trotz hat Kanada eine lebendige und innovative Theaterszene. Die verhältnismäßig junge und ethnisch sehr vielfältige kanadische Kultur bietet Raum für Kreativität, Fantasie, Neugier, Lust am Neuen. Entsprechend dem multikulturellen Charakter der kanadischen Gesellschaft werden europäische – vor allem englische und französische – mit asiatischen, afrikanischen, lateinamerikanischen und indigene Traditionen zusammengeführt. Moderne kanadische Bühnenstücke geben Einblick in diese multikulturelle Welt, spiegeln die Vielstimmigkeit der Kultur wider. Die Szene ist experimentierfreudiger als in Deutschland, Grenzüberschreitungen zwischen Schauspiel, Tanz, Performance, Musiktheater und die Nutzung von Neuen Medien sind hier nichts Besonderes.

Meist nur eine Inszenierung pro Saison, durchgeführt von Enthusiasten, gibt es im Chester Playhouse in Nova Scotia, dessen Bühne ansonsten für Konzerte zur Verfügung steht

Der Regisseur, Schauspieler, Bühnenbildner, Autor und Filmemacher **Robert Lepage** (geb. 1957) aus Québec ist die vielleicht wichtigste Persönlichkeit der kanadischen Theaterwelt. 1994 gründete er die Theaterkompanie Ex Machina. Seine erfindungsreiche, experimentelle, mehrsprachige, multimediale Herangehensweise an die Theaterarbeit hat ihm zu Weltruhm verholfen. Lepages kreative, das Kollektiv stimulierende Methoden führen dazu, dass seine Stücke, sogar Soloauftritte, immer als Teamarbeit entstehen. Mit seinem internationalen Theaterprojekt „Lipsynch“ – mit neun Darstellern aus Kanada, England, Spanien, Deutschland und USA – tourte er 2007/2008 durch Europa und die USA und wurde überall vom Publikum mit Standing Ovations gefeiert. Ohne jeglichen Betroffenheitskitsch und überflüssiges Pathos gelingt es ihm, mit scheinbarer Leichtigkeit berührende Geschichten über Menschen zu erzählen, in denen teils sarkastischer Humor mit Melancholie und Schmerz abwechselt – er wird daher zu Recht „Zauberer des Theaters“ genannt.

Ein Großteil des Theaterlebens in Kanada spielt sich auf Festivals ab, wie dem „TransAmeriques“ in Montreal, dem „PuSh International Performing Arts Festival“ in Vancouver, dem „Magnetic North“, das im Jahresrhythmus abwechselnd in Ottawa und anderen Städten stattfindet, dem „Fringe of Toronto Theatre Festival“ und dem „Edmonton International Fringe Festival“, dem ältesten und größten Festival der alternativen und experimentellen Theaterszene in Nordamerika. In den Sommermonaten finden zudem Festivals wie „Shakespeare on the Saskatchewan“ in Saskatoon, das „Shaw Festival“ mit Stücken von George Bernard Shaw in Niagara-on-the-Lake oder das „Antigonish Summer Theatre“ in Nova Scotia statt.

Torontos Massey Hall ist Kanadas bekannteste Konzerthalle und gilt seit 1981 offiziell als nationales historisches Monument. In diesem berühmten Haus sind alle aufgetreten, die Rang und Namen haben – von Maria Callas und Enrico Caruso bis hin zu Glenn Gould, Charlie Parker, The Band und Neil Young.

Wenn man über Kanadas darstellende Künste redet, kommt man natürlich nicht am Cirque du Soleil vorbei. Er wurde 1984 von einer Gruppe von Straßenkünstlern in Québec gegründet, die aus der Verbindung vormittelalterlicher Traditionen mit Musik und Theaterkunst eine sehr zeitgemäße Form des Zirkus entwickelten. Die originellen Darbietungen der Stelzenläufer, Jongleure, Feuerschlucker und Gaukler waren so erfolgreich, dass sich der Cirque du Soleil bereits in den neunziger Jahren international etabliert hatte. Heute operiert er auf fünf Kontinenten, wobei die Zentrale sich immer noch in Montreal befindet. Der heutige Stil des Cirque du Soleil wird als *nouveau cirque* bezeichnet: Im Unterschied zum herkömmlichen Zirkus gibt es – ähnlich dem deutschen Circus Roncalli – keine Tierauftritte, die Darbietungen haben ein Thema und sind, fast wie im Theater, mit agierenden Charakteren und einem Handlungsverlauf angelegt. Ausgefallene Kostüme und genau auf die perfektionierten akrobatischen Darbietungen abgestimmte Beleuchtung und Live-Musik erschaffen eine eigene Welt, in der mitunter die Gesetze der Physik außer Kraft gesetzt zu sein scheinen, und bescheren den Zuschauern ein faszinierendes ästhetisches Gesamterlebnis.

Trommeltanz, Powwow und Kehlkopfgesang

Die Traditionen der indigenen Völker bereichern auch die Tanzkultur in Kanada auf originelle, für Europäer außergewöhnliche Weise. Vielleicht begegnet man ihnen im Alltag sogar häufiger als dem klassischen Ballett oder dem (nicht nur in Kanada beliebten) Irish Dance – beispielsweise auf den zahlreichen Festen der indigenen Völker.

Der **Trommeltanz** der Inuit wurde bei besonderen Anlässen aufgeführt, etwa bei Geburten, dem ersten Jagderfolg eines Inuit-Jungen, dem Abschluss einer erfolgreichen Jagdzeit, zur Begrüßung eines Besuchers oder um einen Verstorbenen zu ehren. Manchmal waren sie auch Bestandteil schamanistischer Handlungen; der Trommeltanz sollte dann Krankheiten vertreiben oder Jagdglück bringen.

Die Nunatsiavut Drum Dancers in Nain, Labrador

Die Trommeln der Inuit wurden aus Karibu-Haut hergestellt, die über Treibholz gespannt wurde, das zuvor mit kochendem Wasser weich gemacht und in Form gebogen wurde. Die Trommel hat einen nach unten ragenden Griff, mit dem sie gehalten und während des Trommelns hin und her gedreht wird. Anders als bei herkömmlichen Trommeln wird nicht auf das Fell geschlagen, sondern auf den Rand der Trommel.

Ein Beispiel für die mit dem Trommeln oft einhergehenden Tänze ist der Eisbär-Tanz. Dabei wird die Trommel tief unten gehalten und der Tänzer ahmt einen Eisbären nach. Oft werden zu den Klängen der Trommel sogenannte ayayas gesungen, die dem Anlass gemäß Liedtexte aller Art enthalten können. Für die unterschiedlichen Tänze gibt es feste Regeln.

Als „heidnische Bräuche" wurden die Trommeltänze von Missionaren und der Regierung lange Zeit verboten. Dennoch überlebte diese Tradition. Heute kann man in den meisten Inuit-Gemeinden wieder Trommeltänze erleben. Gerade junge Inuit lernen und praktizieren diese Kultur, manche mit bemerkenswerter Professionalität – seien es die Inuksuk Drum Dancers aus Iqaluit, die Gruppe Kilautiup Songuninga in St.John's, die Kugluktuk Drum Dancers, die den Inuvialuit-

Stil praktizieren, oder die Nunatsiavut Drum Dancers aus Labrador, die 2010 bei den Olympischen Spielen in Vancouver die Zuschauer begeisterten.
Wenn man Gelegenheit hat, etwa bei der Eröffnung einer Konferenz oder einer Feier oder einer Show für Touristen einen solchen Trommeltanz zu erleben, wird man erstaunt über die eigentümliche, fast hypnotische Wirkung sein, welche die vielleicht im ersten Moment monoton erscheinende Darbietung entfaltet.

Wer durch Kanadas Provinzen reist, hat gute Chancen, ein besonderes Ereignis zu erleben: Fast jede First Nation führt einmal im Jahr ein **Powwow** durch, bei dem Gäste immer willkommen sind. Dieses Fest ist für die Mitwirkenden eine wichtige Gelegenheit, die Zugehörigkeit zur gemeinsamen indianischen Kultur zu leben und zu stärken. Die Teilnehmer kommen dabei oft auch von anderen Stämmen in ganz Kanada, manchmal sogar aus den USA. Ein Höhepunkt des Powwow ist in der Regel die „Grand Entry", die Große Parade, der Einzug der beteiligten Tänzer, Tänzerinnen und der Trommelgruppen in den „Circle". Der „MC", der „Master of Ceremonies", stellt die Tänzer und die verschiedenen Trommelgruppen vor. Wenn alle eingetroffen sind, beginnt der Umzug im Kreis, begleitet vom rhythmischen Trommeln und den eindringlichen Wechselgesängen der Begleitgruppen. Sowohl die Respektspersonen, die „Ältesten" (*elders*) als auch jüngere Männer, Frauen jeden Alters und sogar kleine Kinder tanzen zu den rhythmischen Trommelschlägen und Gesängen. Voran schreitet ein *elder*, dem die Ehre gebührt, den „Eagle Staff" zu tragen, einen federgeschmückten Stab mit einer Art Banner.

Prächtig geschmückter Tänzer bei einem Powwow

Sind die Kostüme und die traditionelle Aufmachung der Beteiligten allein schon eine Augenweide, steigert sich ihre Wirkung noch, wenn die Tänze beginnen. Die Männer fallen durch ihren Kopfschmuck auf, viele tragen einen Tanzstab. Manche haben mit Federn dekorierte Tanzräder auf dem Rücken, und sie schwingen ihre Arme mit Federkränzen. Andere haben lange, bunte Fransen an der Kleidung, die im „Grass Dance" oder „Chicken Dance" herumwirbeln, vor und zurück schwingen. Der Anblick der Frauen in ihren Trachten ist nicht weniger eindrucksvoll: Die Kleider sind aus Stoff oder Hirschleder, mit Perlen oder Stachelschweinsborsten farbig verziert; andere haben kleine Glocken an der Kleidung befestigt, für den „Jingle Dance". Manche tragen um die Schulter einen farbigen Schal mit langen Fransen, der beim „Shawl Dance" schmetterlingsartig bewegt wird. Die Symphonie der Farben und Formen, die fantasievollen und temporeichen Bewegungen der Tänzer, begleitet von den rhythmischen Trommelklängen und minimalistischen Gesängen, sind ein unvergessliches Erlebnis.

Throat Singing in Kangiqsujuaq

Kehlkopfgesang kennt man in unterschiedlicher Form in einigen Ländern der Welt. Die Inuit haben einen einmaligen Gesangsstil und Klang entwickelt, der sich von dem Obertongesang z.B. der Tuwa oder anderer zentralasiatischer Völker unterscheidet. Nur von den Ainu in Japan und den Tschuktschen in Ostsibirien wurde (jedenfalls bis in die 1970er bzw. 1990er Jahre) von einer ähnlichen Gesangstechnik berichtet. Traditionell wird *Throat Singing* (Inuktitut: Katajjaq) von zwei Frauen praktiziert, die einander gegenüberstehen und sich anfassen – ein spielerischer Wettbewerb mit einer Art rhythmischem Gesang aus sowohl stimmhaften als auch stimmlosen kurzen Lauten, die mit dem Ein- und Ausatmen erzeugt werden. Oft handelt es sich um Morpheme ohne Bedeutung, aber auch um konkrete Worte zu einem bestimmten Thema oder auch die Nachahmung bestimmter Geräusche aus der Natur, z. B. von Tieren, des Meers oder des Windes. Eine Sängerin setzt den Rhythmus und das Tempo, die andere muss folgen und diese Laute jeweils um einen halben Takt zeitversetzt wiederholen. Wer dabei zuerst lachen muss, verliert.
Viele der Gesänge imitieren Klänge aus dem Alltagsleben oder der Natur. Die Wettbewerbe dienten früher zur Unterhaltung der Kinder oder dem Vertreiben der Langeweile, während die Männer auf der Jagd waren. In der modernen Inuit-Kultur lebt das Throat Singing wieder auf, man kann es bei Veranstaltungen in den Gemeinden und natürlich bei Festen und Feiern hören. Viele Inuit-Mädchen und junge Frauen lassen sich von den älteren in der Gesangstechnik unterweisen. Manche Künstler bedienen sich der Elemente des traditionellen Kehlkopfgesangs auch für moderne populäre Darbietungen: So hat die Inuit-Sängerin Tanya Tagaq diese Kunst in gemeinsame Aufnahmen mit Björk sowie mit dem Kronos Quartett eingebracht.

Von Festen und Feiern

Vielleicht hat so mancher Kanada-Reisende bereits einmal den 1. Juli miterlebt – Kanadas wichtigsten Feiertag, den Canada Day. Er wird landesweit mit festlichen Aktivitäten begangen, die je nach Größe der Gemeinde variieren. Die Flagge mit dem Ahornblatt ist dann vor fast jedem Haus zu sehen. Auftritte von Künstlern, Konzerte, Umzüge, Kinderveranstaltungen, Feuerwerk – alles was man sich denken kann, ist an diesem Tag zu erleben; manche Kanadier aber genießen einfach den freien Tag und treffen sich mit der Familie oder Freunden.

In Kanada unterscheidet man zwischen allgemein arbeitsfreien gesetzlichen Feiertagen (*statutory holidays*) wie Neujahrstag, Karfreitag,

Parade zu den Newfie Days in Lunenburg, Nova Scotia

Canada Day, Labour Day und Christmas Day (25. Dezember) und solchen Feiertagen, an denen Staatsangestellte frei haben, die Arbeitsfreiheit für private Firmen aber nicht zwingend vorgeschrieben ist, wie beispielsweise Ostermontag, Victoria Day (am letzten Montag vor dem 25. Mai zur Feier des Geburtstags Queen Victorias), Thanksgiving (jeweils am 2. Montag im Oktober) und Boxing Day (der „Geschenkschachtel-Tag" am 26. Dezember). Zusätzlich gibt es noch „optionale" Feiertage, die in vielen, aber nicht allen Provinzen arbeitsfrei sind, und spezielle Feiertage, die auf einzelne Provinzen begrenzt sind.

Feiertag	Datum	BC	AB	SK	MB	ON	QC	NB	NS	PE	NL	YT	NT	NU
Neujahrstag	01. Jan	rot	rot	rot	rot	rot	rot	rot	rot	rot	rot	rot	rot	rot
Islander Day	3. Montag im Februar									rot				
Family Day	3. Montag im Februar		rot	rot		rot								
Louis Riel Day	3. Montag im Februar				rot									
St. Patrick's Day	17. Mrz										grau			
Karfreitag	Freitag vor Ostern	rot	rot	rot	rot	rot	grau	rot	rot	rot	rot	rot	rot	rot
Ostermonatg	nach Ostersonntag						rot							
St. George's Day	23. Apr										grau			
Victoria Day	Montag vor dem 25. Mai	rot	rot	rot	rot	rot	rot	grau	grau	rot	grau	rot	rot	rot
National Aboriginal Day	21. Jun												rot	
Féte Nationale	24. Jun						grau							
Discovery Day	24. Jun										grau			
Canada Day	01. Jul	rot	rot	rot	rot	rot	rot	rot	rot	rot	rot	rot	rot	rot
Nunavut Day	09. Jul													rot
Civic Holiday	1.Montag im August	rot	grau	grau	rot	grau	grau	rot	grau	grau	grau	grau	grau	rot
Discovery Day	3. Montag im August											rot		
Labour Day	1. Montag im September	rot	rot	rot	rot	rot	rot	rot	rot	rot	rot	rot	rot	rot
Thanksgiving	2. Montag im Oktober	rot	rot	rot	rot	rot	rot	grau	grau	grau	grau	rot	rot	rot
Remembrance Day	11. Nov	rot	rot	rot	grau	grau	grau	rot	grau	rot	rot	rot	rot	rot
Weihnachtsfeiertag	25. Dez	rot	rot	rot	rot	rot	rot	rot	rot	rot	rot	rot	rot	rot
Boxing Day	26. Dez	grau	grau	grau	grau	rot	grau	grau	grau	grau	grau	grau	grau	grau

Tabelle: Kanadische Feiertage und ihre Gültigkeit in den jeweiligen Provinzen. Rote Kästchen: allgemeiner Feiertag, graue Kästchen: optionaler Feiertag

Eine typisch kanadische Besonderheit ist, dass bei Feiertagen, die auf einen Sonntag fallen, der Montag danach ebenfalls ein freier Tag ist. Einige der Feiertage wurden daher der Einfachheit halber gleich offiziell auf den Montag gelegt.

Anderthalb Millionen Gäste besuchen alljährlich die berühmte „Calgary Exhibition and Stampede". Die zehntägige Veranstaltung, die als größte Freiluftshow der Welt gilt, ist eine Kombination aus Rodeo, Landwirtschaftsausstellung und Festival und findet seit über 120 Jahren jeweils im Juli statt. Die Show zieht Teilnehmer und Fans von Cowboy-Wettbewerben und Pferdesport aus aller Welt an. Mit verschiedenen Wettbewerben in Disziplinen wie Bullenreiten, „Barrel Racing" (Umreiten von Ölfässern), „Bull Wrestling" (Ringkampf, bei dem man versucht, einen Stier umzuwerfen), Lasso-Werfen und Reiten mit und ohne Sattel, mit Bühnenshows, Konzerten, landwirtschaftlichen Wettbewerben und Ausstellungen und Aufführungen der First Nations wartet die „Calgary Stampede" mit einem breiten Spektrum an Attraktionen auf. Insbesondere für Western-Fans ist ein Besuch dieses Rodeofestivals daher geradezu ein Muss. Für Tierfreunde sind die Wettbewerbe, bei denen immer wieder auch Pferde zu Tode kommen, dagegen ein zweifelhaftes Vergnügen. Einige Tierschützer fordern daher seit Langem ein Verbot von für Tiere gefährlichen Rodeosportarten.

Bullenreiten auf der „Calgary Exhibition and Stampede", der größten Freiluftshow der Welt

Jeden Sommer kann man in Vancouver die „Celebration of Light" erleben, Vancouvers Variante – und angeblich auch die größte – des internationalen Feuerwerk-Wettbewerbs „Symphony of Fire".

Oben: Akadische Tänzerinnen beim Mi'kmaq-Acadian Festival in Fort Point (La Have, Nova Scotia)
Rechts: Powwow-Impressionen

Und auch im Winter bietet Kanada einmalige Feste. Beispielsweise lädt Ottawa – nicht selten bei zweistelligen Minusgraden und hüfthohen Schneewehen – zum „Winterlude" ein. An den ersten drei Wochenenden im Februar versammelt man sich zum Schlittschuhlaufen ohne Ende auf der größten Eisbahn der Welt, dem Rideau-Kanal; Kinder und Junggebliebene haben Spaß mit Schneerutschen, Hindernisbahnen und Pferdeschlitten auf dem größten Schneespielplatz des Kontinents im „Sun Life Snowflake Kingdom" im Jacques-Cartier-Park; und natürlich gibt es Wettbewerbe im Formen von Schnee- und Eisskulpturen. Ähnliche Veranstaltungen gibt es in Ontario sowie in Gatineau in Quebéc.

Doch auch kleinere Feste mit weniger gigantischen Besucherzahlen hat das Land zu bieten: Sei es das „Celtic Colours Festival" auf Cape Breton Island, das „Edmonton Folk Music Festival" in Albertas Hauptstadt Edmonton, das „Northern Lights Festival Boréal" in Sudbury, Ontario, die zahlreichen Theaterfestivals oder die Powwows der First Nations (s. S. 304). Dazu kommen kleine regionale

341

Kanada verfügt über eine Vielzahl an sehenswerten Museen. Einige Beispiele (von links nach rechts): National Gallery of Canada, Ottawa; Space Centre, Vancouver; Museum for Inuit Art, Toronto; Royal Ontario Museum, Toronto; Museum in Kangiqsujuaq; Emily Carr House, Victoria

Feste mit manchmal ganz eigenen Reizen, wie etwa das „Scarecrow Festival" in Mahone Bay (Nova Scotia), wo ein Oktoberwochenende lang liebevoll gebastelte, zum Teil kunstvolle Vogelscheuchen das Stadtbild bestimmen und auf den Humor und Ideenreichtum der Einwohner verweisen. Darüber hinaus finden landesweit kleine Ortsfeste zu verschiedenen Anlässen statt, ob zur Erdbeerernte, zur Apfelblüte, zum Auftakt der Lachssaison, oder in Rückbesinnung auf historische, ethnische oder religiöse Traditionen. Solche Feste – oft mit historischen Umzügen, Verkaufsausstellungen, Vorführungen und Konzerten, und natürlich mit Speisen und Getränken – werden zumeist mit großem Engagement der jeweiligen Anwohner durchgeführt und sind in den meisten Fällen durchaus sehens- und erlebenswert.

Museen und National Historic Sites

Der kanadische Staat, aber auch Kommunen oder engagierte Freundeskreise widmen der Pflege des geschichtlichen und kulturellen Erbes erhebliche Aufmerksamkeit und oft auch umfangreiche finanzielle Mittel. Kanada unterhält bedeutende Nationalmuseen wie die National Gallery of Canada, das Canadian Museum of Civilization, das Canadian Museum of Nature, das Canada Science and Technology Museum (alle in Ottawa) oder Pier 21 – Museum of Immigration (in Halifax). Erst Ende 2014 wurde das Canadian Museum for Human Rights in Winnipeger öffnet.

Natürlich findet man die bedeutendsten und größten Museen in

den großen Städten, aber auch in kleinen Städten lässt sich manch hochinteressantes und mit modernster Präsentationstechnik gestaltetes Museum mit ausgefeilten museumspädagogischen Konzepten entdecken. Zuweilen aber stößt man in kleinen Orten auf Museen, wo man von derartigen Methoden noch nie gehört hat; hier erinnern die Sammlungen eher an ein Kuriositätenkabinett. Doch mitunter besitzen gerade diese völlig unmodernen Museen einen besonderen Charme und erweisen sich als regelrechte Fundgruben.

Mit der Klassifizierung als *National Historic Site* werden national bedeutende historische Stätten, Monumente, Bauwerke und Freiluftanlagen unter Schutz gestellt, die an wichtige Personen oder Ereignisse erinnern. Das Spektrum reicht von bloßen Erinnerungstafeln über Denkmäler, Wohnhäuser (wie das Emily Carr House in Victoria, British Columbia) und historische Bauwerke (wie das Hebron Mission Building in Labrador) bis zu umfangreichen Anlagen, in denen geschichtliche Ereignisse lebendig werden (wie das Fortress of Louisbourg auf Cape Breton Island in Nova Scotia).

Kapitel 7
Natur und Umwelt

Der Alaska Highway führt von Dawson Creek in British Columbia nach Delta Junction in Alaska

Natur und Umwelt

Geografisches

Vielfältige Landschaften

Ob Hochgebirge mit schneebedeckten Gipfeln, trockene Hochebenen, Prärien mit fruchtbarer Schwarzerde, bewaldete Mittelgebirge, Flusstäler und Hügelketten, gewaltige Ströme mit Trichtermündungen oder weit verzweigte Flussdeltas, zerklüftete Küstenlandschaften, Fjorde, Wasserfälle, schnee- und eisbedeckte Tundren, vegetationsarme Polarwüsten: Kanadas Vielfalt der Landschaften, seine grandiosen Naturschönheiten und sein Reichtum an Klimata sind sprichwörtlich.

Jeder hat die Bilder mit den schneebedeckten Gipfeln vor Augen: Im Westen Kanadas erheben sich die Kordilleren, gewissermaßen das „Rückgrat" der beiden amerikanischen Kontinente. Am Pazifik sind es die Coast Mountains, die Höhen von fast 6.000 Metern erreichen (der höchste Berg Kanadas, der Mount Logan in den Yukon Territorics, ist 5.959 Meter hoch), weiter im Inneren liegen die berühmteren eigentlichen Rocky Mountains, in Kanada bis knapp 4.000 Meter hoch; beides sind lang gezogene Faltengebirge, zwischen denen sich ein Hochbecken erstreckt, in dem man auch Trockengebiete antrifft. Die Hochgebirge sind in den unteren Zonen mit dichten Wäldern, vornehmlich aus Nadelbäumen, bedeckt. An der Pazifikküste dominiert der nördliche Regenwald mit seinen mancherorts noch jahrhundertealten, moosbewachsenen Baumriesen – mächtigen Zedern, Sitka-Fichten und Douglasien.

Vielfältige Landschaften: Mount Robson in den Rocky Mountains und die Prärie der Inneren Ebenen

Wer in der Hitze des Sommers die riesigen Getreidefelder in der Mitte des Landes passiert, in den leicht gewellten, weit gespannten und fruchtbaren Inneren Ebenen (*Interior Plains*), wo es nur niedrige, wenn auch manchmal schroffe Höhenzüge gibt, kann sich nur schwer vorstellen, dass sich hier einst riesige Gletscher befanden. Aber diese Landschaft wurde vornehmlich durch die Eiszeiten geprägt. Die fruchtbaren Böden der ehemaligen Prärien sind heute die Kornkammern des Landes; unter der Oberfläche lagern stellenweise riesige Kohle-, Erdöl- und Ölsandvorkommen.

Fast die Hälfte des Landes wird vom Kanadischen Schild gebildet, dessen erzreicher Untergrund hauptsächlich aus uralten magmatischen

Gesteinen besteht. Der Acasta-Gneis östlich des großen Bärensees ist mit seinem Alter von etwa 4,03 Milliarden Jahren nicht wesentlich jünger als die Erde selbst und eines der ältesten bekannten Gesteine unseres Planeten. Die während der Kaltzeiten vordringenden Eismassen haben die Felsrücken rundgeschliffen, dazwischen liegende Hohlformen mit Verwitterungsschutt aufgefüllt und so eine sanft gewellte Landschaft hinterlassen, aus der manchmal nackter Felsgrund herausragt, dazwischen liegen zahllose Seen, Bäche, Flüsse, Stromschnellen und Wasserfälle. Im Osten (Labrador) ist das Gestein bis zur Höhe von rund 1.600 Metern aufgefaltet und fällt dann steil zu den Fjorden des Atlantiks ab. Der kanadische Schild hat kaum Boden, der sich für eine landwirtschaftliche Nutzung eignet – daher blieb das Land zunächst weitgehend in seinem ursprünglichen Zustand. Hier wächst vornehmlich ein schütterer borealer Nadelwald mit Fichten, Tannen und Birken. Seit der Mitte des 19. Jahrhunderts aber wurden Bodenschätze entdeckt: Erze wie Eisen, Nickel, Kupfer, Zink, Uran und andere Mineralien (z.B. Asbest) – die inzwischen zunehmend ausgebeutet werden. Einige der großen Flüsse ermöglichen den Betrieb von Wasserkraftwerken.

Die Gesteinsformationen des Kanadischen Schildes (in rötlichen Farben) gehören zu den ältesten der Erde (Ausschnitt aus einer geologischen Karte Nordamerikas)

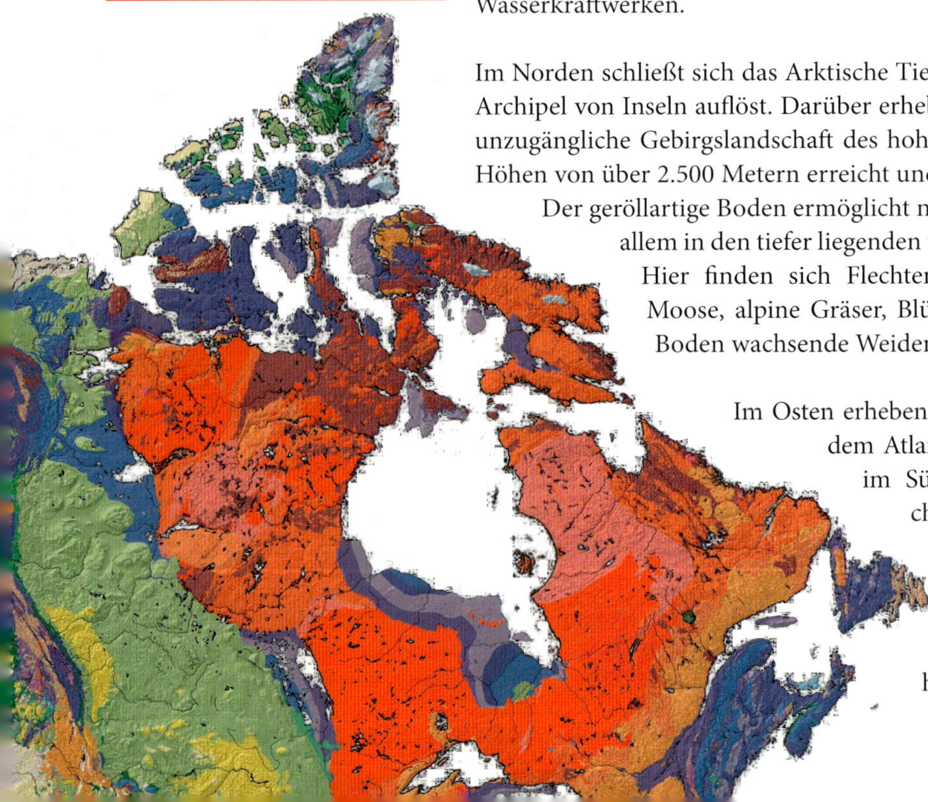

Im Norden schließt sich das Arktische Tiefland an, das sich in einem Archipel von Inseln auflöst. Darüber erheben sich die Innuitians, die unzugängliche Gebirgslandschaft des hohen Nordens, die maximale Höhen von über 2.500 Metern erreicht und teilweise vergletschert ist. Der geröllartige Boden ermöglicht nur spärliche Vegetation vor allem in den tiefer liegenden und südlicheren Bereichen. Hier finden sich Flechten und Tundra-Vegetation: Moose, alpine Gräser, Blütenpflanzen und dicht am Boden wachsende Weiden- und Birkenarten.

Im Osten erheben sich die Küstenebenen aus dem Atlantik, und die Ausläufer des im Südosten gelegenen Appalachengebirges setzen sich mit den Long Range Mountains noch bis auf die Insel Neufundland fort. Die Landschaft ähnelt hier den europäischen Mittelgebirgen, die Erhebungen sind selten höher als 1.000 Meter und oft dicht bewaldet: Vor allem Mischwälder aus Eschen, Pappeln, Eichen und Ahorn, Fichten, Tannen und Kiefern bilden die Vegetation. In breiten Flusstälern und Ebenen haben eiszeitliche Sedimente fruchtbare Böden gebildet; hier wird das Land großenteils kultiviert und landwirtschaftlich genutzt. Die formen- und abwechslungsreiche Atlantikküste mit zahlreichen felsigen Inseln, steinigen Landzungen, engen fjordartigen oder flachen breiten Buchten, Nehrungen und Lagunen zeigt die Spuren der jahrtausendelangen Bearbeitung durch Gletscher, Wind und Wellen.

Wer in Toronto einmal die Ausmaße des Lake Ontario gesehen hat und dann einen Blick auf die Landkarte wirft, erkennt unschwer, dass Kanada über die größten Süßwasserreserven der Welt verfügt. Eiszeitliche Gletscher schufen unter anderem die Becken des Großen Bärensees, des Großen Sklavensees, des Athabascasees und des Winnipegsees sowie die der Großen Seen. Dazu kommen aber noch Millionen kleinere Seen sowie viele Wasserläufe, Bäche, Flüsse und Ströme – ein unerschöpfliches Reservoir.

Ebenfalls aus Süßwasser bestehen die Eisberge, die in jedem Jahr entlang der Iceberg Alley von den Gletschern der hohen Arktis, zumeist aus Grönland, abbrechen und – manchmal auf Umwegen über Hudson Strait und Bay – an der Labradorküste entlang gen Neufundland treiben.

Atlantikküste, Cape Breton Island (oben)
Eisberge in der Hudson Strait

Zum kanadischen Klima

Hinsichtlich des Klimas ist Kanada ein Land der Extreme: hier Polarwüsten, dort Weinanbau. Tatsächlich wird nicht nur am südlichsten Zipfel Kanadas, unweit der Niagara-Fälle, Wein angebaut, sondern auch in Québec und Nova Scotia, und selbst in der Plateauregion zwischen den Rocky Mountains und den Küstengebirgen British Columbias wachsen edle Reben. Aufgrund der Winterkälte und des unbeständigen Wetters im zeitigen Frühjahr und zum Ende der Erntezeit im Herbst bleibt die mittlere Temperatur der Wachstumsphase allerdings um mehrere Grad kühler als in den vergleichbaren europäischen Breiten.

Der Norden und Nordosten Kanadas (ganz grob: etwa nördlich des 58. Breitengrades, jedoch mit Abweichungen) liegen in der arktischen Klimazone, und auch weite Bereiche des Zentrums sowie der Nordwesten (weitgehend nördlich des 50. Breitengrades) werden von subarktischem oder borealem Klima geprägt. Daher liegen die Jahresdurchschnittstemperaturen in mehr als der Hälfte des Landes unterhalb des Gefrierpunktes!
Im arktischen Sommer, wenn nördlich des Polarkreises die Sonne extrem lange scheint oder gar nicht untergeht, kann hier das Thermometer zwar bis auf 15°C steigen, im Winter aber, in der Polarnacht, sind die Temperaturen extrem niedrig und können schon mal -50°C erreichen. Der Boden, der auch im Sommer nur in der obersten Schicht auftaut, wird als Permafrostboden bezeichnet. Wo es ihn gibt, kann auch in der warmen Jahreszeit das Oberflächenwasser kaum ablaufen; oft findet man dort morastige Flächen und Tümpel.

Tundra-Vegetation im Dauerfrostboden

Hier wachsen auch keine Bäume mehr. Die sogenannte *treeline*, die nördliche Baumgrenze, hält sich jedoch, wie das Klima selbst, nicht an Breitengrade: Sie beginnt im Westen des Kontinents etwa bei 62°N, unter dem Einfluss der Hudson Bay liegt sie im Osten weiter südlich, z.B. in Kuujjuaq am 58. Breitengrad, aber das ist noch lange nicht der südlichste Punkt – in Labrador erreicht sie 53°N.

Im größten, zentralen Teil Kanadas dominiert das boreale Klima mit extremen Unterschieden: Die Winter sind lang und kalt mit Temperaturen bis -40°C, denn die arktischen Luftmassen können ungehindert bis weit in den Süden vorstoßen. Verglichen mit den Küstenregionen sind die Niederschläge hier gering. Die Sommer sind zwar relativ kurz, dabei aber ausgesprochen warm: Es können auch mal 40°C erreicht werden, besonders im Süden, der vom Kontinentalklima beeinflusst wird. In den Prärien herrscht trockene Hitze vor, weiter östlich in Ontario und Québec ist es bei feuchterer Luft hingegen schwül-warm.

Durch den Hurrikan Juan am 29. September 2003 verursachte Schäden in Halifax, Nova Scotia

Der Südosten des Landes am Atlantik steht hingegen unter dem Einfluss des Meeres – hier herrscht ein gemäßigtes Seeklima, es ist immer mehr oder weniger windig und auch etwas niederschlagsreicher. Der kalte Labradorstrom aus dem Norden drängt den warmen Golfstrom allerdings nach Osten ab, so dass es nicht so heiß wird wie in den auf der gleichen Breite gelegenen Regionen in Südfrankreich. Der Herbst, als *Indian Summer* bekannt, ist in den östlichen Provinzen ausgesprochen mild. Noch mildere Witterungsverhältnisse hat aber die pazifische Südwestküste Kanadas, die unter dem Einfluss warmer Meeresströmungen liegt; hier fallen auch die reichsten Niederschläge, denn die feuchten Westwinde regnen sich an den Flanken der Küstengebirge ab, wohingegen es im Binnenland oft heiß und trocken sein kann.

Sturm, Hochwasser, Schnee und Eis

Diese so unterschiedlichen Klimazonen bringen auch extreme Wetterphänomene hervor. Stürme werden nicht selten zu Orkanen. Von Mai bis November erreichen immer wieder einmal Hurrikans die Atlantikregion, aber auch mit den Winterstürmen ist hier nicht zu spaßen. Ebenso wird die Westküste regelmäßig von schweren pazifischen Stürmen heimgesucht, insbesondere im Winter und zeitigen Frühjahr, mal unter dem Einfluss von El Niño, mal von El Niña. Außerdem ist

Links: Ein Schild warnt vor dem Betreten einer Tsunami-Gefahrenzone
Rechts: Während des Saskatchewan -Blizzards in Saskatoon, 2007

man hier wegen tektonischer Aktivitäten der Pazifischen Platte, durch die Seebeben ausgelöst werden können, in ständiger Tsunami-Alarmbereitschaft. An den Küsten weiß man um die Kraft der Wellen und die Gefahren durch Sturmfluten, man rechnet jederzeit mit Schäden durch Überflutungen. Hochwasser und Überschwemmungen treten aber auch im Binnenland auf – manchmal unvermutet in solchen Gegenden, die eigentlich niederschlagsarm sind, wie z.B. den Prärien. Kommt es dort einmal zu lang anhaltenden Regenfällen, können die Flüsse über die Ufer treten. Die daraus entstehenden Schäden sind angesichts der mangelnden Vorbereitung der Bevölkerung auf derartige Naturkatastrophen in der Regel hoch.

Im Winter kann es durch Blizzards (Schneestürme) oder einfach nur wegen reichlicher Schneefälle schon mal vorkommen, dass der Verkehr großräumig lahm gelegt wird, dass Autobahnen über Stunden unpassierbar bleiben und Flughäfen gesperrt werden müssen. Auch die Schulen bleiben dann selbstverständlich geschlossen. Zu flächendeckenden Stromausfällen kann es auch bei Stürmen in der warmen Jahreszeit kommen, aber gerade im Winter sind diese keine Seltenheit. Wohl jeder Ostkanadier kann sich an den Eisregen im Januar 1998 in Québec erinnern, als unter dem Gewicht eines zentimeterdicken Eismantels sogar Hochspannungsmasten wie Streichholzbauten einknickten und Hunderttausende mehr als zwei Wochen lang ohne Strom waren.

In der Arktis kommt es öfters zum berüchtigten *whiteout*: Schneefall, Nebel oder dichte Bewölkung bewirken, dass der Horizont nicht mehr zu sehen ist, Boden und Himmel nahtlos ineinander übergehen, Konturen und Schatten nicht mehr wahrnehmbar sind. Man verliert die Orientierung und kann dadurch in Lebensgefahr geraten.

Aktivitäten in der Natur

Wer die Städte, Dörfer und Ansiedlungen hinter sich lassen will, findet in Kanada vielerlei Gebiete mit unbewohnter Natur, aber nicht alle sind für Freizeit und Tourismus besonders geeignet.
Will man einfach durch schöne Landschaften spazieren, kann man sich ganz schnell auf Privatland befinden. Waldgebiete in der Nähe von Siedlungen unterliegen oft forstwirtschaftlicher Nutzung oder werden bejagt, sind aber auch ansonsten nicht besonders passend für Wanderungen oder Spaziergänge, weil die dafür geeigneten Wege fehlen. Wer einem Waldweg folgt, darf nicht erwarten, dass er zu einem touristischen Ziel gelangt – viel wahrscheinlicher kommt man zu einem Holzeinschlag.
In unbekannten, unbewohnten Gebieten sollte man ein Mindestmaß an Vorsicht walten lassen – verlässt man vorhandene Wege und Pfade, landet man leicht in unwegsamem Gelände, wo Sümpfe oder andere Hindernisse das Fortkommen erschweren und die Orientierung verloren gehen kann. Es ist ziemlich leicht, sich zu verlaufen; überdies können wilde Tiere wie Bären und Pumas, die keine überraschenden Begegnungen mit Menschen lieben, eine Gefahr darstellen. Besser für eine aktive Erholung geeignet sind daher die dafür eingerichteten National und Provincial Parks.

Zweifelhafte Aktivitäten in der Natur

National Parks und Provincial Parks

Schon vor über 100 Jahren wurden die ersten National Parks in Kanada geschaffen, um außergewöhnliche Landschaften, Naturwunder und Stätten des kulturellen Erbes der Öffentlichkeit zugänglich zu machen und zugleich zu schützen und für zukünftige Generationen zu erhalten. Der erste Nationalpark, der heutige Banff National Park, entstand 1885 in den Rocky Mountains.

Flusslauf im Algonquin Provincial Park, Ontario

Heute gibt es in jeder Provinz und jedem Territorien mehrere Nationalparks – insgesamt 42, und die nationale Organisation der Verwaltungen, Parks Canada, konnte 2011 ihren 100. Geburtstag feiern.

In Nationalparks ist generell der Verbrauch natürlicher Ressourcen wie Forstwirtschaft, Bergbau, Landwirtschaft und Jagd verboten. Es gibt nur begrenzte Ausnahmen, etwa in einigen Gebieten das Angeln, wofür jeweils gesonderte Regeln zu beachten sind. Da die Parks nicht nur dem Schutz vor Eingriffen des Menschen, sondern ausdrücklich der aktiven Erholung dienen sollen, sind Freizeitaktivitäten wie Wandern, Kanufahren, Skilanglauf und Schneeschuhlaufen erlaubt.
Werden Bären gesichtet, kann schon mal ein Wanderweg vorübergehend gesperrt werden; vom Parkranger und aus im Besucherzentrum ausliegenden Faltblättern erfährt man, wie man sich zu verhalten hat, um nicht in Gefahr zu geraten. Das Mitbringen von Waffen ist den Parkbesuchern selbstredend verboten. Konflikte können insbesondere beim Zusammentreffen mit Eisbären entstehen, die keine Furcht vor dem Menschen kennen und ihn auch als Beute wahrnehmen. Für die

Sicherheit kann in solchen Gebieten ein bewaffneter Parkranger, ein sogenannter *bear monitor* oder *polar bear guard*, sorgen.

Bei Strandwanderungen ist es ratsam, den Gezeitenverlauf zu beachten, um nasse Füße oder ernsthaftere Probleme zu vermeiden; das gilt insbesondere an den Küsten der Bay of Fundy (Nova Scotia und New Brunswick) und der Ungava Bay (im Nordosten Québecs) mit ihren extremen Gezeitenunterschieden. Dort kann es leicht passieren, dass die Flut einem den Rückweg abschneidet.
In der Regel verfügt jeder Nationalpark über ein lokales *Visitor Information Centre*. Neben den hier angebotenen vielfältigen Informationen werden mitunter auch Programme mit geführten Touren, Vorträgen u. a. Veranstaltungen angeboten. Ausnahmen bilden dabei die sehr abgelegenen, nicht über die übliche Infrastruktur verfügenden Parks etwa in arktischen Regionen.

Hier überwacht ein „Bear Monitor" das Gelände, um Gefährdungen durch Eisbären zu verhindern

Nationalparks verfügen zumindest über einfache Toiletten und Campingmöglichkeiten, manchmal auch über einen Kanu- oder Fahrradverleih, jedoch kaum über Versorgungseinrichtungen und Unterkünfte – einkaufen, essengehen oder übernachten in einem richtigen Bett muss man zumeist außerhalb des Parks.
Eine weitere Möglichkeit zur Naherholung, Freizeitgestaltung oder Übernachtung bieten daneben die von der jeweiligen Provinz verwalteten *Provincial Parks*. Ihr Spektrum reicht vom kleinflächigen Picknickpark unweit der Straße bis zum riesigen Schutzgebiet in der Dimension eines Nationalparks (z. B. der Algonquin Park in Ontario). Die meisten größeren Provincial Parks haben sehr schöne, weitgehend naturbelassene Campingplätze sowie Wandermöglichkeiten oder Badestrände.

Geschützte Gebiete

Als *Ecological Reserve* wird staatliches Land (sogenanntes *Crown Land*) bezeichnet, das aus ökologischen Gründen unter besonderem Schutz steht. Dazu gehören Habitate bedrohter Tiere, Standorte seltener Pflanzen oder geologischer Formationen, beispielhafte Ökosysteme oder sonstige der wissenschaftlichen Forschung oder Bildungszwecken dienende Naturflächen. Andere Schutzgebiete, in denen

In Kanada gibt es eine Vielzahl von Schutzgebieten

Eingriffe in die Natur streng limitiert oder ganz untersagt sind, tragen Bezeichnungen wie *Conservation Area, Reserve, Wilderness* oder *Sanctuary*. Solche Schutzgebiete sind in etwa mit Naturschutzgebieten oder Biosphärenreservaten in Europa vergleichbar.
Auch Bereiche des Meeres stehen unter Schutz: In *National Marine Conservation Areas* dürfen die Ressourcen nur eingeschränkt genutzt werden. Dies gilt für den Meeresboden, in manchen Fällen auch für die angrenzende Küste und die jeweilige Tier- und Pfanzenwelt.

Wandern

Die Parks verfügen zumeist über ein gut ausgebautes Netz von Wanderwegen sowohl für kurze Spaziergänge als auch für ausgedehnte Wanderungen. Die Wege sind manchmal sogar recht komfortabel angelegt – mit Splittbelag, ausgebauten Bohlenwegen und Treppen; daneben finden sich auch weitgehend naturbelassene Pfade, die über Stock und Stein führen und Anforderungen an Kondition und Ausdauer stellen. Manche der Wanderwege sind als Lehrpfade mit Informationstafeln und Faltblättern ausgestattet.
In vielen Nationalparks und in manchen der großen *Provincial Parks* gibt es Wanderwege, die für mehrtägige Wanderungen geeignet sind. Für diese muss man mit Zelt, Schlafsack und am besten mit Kocher (offenes Feuer ist nicht immer gestattet!) ausgerüstet sein und sich vorher registrieren, d.h. ein *Backcountry-Permit* erwerben, das man im Visitor Centre bekommt. Die Parks haben in solchen Fällen auch ausgewiesene Backcountry oder Wilderness Campgrounds, die allerdings wenig komfortabel sind und meist nur wenigen Zelten Platz bieten.

Wandermöglichkeiten außerhalb der Parks sind in Kanada etwas seltener – aber es gibt sie. Einige Kommunen haben für ihre Umgebung ein Netz von Spazier- und Wanderwegen entwickelt.
Mancherorts sind unter dem Schlagwort *Rails to Trails* nicht mehr benutzte Eisenbahntrassen zu Wanderwegen umfunktioniert worden, wie der etwa *Confederation Trail* auf Prince Edward Island. In einigen Regionen findet man Langstreckenwanderwege, die von Wandervereinen oder -organisationen betreut und nach und nach vervollständigt werden. Beispiele dafür sind der 270 km lange *East Coast Trail* in Neufundland, der 75 km lange *West Coast Trail* in British Columbia oder

Ein Bohlenweg schützt die empfindlichen Wurzeln eines 300 Jahre alten Bestandes von Hemlocktannen im Kejimkujik-Nationalpark, Nova Scotia

der *International Appalachian Trail*, der den in den USA 3.500 km langen *Appalachian Trail* in Kanada auf weiteren 1.100 km fortsetzen soll. Viele Trails sind noch Zukunftsprojekte oder im Bau, wie der *Trans Canada Trail*, der teilweise bereits vorhandene Trails miteinander verbinden und sich eines Tages über 18.000 km erstrecken soll.

Strandspaziergänge und Badefreuden

So reizvolle und variantenreiche Strände wie an der Atlantikküste Kanadas findet man selten in einer Region: mondsichelförmige Abschnitte mit hellem Sand, dazwischen felsige Landzungen; Dünen aus rosafarbenem Sand; roter, bei Nässe schlammiger Feinsand; dazu alle Formen von Kieselstrand, geschichtete Felsblöcke oder flache Steinplatten, die wie eine Rutschbahn ins Wasser ragen. Abgesehen von der abwechslungsreichen Strandlandschaft liegt am Ufer auch immer viel Interessantes herum: Muschelschalen, schön geformte Steine, Treibholz ... Manch ein Strandabschnitt eignet sich großartig zum Spazieren oder Sonnenbaden; das Baden im Atlantik aber ist nichts für weniger Abgehärtete, denn das Meerwasser wird durch den Labradorstrom auch im Sommer auf Temperaturen zwischen 13 und 18°C gekühlt – abgesehen von der Northumberland Strait zwischen Prince Edward Island und dem Festland von New Brunswick und Nova Scotia, wo an den Stränden angenehme Wassertemperaturen von 20-25°C zum Bad einladen. An der Pazifikküste sind die Uferregionen ebenfalls wunderschön und abwechslungsreich, doch auch hier lassen die Badetemperaturen zu wünschen übrig. Die vorherrschenden Winde drücken fast immer das kalte Tiefenwasser an die Küste und so herrschen sommers wie winters 6 bis 10 °C – mit zeitweiligen Ausnahmen: Besonders in geschützten flachen Buchten werden auch mal bis zu 20°C erreicht, doch schon der nächste Gezeitenwechsel bringt wieder eine erhebliche Abkühlung mit sich. Die kanadischen Binnengewässer hingegen erreichen im Sommer bei entsprechender Sonneneinstrahlung sehr schnell Temperaturen von 25°C und mehr. Daneben gibt es noch die heißen Quellen, so dass man selbst auf einer Reise gen Norden, etwa auf dem Alaska Highway oder dem Klondike Highway in den Liard River Hot Springs beziehungsweise in den Takhini Hot Springs ein heißes Bad in der Natur nehmen kann.

Unterwegs mit Kanu oder Kajak

Der Reichtum an Wasserflächen in Kanada lädt dazu ein, die Naturschönheiten per Kanu oder Kajak zu erkunden. Schon die First Nations nutzten die Flüsse und Seen als Verkehrsadern durch das ansonsten unwegsame Land. Die Wahrscheinlichkeit, Tiere in der Wildnis beobachten zu können, ist vom Kanu aus recht groß, denn man kann sich ihnen nahezu lautlos nähern. Vielerorts ist es möglich, sich ein Kanu oder ein Kajak mit kompletter Ausrüstung auszuleihen. (Das Tragen einer Schwimmweste ist dabei Vorschrift.)

Bei längeren Kanuwanderungen muss man das Boot manchmal über Land transportieren (*portage*), um von einem See in den nächsten zu gelangen bzw. Hindernisse oder gefährliche Stromschnellen zu umgehen: Das Kanu samt Gepäck wird aus dem Wasser geholt, kurze Strecken über Land getragen oder auf einer kleinen Karre geschoben und dann wieder in See oder Fluss gesetzt. Aber nicht immer sind Portagen in den Karten akkurat verzeichnet und gerade, wenn man auf einem Fluss unterwegs ist, kann es gefährlich werden, eine Umtragestelle zu verpassen, die z.B. eine Stromschnelle oder einen Wasserfall umgeht.

Kajak-Lehrgang in Labrador

Bevor man lospaddelt, sollte man sich also eingehend über die Tücken eines Gewässers informieren.
Das Kajak ist sowohl für Binnengewässer als auch für das Meer gut geeignet, ideal ist es in geschützten Meeresbuchten mit vielen kleinen Inseln. Im Kanu hat man es auf dem Meer insbesondere bei starkem Wind und Wellengang deutlich schwerer als im Kajak – das Steuern kann dann zur Herausforderung werden.

Walbeobachtung

Bereits im 15. oder 16. Jahrhundert und bis in die 1930er Jahre wurden in den Gewässern um Kanada massenhaft und schonungslos Wale gejagt. Seit 1972 ist der Walfang in kanadischen Gewässern verboten – mit Ausnahme der Subsistenzjagd durch Angehörige indigener Völker, für die Walfleisch (vor allem Beluga und Narwal, aber auch Grönlandwal) einen bedeutenden Teil ihrer traditionellen Nahrung darstellt. Das

Ministerium für Fischerei und Ozeane setzt Quoten für die jeweiligen Gemeinden bzw. Meereszonen fest, deren Einhaltung genau überwacht wird. Seit dem Verbot des kommerziellen Walfangs steht die systematische wissenschaftliche Beobachtung der Wale, die Registrierung der Bestände und die Erforschung ihres Verhaltens im Vordergrund. Seit den 1970er Jahren gibt es öffentliche Walbeobachtungstouren. Nachdem immer mehr Anbieter auf den Plan traten, drängten Naturschützer auf die Einhaltung bestimmter Regeln, um die Wale nicht neuerlichem Stress auszusetzen. Die Tourveranstalter in Kanada haben sich deshalb auf einen „Code of Ethics“ verpflichtet, der sicherstellen soll, dass die Wale nicht übermäßig gestört werden und dass die Beobachtungsboote im Wettbewerb untereinander fair operieren.

An der Küste von British Columbia, vor allem zwischen dem Festland und Vancouver Island, und auch weiter nördlich, befinden sich hervorragende Reviere zum Beobachten von Orcas, Buckelwalen und Grauwalen. Zu den besten Revieren für die Walbeobachtung im Atlantik gehört die Bay of Fundy zwischen Nova Scotia und New Brunswick, deren extremer Tidenhub den Walen ein reiches Nahrungsangebot beschert; auch die Gewässer nördlich von Cape Breton Island sowie die Buchten nördlich und östlich des zentralen Neufundlands stellen gute Beobachtungsgebiete dar.

Buckelwal vor der Küste British Columbias

Basstölpel-Kolonie am Cape St. Mary's an der Südküste Neufundlands

Vogelbeobachtung

Kanada ist ein Paradies für „Birder". Allein in den Atlantikprovinzen gibt es mehrere hundert verschiedene Vogelarten – dauerhafte Bewohner, Zugvögel und Durchzügler. In manchen Habitaten wie etwa ausgedehnten Feuchtgebieten oder raubtiersicheren Felseninseln brüten einige eindrucksvolle Vogelarten in sehr großen Kolonien; vor allem in den Schutzgebieten bieten sich Forschern und Vogelfreunden viele Beobachtungsmöglichkeiten. Manche dieser Beobachtungsorte etwa für Papageitaucher (*puffins*) und Basstölpel (*gannets*) befinden sich an Land, man kann aber auch mit Touranbietern per Boot zu speziellen Vogelinseln fahren, wie dem *Witless Bay Ecological Reserve* vor der Avalon-Halbinsel Neufundlands oder den Vogelinseln um Grand Manan (New Brunswick). Ähnlich sieht es an der Pazifikküste aus, wo ganz andere Arten heimisch sind. In der Arktis finden sich noch weit mehr Brutkolonien von seltenen arktischen und Seevögeln, allerdings sind sie mangels

Infrastruktur nur sehr schwer erreichbar. Hier wird nicht nur die Geduld des Vogelbeobachters, sondern auch sein Geldbeutel strapaziert. Etwas einfacher ist die Vogelbeobachtung in dieser Hinsicht in den dichter besiedelten Regionen im Landesinneren insbesondere im Süden, wo allerdings weniger seltene und interessante Arten leben! Doch schon ein Stück weiter weg finden sich – Kanadas reichhaltiger Natur sei Dank – vielfältige Habitate mit Möglichkeiten zur Vogelbeobachtung, sei es ein Feuchtgebiet in einer unbewohnten Niederung, ein lehmiges Steilufer an einem schlammigen Fluss oder ein naturbelassenes Trockental zwischen den endlosen Weizenfeldern der ehemaligen Prärien.

Umweltaspekte

Menschen und *Wildlife*

Die Einwohnerzahl Kanadas wächst, und der Hunger der Industrie nach natürlichen Ressourcen nimmt zu – die Siedlungsgebiete werden immer größer. Vor allem in den Randgebieten der existierenden Städte und Dörfer wird gebaut, und Grundstücke werden dort erschlossen, wo gerade noch Wildnis war.

Den Menschen ist dabei oft nicht klar, dass sie Eindringlinge sind, die Lebensbereiche von Tieren besetzen und im ungünstigen Fall deren Rückzugsgebiete immer mehr verkleinern. Stattdessen wundern sie sich, wenn Waschbären auf der Suche nach Essbarem die Müllsäcke zerreißen oder dass die neu angepflanzten Bäumchen im Vorgarten vom Stachelschweinen verbissen werden, und betrachten ihrerseits die Tiere als Eindringlinge. Nicht immer gehen die Konfrontationen mit den Tieren der Wildnis friedlich aus. Fast in jedem Jahr kommt es irgendwo in Kanada zu dramatischen Zwischenfällen, angefangen bei von Kojoten attackierten und getöteten Haustieren bis hin zu menschlichen Opfern, seien es ein von einem Puma verletzte Wanderer oder eine Joggerin in Alberta, die trotz Sperrung ihren gewohnten Wanderweg nahm und von einem Grizzly getötet wurde. In ländlichen Gebieten aufgewachsene Menschen wissen solche Gefahren meist gut einzuschätzen und sich entsprechend zu verhalten. Städtern, die sich erst seit kurzer Zeit für ein Leben im Grünen entschieden haben, fehlt hingegen oft der Respekt vor der Wildnis. Kommt es dann zu unangenehmen oder gefährlichen Zwischenfällen, wird oft zu schnell der

Ruf nach dem Abschießen der Tiere laut, anstatt sich um eine Lösung zu bemühen, die Mensch und Tier gleichermaßen gerecht wird.

Warnung – Schildkröten kreuzen den Weg

Daneben gibt es aber auch positive Beispiele einer friedlichen Koexistenz von Menschen und Wildtieren. Manche dieser Tiere zeigen eine erstaunliche Anpassungsfähigkeit. Besonders in der Jagdsaison finden sich die Hirsche regelmäßig in den Vorgärten der ländlichen Siedlungen ein – wissen sie, dass hier nicht geschossen werden darf? Doch auch außerhalb der Jagdsaison werden sie von den meisten Kanadiern toleriert; selbst wenn sie die Rosenbüsche anknabbern, ist man ihnen nicht wirklich böse. Sogar in Städten – in solchen, die mehr licht als dicht bebaut sind, wo auch abwechslungsreiches Grün noch seinen Platz hat – kann es ein reges Tierleben geben. Man sichtet dort zahlreiche Singvögel und Eichhörnchen, manchmal tauchen Waschbären auf, selbst Füchse zeigen sich. Wen wundert es dann noch, dass in einer überwiegend grün- und tierfreundlichen Großstadt wie Halifax Bienen gezüchtet werden? Aber auch größere Tiere besuchen die Städte: Erst im September 2012 musste in Halifax ein Elch aus einem Vorgarten in der City evakuiert werden, und in St. John's, der Hauptstadt Neufundlands, der Provinz mit der größten Elchdichte, passiert es immer wieder, dass diese Tiere einfach durch die Straßen laufen. Im Frühjahr kann es schon mal vorkommen, dass ein Schwarzbär nach dem Winterschlaf noch etwas verträumt in die falsche Richtung trottet und in einer Ortshaft landet.

Bedrohte Tier- und Pflanzenwelt

Nicht nur der Einsatz von Pestiziden in der Land- und Forstwirtschaft oder die Verschmutzung von Luft, Boden und Gewässern mit Chemikalien und Giften bedrohen die Tier- und Pflanzenwelt in Kanada. Auch der Siedlungsdruck durch die Menschen und die Erschließung des Landes für den Bergbau und zur Ausbeutung von anderen Ressourcen verändern zunehmend die Lebensräume oder schränken sie immer mehr ein.

So ging etwa der Bestand einer Karibu-Herde in Labrador innerhalb weniger Jahre um 90 % von 700.000 auf 70.000 Tiere zurück. Ursa-

chen werden nicht in der Jagd durch die Inuit und Innu vermutet – hier haben sich die Abschusszahlen nur wenig geändert – sondern in der Einschränkung der Lebensräume dieser wandernden Tiere. In der vorher fast unberührten Region wurden Straßen gebaut, Bergbauunternehmen sind tätig, die NATO unterhält einen Luftwaffenstützpunkt und führt Übungsflüge durch, Staudämme und Wasserkraftwerke werden gebaut.

Die Liste der Tiere und Pflanzen, die als gefährdet oder vom Aussterben bedroht gelten, wächst leider stetig. Das Gesetzeswerk Species at Risk Act (SARA) schreibt Maßnahmen vor, die zum Schutz von Pflanzen und Tieren und ihrer Lebensräume durchzuführen sind. Ein Ausschuss unabhängiger Wissenschaftler, das Committee on the Status of Endangered Wildlife in Canada (COSEWIC), ist dafür zuständig, eine Liste gefährdeter Arten zu erstellen und Strategien und Maßnahmen zu ihrem Schutz vorzuschlagen. Hierzu gehören nahezu alle vor Kanadas Küsten vorkommenden Walarten, Grizzly- und Eisbär, das Kanadische Waldkaribu, Büffel, Seeotter, Eskimo-Brachvogel, Wanderfalke, Präriekauz, Gelbfuß-Regenpfeifer (*Piping Plover*), der Streifenbarsch, die nordatlantische Population des Kabeljaus, Schildkröten, Bäume wie die zu den Walnüssen gehörende Butternuss, bestimmte Arten von arktischen Weiden, Blütenpflanzen wie die Orchideengattung Cypripedium (Frauenschuh), Moose und Baumflechten.

Oben: Der Piping Plover, zu deutsch Gelbfuß-Regenpfeifer, zählt seit 1985 zu den bedrohten Tierarten in Kanada
Unten: Unzureichend geschütztes Brutgebiet für den Gelbfuß-Regenpfeifer – zu oft werden solche Schilder einfach ignoriert

Zwischen dem Vorschlag der Kommission und der offiziellen Aufnahme einer Art in die Liste vergeht allerdings mitunter zu viel Zeit, und einige Vorschläge der Wissenschaftler werden aus Rücksicht auf Industrie und Gewerbe gar nicht befolgt – so werden derzeit nur 445 der bisher vorgeschlagenen 551 Arten auch durch das SARA geschützt.

Die konkrete Umsetzung der beschlossenen Maßnahmen erweist sich mitunter als problematisch, da der Staat nicht immer über das betreffende Gelände verfügen kann, etwa wenn es sich um das Eigentum einer Provinz handelt, die ihre eigenen Interessen verfolgt und den Sachverhalt ganz anders beurteilt. Geeignete Maßnahmen zum Schutz der Arten und zur Erholung der Bestände sind zudem meist sehr aufwändig, und nicht überall ist die Einrichtung von Schutzgebieten überhaupt möglich. Manche Maßnahmen erweisen sich trotz allen Aufwands letztlich als ungenügend oder wirkungslos: So werden etwa an den Stränden grobmaschige Käfige über die Nistplätze des gefährdeten Gelbfuß-Regenpfeifers gestülpt, um die Nester sowohl vor dem Fuchs als auch vor achtlosen Spaziergängern zu schützen. Freiwillige stellen Warnschilder auf, kommen jeden Tag, um das Nest per Fernglas zu inspizieren, zählen die Küken und diskutieren mit Hundebesitzern, die nicht einsehen wollen, dass sie ihren Liebling nun an die Leine nehmen müssen. Doch allen Mühen zum Trotz hat die Anzahl dieser Vögel in den letzten Jahren stetig abgenommen; in Nova Scotia gibt es derzeit nur noch 40 Brutpaare.

Ein positives Beispiel stellen dagegen etwa die Bisons dar: Nachdem sie vor hundert Jahren beinahe ausgerottet waren, ziehen heute bereits wieder mehr als 3.000 Waldbisons durch das Land.

Gar kein so seltener Anblick mehr: Waldbisons kreuzen den Alaska-Highway in British Columbia

Heiß umstritten: Robbenjagd

Für Tierschützer in Deutschland und anderswo stellt die Kombination der Worte ‚Kanada' und ‚Robben' ein rotes Tuch dar. „Die Robbenfänger ziehen mit Knüppeln auf das Packeis, bringen Hunderttausende Robben um und ziehen ihnen manchmal noch bei lebendigem Leib die Haut ab" kann man in Internetforen lesen, illustriert mit Bildern von niedlichen weißen Robbenbabys mit großen Augen. Kanada steht im Ruf, Robben auf unmenschliche Weise zu töten, das Wort „Schlachten" ist fast immer mit im Spiel.

Bei näherer Betrachtung kommt man zu einem etwas differenzierteren Bild: Insbesondere für Bewohner der Îles-de-la-Madeleine und für Fischer in Neufundland und Nova Scotia hat die Robbenjagd eine lange Tradition. Fischer in den Atlantikprovinzen, die seit Jahrzehnten wegen des Rückgangs der Fischbestände immer geringere Erträge haben, betrachten die Robbenjagd als unverzichtbar zur Sicherung ihres Lebensunterhalts. Und dass sich bisher die Fischbestände trotz begrenzter Fangquoten nicht erholt haben, erklären die Fischer mit einem Überbestand an Robben, der das Gleichgewicht gefährde.

Die Regierung gibt jährliche Quoten für die Robbenjagd vor: abhängig von den durch Forscher ermittelten Bestandszahlen durften über Jahre 270.000 Sattelrobben und jeweils etwa 10.000 Klappmützen- und Kegelrobben getötet werden. In den letzten Jahren wurden die Fangquoten allerdings nie ausgeschöpft, selbst bei den individuenreichen Sattelrobben erreichten die Jäger nicht die erlaubten Zahlen.

Schon seit 1987 ist in Kanada die kommerzielle Jagd auf Robbenbabys, die sogenannten *whitecoats*, illegal. Junge Robben dürfen seitdem erst im Stadium des Haarwechsels, wenn sie bereits von der Mutter verlassen worden und selbständig sind, gejagt werden, und selbst die Jagd auf erwachsene Robben ist im Gebiet und zur Zeit der Jungenaufzucht verboten. Die Jagdsaison ist somit auf wenige Monate begrenzt. Die Jagd findet meist auf dem Eis im Sankt-Lorenz-Golf oder vor der Küste Neufundlands statt. Verwertet wird in der Regel allerdings tatsächlich nur das Fell der Robben.

Traditionell wurden die Robben mit einer Art Keule, genannt *club* oder *hakapik*, erschlagen. Heute ist die Jagdtechnik, ob mit club oder Gewehr, durch Vorgaben des *Department of Fisheries and Ocean* (DFO) so geregelt, dass ein „humaner Tötungsprozess" (analog den Vorgaben für europäische Schlachthöfe) garantiert sein soll, was durch

Patrouillenboote der DFO stichprobenartig kontrolliert wird. – Soweit die Fakten.
Natürlich ist ein brutales massenhaftes Abschlachten von Robben, nur um deren Pelze zu verwerten, ethisch verwerflich. Naturschützer gehen davon aus, dass die Regeln des DFO von den Fängern nicht immer eingehalten werden, und versuchen, von Beobachtungsbooten aus mit Kameras die Jagd zu dokumentieren, was immer wieder zu heftigen Konfrontationen mit den aufgebrachten Fischern führt. Andererseits sollte man, wenn man die Robbenjagd kritisiert, auch die Frage nach der ethischen Verantwortbarkeit der Massentierhaltung und des Abschlachtens von niedlichen Kälbchen, Ferkeln und Hähnchen in europäischen Schlachthöfen stellen.

Junge Sattelrobbe, die ihr Babyfell schon abgelegt hat

Die Bedingungen für die Bildung von Eis im Sankt-Lorenz-Golf und vor der Küste Neufundlands haben sich in den letzten Jahren verändert. Weil es oft dünner ist als bislang und vorzeitig schmilzt. ist die erfolgreiche Fortpflanzung der Sattelrobben gefährdet. Wissenschaftler des DFO schlagen daher eine weitere Senkung der erlaubten Fangquoten vor.

Einen Sonderfall stellt die Jagd der Inuit dar. Sie erfüllt die Kriterien der Subsistenzwirtschaft und ist Bestandteil der traditionellen Kultur. Die Inuit verwerten nicht nur das Fell, um Pelzbekleidung für den Eigenbedarf und den Handel herzustellen, sondern auch das Fleisch der Tiere, um sich davon zu ernähren. Angesichts der Lebensmittelversorgung und des geringen Einkommens in den nördlichen Gemeinden ist die Robbenjagd für sie eine wirtschaftliche Notwendigkeit. Dies wird selbst von den meisten Kritikern in Europa kaum in Frage gestellt, weshalb auch das EU-Handelsverbot für Robbenprodukte Ausnahmeregelungen für die Inuit vorsieht. Die Inuit selbst aber sehen in der Stimmung gegen die Robbenjagd ihre Kultur bedroht und werfen den Tierschützern vor, ein verzerrtes Bild zu vermitteln. Das Importverbot für Robbenprodukte verstärke ihre prekäre Lage, weil dadurch der Markt zerstört werde.

Gestörte Ökosysteme

Protestplakat gegen Fischfarmen in der Bucht von Port Mouton, Nova Scotia

Der Waldreichtum Kanadas scheint unerschöpflich zu sein, doch das stimmt nur sehr eingeschränkt. Ein Großteil der rund 3,2 Mio km^2 Waldfläche des Landes liegt weit entfernt von den Siedlungszentren, das macht die Verwertung kompliziert – ein Transport über tausende Kilometer verursacht hohe Kosten. Dem Ressourcenhunger der holzverarbeitenden Industrie ist geschuldet, dass viele der Wälder bereits sogenannte *second generation forests* sind. Das heißt, dass manche schon zum zweiten Mal abgeholzt werden, natürlich auf Kosten der Artenvielfalt – nicht nur, was die Wald-Vegetation selbst angeht, sondern auch hinsichtlich der Auswirkungen auf die Bestände von Säugetieren und Vögeln, den Zustand der Flüsse, die Abnahme der Populationen von Lachsen und anderen Fischen. Zur Abholzung der Primärvegetation kommt der massenhafte Einsatz von Herbiziden und Pestiziden, die das ökologische Gleichgewicht zerstören. Im subarktischen und arktischen Norden des Landes sind die hier besonders sensiblen Ökosysteme durch die Förderung von Erdöl, Erdgas und anderen Rohstoffen sowie durch gigantische Maßnahmen zur Elektrizitätsgewinnung, z. B. die Überflutung riesiger Flächen für Wasserkraftwerke bedroht.

Die einst so reichen Fischbestände im Nordatlantik sind aufgrund jahrzehntelanger Überfischung, vor allem durch Grundschleppnetze und Industrietrawler, stark zurückgegangen, und auch in den Flüssen haben die Bestände stark gelitten. Ein Heilmittel sah man lange Zeit in Aquakulturen. Doch auch die Fischzucht ist nicht unproblematisch. Die in schwimmenden Käfigen gehaltenen Fische sind krankheitsanfälliger als Wildfische und werden daher oft mit Antibiotika und anderen Mitteln gegen Parasiten gefüttert, was die Ökosysteme der Umgebung und letztlich die menschliche Gesundheit gefährdet. Nicht vollständig verwertetes Futter und die Ausscheidungen der Fische bilden schlammige Ablagerungen, die das Areal allmählich vergiften. Auch kommt es immer wieder vor, dass Fische z. B. bei schweren Stürmen aus den Käfigen entweichen und andere wildlebende Arten verdrängen oder sich mit diesen vermischen bzw. sie mit Krankheitserregen infizieren. In Kenntnis solcher Risiken gibt es immer mehr Vorbehalte gegenüber den „Fischfarmen". Nur in wenigen Aquakulturen kommen der Nachhaltigkeit verpflichtete ökologische Standards und moderne Technologien zum Einsatz, die die Risiken minimieren.

Aktuelle Folgen des Klimawandels

Feuerwehrleute aus ganz Kanada halten sich im Sommerhalbjahr in ständiger Alarmbereitschaft – ob in Ontario, Alberta oder British Columbia: Es gilt, gewaltige Waldbrände zu löschen, deren Zahl und Umfang infolge der Klimaveränderungen in den letzten Jahren beträchtlich zugenommen hat.

Schwimmender Eisbär inmitten der Hudson Bay

Die Hummerfischer vor den Küsten Maines und Nova Scotias berichteten in der Saison 2010/2011 von einer ungewöhnlich hohen Zahl „weicher" Hummer – was für sie eine schlechtere Qualität und damit weniger Verdienst bedeutet. Es wurden zwar mehr Tiere gefangen, aber der Härtegrad ihrer Schalen war im Durchschnitt geringer als in den Vorjahren. Die Ursache dafür sehen Biologen in der zu hohen Temperatur des Wassers im Atlantik. Auch andere Fischer haben darunter zu leiden: Der Umstand, dass die gesamte Nahrungskette durch die Erwärmung beeinflusst wird, führt dazu, dass einige Fischarten ihre angestammten Reviere verlassen, um kühlere Gewässer aufzusuchen, wo ihre Nahrungsgrundlage, Plankton und Krill, noch in ausreichender Menge vorkommt. Dies erhöht den Fangdruck auf die verbliebenen Arten und verstärkt die ohnehin voranschreitende Überfischung.

In den letzten Jahren wurden Neufundland, Nova Scotia und New Brunswick mehrfach von Hurrikans heimgesucht. Diese tropischen Stürme, die sonst in der Karibik und im Süden der USA toben, schwächen sich normalerweise auf dem Weg nach Norden über dem kühleren Meerwasser deutlich ab. Durch die Temperaturzunahme im Nordatlantik steigt auch das Hurrikanrisiko in dieser Region.

Mehr als anderswo sind die Folgen des Klimawandels aber in der Arktis zu spüren. Die durchschnittliche Erwärmung ist dort mehr als doppelt so hoch wie in den gemäßigten Breiten. Erderwärmung und der Rückgang des Eises greifen direkt in die Lebensprozesse der Menschen ein. Das arktische Packeis geht immer mehr zurück, jedes halbe Jahr berichten Wissenschaftler von einem neuen Minimum. Was die einen freut – Sportsegler und Kreuzfahrtschiffe nehmen die legendäre Nordwestpassage aufs Korn, Industrieunternehmen hoffen auf Mög-

In den Gebieten mit Permafrostböden sind neue Bautechniken erforderlich, die den veränderten Bedingungen Rechnung tragen

lichkeiten zur Förderung von Rohstoffen in der Arktis – bringt den anderen große Probleme.
Für die Eisbären etwa wird es im wahrsten Sinne des Wortes eng. Sie müssen hinauf auf das Packeis, um dort Robben fangen zu können, die ihre Hauptnahrungsquelle bilden. Fehlt das Eis, sind sie gezwungen, an Land zu bleiben, wo es kaum Nahrung für sie gibt. Hungrig nähern sie sich den arktischen Siedlungen und werden dort den Menschen gefährlich. Oder sie sind gezwungen, hunderte Kilometer zu schwimmen – was für einen wohlgenährten Bär keine Hürde darstellt, wenn er dann auch einen Platz zum Rasten auf einer Eisscholle finden kann und bald wieder an Nahrung kommt. Der Nachwuchs dagegen ist noch nicht kräftig genug für solch ausdauernde Schwimmleistungen, und immer mehr kleine Bären ertrinken aufgrund des Mangels an Eis. Auch Walrosse und Sattelrobben haben zunehmend Schwierigkeiten, ihren Nachwuchs aufzuziehen, weil das Eis zu dünn ist.

Der Boden in der arktischen Tundra ist normalerweise tiefgefroren, abgesehen von wenigen Zentimetern in der obersten Schicht, die im Sommer auftauen und dann feucht und weich sind, da das Wasser nicht versickern kann. Dieser Permafrostboden stellt eine besondere Herausforderung für den Bau dar: Die Gebäude können hier nicht auf einem normalen Fundament errichtet werden, sondern müssen auf Pfählen gebaut werden, die bis in den permanent gefrorenen Boden eingelassen werden und damit festen Grund besitzen; außerdem kann dadurch unter dem Gebäude Luft strömen und Wärme abtransportieren, die ansonsten den Boden noch weiter auftauen würde. Doch in jüngerer Zeit nimmt die Auftau-Tiefe des Bodens immer mehr zu, die Pfähle sacken ein und die Gebäude werden instabil.

Die meisten Siedlungen im hohen Norden befinden sich dicht an der Küste, wo die höheren Temperaturen sogar zu Erdrutschen und Abbrüchen ganzer Küstenabschnitte führen; Teile mancher Dörfer müssen auf sicherem Gelände neu errichtet werden.
Der Wintertransport mit LKWs über das Eis – wichtig für die Anlieferung von Versorgungsgütern – ist ebenfalls zunehmend gefährdet, weil das Eis immer öfter unbeständig oder zu dünn ist; ähnlich verhält es sich mit den Jagdexpeditionen der Inuit, denn deren Anfahrts- und Transportwege für die Motorschlitten verlaufen über das Eis.

Wind and Solar Unit: eine von Dr. Tim Clugston „im Eigenbau" auf einem Feld errichtete Wind-Solar-Anlage bei Medicine Hat, Alberta. Jedes der Solarpanele produziert 225 Watt Strom

Umweltbewusstsein und -politik

Die Abholzung von Wäldern und die Gewässerverschmutzung durch die Sägemühlen führte bereits im 19. Jahrhunderts zur Entwicklung eines Umweltbewusstseins, das sich allmählich in gesetzlichen Maßnahmen zum Naturschutz niederschlug und unter anderem zur Gründung der Nationalparks führte. Zu den frühen Naturschutzaktivitäten zählte auch die Errichtung von Biberkolonien in den 1930er Jahren. Bei der Pflege der durch die schonungslose Jagd stark dezimierten Bestände spielten Archibald Stansfeld Belaney (1888 – 1938) und seine Frau Anahareo eine Vorreiterrolle. Der englischstämmige Trapper hatte lange Zeit bei den Ojibwa-Indianern des Bear-Island-Stammes gelebt und wurde dort Wäscha-kwonnesin („Vogel, der nachts wandert") oder Grey Owl genannt. Nachdem er lange vom Handel mit Biberfellen gelebt hatte, gab er unter dem Einfluss seiner dritten Frau Anahareo das Fallenstellen auf und gründete die erste Biberkolonie. Belaney gab sich lange als Indianer-Halbblut aus und feierte große Erfolge als Schriftsteller, u. a. mit Jugendbüchern und Werken über die Lebensgewohnheiten der Biber.
Im Laufe des 20. Jahrhunderts haben sich kanadische Regierungen in unterschiedlicher Intensität um die Schonung der natürlichen Ressourcen bemüht, aber nach wie vor gibt es Interessenkonflikte selbst innerhalb des Kabinetts. Zuständig für den Umweltschutz, die Bewahrung der Natur und für Wetterinformationen ist die Behörde Environment Canada, die dem Umweltminister untersteht. Demgegenüber ist der „Minister für natürliche Ressourcen" (Natural Recourses) für Energie, Forstwirtschaft, Bodenschätze und Geowissenschaften zuständig. Kontroversen sind da vorprogrammiert ...

Umweltbewegungen

Die meisten Kanadier sind nicht unmittelbar mit Umweltproblemen konfrontiert. Ein „grünes Bewusstsein" hat sich daher noch nicht überall durchgesetzt. Dennoch hat sich seit den sechziger Jahren eine ständig wachsende Umweltbewegung entwickelt. Heute gibt es eine beträchtliche Anzahl größerer und kleinerer kanadischer Umweltschutzorganisationen, die lokal oder überregional und teilweise miteinander vernetzt agieren; sie engagieren sich für den Naturschutz, wie das Wilderness Comittee an der Pazifik-Küste, *Nova Scotia Nature Trust* am Atlantik oder *Nature Canada und Nature Conservancy of Canada* (NCC) kanadaweit, oder arbeiten an Lösungen für komplexe Probleme des Klimaschutzes, der Energiewende und des nachhaltigen Wirtschaftens, wie das *Pembina Institute*, der *Sierra Club Canada*, die *David Suzuki Foundation*, das *Climate Action Network* oder das *Canadian Environmental Network* (RCEN). Und natürlich gehört auch *Greenpeace* in diese Reihe. Die Organisation, die heute vor allem international aktiv ist, wurde 1971 in Vancouver gegründet.

Die Green Party

Die Rolle der 1983 gegründeten Grünen Partei Kanadas war über viele Jahre hinweg weniger als marginal, was Mitgliederzahlen, aufgestellte Kandidaten und Wählerstimmen anging. Die höchste Anzahl an Wählerstimmen, 6,8 Prozent, erhielt sie bei den Federal Elections 2008 – doch das reichte nicht für den Einzug ins Parlament, denn kein einziger grüner Kandidat gewann damals einen Stimmbezirk. Erstmals im Parlament vertreten ist die Partei seit 2011 – mit einem Sitz, den Elizabeth May, die Führerin der Partei, errang.
Die Grüne Partei ist mit Ausnahme von Neufundland in allen Provinzen sowie im Yukon Territory – wo sie erst 2011 gegründet wurde – organisiert, aber bisher in keinem der Provinzparlamente vertreten. Kanadaweit hat die Partei aber ihre Mitgliederzahl in den letzten fünf Jahren immerhin von 4.000 auf 12.000 verdreifacht.
Immer noch wird die Partei in den Medien vernachlässigt. Von der Teilnahme an den Fernsehdebatten der Parteiführer vor den Wahlen blieb sie mit der Begründung, die Partei sei ja nicht im Parlament vertreten, ausgeschlossen.

Das Phänomen David Suzuki

Der Umweltaktivist David Suzuki

Als wir zur Vorlesung kamen, zog sich eine lange, mehrfach gewundene Schlange vorm Hörsaal im ersten Stock die Treppen abwärts. Wir hatten telefonisch Karten reserviert und bahnten uns den Weg zum Eingang – aber die Dame am Einlass hob die Hände – unsere Karten waren nicht mehr da. Geduldig warteten wir trotzdem. Der Hörsaal füllte sich schnell, alle Plätze waren besetzt, schließlich wurden wir dennoch eingelassen. Viele Leute standen schon an den Wänden, andere saßen auf den Treppenstufen. Wir hatten das Glück, einen der bemerkenswertesten Menschen Kanadas zu erleben: David Suzuki, Träger des Right Livelihood Award, des sogenannten Alternativen Nobelpreises.

Dem Professor für Genforschung an der University of British Columbia wurde schon früh bewusst, dass Genmanipulationen zwar unter Laborbedingungen kontrollierbar sein mögen, aber niemals „draußen" in der Realität. Der heute über 75-jährige hat über 30 Jahre lang bei CBC das Wissenschaftsmagazin „The Natur of Things" moderiert und ist daher in ganz Kanada gut bekannt. Die Sendung befasst sich mit Entdeckungen, Erfindungen, Lösungen: Sie erforscht Naturphänomene und dahinter stehende Gesetzmäßigkeiten auf der Erde, von Pol zu Pol und in den Tiefen der Ozeane, im Mikrokosmos unter dem Mikroskop und im Weltraum; sie zeigt den Einfluss der Spezies Mensch auf die Natur und macht deutlich, dass es auf einem Planeten von 7 Milliarden Menschen sehr viele verschiedene Lebensweisen gibt.

Schon früh setzte sich die Sendung mit Umweltfragen auseinander. Ein Beispiel ist Haida Gwaii, wo Suzuki 1987 die Protestaktionen der Haida-Indianer gegen das Abholzen der Urwälder und die Zerstörung ihrer Heimat für Millionen Zuschauer erfahrbar machte. Auch mit Hilfe dieser Öffentlichkeit wurde dann die Gründung des Nationalparks Gwaii Haanas möglich, in dem heute ein Teil der großartigen Landschaft des Inselarchipels geschützt ist.

Suzuki begriff und machte öffentlich, was die Haida schon immer wussten: dass wir alle Teil der natürlichen Umwelt – und von ihr abhängig sind. In seiner Radioserie „It's a Matter of Survival" stellte er angesichts der begrenzten Ressourcen und der zunehmenden Umweltzerstörungen die Frage nach der Zukunft des Planeten und

Alternativen zum Umgang mit den natürlichen Ressourcen. Er fand viele Unterstützer – Denker, Aktivisten, Geldgeber – und gründete mit ihnen 1990 die David Suzuki Foundation. Diese verzeichnete Erfolge mit internationalen und nationalen Projekten zum Schutz der Lebensräume und Lebensweise indigener Völker, zur Renaturierung von Landschaften und zur Ausarbeitung alternativer Modelle ökonomischer und kommunaler Entwicklung – immer in enger Zusammenwirkung mit den Menschen vor Ort. Sie entwickelte Richtlinien für die Forstwirtschaft und die Fischerei, die das ökologische Gleichgewicht berücksichtigen, und setzte sie in praktische Projekte um, wie das ambitionierte „Pacific Salmon Forests Project", das zusammen mit den Kommunen im zentralen und nördlichen British Columbia durchgeführt wird: Die Zedern werden hier nach wissenschaftlich genauestens untermauerten Kriterien gefällt, so dass eine Übernutzung der Wälder verhindert und zugleich der Zustand der Lachsflüsse verbessert wird.

Weitere Kampagnen der Stiftung konzentrieren sich auf das Thema Klimawandel, auf Nachhaltigkeit bei der Wirtschaftsentwicklung, Reinhaltung der Luft, alternative Energien und die Umsetzung des Kyoto-Prokolls durch Kanada.

Aufsehen erregte auch die Rundfunkserie „The Bottom Line", in der Suzuki darlegte, wie in den letzten Jahrzehnten die technologische und wissenschaftliche Entwicklung einerseits und das gewaltige Wachstum der Weltbevölkerung andererseits die Umwelt und den ganzen Planeten Erde in nie da gewesenem Ausmaß verändert haben, so dass heute der Ressourcenverbrauch und die durch die Menschen verursachten Schädigungen der Umwelt und Änderungen des Klimas den Wohlstand und das Überleben der Menschheit gefährden. Er argumentiert, dass die Gesetze der Natur Priorität gegenüber den Kräften der Ökonomie haben – nur wenn wir das erkennen und beachten, werden wir uns, wie bisher im Verlauf der Evolutionsgeschichte, weiter den Veränderungen anpassen können. Seine Maxime: Die Gesetze der Natur wirken immer, unabhängig vom Menschen, wohingegen die Ökonomie nur eine Erfindung der Menschen ist; daher sei es falsch, die Erhaltung der Umwelt der Ökonomie unterzuordnen.

Suzuki wird von vielen wie ein Rockstar bewundert, manche bezeichnen ihn als „Umwelt-Guru", auf jeden Fall ist er mit seiner wunderbar eingängigen, didaktisch klugen, überzeugenden Argumentation in Kanada eine Ikone.

Erfolge und Rückschläge – Aktuelle Probleme

In einigen Provinzen Kanadas wird der Müll vorbildlich getrennt, es gibt Recycling-Programme, Abfallbehälter mit getrennten Einwurflöchern (ähnlich wie wir sie u.a. von der Deutschen Bahn kennen) und Sammelstellen für mit Pfand belegte Flaschen, Saftbehälter und Bierbüchsen. Es gibt immer mehr Kommunen und Regionen, die zur Müllvermeidung ein Verbot von Plastiktüten in Supermärkten durchgesetzt haben; anderswo honorieren es manche Supermarktketten mit Rabattpunkten, wenn man den eigenen Einkaufsbeutel mitbringt. Die Provinz Prince Edward Island arbeitet daran, innerhalb der nächsten zehn Jahre ein Drittel des Energiebedarfs durch erneuerbare Ressourcen zu decken. Man setzt dabei vor allem auf Windkraft, für die Heizung von Wohnhäusern sollen Abfälle aus Land- und Forstwirtschaft Verwendung finden, und Fahrzeuge sollen mit Brennstoffzellen angetrieben werden, die durch Windkraft aufgeladen wurden. Die relativ kleine Insel mit ihren kurzen Entfernungen bietet sich im Übrigen auch für batteriebetriebene Elektrofahrzeuge an.

Mülltrennung in Toronto: öffentlicher Abfallbehälter

An entlegenen Orten, die nicht an das Stromversorgungsnetz angeschlossen sind, werden viele Mikro-Lösungen zur alternativen Energieversorgung und Ressourcenersparnis realisiert. Ein fast autarkes Visitor Center in einem entlegenen Nationalpark mag als Beispiel dienen: Solarzellen und Windkraft liefern eine minimale Grundversorgung, Brauchwasser wird wieder aufbereitet, und der Dieselgenerator wird nur zur Überbrückung und in Notfällen angeworfen.

Testanlage für Windkraft am North Cape, Prince Edward Island

Die Umweltpolitik Kanadas wurde über Jahre hinweg international geachtet. Das Montréal-Protokoll zum Schutz der Ozonschicht von 1987 und die von Kanada organisierte erste hochrangig besetzte internationale Klimakonferenz in Toronto 1988 ermöglichten Durchbrüche in der Umweltpolitik. Auch die Unterzeichnung des Kyoto-Protokolls, hohe Umweltstandards und -Auflagen für Industrieunternehmen im eigenen Lande sowie innovative Ansätze für alternative Energiekonzepte brachten Kanada Anerkennung aus der ganzen Welt. Doch in den letzten Jahren unter der Harper-Regierung scheint die Entwicklung in eine andere Richtung zu gehen. Bei der internationalen Klima-Konferenz in Doha 2012 erhielt Kanada schon zum sechsten Mal in Folge den wenig ehrenhaften Titel „Fossil of the year", vergeben vom Umweltorganisationenverbund Climate Action Network International. Gründe boten vor allem Kanadas Inaktivität beim Erfüllen der international avisierten Ziele zur Reduzierung der Treibhausgasemissionen und schließlich der Rückzug aus dem Kyoto-Protokoll. Auch die Weigerung, dem Verbot des Asbesthandels zuzustimmen, brachte Kanada, dem fünftgrößten Asbestproduzenten der Welt, keine Lorbeeren ein. Nachdem die Regierung in Québec den letzten beiden Minen die Streichung der Subventionen angekündigt hat, steht der Asbestabbau in Kanada – der selbstredend allein dem Export in Schwellenländer diente, da der Einsatz von Asbest in Kanada selbst seit Langem verboten ist – allerdings vor dem Aus. Der mit der Ölsandförderung in Alberta verbundene ungeheure Verbrauch an Wasser und die mit Giftstoffen gefüllten großflächigen Rückstandsbecken, die Verschmutzung des Athabasca River und akute Gesundheitsprobleme bei den Angehörigen der an diesem Fluss lebenden Chipewyan First Nation, unter denen es gehäuft zu seltenen Krebserkrankungen kommt, haben Kanada ebenfalls zu Recht viel Kritik eingebracht.

Für den Transport des in Alberta geförderten Öls zu potentiellen Kunden in den USA ist eine riesige Pipeline über Land geplant. Massive Proteste führten dazu, dass Präsident Obama dieses „Keystone II" genannte Projekt einstweilen auf Eis gelegt hat. Das Projekt „Northern Gateway" der Enbridge Inc., das auch Kunden in China im Visier hat, sieht eine Pipeline bis an die Pazifikküste vor, wo das Öl dann in Tanker gepumpt werden soll. Dagegen gibt es derzeit massive Protestaktionen der First Nations in British Columbia, die nahezu vereint ihre Landrechte geltend machen wollen, um die Pipeline zu verhindern. Bereits eine kleinere Schiffshavarie, nicht sehr unwahrscheinlich in der an Stürmen, Nebel und Untiefen reichen Küstenregion, kann katastrophale Folgen haben. Allein der Bau der Pipeline, die über die Rocky Mountains und durch den Great Bear Rain Forest führen soll, wäre mit massiven Störungen der fragilen Ökosysteme verbunden, und die unvermeidbaren Lecks würden später die Wildnis und die Wasserläufe verunreinigen, in denen Lachse und andere Fische ihre Laichgebiete haben; die gesamte Tier- und Pflanzenwelt wäre gefährdet.

Sparmaßnahmen der Regierung führten in jüngster Zeit zu massiven Kürzungen in der Umweltforschung; genau die Programme, die über den Zustand der Umwelt und Auswirkungen auf die Gesundheit informieren, wurden zurückgefahren. Auch Fördermittel für Umweltverbände wurden rigoros gestrichen – entsprechend dem Argument, die Wirtschaft habe Vorrang, Umweltschutz sei ohnehin zu kostspielig.

Kapitel 8

Kleiner Naturführer

Weißer Admiral (Limenitis camilla), auch genannt: Kleiner Eisvogel

Kleiner Naturführer

Die folgende Übersicht stellt häufig vorkommende und sehr charakteristische Arten der Flora und Fauna Kanadas vor – kann aber natürlich keinen Anspruch auf Vollständigkeit beanspruchen.

Flora

Tundra und subarktische Gebiete

Üppige herbstliche Tundra-Vegetation nahe der Baumgrenze, Yukon

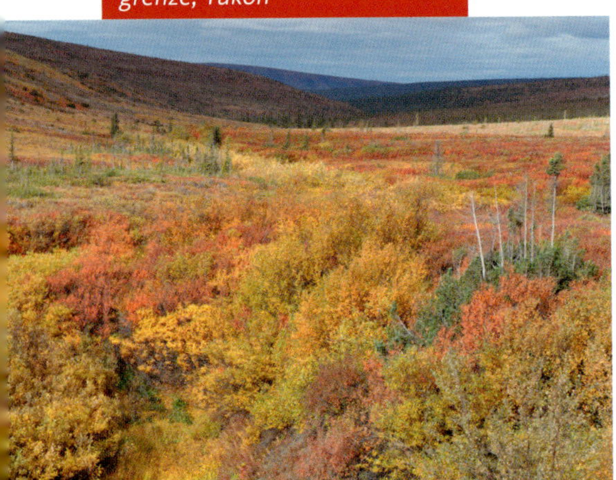

In dem rauen Klima nördlich der Baumgrenze (*treeline*; s. S. 320) wachsen nur noch isolierte, zumeist verkrüppelte Bäume und die Vegetationsdichte nimmt ab, je weiter man nach Norden kommt – bis hin zur extremen Polarwüste, wo gar keine Pflanzen mehr wachsen.

In der als *Barrenlands* (Ödland) bezeichneten arktischen Region wachsen bestimmte arktische **Flechten** (Lichen), die in allen Grautönen und manchmal auch farbenfreudig sogar Steine und Felsen besiedeln, aber bedingt durch die Kälte sehr langsam wachsen – manchmal nur einen Zentimeter pro Jahrhundert. Unter günstigsten Bedingungen, wie in windgeschützten sonnigen Bodenvertiefungen und in Spalten zwischen Steinen und Geröll, finden sich aber auch Blütenpflanzen wie **Silberwurz** (*Mountain aven – Dryas integrifolia),* **Stengelloses Leimkraut** (*Cushion pink – Silene aucalis*) und **Gegenblättriger Steinbrech** (*Purple saxifrage – Saxifraga oppositifolia).*

Tundra-Vegetation: 1. Weiße Silberwurz (Mountain aven), 2. Steinbrech (Saxifrage), 3. Gegenblättriger Steinbrech (Purple saxifrage), 4. Bärentraube (Bearberry), 5. Wintergrün (Pyrola), 6. Arktischer Mohn (Arctic poppy), 7. Arktisches Weidenröschen (Arctic fireweed), 8. Arnica, 9. Lappland Alpenrose (Lapland rosebay), 10. Zwergbirke (Dwarf birch), 11. Grauerle (Gray alder), 12. Arktische Weide (Arctic Willow)

Die zunächst sparsame Vegetation wird nach Süden hin immer vielfältiger. Es bilden sich Gruppen und regelrechte Polster mit **Gräsern** und verschiedenen aufrecht wachsenden **Flechten** (*Cup lichen – Cladonia*). Wer nur eine einförmige graue Landschaft erwartet hat, wird über die Farbtupfer staunen, die durch die Blüten und Blätter von **Wintergrün** (*Wintergreen – Pyrola grandiflora*), **Arktischer Himbeere** (*Arctic raspberry – Rubus Arcticus*) und **Heidekrautgewächsen** wie der **Alpenbärentraube** (*Alpine bearberry – Arctous alpina*) gesetzt werden. An feuchten Stellen findet man Moose, und sogar „Bäume" in Zwergform treten auf: die **Arktische Weide** (*Arctic willow – Salix arctica)* und verschiedene Nebenarten, allerdings nur mit höchstens fingerdicken Stämmen, dicht an den Boden gepresst wachsend und nur wenige Zentimeter hoch. Dass sie dort überhaupt existieren können, ist nur möglich, weil im Sommer die Sonne bis zu 24 Stunden scheint und es sich also „nachts" kaum abkühlt.

Schwedischer Hartriegel (Bunchberry und Porst (Labrador Tea), dessen Blätter von manchen indianischen Völkern zum Brühen von Kräutertee verwendet werden

Ebenfalls dicht am Boden oder in geschützten Tälern wachsen **Zwergbirken** (*Dwarf birch – Betula michauxii*) und **Strauchbirken** (*Bog birch – Betula pumila*). Dazu die unerwartete Farbvielfalt, wenn **Alpen-Weidenröschen** (*Arctic fireweed – Chamerion latifolium*), **Arktischer Mohn** (*Arctic poppy – Papaver radicatum*), **Lappland-Alpenrose** (*Lapland rosebay – Rhododendron lapponicum*) und **Arnika** (*Alpine arnica – Arnica Alpina*) blühen!

In den subarktischen Gebieten und im Übergang zur borealen Zone gibt es auch immer mehr niedrige Sträucher, wie **Grauerle** (*Gray alder – Alnus incana*) und Bodenbedecker, besonders in feuchteren Gebieten, wie ***Broom crowberry*** (*Corema conradii*), **Schwarze Krähenbeere** (*Empetrum nigrum*), **Torfgränke** (*Leatherleaf – Chamaedaphne calyculata*), der cremefarben blühende **Grönländische Porst** (*Labrador tea – Rhododendron groenlandicum*), die wohlschmeckende und vitaminreiche **Moltebeere** (*Bakeapple – Rubus chamaemorus*), **Bärlapp** (*Bristly clubmoss – Lycopodium annotinum*), **Lorbeerrose** (*Sheep laurel – Kalmia angustifolia*), **Schwedischer Hartriegel** (*Swedish bunchberry – Cornus suecica*), **Kriech-Wacholder** (*Juniper – Juniperus horizontalis*), **Scheinbeere** (*Teaberry – Gaultheria procumbens*) und verschiedene **Heidelbeer**- und **Cranberry**-Arten (*Lowbush blueberry – Vaccinium angustifolium, Northern blueberry – Vaccinium boreale, Partridgeberry – Vaccinium vitis-idaea, Marshberry – Vaccinium oxycoccus, Bilberry – Vaccinium uliginosum, Northern cranberry – Vaccinium oxycoccos).*

Im borealen Wald ist die Rentierflechte (unten) häufig anzutreffen

Boreale Zone

Nahe der Baumgrenze beginnt der boreale Wald, der große Teile des Nordens von Kanada bedeckt, zunächst sehr licht: Die Bäume wachsen nur spärlich. Wo der Boden am kärglichsten ist, dominiert die **Schwarzfichte** (*Black spruce – Picea mariana*). Hinzu kommen noch **Weißfichte** (*White spruce – Picea glauca*) und **Amerikanische Lärche** (*Tamarack – Larix laricina*).
Für die von starkem Wind heimgesuchten Küstengebiete Neufundlands ist eine Vegetation aus sehr niedrigen, asymmetrisch wachsenden, verkrüppelten Fichten charakteristisch, die in Neufundland *tuckamore* genannt wird.
In südlicher Richtung verdichtet sich der boreale Wald zunehmend. Hier findet man auch **Balsam-Tanne** (*Balsam fir – Abies balsamea*), **Hemlocktanne** (*Eastern hemlock – Tsuga canadiensis*) und **Banks-**

Die fleischfressende Schlauchpflanze (Pitcher plant) und eine wilde Orchidee (Platanthera psycodes)

Rechte Seite unten: Bartflechte und Echte Lungenflechte

Kiefer (*Jack pine – Pinus banksiana*). Vorherrschende Laubbäume sind vor allem die **Espe** (*Quaken aspen – Populus tremuloides*), die **Papier-Birke** (*Betula papyrifera*), **Erlen** (*Alnus*) sowie verschiedene Arten von **Weiden** (*Salix*).

Die Waldböden sind meist von einem hell leuchtenden Teppich aus grauen und gelblich- oder blassgrünen Flechten bedeckt, die mit Moosen durchsetzt sind. In offenen, zumeist sumpfigen Flächen gedeihen **Torfmoose** (*Peat moss – Sphagnum*) und **Wollgras** (*Cottongrass – Eriophorum*), wir finden die berühmte fleischfressende **Schlauchpflanze** (*Pitcher plant – Sarracenia purpurea*) und viele der Strauchpflanzen, die bereits für subarktische Gebiete aufgeführt wurden, wie Heidel- und Preiselbeeren (s. S. 352). Geschlossene mit diesen und anderen niedrigen Sträuchern durchsetzte Flächen bieten besonders im Herbst mit der dann vielfältigen Laubfärbung einen äußerst reizvollen Anblick. In höheren Lagen wie auf Bergwiesen kann man auch viele der bereits für die Tundra aufgeführten alpinen Blütenpflanzen finden (s. S. 351 f.).

Wenig bekannt ist, dass auf den feuchten Wiesen und in den Sümpfen Kanadas auch wilde **Orchideen** gedeihen; manche sind winterhart und sogar im subarktischen Klima anzutreffen.

Mischwald an den Großen Seen

Die Mischwälder der gemäßigten Zone

Die häufigsten Bäume

In den Atlantikprovinzen, am Sankt-Lorenz-Strom und um die Großen Seen findet man Schwarzfichten nur noch in sumpfigen Gebieten. Die dominierenden Nadelbäume sind hier neben den bereits aufgeführten Arten Weißfichte, Balsamtanne, Hemlocktanne, Lärchen, **Gemeine Fichte** (*Red spruce – Picea rubens*), **Weymouth-Kiefer** (*Eastern white pine – Pinus strobus*) und die gern als Bauholz verwendete **Rotkiefer** (*Red pine – Pinus resinosa*). Da ein Großteil des Waldes intensiv für die Fortwirtschaft genutzt wird, finden sich Arten wie **Lebensbaum** oder **Thuja** (*White cedar – Thuja occidentalis*) und **Wacholder** (*Common juniper – Juniperus communis)* nur noch in naturbelassenen Wäldern.
Die häufigsten Laubbäume sind **Birken** (*Birch*) mit **Papier-Birke** (*Betula papyrifera*), **Gelbbirke** (*Betula alleghaniensis*) und **Graubirke** (*Betula populifolia*), **Ahorn** (*Maple*) mit **Rot-Ahorn** (*Acer rubrum*), **Zucker-Ahorn** (*Acer saccharum*) und **Vermont-Ahorn** (*Acer spicatum*), **Roteiche** (*Northern red oak – Quercus rubra*), **Erle** (*Speckled alder – Alnus rugosa*), **Buche** (*American beech – Fagus grandifolia*), **Virginische Hopfenbuche**

Blätter von Ahorn, Gelbbirke und Roter Eiche im Herbst

(*Eastern hophornbeam* oder *Ironwood – Ostrya virginiana*), **Eberesche** (*Mountain ash – Sorbus*), **Esche** (*Black ash – Fraxinus nigra*), **Felsenbirne** (*Shadbush* oder *Juneberry – Amelanchier*), **Pappeln** ((**Großzähnige Pappel** – *(Bigtooth aspen – Populus grandidentata)*, **Amerikanische Zitterpappel** – *(Trembling aspen – Populus tremuloides)*), **Amerikanische Ulme** (*American elm – Ulmus americana*), **Essigbaum** (*Staghorn sumac – Rhus typhina)* und einige **Hickory**-Arten (*Carya).*

Zahlreiche Flechtenarten (Lichen), z.B. die **Bartflechte** (*Old man's beard – Usnea barbata*) oder die **Echte Lungenflechte** (*Lung wort – Lobaria pulmonaria*), die an manchen Bäumen zu sehen sind, können als Indikator für intakte Umweltbedingungen dienen.

Unter den Bäumen – Sträucher und Bodenpflanzen

Leuchten violette Farbflächen auf trockenen Waldlichtungen, ist das dem massenhaften Auftreten des **Weidenröschens** (*Fireweed – Epilobium angustifolium*) zu verdanken. Häufige Strauchpflanzen in den Wäldern sind **Schneeball**-Arten (u. a. *Northern wild raisin – Viburnum cassiniodes* und *Arrowwood - Viburnum dentatum*), **Hartriegel** (*Dogwood – Cornus*), **Holunder** (*American elder – Sambucus canadensis*) und **Weißdorn** (*Hawthorn – Crateagus*).
Manchmal bedecken dichte Gebüsche aus **Farnen** (*Fern*) den Waldboden (**Adlerfarn** (*Pteridium aquilinum*) und **Königsfarn** (*Cinnamon fern – Osmunda cinnamomeo*)); daneben findet sich auch die zu den Gagelstrauchgewächsen zählende **Farnmyrte** (*Comptonia peregrina*). Die Sprossen des Königsfarns, die sogenannten *fiddleheads*, sind übrigens in Québec und den Atlantikprovinzen New Brunswick, Nova Scotia und Prince Edward Island eine Spezialität der lokalen Küche, die von den First Nations übernommen wurde.
Offene Lichtungen, Waldränder, Berghänge oder waldarme Küstengebiete sind vielerorts flächendeckend mit strauchigen Pflanzen bewachsen, die ein undurchdringliches Dickicht bilden können. Häufig wach-

Rechte Seite:
1. Schneeball-Früchte
2. Strauchdickicht im Herbst
3. Farne und Krähenbeeren
4. Stechpalme (Winterbeere)

sen hier **Erlenbüsche**, dazwischen **Schwarze Apfelbeere** (*Black chokeberry – Aronia melanocarpa*), **Weiden** ((**Bebbs Weide** (*Bebb willow – Salix bebbiana*), **Balsam-Weide** (*Balsam willow – Salix pyrifolia*)), **Zwergvogelbeere** (*Red chokeberry – Pyrus arbutifolia*), **Stechpalme** (Winterbeere; *Swamp holly – Ilex verticillata*) und **Spierstrauch** (*Broadleaf meadowsweet – Spirea latifolia*). Im Frühling fallen die violett blühenden wilden **Azaleen** (*Rhodora – Rhododendron canadense*) auf, die besonders in feuchten, sumpfigen Gegenden zu Hause sind; manchmal findet man sie seitlich von Waldwegen im Straßengraben, zuweilen neben der hochstämmigen **Amerikanischen Heidelbeere** (*Northern highbush blueberry – Vaccinium corymbosum*) und **der Schwarzen Heidelbeere** (*Black huckleberry – Gaylussacia baccata*). Weit verbreitet sind die nach Lorbeer duftenden **Gagelstrauchgewächse** (*Bayberry* oder *Sweetgale – Myrica gale* u. *Myrica pensylvanica*), welche mit den vorgenannten Pflanzen dichte Gebüsche bilden, die aber kaum einen Meter Höhe erreichen.

Raritäten: Präriewälder, Präriegräser, Prärieblumen

Vom ursprünglich weiten, hügeligen Grasland ist heute nur noch wenig übrig: Die ehemaligen Prärien Kanadas sind zu großen Teilen Weizenfeldern gewichen. In den wenigen nicht landwirtschaftlich genutzten Gebieten finden sich eine Reihe von Gräsern und Wildblumen. Typische Präriegräser sind **Moskitogras** (*Blue grama – Bouteloua gracilis*), **Nadel-und-Faden-Federgras** (*Needle-and-thread grass – Stipa comata* o. *Hesperostipa comata*), **Mähnen-Gerste** (*Horstail barley – Hordeum jubatum*), **Quecken** (*Thickspike wheatgrass* oder *Streamside wheatgrass – Elymus lanceolatus*), **Großes Blaustängel-Süßgras** (*Big bluestem – Andropogon gerardii*) und **Büffelgras** (*Buffalograss – Buchloe dactyloides*). Man sieht **Rohrkolben** (*Cattail – Typha*), **Indianischen Frauenbeifuß** (*Prairie sagewort – Artemisia frigida*), **Schwarzäugige Rudbeckie** (*Black-eyed Susan – Rudbe-*

Prärie-Vegetation: Schilf, Mähnengerste, typische Präriewiese (oben)
Schwarzäugige Rudbeckie (unten)

ckia hirta), die bei uns in Gärten zu finden ist, und in Trockengebieten sogar verschiedene Kakteenarten.
Auch Halbsträucher wie **Douglas-Weißdorn** (*Black hawthorn – Crataegus douglasii*) und die **Erlenblättrige Felsenbirne** (Saskatoon-Beere – *Amelanchier alnifolia*) finden sich hin und wieder. Aus den Früchten der letzteren kann eine schmackhafte Konfitüre zubereitet werden – allerdings in zeitaufwendiger Arbeit.
Nur selten sieht man ein Wäldchen. Bäume wie die **Kanadische Schwarzpappel** (*Eastern cottonwood – Populus deltoides*), **Balsam-Pappel** (*Balsam poplar – Populus balsamifera*), **Rotbirke** (*Water birch – Betula occidentalis*), **Bur-Eiche** (*Bur oak – Quercus macrocarpa*), **Eschen-Ahorn** (*Box elder – Acer negundo*) und verschiedene Weidenarten, sowie Kiefern, Weißfichten, Schwarzfichten, Balsamtannen und Lärchen sind zumeist nur vereinzelt oder als Baumgruppe aufzufinden.

Die Wälder der Hochgebirge und die Plateauregion

Die Berggebiete des Westens sind unterhalb der Baumgrenze dicht bewaldet, soweit nicht bereits großflächige Abholzungen stattgefunden haben. Weit verbreitet sind **Engelmann-Fichte** (*Engelmann spruce – Picea engelmannii*), **Douglasie** (*Douglas fir – Pseudotsuga menziesii*), **Küsten-** oder **Dreh-Kiefer** (*Lodgepole pine – Pinus contorta*) und im Süden **Gelb-Kiefer** (*Ponderosa pine – Pinus ponderosa*), daneben finden sich in den unteren Lagen **Wacholderbäume** (*Juniper – Juniperus*). Im Herbst verschönern die **Espen** oder **Zitterpappeln** (*Trembling aspen – Populus tremuloides*) zusammen mit einigen Weidenarten durch ihre eindrucksvoll goldene Laubfärbung die Landschaft; ähn-

liches bewirken in höheren Lagen **Westamerikanische Lärchen** (*Western larch – Larix occidentalis*).

Douglasie und Lärche sind typische Vertreter des Hochgebirgswaldes (oben)
Im Okanagan Valley gedeihen sogar Opuntien (unten)

Im Plateau zwischen den Gebirgen hingegen wird die Vegetation spärlicher. Hier wachsen vor allem **Zedern** und **Eichen**. Wo es keinen Bergwald gibt, sorgen Trockenheit und hohe Sonneneinstrahlung für karge Wachstumsbedingungen. Außerhalb der landwirtschaftlich genutzten Gebiete, wie in den Trockengebieten des Fraser Valley, sieht man außer vielen Gräsern sowohl alpine als auch Wüstenflora, und im Okanagan Valley mutet die Vegetation fast subtropisch an – hier gibt es sogar **Kakteen** und **Palmen**.

Der temperierte Regenwald an der Pazifikküste

Die Vegetation der niederschlagsreichen Pazifikküste wird von dichten Wäldern aus **Sitka-Fichten** (*Picea sitchensis*), **Riesen-Lebensbäumen** (*Pacific red cedar – Thuja plicata*), **Douglasien**, **Westamerikanischen Hemlocktannen** (*Tsuga heterophylla*), **Küstentannen** (*Great silver fir – Abies grandis*) und **Nootka-Scheinzypressen** (*Nootka cypress – Xanthocyparis nootkatensis*) beherrscht. Obwohl ihnen die Ausbeutung durch die Holzwirtschaft seit Jahrzehnten zusetzt, existieren immer noch große Bestände gewaltiger, moosüberzogener Urwälder. Doch zu oft läuft man durch den sogenannten *Second generation forest*, in dem schon vor hundert Jahren die Riesen des Waldes gefällt wurden. Mitunter zeugen noch Stümpfe von ihrer Existenz oder ein einzelnes seinerzeit verschontes Exemplar erinnert an diese gewaltigen Bäume, die zu den größten der Erde gehören – die Sitka-

Temperierter Regenwald an der Pazifikküste:
1. Wald der „zweiten Generation“, 2. Beeindruckender Umfang eines Zedernstammes, 3. Zedernzweige, 4. Zweige der Westlichen Hemlocktanne, 5. Shallon-Scheinbeere, 6. Schachtelhalm, 7. Farn

Fichte kann bis zu 100 Meter Höhe erreichen. Regelmäßiger Niederschlag sorgt dafür, dass es am Fuß dieser Bäume stets feucht ist, und entsprechend ist der Boden reichlich mit dicken Teppichen aus Moosen überzogen; dazwischen wachsen viele **Farne** und auch **Wald-Schachtelhalm** (*Wood horsetail – Equisetum sylvaticum*). An lichten Stellen finden sich auch Sträucher wie die **Shallon-Scheinbeere** (*Salalberry – Gaultheria shallon*) mit ihren großen, herb-süßen Beeren, die im Geschmack an Heidelbeeren erinnern.

Wildblumen in Kanada

Wichtige Blütenpflanzen, die in arktischen und subarktischen Gebieten vorkommen, sind bereits am Anfang des Kapitels behandelt worden; einigen davon kann man auch in südlicheren Breiten begegnen, insbesondere in höheren Lagen und auf alpinen Wiesen, wie in den Hochgebirgen des Westens. Aus dem Reichtum der Pflanzenwelt Kanadas in den gemäßigten Breiten kann im Folgenden nur eine begrenzte Auswahl zur Ergänzung bereits genannter Arten aufgeführt werden.

Am **Waldboden** fällt der oft große Flächen bedeckende **Kanadische Hartriegel** (*Bunchberry – Cornus canadensis*) mit weißen Blüten im Frühjahr, im Sommer dann mit roten Beeren, auf; ebenfalls häufig

Rechte Seite:
Wildblumen: 1. Frauenschuh, 2. Wilde Aster, 3. Fingerhut, 4. Sumpf-Iris

sind **Nacktstengelige Aralie** (*Wild sarsaparilla – Aralia nudicaulis*) und nordamerikanischer **Siebenstern** (*Starflower – Trientalis borealis*); etwas seltener findet man die weiß bis gelb blühende **Clintonia** (*Blue-bead lily – Clintonia borealis*), die zu den Zeitlosengewächsen gehörende **nordamerikanische Trauerglocke** (*Sessile bellwort – Uvularia sessilifolia*) oder die **Aufrechte Waldlilie** (*Purple trillium – Trillium erectum*). Eine ebenfalls im Wald vorkommende wilde Orchidee ist der **Frauenschuh** (*Pink Lady's slipper – Cypripedium acaule*). Sehr häufig ist die kanadische **Schattenblume** (*Canada mayflower – Maianthemum canadense*).

An **Waldrändern** und auf **Waldlichtungen** leuchtet im kräftigen Rotviolett das **Weidenröschen** (*Fireweed – Chamerion*), das insbesondere nach Abholzungen oder Waldbränden als Pionierpflanze auftaucht. Auch der von den europäischen Siedlern nach Kanada eingeführte **Fingerhut** (*Digitalis purpurea*) wächst hier wild, ebenso wie verschiedene wilde Arten von **Astern**, meist weiß, blaßviolett oder blau blühend.

In **Feuchtgebieten** ist die blaue **Sumpf-Iris** oder **Blaue Sumpf-Schwertlilie** (*Blue flag – Iris versicolor*) häufig, gelegentlich sieht man die **Wiesenraute** (*Tall meadow rue – Thalictrum pubescens*); daneben wächst hier und auch im feuchten Wald der **Dreiblättrige Goldfaden** (*Goldthread – Coptis trifolia*).

Auf **Wiesen** fällt insbesondere in trockenen Bereichen das aus Europa vertraute **Habichtskraut** (*Hawkweed – Hieracium*) ins Auge, oft in einer Varietät in kräftig dunklem Orange, ebenso **Johanniskraut** (*Common St. John's wort – Hypericum*). Darüber übersieht man leicht ein kleines Naturwunder, die **Blaue Binsenlilie** (*Blue-eyed grass – Sisyrinchium angustifolium*), eine Schwertlilie im Miniaturformat. Ebenfalls auf Wiesen, oft nahe des Strandes zwischen Krähenbeeren und Gräsern, wächst die wilde **Virginia-Erdbeere** (*Wild strawberry – Fragaria*

virginiana) mit ihren äußerst aromatischen Früchten. Weit verbreitet ist die **Kanadische Goldrute** (*Canada goldenrod – Solidago canadensis*).

Im Bereich von **Dünen und Strandwällen** oder an steinigen Stränden sind **Strandhafer** (*Beachgrass – Ammophila*), **Dünen-Rose** (*Pasture rose – Rosa carolina*) und **Virginische Rose** (*Rosa virginiana,*), **Gänse-Fingerkraut** (*Silverleaf – Potentilla anserina*) und **Strand-Platterbse** (*Beach pea – Lathyrus japonicus*) zu Hause.

Canadian tiger swallowtail (Papilio canadensis) auf einer wilden Lupine

Auf den zahlreichen **Seen** sieht man hin und wieder die **Gelbe Teichrose** (*Yellow pond lily – Nuphar lutea*) oder die **Wohlriechende Seerose** (*Fragrant waterlily – Nymphaea odorata*).

An **Wegrändern** stellen in der ersten Hälfte des Sommers Ansammlungen wilder **Lupinen** (*Sundial lupine – Lupinis perennis*) ihre Farbenpracht zur Schau, und die aus Europa eingeführten **Wiesen-Margeriten** (*Oxeye daisy – Leucanthemum vulgaris*) bilden wahre Blütenmeere. Der gleichfalls eingeführte giftige **Bittersüße Nachtschatten** (*Bittersweet nightshade – Solanum dulcamara*) wächst ebenfalls an Wegrändern, in Gräben oder auch in Uferbereichen.

Warnen muß man vor **Giftefeu**- oder **Giftsumacharten** (*Poison ivy – Toxicodendron radicans* oder *Rhus radicans* und *Poison sumach – Toxicodendron vernix* oder *Rhus vernix*). Berührungen mit der Haut können Entzündungen, Juckreiz und Blasen zur Folge haben. Giftefeu wächst als niedriger Busch an Wiesenrändern, in Dickichten, an Zäunen, Müllplätzen und im offenen Wald. Giftsumach ist ein größerer Strauch, der Sümpfe und Feuchtgebiete bevorzugt. Auch der **Riesenbärenklau** (*Giant hogweed – Heracleum mantegazzianum*), der gelegentlich an Straßenrändern und Lichtungen auftaucht, kann bei Berührung unangenehme Hautveränderungen bewirken.

Linke Seite:
1. Wiese mit Goldruten, 2. Seerose, 3. Strand-Platterbse, 4. Margeriten, 5. und 6. Dünenrose, 7. Nachtschatten, 8. Giftsumach

Fauna

Säugetiere

Wichtige Pflanzenfresser

In den ausgedehnten menschenleeren Waldlandschaften der borealen und gemäßigten Zone lebt kanadaweit die größte der kanadischen Hirscharten, der **Elch** (*Moose – Alces alces*). Die maximale Elchdichte herrscht in Neufundland mit etwa 150.000 Tieren – das heißt, dass dort auf drei Einwohner ein Elch kommt! Aufgrund ihrer Größe sind die Tiere ein ernsthaftes Risiko für Autofahrer, vor allem nachts. Warnschilder am Straßenrand sollten daher ernst genommen werden. Elche sind Einzelgänger und treten, anders als die meisten anderen Hirscharten, niemals in Herden auf.

Der zierliche **Weißwedelhirsch** (*White-tailed deer – Odocoileus virginianus*), dessen weißer Schwanz regelrecht leuchtet, wenn er ihn bei der Flucht aufrichtet, ist in ganz Kanada sehr häufig zu sehen. Er sucht sich im Sommer zuweilen auch in den Gärten der Menschen zartes Gras und frische Kräuter, Begegnungen mit ihm sind daher nicht selten. Im Westteil Kanadas ist auch der **Maultierhirsch** (*Mule deer – Odocoileus hemionus*) mit seinen auffällig großen Ohren zu Hause; bei den Unterarten Sitka-Schwarzwedelhirsch und Columbia-Schwarzwedelhirsch ist der Schwanz dagegen schwarz. Der Maultierhirsch kommt aber kaum in die Nähe menschlicher Siedlungen.

Vornehmlich in der Rocky-Mountains-Region lebt der deutlich größere **Wapiti** (*Elk – Cervus canadensis*), der vorübergehend vom Aussterben bedroht war, dessen Bestände sich aber infolge der Jagdreglementierung erholt haben. Nur im äußersten Süden Saskatchewans und Albertas kommt die ansonsten im Mittelwesten der USA beheimatete **Gabelantilope** (*Pronghorn – Antilocapra americana*) vor, deren Hörner meist doppelt so lang sind wie die Ohren.

Die nordamerikanischen Verwandten des nordeuropäischen Rentiers, die **Caribous** (*Woodland Caribou – Rangifer tarandus caribou* und *Barrenground Caribou – Rangifer tarandus groenlandicus*) sind im Norden Kanadas heimisch, vor allem auf Ödland oder Hochebenen mit Tundrenvegetation. Sie wandern oft in größeren, wenn nicht gar riesigen, fünf- bis sechsstellige Zahlen erreichenden Herden mehrere hundert

Kilometer weit zwischen dem Landesinneren, wo sie sich im Winterhalbjahr aufhalten, und den Küstengebieten, die sie im Sommer bevorzugen. Vor allem infolge der Erschließung von Bodenschätzen in ihrem Lebensraum sind die Caribous in ihren Beständen stark zurückgegangen und akut in ihrer Existenz bedroht.

Mit über einer Tonne Gewicht und über zwei Metern Höhe ist der Bison das größte Säugetier Nordamerikas. Der **Amerikanische Bison** kommt in zwei Unterarten vor. Ein Beispiel für gelungene Schutz- und Renaturierungsmaßnahmen ist der **Waldbison** (*Wood buffalo – Bison bison athabascae*). Er galt bereits als so gut wie ausgestorben, als 1957 noch eine verbliebene Herde von 200 Tieren entdeckt wurde. Konsequente Schutzmaßnahmen führten dazu, dass es heute circa 3.000 Büffel sind, die vorwiegend den Nordosten British Columbias bewohnen, aber auch in den Northwest Territories, im Yukon, in Alberta und Manitoba anzutreffen sind. Aber auch der **Präriebison** (*Plains bison – Bison bison bison*), der früher tausende Kilometer weit durch Nordamerika wanderte, zu Zehntausenden abgeschossen wurde und fast verschwunden war, konnte erhalten werden: Durch British Columbia, Alberta und die Prärieprovinzen ziehen zwar nur noch wenige hundert wilde oder nach Zucht und Auswilderung halbwilde Büffel; demgegenüber werden weit über 100.000 Tiere als Zuchtvieh in der Landwirtschaft gehalten.

Das **Dickhornschaf** – in diesem Fall die Unterart der Rocky Mountains (*Rocky Mountain big horn sheep – Ovis canadensis canadensis*) hat seinen Namen von seinen typischen spiralig nach hinten gedrehten Hörnern. Es war einst vom Aussterben bedroht und ist durch konsequente Schutzmaßnahmen heute wieder in großer Zahl in den südlichen Hochgebirgsregionen Kanadas anzutreffen.

Das **Dall-Schaf** (*Dall sheep – Ovis dalli*) ist nahezu reinweiß und hat deutlich dünnere Hörner als das Dickhornschaf; sie ragen nach hinten und drehen sich nur bei äl-

Oben: 1. Pronghorn-Antilope, 2. Waldbison, 3. Dickhornschaf
Linke Seite: 1. Elchkuh, 2. Weißwedelhirsch mit Jungen, 3. Wapiti-Hirsch, 4. Caribou

Steinschaf, Moschusochse und Schneeziege

teren Männchen leicht nach hinten ein. Die Unterart **Stein-Dall-Schaf** (*Stone sheep – Ovis dalli stonei)* ist graubraun oder schieferbraun gefärbt, der Bauch und die Hinterseiten der Beine sind schwarz. Im Winter wird das Fell ausgesprochen dicht und lang. Dallschafe leben in den subarktischen Regionen der Hochgebirge des Yukons, im Westen der Nordwest-Territorien sowie im nördlichen British Columbia.

Auf den alpinen Wiesen und Bergklippen der Rocky Mountains ist auch die etwas zierlichere **Schneeziege** (*Rocky Mountain goat – Oreamnos americanus*) zu Hause, die trotz ihres Namens nicht zur Gattung der Ziegen gehört, sondern als einzige Art in eine eigene Gattung innerhalb der Ziegenartigen-Familie gestellt wird. Ihr Fell ist weiß, im Winter gelblich.

Ausschließlich in der Arktis sind die zur Familie der Ziegenartigen gehörenden **Moschusochsen** (*Muskox – Ovibos moschatus*) zu Hause. Diese widerstandsfähigen Tiere leben in kleineren Herden in festen Revieren zusammen. Sie sind äußerst scheu, können aber dem Menschen durchaus auch gefährlich werden, wenn sie von der Verteidigung zum Angriff übergehen. Sie stehen unter Schutz und dürfen nur in begrenzter Anzahl und durch Inuit gejagt werden.

Einige Nagetiere

Das **Rothörnchen** (*Red Squirrel – Tamiasciurus hudsonicaus*) ist als häufiger tagaktiver Waldbewohner in großen Teilen Kanada präsent.

Es ist etwas kleiner als das **Grauhörnchen** (*Gray squirrel – Sciurus carolinensis*), das im gesamten Osten Kanadas mit Ausnahme der subarktischen und arktischen Gebiete heimisch ist; die dunkel gefärbte Variation ***Black squirrel*** ist besonders unempfindlich gegenüber Kälte und bevorzugt den nördlichen Bereich; sie scheint aber auch wenig Scheu vor Menschen zu haben und ist sogar in Großstädten wie Ottawa und Toronto präsent. Sehr oft sieht man das weitverbreitete **Streifenhörnchen** (*Eastern chipmunk – Tamias striatur*) über die

1. Rothörnchen, 2. Black Squirrel (schwarzes Grauhörnchen), 3. Murmeltier, 4. Biberbau, 5. Stachelschwein, 6. Schneehase

Straße huschen. Eine ausgesprochene Rarität ist dagegen das seltene nachtaktive **Flughörnchen** (*Southern flying squirrel – Glaucomys volans*), das in Nova Scotia, Québec und Ontario vorkommt.

Südliches Flughörnchen

In Nationalparks, Schutz- und Wildnisgebieten – oder in einsamen und unbewohnten Gegenden – kann man hin und wieder dem **Murmeltier** (*Woodchuck – Marmota monax*) begegnen. An Gewässern, in Feuchtgebieten und im Marschland sieht man gelegentlich die Gänge und Höhlen der **Bisamratte** (*Muskrat – Ondatra zibethica*), das Tier selbst bekommt man dagegen selten zu Gesicht. Die Bestände des **Kanadischen Bibers** (*North American beaver – Castor canadensis*), des größten Nagetiers in Nordamerika, die aufgrund schonungsloser Jagd stark dezimiert worden waren, haben in den letzten Jahrzehnten wieder leicht zugenommen. Die Spuren seiner Tätigkeit – Biberdämme, angenagte oder gefällte Bäume – sind relativ häufig, aber das Symboltier Kanadas selbst zeigt sich nur selten. Die besten Chancen hat man am frühen Morgen oder am Abend.

Das **Stachelschwein** (*Porcupine – Erethizon dorsatum*), das sich von Blättern und Zweigen ernährt, erblickt man häufig – leider meistens erst, wenn das Tier überfahren am Straßenrand liegt, weil es für die Geschwindigkeit von Autos viel zu langsam ist.
Fast in ganz Kanada, auch in der Arktis – mit Ausnahme des äußersten hohen Nordens – kommt der **Schneehase** (*Snowshoe hare – Lepus americanus*) vor; ein weißes Fell trägt er aber nur im Winter.

Fledertiere

Bei der Bevölkerung merkwürdigerweise wenig geschätzt sind die **Fledermäuse**, die sich eigentlich aufgrund ihrer bevorzugten Kost, der Moskitos, größter Beliebtheit erfreuen müssten. Häufig ist vor allem die zu den Mausohren gehörende **Kleine Braune Fledermaus** (*Little brown bat – Myotis lucifugus*). Die **Große Braune Fledermaus** (*Big brown bat – Eptesicus fuscus*) besiedelt offene Landschaften, teils aber auch Randgebiete von Dörfern und Städten im südlichen Kanada.

Rechte Seite:
1. Vielfraß, 2. Flussotter,
3. Waschbären, 4. Streifenskunk

Raubtiere

In den Wäldern Kanadas sind eine Reihe von Mardern zu Hause, darunter das **Kurzschwanzwiesel**, auch **Hermelin** genannt (*Stoat* oder *Short-tailed weasel – Mustela erminea*), der **Fichtenmarder** (*American marten – Martes americana*) und der flinke **Amerikanische Nerz** (*American mink – Neovison vison*), der auch gern steinige Strände besucht.
Der eng mit den Echten Mardern verwandte **Vielfraß** (*Wolverine – Gulo gulo*) ist deutlich größer. Er lebt vorzugsweise im borealen Wald und in der Tundra. Das flinke Tier mit seinem starken Gebiss kann auch viel größeren Säugetieren gefährlich werden.
Auch der **Silberdachs** (*American badger – Taxidea taxus*) ist eher in offenen Landschaften verbreitet.

Rar ist der Anblick eines **Nordamerikanischen Flussotters** (*River Otter – Lontra canadensis*), der sich nicht nur an fischreichen Wasserläufen, sondern gelegentlich auch im Salzwasser vor Flussmündungen oder in Meeresbuchten aufhält. Noch seltener ist der **Seeotter** (*Sea otter – Enhydra lutris*) zu sehen, der vor den Küsten im Nordpazifik zu Hause ist und durch seine Rückenschwimmtechnik auffällt. Wegen des wertvollen Pelzes wurde er im 18. und 19. Jahrhundert intensiv bejagt und war dadurch fast ausgestorben; nur durch schärfste Schutzmaßnahmen konnte ein geringer Restbestand erhalten werden und ist immer noch hochgradig gefährdet.

Der **Waschbär** (*Raccoon – Procyon lotor*) kommt gern in die Nähe der Menschen, um im Schutz der Dunkelheit nach Tierfutter oder Essensresten im Müll zu suchen. Vorwiegend nachtaktiv ist auch der zu den Stinktieren gehörende **Streifenskunk** (*Striped skunk – Mephitis mephitis*) – daher sind die Chancen für eine Begegnung glücklicherweise nicht allzu groß, denn diese können überaus unangenehm verlaufen: Das Tier, das nicht nur im Wald, sondern zunehmend auch im offenen Gelände

Der in ganz Kanada vorkommende Grauwolf, hier ein mit einem Radiosender ausgestattetes Exemplar

vorkommt, sondert zu seiner Verteidigung eine intensiv übelriechende Substanz ab, deren spezifischen Geruch man nie mehr vergessen wird. Wer „parfümiert" wurde, sollte die betreffenden Körperteile und Kleidungsstücke mit reichlich Tomatensaft – dem einzig wirksamen Mittel – wieder und wieder abwaschen; irgendwann lässt das Übel nach. Der **Rotfuchs** (*Red fox – Vulpes vulpes*) ist vor allem dämmerungs- und nachtaktiv; er ist nicht besonders scheu und zeigt sich auch in der Nähe menschlicher Siedlungen. Die nördliche, dunkelgrau bis schwarz gefärbte Variante **Silberfuchs** kommt heute vor allem in der nordwestlichen Arktis vor, früher auch weiter im Osten, wo das Tier jedoch wegen des wertvollen, in Europa überaus gut bezahlten Pelzes – ein Fell war so viel wert wie 40 Biberfelle und übertraf noch die Preise für die des Seeotters – Traum und Ziel zu vieler Jäger war. Heute wird er des Pelzes wegen in Fuchsfarmen gezüchtet. Der **Polarfuchs** (*Polar fox – Vulpes lagopus*) ist ebenfalls in der nördlichen Polarregion beheimatet. Im Winter ist sein Fell weiß, im Sommer graubraun, in perfekter Anpassung an die Tundra-Umgebung.

Kojoten (*Canis latrans*) waren ursprünglich nur im Westen und der Mitte Kanadas heimisch, haben sich aber in jüngster Zeit weiter nach Osten bis hin nach Nova Scotia ausgebreitet. Diese *Eastern coyotes* sind merklich größer als ihre westlichen Verwandten; es wird daher vermutet, dass es sich bei ihnen tatsächlich um Nachfahren von Hybriden aus westlichen Kojoten und Grauwölfen handelt, wofür auch schon wissenschaftliche Belege gefunden wurden. **Wölfe** (*Gray wolf – Canis lupus*) kommen in fast ganz Kanada vor, trotzdem sieht man sie nur selten, denn sie haben sich in menschenleere Gegenden zurückgezogen. Zu den verbreiteten Unterarten gehören der **Polarwolf** (*Arctic wolf – Canis lupus arctos*), der als einziger seiner Art noch in seinem ursprünglichen Lebensraum, der Arktis, verbreitet und dort auch nicht bedroht ist; der nur in Ostkanada vorkommende **Timberwolf** (*Eastern wolf – Canis lupus lycaon*) mit einem hell-graubraunen Fell, der deutlich kleiner und schlanker ist als der normale Grauwolf – bei dem allerdings genetische Studien nahe legen, dass es sich doch um eine eigene Art *Canis lycaon* handeln könnte; und der im Westen Kanadas weit verbreite **Mackenzie-Wolf** (*Mackenzie valley wolf – Canis lupus occidentalis*).

Scheu und selten anzutreffen: der Luchs

Sehr scheu und daher nur im Glücksfall zu sehen sind der einzelgängerische, vorwiegend nachtaktive **Kanadische Luchs** (*Lynx canadensis*) ebenso wie der **Rotluchs** (*Bobcat – Lynx rufus*); beide leben in sehr abgeschiedenen Waldgebieten.

Der tag- und nachtaktive, ebenfalls einzelgängerische **Nordamerikanische Puma** (*Cougar – Puma concolor couguar*), auch Berglöwe oder Silberlöwe genannt, kann uns Menschen sehr gefährlich werden, da wir gut in sein Beuteschema passen. Daher ist in der Wildnis immer Vorsicht geboten. Seine bevorzugten Beutetiere sind Hirsche.

Die Chance, bei einer Wanderung durch die kanadische Natur auf **Amerikanische Schwarzbären** (*Black bear – Ursus america-*

Oben: Ein Grizzly bei seiner Lieblingsmahlzeit Lachs
Unten: ein Schwarzbär überquert den Dempster Highway am Mackenzie-Delta, Northwest Territories

nus) zu stoßen, ist deutlich größer als eine andere Bärenart anzutreffen. Ihre Nahrung besteht vorwiegend aus Pflanzen, sie fressen aber auch Aas und kleinere Tiere. Der Schwarzbär ist in ganz Kanada unterhalb der Baumgrenze stark verbreitet, allerdings ist er in der Regel sehr scheu und so auf Distanz bedacht, dass es schwer werden kann, ihn tatsächlich in freier Wildbahn zu erblicken. Am größten ist die Aussicht, ihn zufällig irgendwo am Straßenrand zu sehen.

Der zu den Braunbären gehörende **Grizzlybär** (*Ursus arctos horribilis*) wird mit einer Größe von bis zu 2,5 Metern wesentlich größer als der Schwarzbär. Sein Verbreitungsgebiet reichte früher bis Labrador. Heute ist die kanadische Population stark zurückgegangen und der Grizzly steht auf der Liste der gefährdeten Tiere. Grizzlybären sind vorwiegend in den schwer zugänglichen Höhenlagen der dicht bewaldeten, einsamen Regionen der Rocky Mountains und der Küstengebirge zu Hause, wo sie Unmengen von Beeren vertilgen, aber auch Tiere jagen. Während der Lachswanderungen im späten Sommer und frühen Herbst begeben sich die Bären zum Fischen auch in tieferliegende Gebiete bis hin zu den Flussmündungen.

Eisbär mit den Resten einer Robbe, Lower Savage Island, Nunavut

Der **Eisbär** (*Polar bear – Ursus maritimus*), der größte vierbeinige Fleischfresser der Welt, ist in der gesamten Polarregion verbreitet. In Kanada wird er aus gutem Grund nicht zu den Landsäugetieren gezählt, sondern gilt als *Sea Mammal*, denn den Großteil seines Lebens verbringt er im Meer oder auf dem Eis, wo er sich vorwiegend von Robben ernährt. Muss er wegen Eismangels an Land zurückbleiben, fehlt ihm also seine Hauptnahrung. Für einen hungrigen Eisbären passen wir Menschen gut ins Beuteschema – eine Begegnung mit ihm ist daher prinzipiell sehr gefährlich. Da er in der Natur keine natürlichen Feinde kennt, hat er keine Angst und ist durch Lärm oder Drohgebärden nur bedingt zu beeindrucken. Über die Gefährdung der Spezies durch Jagd und Klimawandel gibt es unterschiedliche Auffassungen; die Mehrheit der Wissenschaftler schätzt ihn als bedroht ein, wobei ein Rückgang der Bestände allerdings nicht bei allen Populationen gleichermaßen festzustellen ist.
In den letzten Jahren treten gelegentlich „Hybridbären“ auf, die aus Paarungen von Grizzlys und Eisbären hervorgegangen sind, was als Folge der durch den Klimawandel bewirkten Annäherungen der Habitate erklärt werden kann.

Bären und Menschen

Eine Begegnung mit Bären ist keine harmlose Sache. An Eingängen von Nationalparks und in den Besucherzentren der Gegenden, wo Bärenbegegnungen wahrscheinlich sind, gibt es daher Faltblätter wie „You are in Black Bear Country“, die über die wichtigsten Verhaltensregeln bei der Begegnung mit Bären informieren und unbedingt ernst genommen werden sollten.

Bären meiden für gewöhnlich die Gebiete, in denen häufig Menschen anzutreffen sind. Wenn Menschen in der Wildnis wandern, gehört es zum normalen Verhalten des Bären, dass er ihnen ausweicht und flüchtet. Ausnahmen bilden Situationen, in denen er sich bedroht fühlt und in erster Linie auf Verteidigung aus ist; das kommt beispielsweise bei Bärenmüttern mit Jungen vor.

Wenn Bären sich jedoch an den Kontakt mit Menschen gewöhnt haben, ist ihr normaler Drang zur Flucht eingeschränkt. Um das zu vermeiden, sollte man Bären grundsätzlich nicht stören und einen Mindestabstand von etwa 100 Metern einhalten. Natürlich darf man sie nicht füttern – und auch keine Nahrungsmittel in ihre Nähe bringen. Das heißt, dass man beim Camping in der Wildnis Lebensmittel – einschließlich aller Abfälle – sorgfältig verstauen muss, so dass sie den Bären unzugänglich bleiben. Dabei ist zu beachten, dass bereits ihr Geruch Bären anlocken kann. An Campingplätzen in der Wildnis gibt es oft Container, in denen man sowohl Lebensmittel als auch Abfälle „bärensicher“ unterbringen kann. Im Notfall hilft ein Seil, das man zwischen zwei Bäumen aufspannt und an dem man einen Beutel mit Lebensmitteln auf-

Hinweise zur Beobachtung von Bären im Wells Gray Provincial Park

hängen kann (am besten 4 Meter hoch und in 2 Metern Abstand von den Bäumen). Keinesfalls sollte man Esswaren oder stark duftende Gegenstände im Zelt aufbewahren!

Begegnungen vermeiden

Um Begegnungen mit einem Bären möglichst zu vermeiden und ihn keinesfalls versehentlich zu überraschen, ist es ratsam, sich nicht allein und lautlos in der Wildnis zu bewegen, sondern besser geräuschvoll und möglichst in einer Gruppe. In der Nähe von rauschenden Gewässern oder bei Gegenwind ist erhöhte Vorsicht geboten. Auch Fahrradfahrer müssen besonders aufmerksam sein, denn wegen ihrer Geschwindigkeit und der fehlenden Geräusche können sie nicht rechtzeitig vom Bären bemerkt werden. Natürlich ist besonders dann erhöhte Vorsicht geboten, wenn im Gelände Spuren von Bären gesichtet wurden. Seine Gegenwart kann der Wanderer dem Bären auch mit einer im Outdoorladen erhältlichen Bärenglocke ankündigen.

Schwarzbärenlosung: Ein Teil der Bärennahrung ist eindeutig pflanzlicher Herkunft

Wenn man doch auf Bären trifft

Es gibt für die Begegnung mit einem Bären keine allgemeingültige Strategie. Am wichtigsten ist es, ruhig zu bleiben und nicht in Panik zu verfallen, um angemessen auf das Verhalten des Bären reagieren zu können. Schnelles Weglaufen kann ein großer Fehler sein: Dies kann den Bären provozieren, und er ist sowieso schneller. Ein langsamer Rückzug und der sanfte Einsatz der Stimme ist die bessere Taktik, dabei sollte direkter Blickkontakt vermieden werden. Wenn ein Rückzug aufgrund des Geländes nicht möglich ist, sollte man die Reaktion des Bären abwarten und ihm Gelegenheit geben, aus dem Weg zu gehen. Richtet der Bär sich auf zwei Beine auf oder kommt näher, muss das noch nicht heißen, dass er angriffslustig ist; zunächst drückt er damit nur seine Neugier aus.

Wenn der Bär hingegen seinen Kopf schwingt und drohende Geräusche von sich gibt, die Zähne zeigt, die Klauen spreizt, die Schnauze öffnet und mit der Tatze auf den Boden schlägt, bedeutet das, dass er

sich eingeengt fühlt und verteidigen will. Meist begnügt er sich dann damit, dass man ihm Raum gibt.
Trifft man auf eine Bärenmutter mit Jungen, darf man sich nie zwischen der Bärin und den Jungen aufhalten. Generell sollte man immer vermeiden, einem Bären den möglichen Fluchtweg abzuschneiden.

Im Falle eines Angriffs
Auch für den – sehr seltenen – Fall eines Angriffs gibt es keine allgemeingültigen Regeln. Will ein überraschter Bär sich aktiv verteidigen und ein Rückzug ist nicht möglich, kann es sinnvoll sein, sich tot zu stellen: Man legt sich auf den Bauch, streckt die Beine aus, schützt Kopf und Nacken mit den Armen und ist ganz still. Wenn der Bär keine Bedrohung mehr verspürt, wird er den Ort wahrscheinlich verlassen.
Wird man dagegen von einem Bären über längere Zeit verfolgt und dann zielgerichtet angegriffen, hilft kein Totstellen. Die Flucht auf einen Baum ist auch keine sichere Alternative: Schwarzbären erklettern Bäume, und auch junge Grizzlybären sind dazu in der Lage. Wenn eine Flucht sinnlos ist, sollte man erwägen, aggressiv zu reagieren, den Bären zu erschrecken, beispielsweise mit Hilfe von Stöcken und Steinen zu bedrohen und dabei laut zu schreien – möglicherweise kann man dadurch auch Hilfe herbeirufen.

Spuren eines Schwarzbären im Größenvergleich

Bärenspray
Der Einsatz des pfefferhaltigen Bärensprays ist nur effektiv, wenn es aus kurzer Distanz zielsicher in die Augen bzw. in Mund und Nase des Bären gesprüht wird.

Meeressäuger

Oben: Kegelrobbe
Unten: Sattelrobbe

An den Küsten Kanadas mit gemäßigtem Klima und auch in der Arktis gibt es **Seehunde** (*Harbour seal – Phoca vitulina*), die kleinsten Robben, die offensichtlich ihren Spaß daran haben, in Gruppen im Wasser zu schwimmen oder zu tauchen. Oft sonnen sie sich auf kleinen Felseninseln. Sie sind neugierig und beobachten gern die sie beobachtenden Menschen. Ihre Jungen werden im Mai oder Juni geboren.

Die bis zu drei Meter großen **Kegelrobben** (*Grey seal – Halichoerus grypus*) leben an den kühl temperierten und subarktischen Küsten des Nordatlantiks, ihr Lebensraum sind das Meer und die vor der Küste liegenden felsigen Inseln. Ihren Nachwuchs bringen sie im Januar oder Februar zur Welt.

Im Sankt-Lorenz-Strom, um Neufundland/Labrador und weiter nördlich leben **Sattelrobben** (*Harp seal – Pagophilus groenlandicus*). Wegen ihres weißen Fells wurden insbesondere ihre Jungtiere (*Whitecoats*), die im Februar oder März auf dem Meereis zur Welt kommen, jahrhundertelang erbarmungslos gejagt und abgeschlachtet, bis die Population insbesondere in Neufundland fast auszusterben drohte. Internationale Proteste hatten einen Einbruch des Markts für Robbenfelle zur Folge. 1987 trat schließlich ein Gesetz in Kraft, nach dem die Tiere nur noch nach dem Fellwechsel gejagt werden dürfen. Dennoch sind die Populationen noch immer nicht außer Gefahr, insbesondere wegen des Eisrückgangs.

Walrosse in der Hudson Bay

Eismeer-Ringelrobben (*Ringed seal – Pusa hispida hispida*), deren Name von den hellen Ringen auf ihrem Fell herrührt, leben einzelgängerisch im arktischen und subarktischen Meer; sie sind häufig auf treibenden Eisschollen zu sehen. Ihre Nahrung besteht aus Krebstieren, insbesondere Krill, und kleinen Fischen.

Vor der Küste von British Columbia leben die Ohrenrobbenarten **Stellerscher Seelöwe** (*Steller sea lion – Eumetopias jubatus*), ebenfalls eine gefährdete Art, und **Kalifornischer Seelöwe** (*California sea lion – Zalophus californianus*). Beide Arten werden mehrere Meter groß und können sich auch an Land gut fortbewegen.

Das **Walross** (*Walrus – Odobenus rosmarus*), wegen des Elfenbeins seiner Stoßzähne von europäischen Jägern zu Hunderttausenden erlegt und dabei nahezu ausgerottet, ist heute nur noch im arktischen Nordostkanada, vorwiegend um Baffin Island herum beheimatet. Trotz Schutzmaßnahmen ist es stark gefährdet; ausschließlich den Inuit ist eine regulierte Subsistenzjagd gestattet. Die im Schnitt 50

Zentimeter langen Hauer werden gelegentlich auch bis zu einem Meter lang. Bei den Weibchen sind sie kleiner und leicht gekrümmt. Ihre Funktion ist nicht restlos geklärt. Sie signalisieren Rangordnungen – die dominanten Männchen einer Gruppe haben die größten Hauer – und werden zum Kampf gegen Rivalen benutzt, aber auch zum Aufbrechen von Atemlöchern im Eis und als Stütze beim Klettern aus dem Wasser. Die Nahrung der Walrosse besteht überwiegend aus wirbellosen Tieren wie Muscheln und Krebsen, zum Teil auch aus Fischen. Gelegentlich fressen sie auch Seevögel und Robben.

1. Abtauchender Buckelwal
2. blasender Buckenwal
3. Narwale

Vor Kanadas Küsten zeigen sich besonders in den Sommermonaten **Buckelwale** (*Humpback – Megaptera novaeangliae*), seltener **Finnwale** (*Fin whale – Balaenoptera physalus*) und **Blauwale** (*Blue whale – Balaenoptera musculus*). Weit öfter sind die auch als Minkwale bezeichneten **Nördlichen Zwergwale** (*Balaenoptera acutorostrata*) zu beobachten, sehr selten dagegen die zu den **Glattwalen** gehörenden **Atlantischen Nordkaper** (*Right whale – Eubalaena glacialis* bzw. *Eubalaena japonica*). Weitere in kanadischen Gewässern mitunter zu beobachtende Bartenwale sind **Seiwale** (*Sei whale – Balaenoptera borealis*) und **Grönlandwale** (*Bowhead whale – Balaena mysticetus*).

Relativ häufige Zahnwale sind **Gemeine Delfine** (*Common dolphin – Delphinus delphis*), **Weißseitendelfine** (*White-sided dolphin – Lagenorhynchus acutus*), **Gewöhnliche Schweinswale** (*Harbour porpoise – Phocoena phocoena*) und **Grindwale** (*Atlantic pilot whale – Globicephala melas*). Besonders vor der Küste British Columbias tummeln sich die auch als Orcas bekannten **Schwertwale** (*Killer whale – Orcinus orca*). Nur im Sankt-Lorenz-Strom und in arktischen Gewässern sind **Weißwale** oder Belugas anzutreffen (*Delphinapterus leucas*), die keine Rückenfinne besitzen, ebenso wie die nahe mit ihnen verwandten **Narwale** (*Narwhale – Monodon monoceros*), die man ebenfalls in arktischen

Einhorn
Narwalzähne tauchten bereits um 1200 als Handelsgut in Europa auf und wurden zu horrenden Preisen gehandelt. Da es damals keine Erklärung für ihre Herkunft gab, entanden so die Mythen und Märchen vom Einhorn. Noch heute werden Narwalzähne für vier- bis fünfstellige Dollarbeträge gehandelt. Da die Jagd aber streng reglementiert ist und Kanada zudem den Export verbietet, gibt es nur selten Wilderei und Schwarzhandel.

Gewässern unweit des Packeises findet. Das charakteristische Merkmal der Narwale ist ihr Stoßzahn, eigentlich ein Eckzahn, der waagerecht durch die Oberlippe wächst und bis zu drei Meter lang werden kann. Die Funktion des Stoßzahns ist bisher nicht abschließend geklärt. Mehrheitlich favorisiert wird die These, dass der Stoßzahn als sekundäres Geschlechtsmerkmal der Ausbildung einer Hierarchie dient, zumal die Stoßzähne bei Rivalen-Kämpfen um Weibchen eingesetzt werden. Die Tatsache, dass der Zahn stark von Nervenzellen durchzogen ist, ließ einige Forscher vermuten, dass er als Sinnesorgan genutzt werden könnte, mit dem der Wal Wassertemperatur, -druck und Salzgehalt wahrnimmt und so auf das Vorhandensein von Beute schließt. Ihre hauptsächlich aus Fischen, Tintenfischen und Krebstieren bestehende Nahrung können sie in Wassertiefen von einigen hundert Metern erbeuten.

Fische und andere Meerestiere

Kanadas Küstengewässer waren einst sehr fischreich – das hat seit Jahrhunderten die Fischer aus aller Welt angezogen. Als Fangflotten nicht nur aus Kanada, sondern aus vielen anderen Ländern die Bestände dezimierten, musste der Fang des **Kabeljau** (*Atlantic cod – Gadus morhua*) strengstens reguliert werden (s. Kap. *Natur und Umwelt*). Auch für andere Arten wie etwa den **Schwertfisch** (*Swordfish – Xiphias gladius*) deuten sich bereits ernsthafte Bestandsprobleme an.

Der Kabeljau war für die kanadische Ostküste einst ein Wirtschaftsmotor – bis die Bestände überfischt waren und Fangquoten eingeführt werden mussten

Heute werden von den Küstenfischern insbesondere **Rotbarsch** (*Redfish* o. *Ocean perch – Sebastes marinus*), **Gelbschwanzflunder** (*Yellowtail flounder – Pandalus borealis, syn. Limanda ferruginea*), **Seezunge** (*Sole – Solea solea*), **Heilbutt** (*Atlantic halibut – Hippoglossus hippoglossus*), **Schellfisch** (*Haddock – Melanogrammus aeglefinus*), nordamerikanischer **Seehecht** (*Silver hake – Merluccius bilinearis*)

Salmo salar, der Atlantische Lachs, kommt heute meist aus Zuchtfarmen auf den Tisch

und **Köhler** (*Pollock – Pollachius virens*) gefangen. Dazu kommen verschiedene pazifische Lachsarten wie **Königslachs** *(Chinook salmon – Oncorhynchus tshawytscha),* **Ketalachs** *(Chum salmon – Oncorhynchus keta),* **Silberlachs** *(Coho salmon – Oncorhynchus kisutch) und* **Rotlachs** *(Sockeye salmon – Oncorhynchus nerka).*
Der **Atlantische Lachs** (*Atlantic salmon – Salmo salar*) hingegen wird heute auch in Kanada überwiegend und in großer Stückzahl in Aquakulturen gezüchtet, die leider nicht gerade als umweltverträglich bezeichnet werden können. Auch die **Regenbogenforelle** *(Rainbow trout – Oncorhynchus mykiss),* an der Pazifikküste als *Steelhead trout* bekannt und dort zumeist als Wildfisch gefangen, wird zunehmend in Fischfarmen gezüchtet – meist sogar ohne größere Umweltbelastungen.
In den arktischen Gewässern, insbesondere in Fjorden und an Flussmündungen, fischt man den wohlschmeckenden **Seesaibling** (*Arctic char – Salvelinus alpinus*) – der derzeit glücklicherweise noch nicht in seinem Bestand bedroht ist, da es sich vor allem um Subsistenzfischerei seitens der Inuit handelt.
Neben den genannten Arten spielen auch **Blauflossenthunfisch** (*Bluefin tuna – Thunnus thynnus*), **Dornhai** (*Spiny dogfisch – Squalus acanthias*), **Makrele** (*Atlantic mackerel – Scomber scombrus*) und **Gestreifter Seewolf** (*Atlantic catfish – Anarhichas lupus*) eine Rolle für die örtlichen Fischer. Die zu den Stinten gehörende **Lodde** (*Capelin – Mallotus villosus*), die zu bestimmten Zeiten im Frühjahr in Schwärmen nicht nur zu Tausenden, sondern zu Millionen erscheint, spielt für die menschliche Ernährung kaum eine Rolle, hat aber einen unverzichtbaren Platz in der Nahrungskette der maritimen Fauna – sowohl für Seevögel wie auch für Wale.

In kommerzieller Hinsicht am wichtigsten sind heute der **Atlantische** und der **Pazifische Hering** (*Clupea harengus* und *Clupea pallasii*) sowie die Krustentiere **Amerikanischer Hummer** (*Lobster – Homarus americanus*), **Krabben** (*Crabs*) und verschiedene Arten von Garnelen (*Shrimps* und *Prawns* – u. a. *Pandalus danae, Pandalus borealis, Pandalus platyceros*) Letztere drei spielen zusammen mit der besser als **Jakobsmuschel** bekannten **Atlantischen** und der **Isländischen Kammmuschel** (*Atlantic sea scallop – Placopecten magellanicus, Icelandic scallop – Chlamys islandica*) und der **Amerikanischen Auster** (*Virginia oyster – Crassostrea virginica*) vor allem für den internationalen Delikatessenmarkt eine Rolle. In Kanada viel gegessen wird die weltweit verbreitete **Gemeine Miesmuschel** (*Blue mussel – Mytilus edulis*).

Bedeutende Speisefische in Binnengewässern sind neben den verschiedenen Arten von **Lachs** (Hauptwanderzeit Spätsommer/Herbst) der **Arktische Stint** (*Rainbow smelt – Osmerus mordax*) (Wanderzeit: nach der Schneeschmelze), die mit dem Maifisch verwandten **Alosa**-Arten *American shad* (*Alosa sapidissima*) und *Gaspereau* (*Alosa pseudoharengus*) (Wanderzeit Mai und Juni), **Bachsaibling** (*Brook trout – Salvelinus fontinalis*), **Amerikanische Seeforelle** (*Lake trout – Salvelinus namaycush*) und **Seesaibling** (s. S. 381), die **Arktische Äsche** (*Arctic grayling – Thymallus arcticus*) und der **Gebirgsweissfisch** (*Mountain whitefish – Prosopium williamsoni*).

Seine rote Farbe bekommt der Hummer durch das Kochen

Vögel

An der Küste und am See

In Meeresbuchten und Binnengewässern ist der laufunfähige **Eistaucher** (*Common loon – Gavia immer*) anzutreffen, der mit einer Körperlänge von bis zu 88 Zentimetern deutlich größer als eine Ente ist. Sein klagender Gesang, der oft in nächtlicher Stille effektvoll über das Wasser klingt, hat schon viele Menschen bezaubert. Seine Nahrung, die tauchend erjagt wird, besteht überwiegend aus kleinen Fischen.
Die zu den Kormoranen gehörende **Ohrenscharbe** (*Double-crested cormorant – Phalacrocorax auritus*), die man manchmal auf kleinen Felseninseln sitzen sieht, wo sie ihre Flügel zum Trocknen ausbreitet, kommt in vier Unterarten in Nordamerika sowohl an den Küsten als auch im Binnenland vor. Die in Kolonien lebenden Vögel sind monogam und bilden langjährige Partnerschaften aus.

Der Kormoran ist auch bei uns heimisch (oben), ebenso wie neuerdings die Kanadagans (unten), die seit den 70er Jahren auch in Deutschland brütet

Die **Kanadagans** (*Canada goose – Branta canadensis*) fliegt im Frühjahr und Herbst in großen Schwärmen über das Land. Die Nistgebiete sind vor allem im Norden, nur einige wenige Gänse bleiben im Sommer im Süden des Landes zurück. Die **Dunkelente** (*American black duck – Anas rubripes*) ist in Meeresbuchten, Marschen und Lagunen sowie in Binnengewässern anzutreffen. Die **Eiderente** (*Common eider – Somateria mollissima*) ist dagegen nur an den Meeresküsten des Atlantik und der Arktis verbreitet. An den Großen Seen und den wärmeren Meeresküsten Kanadas kann man die nordamerikanische **Samtente** (*White-winged scoter – Melanitta fusca deglandi*) beobachten. Die **Kragenente** (*Harlequin Duck – Histrionicus histrionicus*) bevorzugt fließende Gewässer.
Der im gesamten Land verbreitete **Gänsesäger** (*Common merganser – Mergus merganser*) zieht im Winter vom Norden in den südlichen Teil des Landes, da er eisfreie Gewässerflächen bevorzugt. Seine Nahrung besteht überwiegend aus kleinen Fischen, die sowohl schwimmend als auch tauchend erbeutet werden.
Die **Schellente** (*Common goldeneye – Bucephala clangula*), ebenfalls eine gute Taucherin, lebt in der gesamten borealen Zone.

Am Strand

Der prächtige **Kanadareiher** (*Great blue heron – Ardea herodias*) bevorzugt ruhige Ufergewässer in Buchten und Lagunen.

Bei Strandspaziergängen kann man mitunter Gruppen von **Amerika-Sandregenpfeifern** (*Semipalmated plover – Charadrius semipalmatus*) beobachten. Weit seltener sind dagegen die gefährdeten **Gelbfuß-Regenpfeifer** (*Piping plover – Charadrius melodus*), für die an einigen Stränden geschützte Gebiete als Brutareal ausgewiesen sind. Verbreitet sind auch der **Sanderling** (*Calidris alba*), der zu den Schnepfenvögeln gehörende **Schlammtreter** (*Willet – Tringa semipalmata*), der **Große Gelbschenkel** (*Greater yellowleg – Tringa melanoleuca*) sowie verschiedene **Strandläuferarten** (*Sandpiper – Calidris*), die man auch an Gezeitentümpeln und in Salzmarschen antrifft.

Vogelkolonien

An den felsigen Steilküsten findet man an sogenannten „Vogelfelsen" Kolonien von **Tordalken** (*Razorbill – Alca torda*), **Dreizehenmöwen** (*Kittiwake – Rissa tridactyla*), **Trottel- und Dickschnabellummen** (*Murre – Uria aalge* und *Uria lomvia*), **Gryllteiste** (*Black guillemot – Cephus grylle*), **Papageitaucher** (*Atlantic puffin – Fratercula arctica*) und **Basstölpel** (*Northern gannet - Morus bassanus*).

An allen Küsten zu hunderten vertreten sind verschiedene Arten von Möwen, unter denen **Silbermöwe** (*Herring gull – Larus argentatus*) und **Mantelmöwe** (*Great black backed gull – Larus marinus*) die häufigsten sind. Sie bevölkern auch gern Gewässer im Binnenland, und auch Mülldeponien werden nicht verschmäht. Die Möwen nisten ebenfalls gern in Kolonien, meist auf Inseln vor der Küste.

Die eleganten **Fluss-Seeschwalben** (*Common tern – Sterna hirundo*) kommen als Zugvögel an die Atlantikküste und in das Inland östlich der Rocky Mountains.
Die **Küstenseeschwalben** (*Arctic tern – Sterna paradisaea*) kommen von der Südhalbkugel und fliegen bis hoch in den arktischen Norden. Sie haben ihre Brutkolonien auf flachen sandigen Wiesen oder in Geröllebenen.

Off-shore

Fast ausschließlich auf dem Meer sieht man **Sturmvögel** wie den **Wellenläufer** (*Leach's storm petrel – Oceanodroma leucorhoa*), die **Buntfuß-Sturmschwalbe** (*Wilson's storm petrel – Oceanites oceanicus*), den **Eissturmvogel** (*Northern fulmar – Fulmaris glacialis*) und den **Großen Sturmtaucher** (*Shearwater – Puffinus gravis*).

Greifvögel

In großen Bäumen nahe der Küste, manchmal aber auch auf Strommasten nistet der **Fischadler** (*Osprey – Pandion haliaetus*), der sich seinem Namen entsprechend fast ausschließlich von Fischen ernährt.

*Linke Seite:
Eine Kolonie von Dickschnabel-Lummen (oben), Sandpiper (Mitte) und Kanadareiher (unten)*

Oben: Der Weißkopfadler ist nach dem Kalifornischen Kondor der größte Greifvogel Nordamerikas.
Unten: Der etwas kleinere Fischadler.

Etwas größer ist der **Weißkopfseeadler** (*Bald eagle – Haliaeetus leucocephalus*) – der Wappenvogel der USA – der eine Flügelspannweite von bis zu 2,5 Metern erreichen kann. Am leichtesten ist er durch den deutlich erkennbaren weißen Kopf zu identifizieren.
Der gewaltige **Steinadler** (*Golden eagle – Aquila chrysaetos*) ist vor allem im Westen Kanadas vertreten.

Sehr häufig ist der im ganzen Land verbreitete **Rotschwanzbussard** (*Red-tailed hawk – Buteo jamaicensis*); nicht ganz so häufig kommt der etwas kleinere **Graubussard** (*Broad-winged hawk – Buteo nitidus*) vor. Der fast weltweit verbreitete **Wanderfalke** (*Peregrine falcon – Falco peregrinus*) ist in Kanada nicht ganz so häufig, kommt dort aber bis in die Arktis vor. Der kleinere **Merlin** (*Merlin – Falco columbarius*) ist überall östlich der Rocky Mountains mit Ausnahme der Prärien vertreten.

Bodenlebende Vögel

Bei Waldspaziergängen überrascht man manchmal das unscheinbar aussehende, sehr scheue **Kragenhuhn** (*Ruffed grouse – Bonasa umbellus*), das in weiten Teilen Kanadas heimisch ist. Das ebenfalls weitverbreitete **Tannenhuhn** (*Spruce grouse – Falcipennis canadensis*) ist besonders im Norden präsent. In den südlichen Prärieprovinzen und in Nova Scotia kann man mitunter auch **Fasane** (*Ring-necked pheasant – Phasanius colchicus*) beobachten. In British Columbia und in allen Tundra-Regionen findet man das **Moorschneehuhn** (*Willow ptarmigan – Lagopus lagopus*). Ebenfalls in der Arktis ist das **Alpenschneehuhn** (*Rock ptarmigan – Lagopus muta*) weit verbreitet. Das einst in ganz Nordamerika heimische Präriehuhn wurde durch Jagd auf ein Prozent seines ursprünglichen Bestandes dezimiert und ist in Kanada ausgestorben. Dagegen ist das

Weiblicher Rubinkehlkolibri an einer Goldmelisse

Schweifhuhn (*Sharp-tailed grouse – Tympanuchus phasianellus*) ist in der ehemaligen Prärieregion noch weit verbreitet. Nur im Osten Kanadas gibt es das **Östliche Truthuhn** (*Eastern wild turkey – Meleagris gallopavo silvestris*).

Singvögel

Auf dem nordamerikanischen Kontinent gibt es eine ganze Menge Singvögel, die überhaupt keine Entsprechung in Europa haben. Im Folgenden seien einige besonders auffällige Arten erwähnt:

Fast exotisch mutet der Anblick des in diesen „nördlichen" Gefilden kaum vermuteten **Rubinkehlkolibris** (*Ruby-throated hummingbird – Archilochus colubris*) an. Der zarte Vogel ernährt sich zu großen Teilen von Blütennektar, aber auch von Insekten und Spinnen, die vor allem für die Aufzucht der Jungen lebensnotwendig sind. Er überwintert im Golf von Mexiko.

Die **Wanderdrossel** (*American robin – Turdus migratorius*) mit ihrer orangeroten Brust erinnert nur schwach an ein überdimensioniertes europäisches Rotkehlchen. Sie ist auf dem gesamten nordamerikanischen Kontinent verbreitet und vielerorts so häufig wie ihre Verwandte in Europa, die Amsel.
Durch seine leuchtendgelbe Farbe fällt der **Goldzeisig** (*American goldfinch - Carduelis tristis*) auf. Im Winter wechselt die Farbe des Gefieders der Männchen allerdings zu einem Olivbraun, während die Weibchen ganzjährig gedeckt gelbbraun gefärbt sind. Sehr verbreitet ist die **Schwarzkopfmeise** (*Black-capped chickadee – Poecile atricapillus* oder *Parus atricapillus*), die ein wenig an die europäische Weidenmeise erinnert. Eine gewisse Ähnlichkeit mit unseren Spatzen hat die **Singammer** (*Song sparrow – Melospiza melodia*), sie singt allerdings viel schöner. In Nadel- und Misschwäldern lebt der auffällig grauschwarze, ebenfalls zu den Sperlingsvögeln gehörende **Junko** (*Dark-eyed junco – Junco hyemalis*).

Als waldreiches Land hat Kanada einige Spechtarten, der kleinste ist der **Dunenspecht** (*Downy woodpecker – Picoides pubescens*), der größte ist der **Helmspecht** (*Pileated woodpecker – Dryocopus pileatus*).

Der hübsche **Blauhäher** (*Blue jay – Cyanocitta cristata*) ist ein häufig zu beobachtender Rabenvogel. Auch in dicht besiedelten Gebieten ist die **Amerikanische Krähe** (*American crow – Corvus brachyrhynchos*) ein alltäglicher Vogel. Dagegen ist der fast weltweit verbreitete **Kolkrabe** (*Common raven – Corvus corax*) eher in dünner besiedelten und ländlichen Gegenden anzutreffen; insbesondere im Norden sieht man ihn häufiger.

Ein zu den Rabenvögeln gehörender Blauhäher, ein Dunenspecht und ein Junco (eine Ammern-Art)

Schnappschildkröte, Feuersalamander und Strumpfbandnatter (Garter snake)

Lurche und Kriechtiere

In nächtlichen Stunden kann man im Südosten Kanadas in der Nähe von Gewässern Zeuge eines vielstimmigen Konzerts werden. Ahnungslose Besucher mögen sich fragen, ob es sich dabei um Singvögel oder Grillen handelt – doch tatsächlich sind es Frösche! Sie quaken nicht, sondern pfeifen, woher auch ihr Name rührt: **Frühlingspfeifer** (*Northern spring peeper – Pseudacris crucifer*). Fast wie das Geschrei eines Esels klingt dagegen der Ruf des **Amerikanischen Ochsenfrosches** (*Bullfrog – Rana catesbeiana*). Die **Fleckensalamander** (*Yellow spotted salamander – Ambystoma maculatum*) kommen häufig vor, halten sich allerdings stets gut versteckt, meist im Waldboden unter Zweigen, Laub und Humus. Weit verbreitet ist die **Amerikanische Kröte** (*American toad – Bufo americanus*).

Zu den in Kanada lebenden **Schildkröten** gehören die **Schnappschildkröte** (*Common snapping turtle – Chelydra serpentina*) und die **Amerikanische Sumpfschildkröte** (*Blanding's turtle – Emydoidea*

blandingi). Infolge der Zerstörung und Fragmentierung ihres Lebensraums steht letztere in den Bundesstaaten Ontario, Nova Scotia und Québec auf der Liste der bedrohten Arten.
Im Meer lebt die riesige **Lederschildkröte** (*Atlantic leatherback – Dermochelys coriacea*). Ihr Bestand ist insbesondere durch die Fischerei und im Meer treibenden Müll stark gefährdet, da sie häufig als Beifang in Fischernetzen verendet oder an im Meer treibenden Plastiktüten erstickt, die sie für Quallen hält.

Die meisten Schlangen in Kanada wie etwa die **Gewöhnliche Strumfbandnatter** (*Garter snake – Thamnophis sirtalis*) sind ungiftig. Hüten muss man sich in dieser Hinsicht allerdings vor der **Wald-Klapperschlange** (*Timber rattlesnake – Crotalus horridus*), die im Süden Ontarios vorkommt, sowie der **Prärieklapperschlange** (*Western rattlesnake – Crotalus viridis*) im Südwesten Kanadas.

Insekten und Spinnentiere

Von den unzähligen Insektenarten Kanadas im Folgenden nur eine kleine Auswahl – mit einem Schwerpunkt auf solchen mit besonders auffälligem Äußeren:
In Kanada gibt es über 200 Arten von **Libellen** (*Odonata*) in verschiedenen Größen und Farb-Varianten, die meisten davon im Osten des Landes in wasserreichen Gebieten.
Neben manchen Schmetterlingsarten, die auch in Deutschland bekannt sind, wie **Trauermantel** (*Mourning cloak – Nymphalis antiopa*) oder **Kleiner Eisvogel** (*White admiral – Limenitis camilla*) ist der ursprünglich aus Nord- und Südamerika stammende **Monarchfalter** (*Monarch – Danaus plexippus*) eine der am häufigsten zu beobachtenden Arten.

Bombus ternarius oder Tricoloured bumble bee ist eine in Kanada weitverbreitete Hummelart

Wahrlich ein **Prachtkäfer** ist der gelbgefleckte, grünglänzende *Metallic Green Wood Borer* (*Buprestis fasciata*), der sich von toten oder sterbenden Bäumen der kanadischen Wälder ernährt. Ebenfalls metallisch glänzt der am Waldboden zu findende **Sechspunktige Sandlaufkäfer** (*Six-spotted riger beetle – Cicindela sexguttata*), der gern andere Insekten frisst und auch mal zubeißen kann, wenn man ihn in die Hand nimmt. Die kanadischen **Marienkäferarten** *Nine-spotted lady*

beetle (Coccinella novemnotata) und *Transverse lady beetle (Coccinella transversoguttata)* wurden zunehmend vom auch in Deutschland weit verbreiteten Siebenpunktmarienkäfer (*Coccinella septempunctata)* aus Europa verdrängt. Neuerdings aber verursacht der Asiatische Marienkäfer (*Harmonia axyridis*) zunehmend Ärger, der etwas größer ist und in Farbvarianten von orangegelb über rot bis schwarz vorkommt.

Der Monarchfalter, berühmt für seine 3.600 km lange Massenwanderung im Herbst, ist gelegentlich sogar in subarktischen Gebieten zu sehen

Er breitet sich immer mehr aus und beißt, im Gegensatz zu seinen Verwandten, hin und wieder auch mal in Menschenhaut – was weh tut und Spuren hinterlässt.
Unter Kanadas bereits vor Jahrhunderten aus Europa eingeführten **Honigbienen** (*Apis mellifera*) greift seit einigen Jahren wie auch im übrigen Nordamerika und in Europa die sogenannte *Colony Collapse Disorder* um sich: Ganze Völker sterben aus noch nicht ausreichend geklärten Ursachen aus; die Bienen verlassen ihren Stock oder finden nicht mehr zurück, oder die Königin kommt ihnen abhanden. Als Ursachen werden Schädlinge, Krankheitserreger, Pestizide und verschiedene andere Umwelteinflüsse diskutiert. Neben den kultivierten Honigbienen gibt es einige einheimische Wildbienenarten, sehr häufig sieht man **Hummeln** (*Bumble bee – Bombus*).

Abschließend seien noch die vier Arten von Gliedertieren erwähnt, die einem als Kanada-Besucher den meisten Ärger bereiten können. **Stechmücken** (*Moskitos*) gibt es in der warmen Jahreszeit zwischen den Frostperioden, insbesondere in waldreichen Gegenden, fast immer und überall – nur Wind, Kälte und Hitze halten sie im Schach. Die winzigen **Kriebelmücken** (*Blackflies*) tauchen im Frühling auf und verschwinden bei Sommerhitze, ihre Bisse verursachen schmerzende Rötungen und Schwellungen. Auch **Bremsen** (*Horsefly* oder *Deerfly*) können für Menschen eine wirkliche Plage sein.
Die zu den **Zecken** gehörenden *Wood ticks* kommen ebenfalls im Frühling und Frühsommer, aber nur in Waldgebieten vor; in einigen Gebieten sind sie Überträger der Borreliose.

Biologisches Strandgut: Krabbe, Qualle, Hummerzange, Sanddollar (eine Familie flacher Seeigel), Irish Moss (Knorpeltang)

Mit herkömmlichen Insektenschutzmitteln (Autan etc.) kann man sich etwas vor diesen Plagegeistern schützen, die Wirkung hält aber immer nur für wenige Stunden an.

Biologisches Strandgut

Geht man nach einem Sturm am Strand spazieren, sieht man schnell, dass es eine Vielzahl von Meeresgewächsen gibt. Einige davon werden kommerziell verwendet, als Lebensmittel wie die Rotalgenarten **Lappentang** (*Dulse – Palmaria palmata*) und **Knorpeltang** (*Irish moss – Chondrus crispus*), oder als Dünger, wie die Braunalgenarten **Blasentang** (*Fucus vesiculosus*) oder **Knotentang** (*Ascophyllum nodosum*).

Doch aus Nicht-Pflanzliches findet man am Strand: getrocknete Gehäuse von **Seeigeln** wie dem zu den **Sanddollars** gehörenden *Echinarachnius parma*, oder der Gattung *Strongylocentrotus* (*Sea urchin*); die mit ihnen verwandten **Seesterne**, insbesondere *Asterias vulgaris*; Gehäuse von **Krebsen** wie der *Atlantic Rock Crab* (*Cancer irroratus*) und von verschiedenen Muschelarten, wie der **Amerikanischen Scheidenmuschel** (*Razor clam – Ensis directus*). Mitunter wird sogar eine Hummerschere angespült. Auch **Quallen** (*Jellyfish*) sind hin und wieder am Strand zu finden. Beim Schwimmen sollte man auf das Vorkommen der auch in Nord- und Ostsee auftretenden **Gelben Haarqualle** (*Lion's mane jellyfish – Cyanea capillata*) achten, da beim Kontakt mit den Nesseln ein unangenehmes Jucken auf der Haut auftreten kann.

Kapitel 9

Landschaften und Orte

Eine virtuelle Reise

Der Highway „Top of the World" im Yukon

Landschaften und Orte

Eine virtuelle Reise

Eines der Wahrzeichen von Halifax: die Old Town Clock

Es versteht sich von selbst, dass kaum jemand das riesige Land Kanada von St. John's auf Neufundland bis nach Victoria auf Vancouver Island durchfährt. Das wäre sicherlich, mit vielen interessanten Abstechern, eine Traumreise für Rentner, für Leute, die sich eine Auszeit vom Berufsleben gönnen oder für Aussteiger, die es sich leisten können. Die direkte Strecke ist immerhin 7.362 Kilometer lang, und mit 8.837 Kilometern ist der Weg von St. John's nach Inuvik im Norden der Northwest Territories sogar noch deutlich länger. Ein wahrhaft riesiges Land, in dem großartige Landschaften zu entdecken sind! In einer virtuellen „Reise durch Kanada in einer Stunde" werden hier die wichtigsten Orte und Landschaften des zweitgrößten Staates der Erde vorgestellt.

Unterwegs in Atlantik-Kanada

Halifax – Kanadas Tor zum Atlantik

Beginnen wir unsere Reise an der Atlantikküste im Osten Kanadas. Wer nur die *Maritime provinces* besuchen will, fliegt mit hoher Wahrscheinlichkeit nach Halifax, der Hauptstadt von Nova Scotia. Nach etwa 20 Minuten auf dem Highway vom Flughafen nach Halifax gelangt man an das Bedford Basin, das Teil des riesigen natürlichen Hafens des Halifax Regional Municipality ist, des kommunalen Zusammenschlusses von Halifax mit seinen Nachbarorten Dartmouth, Bedford und Sackville. Fährt man dann über die in 55 Metern Höhe

Oben: Dowtown Halifax, vom Wasser aus gesehen
Unten: Am Halifax Waterfront Boardwalk

das Hafenbecken überragende, 1.200 Meter lange MacKay Bridge, erreicht man nach wenigen Minuten das historische Zentrum von Halifax mit seinen viktorianischen Gebäuden, den vielen Geschäften, Restaurants, Kneipen und bedeutenden Museen. Auffällig ist die auf einem Hügel gelegene Zitadelle, eine steinerne Festung aus der Mitte des 19. Jahrhunderts, erbaut an der Stelle der ersten Stadtbefestigung, eines Palisadenzauns zur Abwehr der Mi'kmaq-Indianer.
Halifax ist allerdings weniger durch seine Architektur, seine Kultur oder sein Nachtleben, sondern vor allem durch zwei dramatische historische Ereignisse berühmt geworden: den Untergang der „Titanic“ im Jahr 1912 und die Halifax-Explosion von 1917 (s. S. 120 f.). Das am Wasser gelegene Maritime Museum of the Atlantic zeigt eine Dauerausstellung zur Titanic-Katastrophe mit vielen originalen Ausrüstungsgegenständen und Geschichten rund um den Untergang des „unsinkbaren“ Schiffes, ebenso wie Dokumente und Details zur Halifax-Explosion und ihren Auswirkungen.
Von seiner besten Seite erlebt man Halifax im Sommer, wenn sich Einwohner und Touristen bei den vielen Sommerfesten vergnügen. Dann ist das Hafenviertel voll von Menschen, die die Uferpromenade entlang schlendern. Musiker und Artisten zeigen ihre Kunst, die Souvenirs, Kitsch und Krempel anbietenden Läden werden von den Kreuzfahrtreisenden gestürmt, und die Restaurants und Pubs sind gut gefüllt.

Wer zum Busker Festival, einem jährlichen Großereignis der Straßenkunst, gute Sicht haben will, muss sich schon rechtzeitig auf den Weg begeben. Von rasanten Feuershows, atemberaubender Gruppenartistik, Solo-Performern zwischen Sketch und Slapstick bis hin zu Singer/Songwriter-Konzerten und sonstigen Musikgruppen aller Genres ist alles vertreten. Schnell sprechen sich die absoluten Höhepunkte unter den Zuschauern herum. Mit Begeisterung wird den in der Regel

Halifax: Stadt- und Hafenrundfahrt in einem Amphibienfahrzeug

erstklassigen Darbietungen applaudiert. Nicht nur die Profis beherrschen die Szene, auch einige begabte Kinder und Jugendliche zeigen entlang des drei Kilometer langen *Halifax Waterfront Boardwalks*, der sich zwischen dem Einwanderer-Museum Pier 21 und dem Casino Nova Scotia hinzieht, ihre Darbietungen – ob auf der Geige, der Gitarre oder im Breakdance.

Alle drei Jahre, zuletzt 2015, findet das Tall Ships Nova Scotia Festival statt – ein Treffen von Traditionsseglern aus aller Welt. Schiffe aus Kanada, den USA und einer Reihe von europäischen Ländern, vom Sportsegler aus dem frühen 20. Jahrhundert über den Fischfang-Schoner bis zum Großsegler nehmen daran teil. Neben der Großen Parade gibt es um das Marine-Museum herum Präsentationen traditioneller maritimer Handwerkskunst, aber auch Piraten-Umzüge und gespielte Überfälle sind zu erleben. Ein abendliches Feuerwerk bildet den Abschluss eines jeden Veranstaltungstages.

Deutsche Siedler in Lunenburg

Noch heute künden deutsche Namen wie Zwicker, Kaulbach, Koch, Conrad, Rehfuß oder Weihnacht – wenn auch jetzt teilweise anglisiert – von den ersten Einwohnern Lunenburgs: Am 7. Juni 1753 landeten hier in der Merleguish Bay die sogenannten *Foreign Protestants*, eine Gruppe von Protestanten aus Deutschland, der Schweiz und dem französischen Montbeliard.

Die neue Siedlung Lunenburg wurde im fernen London entworfen, ohne dass die Planer detaillierte Kenntnisse der Landschaft mit ihren steil vom Meer aufsteigenden Hängen hatten. Nicht gerade der ideale Platz für die Gründung einer Stadt – nur wenige Meter weiter nach Westen hätte man die Straßen auf einer ebenen Fläche anlegen können.

Das damals konzipierte Netz aus sieben Straßen in Nord-Süd-Ausrichtung und neun Straßen in Ost-West-Ausrichtung bildet heute die 1995 zum UNESCO-Weltkulturerbe erklärte Altstadt Lunenburgs. Nur wenige der ursprünglichen Holzhäuser aus dem 18. Jahrhundert sind erhalten, aber viele aus dem 19. Jahrhundert stehen noch heute und sind liebevoll restauriert. Die an einem schönen Naturhafen gelegene bezaubernde Kleinstadt ist voller Farben, Kultur und Geschichte.

Die idyllische Altstadt von Lunenburg gehört zum Weltkulturerbe der UNESCO

Bekannt wurde Lunenburg durch den Schiffbau und die Fischerei. Hunderte Schiffe entstanden hier; bekannteste Beispiele sind eine Replica der „Bounty“ für den Film mit Marlon Brando, die leider Ende Oktober 2012 während des Hurrikans Sandy sank, und natürlich der legendäre Zweimaster „Bluenose“, der 1921 in der Werft Smith & Ruhland erbaut wurde und der schnellste Schoner an der ganzen nordamerikanischen Ostküste war, bis er 1938 zum Frachtschiff umgebaut wurde.[36] 2012 wurde die Replica des 1946 gesunkenen Bootes, die „Bluenose II“, generalüberholt und nimmt seitdem wieder an allen Treffen der Traditionssegler Nordamerikas teil, um von der Leistungsfähigkeit der Schiffbauer Lunenburgs zu künden. Seit über 50 Jahren ziert die „Bluenose“ das 10-Cent-Stück der kanadischen Währung, und auch Lunenburgs historische Wasserfront war schon auf der Rückseite eines Hundert-Dollarscheins abgebildet.

Die Gewohnheiten und die Sprache der deutschsprachigen Erstsiedler hielten sich noch viele Jahrzehnte. Wenn auch heute kein Nachkomme mehr die Sprache seiner Vorfahren beherrscht, lassen sich

doch noch immer einige wenige deutsche Überreste aufspüren. Neben den vielen Ortsbezeichnungen, die in Lunenburg und Umgebung auf deutsche Namen verweisen, wie Conrad Hill, Kaulback Head, Meisners Beach, Heckmans Island, Tanners Pass oder Wentzell Lake, finden sich deutsche Spuren auch in der Architektur der Gebäude. Beim aufmerksamen Spaziergang durch die Altstadt stößt man auf eines der interessantesten Gebäude der Stadt: „Ältestes Haus" steht in deutscher Sprache auf einem Schild an einem Eckhaus an der Kreuzung von Pelham Street und Duke Street. Das sogenannte „Romkey House" ist um 1780 entstanden und wurde im aus Deutschland und der Schweiz bekannten „Coulisse"-Stil erbaut. Die Wände entstanden aus senkrecht in den Grund gerammten, seitlich eingeschlitzten Balken, zwischen denen dicke Bohlen eingeschoben wurden. Die Außenseiten wurden mit Holzschindeln oder sich überdeckenden Brettern verkleidet. Für die Innenseiten der Wände verwendete man feiner bearbeitete Bretter. Häuser in dieser Bauweise soll es nirgendwo sonst in Nordamerika geben.

Lunenburgs ältestes Haus

Im Gegensatz zu den heute noch stehenden Häusern der ersten deutschen Siedler ist deren Sprache, der sogenannte Lunenburg-Dialekt, seit Anfang des 20. Jahrhunderts verschwunden. Es blieben jedoch Spuren davon im örtlichen englischen Wortschatz erhalten. Beispiele dafür sind Wörter wie *shwindely* (schwindelig), *to stulper* (stolpern), *kuduffle soup* (Kartoffelsuppe), *gut a swilla* (Gottes Wille), *haslik* (hässlich) und *crunk* (krank).[37]

Heutzutage ist Lunenburg vorwiegend eine Stadt der Pensionäre und der Touristen, denn leider geht die Bevölkerung infolge des Wegzugs vieler junger Leute und der Überalterung seit Jahren zurück. Manche der schönen historischen Gebäude dienen als Hotel, Restaurant oder Galerie, andere als Kulissen für Filmproduktionen. Eine der letzten war die deutsch-amerikanische Neuverfilmung von „Moby Dick", u. a. mit William Hurt, Ethan Hawke und Donald Sutherland. Doch noch immer sind auch Fischverarbeitung, Schiffsreparatur und maritimes Handwerk und Handel in Lunenburg vertreten. Von der neuen Zeit kündet die Niederlassung einer Softwarefirma, die sehr erfolgreich Videospiele entwickelt und vertreibt. Man kann nur hoffen, dass die wunderbare Lage der Stadt und ihre reiche Tradition bald wieder mehr Bewohner anziehen wird.

Entlang der South Shore von Nova Scotia

Der südliche Teil der kanadische Atlantikküste Nova Scotias, laut „National Geographic" eine der schönsten Küsten der Welt, unterscheidet sich sehr von der europäischen Atlantikküste. Strände und felsige Steilküsten gehen fast immer unmittelbar in Wald über. Obwohl im 18. und 19. Jahrhundert viele Wälder durch Siedler und später durch

An der Atlantikküste von Nova Scotia

Oben: Das Dörfchen Blue Rocks unweit von Lunenburg
Unten: Der berühmte Leuchtturm von Peggy's Cove

die Holzindustrie großflächig abgeholzt wurden, sind besonders die Küsten naturnah geblieben oder vielerorts wieder dicht bewachsen. Manche exponiert zum Meer gelegenen mit niedrigen Büschen und Beerensträuchern bewachsenen Halbinseln wirken aber auch schon subarktisch. Tiefe Buchten mit kleinen Inseln und unzähligen Felsen ziehen sich ins Land. Das Wasser ist hier im Allgemeinen nicht tief, die Gezeitenunterschiede aber teilweise beträchtlich, und bei Ebbe können Teile der Buchten fast ohne Wasser sein. Die langen Strände sind oft menschenleer, so dass man die unglaublichen Farbkombinationen von weißgelbem Sand, hellgrauen Granitfelsen, Wald in vielen Grünschattierungen, tief-blaugrünem Wasser und strahlend hellblauem Himmel mit weißen Wolken so richtig genießen kann. Man beachte die ungeheure Strahlkraft der Sonne – befinden wir uns doch im Süden Kanadas, das heißt auf der geografischen Höhe von Marseille oder Genua! Ohne die vorsorgliche Anwendung von Sonnencreme mit höchstem Lichtschutzfaktor ist der Sonnenbrand kaum zu verhindern.

Die Lighthouse Route, die von Halifax über Peggy's Cove, Chester, Mahone Bay nach Lunenburg und weiter über Liverpool und Shelburne bis nach Yarmouth führt, bringt den Reisenden südlich von Lunenburg über Voglers Cove und Port Medway auch nach West Berlin.

Gleich daneben liegt natürlich East Berlin. Die beiden Fischerdörfer heißen aber nicht erst seit der Teilung Deutschlands so, sondern schon seit 1886. Niemand kennt den genauen Ursprung der Namensgebung; diese Kombination gibt es in Nordamerika mehrfach.

Im Museum in Yarmouth steht ein Lehnstuhl mit einem Überzug, gehäkelt aus blauer und schwarzer Wolle. Sein Schöpfer heißt Albert Lohne, der, wie man lesen kann, 1894 in East Berlin geboren wurde und 1977 in West Berlin gestorben ist. Seine Vorfahren kamen aus dem hessischen Odenwald und gehörten in der Mitte des 18. Jahrhunderts zu den ersten deutschen Einwandererfamilien. Womit Albert Lohne seinen Lebensunterhalt verdient hat und ob er auch in anderen kunsthandwerklichen Bereichen aktiv war, ist nicht bekannt. Weitere seiner gehäkelten Stühle befinden sich jedenfalls im kanadischen Textilmuseum in Toronto und sogar in der Smithonian Institution im US-amerikanischen Washington – erstaunlich für jemanden, der in East und West Berlin zu Hause war, den winzigen Fischerdörfern an der South Shore Nova Scotias. Lohne hatte keine Nachfahren. Aber wie viele seiner Vorfahren und Verwandte ist er weit über 80 Jahre alt geworden. Das könnte an dem gesunden Klima, dem einfachen, aber handfestem Essen und ausreichender Bewegung an frischer Luft liegen. Nicht ohne Grund ist Nova Scotia die Provinz Kanadas mit der höchsten Lebenserwartung.

Mit Häkelei verzierter Stuhl von Abert Lohne, eines Nachfahren deutscher Einwanderer

Zwei Nationalparks gibt es in Nova Scotia. Einer davon besteht aus zwei Teilen und liegt nicht all zu weit entfernt von Liverpool: Der Kejimkujik National Park befindet sich im Landesinneren, das Kejimkujik Seaside Adjunct direkt am Meer. Auf der nordöstlich vor Nova Scotia liegenden Insel Cape Breton befindet sich der Cape Breton Highlands National Park. Auf einer Fahrt durch ihn über den berühmten Cabot Trail bekommt man auf langen Abschnitten großartige Panoramen geboten.

Folgt man dem Highway 103 von Liverpool nach Südwesten in Richtung des „Keji Seaside", wie die Ortsansässigen sagen, kommt man zunächst nach Port Mouton. Was man dem kleinen Ort nicht ansieht, ist seine wunderschöne Umgebung und seine historische Bedeutung. Man sollte unbedingt hier einen Stopp einlegen und sich einige Zeit am Carter's Beach aufhalten; obwohl einer der schönsten Strände Kanadas, ist er immer noch ein gut gehütetes Geheimnis. Türkisfarbenes

Auf dem Cabot Trail, Cape Breton Island

Wasser und fast weißer Strand wecken Assoziationen an die Karibik. Die kühle Temperatur des Wassers erinnert jedoch daran, dass man sich an der kanadischen Atlantikküste befindet. Wer allerdings im Frühjahr gern in die Nord- und Ostsee steigt, wird auch hier ein kurzes Bad ertragen. Carter's Beach ist der erste von drei aufeinander folgenden Stränden: Unterbrochen von einem recht tiefen Bach schließt sich ein zweiter und nach einem nur bei Ebbe überwindbarem felsigen Abschnitt ein weiterer kleinerer Strand an.
Und hinter South West Port Mouton kommt man dann nach leicht zu überwindenden Felsgruppen und mehreren traumhaft verschwiegenen Sandbuchten am Bull Point zu einer Stätte mit besonderer historischer Bedeutung für die Geschichte Kanadas. Hier landeten 1604 Pierre Dugua de Monts und Samuel de Champlain. Sie waren im Auftrag des französischen Königs Heinrich IV. unterwegs, neues Land zu kolonisieren. Ein temporäres Camp wurde errichtet; Champlain, der spätere Gründer von Québec City, kartografierte die Umgebung. Nach einem Monat jedoch zogen sie weiter, bis sie am 26. Juni 1604 die Insel St. Croix an der Bay of Fundy erreichten (s. S. 69).

Auch wenn am Bull Point nichts mehr auf das Camp von vor über 400 Jahren hinweist und auch kein Denkmal an das historische Ereignis erinnert, kann man auf den hellen Granitfelsen über dem Meer sitzend und die Gegend betrachtend sich doch gut die Ankunft zweier Segelschiffe aus dem fernen Europa vorstellen. Was mögen die Vorfahren der heutigen Mi'kmaq, die hier bereits seit über 4.000 Jahren lebten, gedacht haben, als sie die Ankunft der Fremden bemerkten? War ihnen bewusst, dass sich ihr Leben bald dramatisch verändern würde – bis hin zur fast vollständigen Auslöschung ihres Volkes?

Port Mouton spielt übrigens auch eine wichtige Rolle im ersten Band der Romantrilogie von A. E. Johann mit den Büchern „Ans dunkle Ufer", „Wälder jenseits der Wälder" und „Hinter den Bergen das Meer". Wer sich eingehender mit der Besiedlungsgeschichte Kanadas befassen möchte, dem sei die Lektüre dieser drei Bände unbedingt empfohlen (s. Literaturliste im Anhang).

Links: Kejimkujik Seaside Adjunct
Rechts: Im Kejimkujik-Nationalpark

Nach diesem Ausflug in die Geschichte nun weiter zum Kejimkujik Seaside Adjunct. In Port Joli biegt man nach Süden in Richtung Küste. Der Nationalpark wird auf der anderen Seite des Port Joli Basins durch den Thomas Raddall Provincial Park ergänzt. Beide Parks bieten Einblicke in die wunderschönen wechselvollen Küstenlandschaften Nova Scotias, bestehend aus langen feinen Sandstränden, felsigen Abschnitten und Binnenseen, die über Bäche oder kleine Flüsse mit dem Ozean verbunden sind. Je nach dem Lauf der Gezeiten fließt das Wasser dieser Flüsse ins Meer oder wird von diesem landeinwärts gedrückt. An exponierten Stellen türmen sich von den Wellen rund geschliffene Steine zu großen Wällen auf. Bei Sturm bricht sich hier die Brandung mit voller Wucht und bringt die Steine mit lautem Geräusch ins Rollen. Mit den jährlichen Herbst- und Winterstürmen verändern sich ganze Strandpartien. Große Sandflächen können dann im Meer verschwinden, und nur die großen runden Steine bleiben zurück. Im Frühjahr wird wieder feiner Sand angeschwemmt, oft jedoch an anderen Stellen als zuvor. Neue Durchbrüche zu den dahinter liegenden Brackwasserseen können entstehen, und die Bäche verändern ihren Verlauf. Die ganze Küstenlandschaft ist so in ständiger Umbildung begriffen.
Das Kejimkujik Seaside Adjunct ist besonders durch seine Robbenkolonie bekannt. Hier tummeln sich im Sommer Seehunde und Kegelrobben, die man von den Uferfelsen aus sehen kann. Auch viele Seevögel können hier beobachtet werden, wie der geschützte Gelbfuß-Regenpfeifer, von dem in Nova Scotia nur noch wenige Brutpaare zu finden sind, die im Strandbereich nisten. Seltener sind Adler zu sehen. Entlang der Wanderwege trifft man relativ häufig Stachelschweine. Um Schwarzbären zu sehen, braucht man dagegen viel Glück. Im nassen

Ein Mi'kmaq-Guide führt zu den weltberühmten Petroglyphen des Kejimkujik-Nationalparks

Sand am Strand oder an den Flussläufen kann man gelegentlich ihre Spuren finden, da die Bären den Uferbereich manchmal nach Essbarem absuchen. An der Eingangspforte zum Nationalpark bekommt man Informationen zum richtigen Verhalten bei der Begegnung mit Bären. Doch sind die Gefahren nicht allzu groß, da die Bären am liebsten ihre Ruhe haben wollen und sich meistens unsichtbar machen. Über gefährliche Zwischenfälle mit Schwarzbären in Nova Scotia ist nichts bekannt.

Zum Kejimkujik-Nationalpark fährt man aus Richtung Liverpool über den Highway 8 circa 70 Kilometer nach Norden. Der 380 km² große Park ist Teil des geschützten Inlandes von Nova Scotia. Ein riesiges Seengebiet, durchzogen von vielen kleinen und größeren Flüssen, bietet unendliche Möglichkeiten der naturnahen Erholung, besonders natürlich mit Kanu und Kajak. Einst paddelten hier die Mi'kmaq mit ihren Birkenrindenkanus, denn der Mersey River stellte in Verbindung mit den vielen Seen die Hauptverkehrsroute der Mi'kmaq zwischen den Jagdgebieten an der Atlantikküste nahe dem heutigen Liverpool (von den Mi'kmaq *Ogomkegea* – „Abfahrtsort" genannt) und dem Annapolis Basin an der Bay of Fundy dar.

Im Parkgebiet befinden sich geschützte historische Stätten der Mi'kmaq, die nur mit einer Führung zugänglich sind, bei der man auch die verborgen gelegenen, weltberühmten Petroglyphen besichtigen kann. Die zu den *National Historic Sites of Canada* (s. Kap. *Museen und National Historic Sites*) gehörenden Petroglyphen stellen einen besonderen Höhepunkt beim Besuch des Nationalparks dar (s. S. 33). Der Park ist durch viele Wanderwege auch für Fußgänger oder Radfahrer gut erschlossen. Man kann campen und baden, und selbst alte Goldgruben sind hier zu besichtigen.

Bay of Fundy: Die größten Gezeitenunterschiede der Welt

Während an der offenen Atlantikseite von Nova Scotia die Gezeitenunterschiede bei Ebbe und Flut um zwei Meter betragen, sind am Burntcoat Head an der Bay of Fundy die größten Gezeitenunterschiede der Welt mit bis zu 16 Metern Unterschied zwischen Ebbe und

Bay of Fundy: Hopewell Rocks (oben), Burntcoat Head

Flut zu beobachten. Das Phänomen beruht auf der besonderen trichterförmigen Beschaffenheit der Bay of Fundy, durch die sich die ankommenden Flutwellen mit den zurückgeworfenen vorhergehenden Wellen überlagern. So beeindruckend es ist, die Landschaft bei Ebbe zu sehen, wenn weite Bereiche des rötlichen Meeresbodens frei liegen und zum Spazieren zwischen den vielen mit Wasser, Pflanzen, Muscheln und Schnecken gefüllten Tümpeln einladen, stellt auch die Rückkehr des Wassers ein besonders Schauspiel dar. Der vor der Küste von Burntcoat Head liegende Felsen wird dann zu einer beidseitig von brausendem Wasser umspülten Insel. Für die Wanderer, die nicht rechtzeitig das sichere Ufer erreicht haben, hängen für diesen Notfall Strickleitern von der Steilwand herunter. Allerdings muss man dann einige Stunden auf dem Felsen ausharren, bis das Wasser den Weg zum Ufer wieder freigibt. Bekannter und vielleicht auch landschaftlich schöner als das etwas abseits liegende Burntcoat Head sind die Hopewell Rocks an der gegenüberliegenden Seite der Bay of Fundy in der Nachbarprovinz New Brunswick.

Kanadas ferner Osten: Neufundland und Labrador

Nur wenige Reisende verschlägt es in die dünn besiedelte kanadische Provinz Neufundland und Labrador, die bei vielen Europäern (und auch Kanadiern) vor allem durch vermeintlich schlechtes Wetter, eine sterbende Fischereiwirtschaft, den Untergang der „Titanic“ und das unrühmliche Abschlachten von Robbenbabys bekannt ist. Dabei gibt es genügend positive Dinge, die sich mit der Region verbinden lassen – nicht erst, seitdem „National Geographic" die Avalon-Halbinsel im Südosten Neufundlands zur schönsten Küstenregion der Welt gekürt hat. Nicht nur landschaftlichen Schönheiten, auch einer wunderbaren Tierwelt sowie interessanten Geschichten von den Ureinwohnern, Wikingern und europäischen Siedlern begegnet man hier.

Oben: Leuchtturm am Cape Spear
Unten: Basstölpelkolonie am Cape St. Mary's

Avalon macht dem Spitznamen „The Rock", den die Kanadier Neufundland gegeben haben, alle Ehre: Eine felsige Steilküste schützt die Halbinsel vor den heranstürmenden Wellen des Atlantiks. Einige Strände laden aber auch zum Baden ein, denn am Ende des Sommers können die Lufttemperaturen durchaus mal 30 Grad Celsius erreichen, und das flache Wasser an den Stränden bietet gute Badebedingungen, sofern man mit Temperaturen von 14 bis 18 °C zufrieden ist. Allerdings kommen eher Naturfreunde als Badelustige nach Neufundland. Wo sonst schon kann man bis auf wenige Meter an eine Kolonie von Basstölpeln wie am Cape St. Mary's im Süden von Avalon herankommen? Diese wunderschönen großen weißen Seevögel mit dem gelben Kopf und den schwarzen Flügelspitzen erreichen im Sturzflug Geschwindigkeiten von bis zu 100 Stundenkilometern und können auf der Suche nach Nahrung bis 30 Meter tief tauchen. Der etwa 100 Meter hohe Felsen und die umliegenden Kliffe bieten Platz für über 60.000 Seevögel, davon allein 24.000 Basstölpel, je 20.000 Dreizehenmöwen und Trottellummen und sogar etwa 2.000 Dickschnabellummen, die normalerweise viel weiter nördlich in den arktischen Bereichen zu finden sind.

Die idyllische Hafenstadt St. John's hat ein interessantes Museum zu bieten: „The Rooms“

Cape Spear mit seinem Leuchtturm in der Nähe von St. John's ist der östlichste Punkt Nordamerikas. Von hier aus ist es nach Europa fast genauso weit wie bis nach Toronto. Wenn man ganz genau sein will, ist eigentlich das „Outhouse“ – das außen gelegene Plumpsklo des Leuchtturms – das östlichste Gebäude Nordamerikas. Das dazugehörende Lighthouse wurde als zweitältester Leuchtturm Neufundlands zur *National Historic Site* (s. Kap. *Museen und National Historic Sites*) erklärt.

Die Provinzhauptstadt St. John's, an einem natürlichen Hafenbecken gelegen, ist eine interessante Stadt von historischer Bedeutung. Bereits im frühen 16. Jahrhundert nutzten europäische Schiffe den sturmsicheren Hafen, und um 1620 wurde die Siedlung bereits ganzjährig bewohnt. Bis zum Beginn des regelmäßigen Flugverkehrs zwischen Europa und Amerika spielte die Stadt eine bedeutende Rolle für Handel und Fischereiwirtschaft, besonders aufgrund des Umstands, dass Neufundland noch lange Zeit eine britische Kolonie war und erst seit 1949 zum kanadischen Bundesstaat gehört. Im architektonisch eigenwilligen Gebäudekomplex des Museums The Rooms kann man sich mit der Geschichte und der Natur Neufundlands und Labradors vertraut machen. Besonders interessant sind hier die zahlreichen Exponate aus der Zeit vor der Ankunft der Europäer in Amerika sowie zur Geschichte der Fischerei im Nordatlantik.

Selbst wenn man sich bisher nicht für Geologie interessiert hat, wird man bei der Fahrt durch den Gros Morne National Park zumindest neugierig werden. Spätestens beim Anblick der *Tablelands*, eines kahlen ockergelben Gebirgszuges, wo sich nur vereinzelt in feuchten Dellen mit Humus Pflanzenbewuchs findet, wird einem bewusst, dass hier etwas Außergewöhnliches zu entdecken ist. Aufklärung darüber gibt das Besucher-

Der Gros Morne National Park gehört zum UNESCO-Weltnaturerbe
Links: Tablelands
Rechts: Western Brook Pond

zentrum in Rocky Harbour oder das *Discovery Centre* in Woody Point. Die Tablelands bieten einen seltenen Einblick in früheste Erdgeschichte. Nach der Theorie von der Plattentektonik, die im wesentlichen von dem deutschen Meteorologen, Geo- und Polarwissenschaftler Alfred Wegener entwickelt wurde, befinden wir uns hier am östlichen Rand der nordamerikanischen Kontinentalplatte. Die Tablelands im Park gelten als ein wichtiges Beweisstück von Wegeners Theorie, die noch über Jahrzehnte nach seinem Tode angezweifelt wurde. Das Peridotit-Gestein der Tablelands ist ein Teil des oberen Erdmantels, der infolge tektonischer Prozesse aus mindestens 40 Kilometern Tiefe an die Erdoberfläche befördert wurde. Aufgrund seiner besonderen geologischen Formationen und seiner landschaftlichen Schönheit und Vielfalt wurde der Gros Morne Park 1987 zum UNESCO-Weltnaturerbe erklärt. Prinz Edward, dem jüngsten Sohn der Queen, wird der Ausspruch zugeschrieben: „Was Galapagos für die Biologie bedeutet, ist Gros Morne für die Geologie."

Bei L'Anse aux Meadows an der Nordspitze Neufundlands befindet sich eine weitere Stätte des UNESCO-Weltkulturerbes. Viele Jahre hatte man spekuliert, ob die Berichte in den isländischen Sagas über Fahrten der Wikinger nach dem heutigen Amerika bloße Legenden sind oder auf Tatsachen beruhen. Hatte Kolumbus wirklich als erster Europäer Amerika „entdeckt" oder gebührte der Ruhm dafür nicht bereits 500 Jahre zuvor dem Isländer Leif Eriksson? Diese Frage trieb das norwegische Forscherehepaar Anne-Stine und Helge Ingstadt um. Auf der Suche nach Überresten von Siedlungen, auf die die Beschreibungen in den Sagas passten, befuhren sie große Teile der nordamerikanischen Küste und wurden schließlich bei dem kleinen Ort L'Anse aux Meadows im abgelegen Norden Neufundlands fündig. Umfangreiche Ausgrabungen

Lebendige Geschichte: „Wikinger" an der rekonstruierten Siedlungsstätte in L'Anse aux Meadows

über mehrere Jahre förderten dort Gegenstände zutage, die eindeutig Wikingern aus der Zeit um das Jahr 1000 zuzuordnen sind. Damit war der Beweis erbracht, dass auch mündliche Überlieferungen – die Sagas wurden erst über 200 Jahre nach den Amerika-Reisen schriftlich festgehalten – als historische Zeugnisse durchaus ernst zu nehmen sind. Dass Kolumbus noch heute in Geschichts- und Schulbüchern als Entdecker Amerikas tituliert wird, stellt einen der unverständlichen Irrtümer der Geschichtsschreibung und Bildungspolitik dar.

Angeblich soll Jacques Cartier, als er 1534 auf Labrador landete, es als das „Land, das Gott Kain gab" bezeichnet haben und gleich weiter gesegelt sein (s. S. 66). Dieser Ausspruch wird der am östlichen Rand Nordamerikas gelegenen Halbinsel, auf der seit über 9.000 Jahren Menschen leben, allerdings nicht gerecht. In Labrador leben etwa 30.000 Inuit, Innu und europäischstämmige Siedler, was etwa 6 % der Gesamtbevölkerung der Provinz Neufundland and Labrador entspricht. Obwohl schon lange besiedelt, spielte Labrador in den Auseinandersetzungen um die „Neue Welt" kaum eine Rolle. Als die baskischen und portugiesischen Fischer und Walfänger im 16. Jahrhundert hier fischten, hüteten sie sich, in Europa von den reichen Fanggründen zu berichten. Nur im äußersten Süden siedelten sich hier Fischer und Walfänger an. Anfang des 18. Jahrhunderts kamen dann die Missionare der Herrnhuter Brüdergemeinde aus dem fernen Sachsen, um den Eskimos in Labradors Norden das Wort Gottes zu bringen und die „armen Heiden" vor den Versuchungen der alten Welt zu schützen (s. Kap. *Europäische Besiedlung*). Später folgten dann die Händler der Hudson's Bay Company, um sich an der Ausbeutung der reichen Tierbestände zu beteiligen.

Die Erforscher der Nordpolregionen ließen Labrador zumeist links liegen und orientierten sich entlang der Westküste Grönlands gen Norden. Für die Regierung der britischen Kolonie Neufundland war Labrador eine Art eigene Kolonie, die kaum entwickelt, sondern allenfalls ausgebeutet wurde. Erst der Beitritt der Provinz zur kanadischen Föderation änderte die Lebensbedingungen der Bewohner Labradors dramatisch, da sie sich nun nicht mehr nur den Unwägbarkeiten der Natur, sondern auch den Herausforderungen der internationalen Politik und Wirtschaft stellen mussten. Das isolierte Leben in den abgelegenen Siedlungen ist bis heute nicht einfach: Lebensmittel sind teuer, Obst und Gemüse fast unerschwinglich; der Mangel an Arbeit und beruflichen Perspektiven macht insbesondere die Situation der Jugendlichen schwierig.

Auf der anderen Seite gibt es diese wunderschöne, atemberaubende Landschaft und Tier- und Pflanzenwelt, besonders im Norden Labradors. Zwar findet man heute keine Wale oder Walrosse mehr in den Küstengewässern, doch gibt es Robben, Karibus, Schwarz- und sogar nicht wenig Eisbären. Sie gehören auch heute zu den bevorzugten Jagdtieren der Inuit, die hier, wie schon ihre Vorfahren, noch teilweise traditionell „vom Land" leben. Die streng limitierte und kontrollierte Jagd auf Eisbären ist ausschließlich den Inuit erlaubt. Auch die Jagd auf die einst zahlreichen

Karibus musste bereits aus Artenschutzgründen reglementiert werden. Die Labrador-Inuit sind sehr stolz auf ihre Heimat. Angesichts der von ihnen empfundenen besonderen Verwurzelung mit ihr ist die Sehnsucht verständlich, die die Menschen befällt, wenn sie doch einmal Labrador verlassen müssen – nach der Landschaft, Familie und Freunden oder auch nur nach traditionellen Speisen wie Karibu, Robben oder Seesaibling (*Arctic char*), einem besonders wohlschmeckenden, lachsartigen Fisch (s. S. 381).
2005 wählten die Inuit für ihre nunmehr autonome Region an der Nordküste Labradors den Namen Nunatsiavut, was auf Inuktitut „unser schönes Land" bedeutet. Mit einer eigenen Regierung geht man seitdem in Nunatsiavut zumeist in Abstimmung mit den Inuit der anderen kanadischen Provinzen und Territorien die verschiedenen der Abgelegenheit und Rauheit der Landschaft und des Klimas und dem kulturellen Umbruch geschuldeten Probleme an. Im Vordergrund stehen die Verbesserung der ökonomischen und sozialen Situation der Inuit und ihr kulturelles Überleben; eine zentrale Rolle spielen dabei der Schutz der Natur, eine nachhaltige Jagd- und Fischwirtschaft und sanfter Tourismus.
Fährt man mit dem Schiff von der am weitesten nördlich gelegenen

Nördliche Impressionen aus Labrador (von links): Ehemalige Missionsstation Hebron; Finger Hill Island; Bishop's Mitre; Torngat Mountains: Nachvak Fjord und Saglek Fjord

Siedlung Nain weiter an der Küste Labradors entlang, erreicht man zunächst die Kaumajet Mountains. Die Berge erheben sich direkt aus dem Meer bis zu einer Höhe von 1.300 Metern. Gletscher haben sie in fantastische Formen geschliffen, Fjorde führen bis weit ins Landesinnere. Bei Sonnenaufgang färben sich die gigantischen Felswände rotbraun und spiegeln sich bei ruhiger See im Wasser wieder – ein majestätischer Anblick. Cape Mugford, an der äußersten Ecke der Kaumajet Mountains gelegen, war schon immer eine wichtige Landmarke für Seefahrer. Weiter im Norden folgen die „Bilderbuchberge" Bishop's Mitre und der Finger Hill auf Finger Hill Island, bevor man in das Gebiet der großen Fjorde kommt. Hinter Hebron Fjord, Saglek Fjord und Nachvak Fjord erheben sich die geheimnisvollen Torngat Mountains, die magischen Berge der Inuit. Der höchste der Berge ist der Mount Caubvik mit 1.652 Metern; er wurde 1973 zum ersten Mal bestiegen. Der präkambrische Gneis der Torngat Mountains gehört mit einem Alter von 3,6 bis 3,9 Milliarden Jahren zu den ältesten Gesteinen der Erde. Zwischen steilen Hängen und kahlen, baumlosen Plateaus findet man insbesondere in den Flusstälern eine erstaunlich reichhaltige Tundra-Vegetation. Im Sommer steigen die Temperaturen manchmal über 20°C, aber an der Küste bleibt es deutlich kühler und draußen auf dem Meer ziehen Eisberge vorbei.

Im Jahr 2005 wurden die Torngat Mountains zum Nationalpark erklärt. Massentourismus ist hier nicht möglich, da der Park nur per Schiff oder mit dem Kleinflugzeug erreichbar ist; zudem ist der Besuch durch Touristen strikt reglementiert, um sicherzustellen, dass die Natur weitgehend unversehrt bleiben kann. Nur die Inuit dürfen ihre traditionellen Jagd- und Fischrechte wahrnehmen. Man findet hier archäologische Stätten aus über 7.000 Jahren Besiedlung. Zu der im Park heimischen Tierwelt gehören Elche und Karibus, Füchse und Wölfe, Schwarzbären und auch Eisbären in nicht unbeträchtlicher Zahl, und in den Fjorden und Flüssen tummeln sich zahlreiche Fische, auf deren Spuren man viele Robben sichten kann. Ein Aufenthalt dort stellt ein unvergleichliches und unvergessliches Erlebnis dar. Neuerdings bietet im Sommer ein von den Inuit und Parks Canada betriebenes Touristencamp im Saglek Fjord dazu beste Voraussetzungen. Das ökologisch nachhaltig organisierte Camp ist vor dem Eindringen von Eisbären geschützt; alle Wander- und Bootstouren in den Park werden von sogenannten *polar bear guards*, im Umgang mit Eisbären erfahrenen Inuit, begleitet.

Die großen Metropolen und ihr Hinterland

Vom Sankt-Lorenz-Golf nach Montreal

Der Sankt-Lorenz-Strom verbindet die Großen Seen mit dem Sankt-Lorenz-Golf und dadurch mit dem Atlantik. Die Länge des Stroms kann – je nach Betrachtungsweise – mit 1.200 Kilometern oder bis zu 3.000 Kilometern angegeben werden, je nachdem ob man den Wasserlauf durch die Großen Seen dazurechnet und wo man die Grenze zum Sankt-Lorenz-Golf ansetzt. Der Übergang vom Süß- zum Salzwasser liegt ungefähr bei der Stadt Québec City. Seit etwa 10.000 Jahren sind die Ufer des Golfs und des Stroms von indigenen Völkern bewohnt. Immer wieder liefern archäologische Untersuchungen neue Erkenntnisse über deren Lebensweise. Der Golf bildete auch das Eingangstor für die Europäer, die Kanada im Laufe der Jahrhunderte dauerhaft besiedelt haben (s. Kap. *Europäische Besiedlung*).

Schindelhaus auf den Îles de la Madeleine

Oben: „Blumenpötte“ (Flower Pots) auf der Insel Mingan
Unten: Highway nach Québec

Geografisch betrachtet ist der Sankt-Lorenz-Golf das Bindeglied zwischen den kanadischen Atlantikprovinzen – Nova Scotia, New Brunswick, Neufundland und Labrador, Prince Edward Island – und dem maritimen Teil Québecs. Mehre große Inseln und Inselgruppen liegen im Golf, darunter Prince Edward Island, die zu Québec gehörenden Îles de la Madeleine, Anticosti und die Mingan-Inseln. Sie alle zeichnen sich durch faszinierende von den Einflüssen des Meeres geprägte Landschaften und ihre vielseitige maritime Tier- und Pflanzenwelt aus. Besonders reizvoll sind die Magdalenen-Inseln, die mit ihren langen Nehrungen durchaus an Ostseeinseln wie Hiddensee erinnern. Einen Besuch lohnt auch das Mingan Archipelago National Park Reserve mit über 2.000 Inseln an der Nordküste des Sankt-Lorenz-Stroms. Die durch das Werk von Wind und Wellen in stetiger Veränderung begriffenen Felsformationen aus Jahrmillionen altem Kalkstein bildeten hier bizarre Skulpturen. Die Îles de la Madeleine erreicht man außer per Flugzeug mit der Fähre ab Souris auf Prince Edward Island, den Mingan-Archipel am besten mit dem Auto; die Route entlang des Nordufers des Sankt-Lorenz-Stroms ist von Québec City aus eine zehnstündige Fahrt. Die Halbinsel Gaspé ist ein lohnenswertes Ziel, wenn man mit dem Auto von New Brunswick nach Québec fährt. Den großartige Felsen bei Percé kann man bei Ebbe sogar zu Fuß erreichen.

Hier wie eigentlich überall in der Provinz Québec gilt, dass Französischkenntnisse sehr hilfreich sind, da viele Québécois außerhalb der großen Städte kein Englisch verstehen (oder nicht verstehen wollen).

In der Altstadt von Québec scheint die Zeit stehengeblieben zu sein
Oben: Notre Dame de Victoire
Unten: Place Royal

Québec City (Ville de Québec)

Québec City, an der Stelle eines unter Champlain errichteten Forts gelegen, ist eine der ältesten Städte Nordamerikas. In den Auseinandersetzungen zwischen den Kolonialmächten Großbritannien und Frankreich und in den späteren Konflikten mit den Vereinigten Staaten erlebte die Stadt, die heute über 500.000 Einwohner hat, eine wechselvolle Geschichte (s. Kap. *Europäische Besiedlung*). Dies erklärt auch den Bau der Befestigungsanlagen und die Errichtung der Zitadelle, die die Entstehungsgeschichte im Stadtbild noch immer klar erkennbar machen.

Die Altstadt gliedert sich in die auf Flussniveau gelegene Unterstadt und die darüber auf einem Felsen thronende Oberstadt. Am Place Royal, dem zentralen Platz der Unterstadt, begann die Geschichte des heutigen Québec City. Hier legte Champlain den Grundstein für das

Québec: Chateau Frontenac, Innenstadt, Gasse mit Trödelgeschäften

erste Gebäude der Stadt, das allerdings heute längst nicht mehr steht. Am gleichen Platz befindet sich seit dem Ende des 17. Jahrhunderts die Kirche Notre-Dame de Victoire. 2005 fanden Archäologen Reste der ersten Besiedlung aus der Zeit um 1600. Die sternförmig die Oberstadt umschließende Stadtmauer ist die einzige ihrer Art in Nordamerika, die bis heute erhalten ist. Der Historic District of Old Québec wurde daher 1985 in die Liste des UNESCO-Weltkulturerbes aufgenommen.

Am besten erschließt sich die Stadt, wenn man mit dem Auto am Sankt-Lorenz-Strom entlang bis direkt unterhalb des die Altstadt überragenden Hotels Château Frontenac fährt, dann zu Fuß zunächst die Gassen, Straßen und Plätze der Unterstadt durchstreift und mit der in Amerika einzigartigen Standseilbahn, der „Funiculaire", in die Oberstadt fährt. Man versteht schnell, warum sich Québec City bei Besuchern wie bei Einheimischen solch einer Beliebtheit erfreut: Nirgendwo anders in Nordamerika kann man so uneingeschränkt europäisches Flair genießen wie hier. Auch als Europäer kann man sich hier sofort zu Hause fühlen. Es sind nicht nur die engen Gassen, die schönen Plätze, sondern auch die Straßencafés, die Galerien, die vielen Straßenkünstler und das gute Essen in den Restaurants, die die Atmosphäre der Stadt prägen. Alles erinnert einen an Städte in Frankreich. Auf der 600 Meter langen hölzernen Terasse Dufferin entlang des Château Frontenac, das mehr einer Festung als einem Hotel ähnelt, verfolgen die Zuschauer bis in die Abendstunden hinein die Vorstellungen der Artisten und Musiker. Die allermeisten Darbietungen sind von auserlesener Qualität. Kein Wunder, dass man fest davon überzeugt ist, von dem Harfenspieler mit den grauen Locken schon einmal in den Gassen Venedigs eine CD gekauft zu haben. Auch wenn es

Montreal
Links: Ein traditionelles Restaurant
Rechts: Straßenszene in der Innenstadt – Wie in Québec herrscht bei der Fassadengestaltung von Altbauten Naturstein vor

einem, besonders im Hochsommer, zu „touristisch“ wird, findet man mit wenig Mühe ein ruhigeres Plätzchen, ein etwas abgelegenes Café, das mehr von Einheimischen besucht wird, eine kleine Galerie oder ein Antiquariat zum Stöbern. Nicht nur bei schlechtem Wetter ist ein Besuch des Musée de la civilisation zu empfehlen, das neben Dauerausstellungen über die First Nations und die Geschichte Québecs auch große internationale Wanderausstellungen präsentiert.

Montreal

Im Gegensatz zu Québec City, der nahezu rein frankophonen Hauptstadt der Provinz Québec, hat Montreal einen nennenswerten Anteil an englischsprachigen Einwohnern (20 %), was auf die Nähe zur Nachbarprovinz Ontario und die Rolle Montreals als führende Industrie- und Handelsmetropole Kanadas bis in die siebziger Jahre hinein zurückzuführen ist. Mit dem damaligen Aufkommen extremer separatistischer Bestrebungen verlegten viele internationale und kanadische Unternehmen ihre Aktivitäten dann nach Toronto. Die mit rund 1,6 Millionen Einwohnern zweitgrößte Stadt Kanadas ist aber auch heute noch einer der bedeutenden Wirtschaftsstandorte Nordamerikas. Trotz des teilweise extremen Klimas mit langen und kalten Wintern und heißen und feuchten Sommern erfreut sich Montreal, dank seiner hohen Lebensqualität und des multikulturellen Angebots, besonders unter jungen Leuten großer Beliebtheit.

Als Reaktion auf die langen Winter hat man große Teile der Innenstadt quasi unter die Erde verlegt. „La Ville Souterraine“ oder „Ville intéri-

Der Campus der McGill Universität

eure“, erkennbar an der Aufschrift „RÉSO“(réseau souterrain de Montréal) an den Eingängen, ist heute das weltgrößte Netz klimatisierter unterirdischer Ladenpassagen und Fußgängertunnel. Es umfasst eine Fläche von 12 km² und bietet auf einer Länge von über 32 Kilometern fast unendliche Möglichkeiten, nicht nur sein Geld an den Mann oder die Frau zu bringen, sondern auch Bahnhöfe, Universitäten und Verwaltungsgebäude zu erreichen. Es ist also kein Problem, sich einen ganzen bitterkalten Wintertag lang mit minus 25 °C im Untergrund aufzuhalten: morgens mit der U-Bahn ins Büro, danach Einkaufen, ins Restaurant, Kino oder Theater, und dann in einen Klub; anschließend fährt man mit der U-Bahn wieder nach Hause und hat von der Kälte draußen nicht allzu viel mitkommen. Im feucht-heißen Sommer beginnt man in Montreal den Abend eben erst etwas später, wenn die größte Schwüle vorbei ist. Das Angebot an Restaurants, Cafés, Kneipen oder Bars ist sowieso fast unbegrenzt. Weite Bereiche der Innenstadt sind in den letzten Jahren für den Fahrradverkehr ausgebaut worden, was die Mobilität besonders der jungen Leute deutlich erhöht und den Autoverkehr im Zentrum reduziert hat.

Neun Universitäten, davon zwei englischsprachige, locken Studenten aus vielen Ländern in die Metropole am Sankt-Lorenz-Strom. Die bekannteste von ihnen ist die McGill University, benannt nach dem Pelzhändler James McGill, dessen Nachlass ausreichende Mittel für die Gründung im Jahr 1821 bereitstellte. Über 33.000 Studierende künden von ihrer Attraktivität – was nicht zuletzt an den im Vergleich zu privaten und öffentlichen Universitäten der USA moderaten Kosten liegt und besonders in den letzten Jahren die Zahl der US-amerikanischen Studenten erhöhte.

Das Angebot an internationaler Kultur in Montreal ist imposant, denkt man nur an das weltgrößte Jazzfestival Festival International de Jazz de Montréal (FIJM), das World Film Festival, den Cirque du Soleil (s. S. 198 f.), die Oper oder das von Kent Nagano geleitete Montrealer Sinfonieorchester – von den vielen Kinos, Galerien oder Museen ganz zu schweigen. Dazu kommen die Angebote der vielen Clubs und kleinen Theater. Kreative aus vielen Ländern und Kulturen zieht es nach Montreal. Nicht ohne Grund ist hier in den letzten Jahren eine neue Musikszene entstanden, aus der inzwischen weltbekannte Indie-Rock-Bands wie Arcade Fire, Wolf Parade oder We Are Wolves hervorgegangen sind.

Inmitten der Stadt thront der Mount Royal, mehr ein Hügel als ein Berg, von dem Montreal dank Samuel de Champlain seinen Namen hat. Besonders am Abend, wenn langsam die Lichter in den Wolkenkratzern angehen, hat man von hier aus einen traumhaften Blick über große Teile der Stadt. Das eigentliche Zentrum lässt sich gut zu Fuß erkunden: Auch wenn die Altstadt Vieux-Montréal meistens von Touristen überlaufen ist, lohnt sich der Weg dorthin, bekommt man doch einen guten Überblick über die letzten 400 Jahre der Stadtgeschichte. Wenn einem dann die Füße wehtun, ist es kein Problem, eine Pause einzulegen, ob in einem Cafè, bei französischer Küche, beim Italiener oder auch in einem Restaurant mit polnischen Spezialitäten – und natürlich gibt es in Montreal auch eine Chinatown. Bekanntestes Hotel der Stadt ist das Fairmont The Queen Elizabeth, in dem 1969 John Lennon und Yoko Ono ihr berühmtes Bed-in veranstalteten, um damit gegen den Vietnam-Krieg zu protestieren. Auf Grund der außerordentlichen Medienpräsenz wurde das Hotelzimmer schnell in ein Musikstudio verwandelt, und hier wurde „Give peace a chance“ eingespielt, bis heute die populärste Variante eines Antikriegs-Rock-Songs.

Das berühmte Bed-In-Bett von John Lennon und Yoko Ono im Schaufenster des Hotels Fairmont The Queen Elizabeth

Auch wenn man zunächst über das Angebot an Galerien mit Inuit-Kunst in Montreal überrascht ist, liefert ein Blick in die Karte der Provinz Québec schnell die Erklärung. Wie für ganz Kanada gilt hier, dass der übergroße Teil der Bevölkerung im Süden wohnt. Die Provinz jedoch zieht sich bis in die Arktis und wird in weiten Bereichen des Nordens von Inuit und Cree bewohnt. Um die Landrechte der Urbevölkerung, die der Überflutung von Landstrichen zum Bau von Wasserkraftwerken in Québec entgegenstanden, gab es lange Jahre heftige Auseinandersetzungen, die bis heute nicht abgeschlossen sind, obwohl mit dem James Bay Agreement (s. Kap. *James Bay Agreement und Makivik Corporation*) zunächst ein gewisser Status Quo gesichert werden konnte. Sowohl die in der Vergangenheit erfahrene Umweltzerstörung als auch die aktuellen Auswirkungen des Klimawandels lassen neue Vorbehalte der indigenen Bevölkerung gegenüber den Wünschen von Politik und Konzernen entstehen, weitere Gebiete des Nordens von Québec zur Nutzung der Wasserkraft und für den Bergbau zu erschließen. Es muss sich erst noch zeigen, ob die angebotenen Lösungen einen angemessenen Kompromiss zwischen den Bedürfnissen der Bevölkerung nach Wohlstand und nachhaltiger Entwicklung der Lebensbedingungen und dem Schutz des Klimas und der natürlichen Ressourcen darstellen.

Die Hauptstadtregion – Ottawa-Gatineau

Verlässt man Montreal in Richtung Westen, erreicht man nach 200 Kilometern Ottawa, die rund 900.000 Einwohner beherbergende Hauptstadt Kanadas. Der Weg führt immer den Ottawa River entlang, der an seinem südlichen Ende bei Montreal in den Sankt-Lorenz-Strom mündet und in weiten Bereichen die Grenze zwischen den Provinzen Québec und Ontario bildet. Ottawa in Ontario und die Nachbarstadt Gatineau in Québec teilen sich ein Siedlungsgebiet, das nur durch den Ottawa River getrennt ist. Auch wenn dem Fremden nicht so schnell klar wird, in welchem Kulturkreis er sich gerade befindet – anglophon oder frankophon, in Ontario oder in Québec – spielt es für die Behörden und wohl auch für große Teile der Bevölkerung eine ganz wichtige Rolle, zu welcher Provinz man gehört. Auch der Tourist erkennt bald, auf welcher Seite des Flusses der Käse besser ist und wo man den Wein im Supermarkt anstatt im Liquor Store kaufen kann.

Ottawa Downtown

Als im 17. Jahrhundert die ersten Europäer den Ottawa River hinauffuhren, fanden sie schnell heraus, welcher Reichtum an Pelztieren sich ihnen hier bot. Die Hudson's Bay Company ließ nicht lange auf sich warten, und die Ausbeutung der Ressourcen begann. Der Fluss wurde zur Hauptverkehrsstraße für den Pelz- und später auch für den Holztransport. Im Jahr 1800 ließen sich die ersten weißen Siedler im Gebiet des heutigen Gatineau nieder und am 31. Dezember 1857 erklärte Queen Victoria Ottawa zur Hauptstadt der Provinz Kanada, die damals lediglich aus Upper Canada, dem heutigen Ontario, und Lower Canada, heute das südliche Québec und Labrador bestand (s. S. 95, 106). Der Parliament Hill, direkt am Fluss Ottawa und dem Ausgangspunkt des Rideau Canal gelegen, ist der zentrale Ort der politischen Macht Kanadas und Sitz des Parlaments. Auch alle anderen wichtigen politischen Gebäude des Staates befinden sich in fußläufiger Entfernung. Der Peace Tower, der das Parlamentsgebäude überragt, bietet eine beeindruckende Sicht auf die Stadt. Von hier aus hat man einen wunderbaren Blick auf zwei bedeutende Museumsneubauten Kanadas – die National Gallery of Canada, entworfen von Moshe Safdie, und auf der anderen Seite des Ottawa-Flusses in Gatineau das Canadian Museum of Civilization, entworfen von Douglas Cardinal. Allein diese beiden Museen rechtfertigen schon einen Besuch der kanadischen Hauptstadt. Während die Nationalgalerie internationale Kunst von Cranach bis Warhol zeigt und einen Überblick über die kanadische Kunst von den Anfängen der Native Art über die Group of Seven bis zum 21. Jahrhundert bietet, gibt das Museum of Civilization einen Gesamtüberblick über die Geschichte der Besiedlung Kanadas. Besonders aufgrund seiner regelmäßigen thematischen Ausstellungen, seiner Sammlungen, aber auch wegen der ungewöhnlichen Architektur ist es heute das meistbesuchte Museum Kanadas. Wenn man Zeit und Muße hat, kann man sich hier stundenlang aufhalten. Allein ein Rundgang durch die imposante Große Halle mit den riesigen Totem Poles und den rekonstruierten Hausfassaden von Langhäusern der First Nations der Pazifikküste bietet unvergessliche Eindrücke der überraschenden kulturellen Vielfalt der indigenen Völker Kanadas. Eine Soundcollage mit Meeresbrandung und Tierlauten versetzt einen in die Welt des Regenurwaldes und der Fjorde von British Columbia. In den Räumen hinter den Hausfassaden wird die Kultur der jeweiligen Völker anhand wertvoller Artefakte, zeitgenössischer Kunstgegenstände und multimedialer Präsentationen vorgestellt. In der Halle befindet sich auch die Gipsausführung der Plastik „The Spirit of Haida Gwaii“ von Bill Reid, von der 1988 die beiden Bronzeabgüsse angefertigt wurden, die seitdem vor der kanadischen Botschaft in Washington und auf dem Flughafen von Vancouver stehen. Selbst Reisenden, die diese Orte noch nicht besucht haben, dürfte die Plastik bekannt sein: Sie war auf der Rückseite des bis zum November 2012 in Umlauf gebrachten 20-Dollar-Scheins abgebildet. Die Plastik ist im Original sechs Meter lang und vier Meter hoch und stellt ein traditionelles Kanu der Haida First Nation dar. Neben einem Schamanen sind die mythischen Tiere der Haida versammelt: Rabe, Grizzly, Orca, Hai, Seebär, Biber, Adler, Wolf, Frosch und Maus.

Ottawa, Parliament Hill

Gegenüber der Wand mit den Totempfählen befindet sich eine 112 Meter lange und 15 Meter hohe Fensterfront, die den Blick über den Ottawa-Fluss zum gegenüberliegenden Parliament Hill frei gibt, der sowohl im Sommer als auch im Winter, wenn der Fluss zugefroren und die Stadt mit tiefem Schnee bedeckt ist, einen eindrucksvollen Anblick bietet.

Auch wenn Ottawa nicht wirklich mit Montreal, Toronto oder Vancouver konkurrieren kann – das dem ehemaligen Verkehrsminister Jean Marchand zugeschriebene Zitat „The best thing about Ottawa is the train to Montreal" („Das Beste an Ottawa ist der Zug nach Montreal") – wird der Stadt sicherlich nicht gerecht. (Möglicherweise ist es auch einfach von der Zeit überholt; schließlich ist Marchand bereits 1988 verstorben.) In der Top-50-Liste der Consultingfirma Mercer aus New York, die 2010 die Lebensqualität internationaler Großstädte bewertete, kam Ottawa immerhin auf den 14. Platz – zwar hinter Vancouver auf Platz 4, aber noch vor Montreal auf Platz 21!

Nach Kingston, Ontario

Als 1826 begonnen wurde, mittels eines Kanals den Ottawa-Fluss mit dem Ontariosee zu verbinden, waren natürlich keine touristischen Ambitionen, sondern militärische Überlegungen der Ausgangspunkt. Man wollte im Falle kriegerischer Auseinandersetzungen den Sankt-Lorenz-Strom, der in einem großen Teilstück direkt entlang der Grenze zu den USA verläuft, umgehen können. Als der Rideau Canal 1832 eröffnet wurde, war ein 202 Kilometer langer Wasserweg unter Einbeziehung von Seen und Flüssen entstanden. Glücklicherweise kam es nie zur militärischen Nutzung des Kanals – stattdessen diente er lange dem Transport von Lasten und Personen. Heute wird der Kanal nur noch touristisch genutzt. Ein kleiner Abschnitt in Ottawa wird im Winter zur weltgrößten Eisbahn. Bis in die späten Nachtstunden sieht man dann Unentwegte ihre Bahnen über den zugefrorenen Kanal ziehen, während das Joggen auf Straßen und Wegen infolge des Schnees stark eingeschränkt sein kann.

Rechte Seite: Am Ottawa River (oben); Rathaus (Mitte) und Kirche in Kingston (unten)

Die Stadt Kingston liegt am entgegengesetzten Ende des Rideau-Kanals, den man dort allerdings nicht als Kanal wahrnimmt, da er

Bestandteil eines mit dem Ontariosees verbundenen Seen-Gebietes ist. Kingston liegt an einer strategisch wichtigen Stelle, was auch die Missisauga First Nation einst erkannt hatte. Auf ihrem Siedlungsplatz ließen sich dann im 17. Jahrhundert Franzosen nieder, deren Fort wiederum 85 Jahre später von den Briten zerstört wurde. Seit 1788 trägt die Siedlung den Namen Kingston, erhielt aber erst 1846 das Stadtrecht. Nach der Eröffnung des Rideau Canal begann man mit dem Bau des Fort Henry, um diesen strategisch wertvollen Standort zu schützen. Das Fort diente im Laufe der Zeit unterschiedlichen Zwecken, u. a. als Garnison, Freiluftmuseum und Kriegsgefangenenlager. Heute gehört es gemeinsam mit dem Rideau Canal zum UNESCO-Weltkulturerbe.

Von 1841 bis 1844 war Kingston sogar einmal die Hauptstadt der vereinigten Kolonien Upper und Lower Canada. Schon 1841 erfolgte die Gründung der Queen's

Angeblich spukt es im Prinz Georg Hotel

University, die bis heute zu den führenden Hochschulen Kanadas zählt.

Um 1900 war Kingston ein Ort der Schwerindustrie, bekannt durch Schiffbau und die Herstellung von Lokomotiven. Die Stadt ist verkehrsgünstig gelegen, da neben der Wasserverbindung zu den Großen Seen und zum Atlantik hier die Eisenbahn und der Highway 401 entlangführen, die die Provinzen Québec und Ontario eng miteinander verbinden. Heute sind Gesundheitswesen, Tourismus und Bildung neben der Verwaltungsbürokratie die wichtigsten Arbeitgeber. Der Besucher aus Europa fühlt sich in Kingston in gewisser Weise sofort heimisch, da die Stadt durch ihre vielen Häuser aus Stein – sie wird auch die „Kalksteinstadt" genannt – sehr europäisch wirkt und durch ihre Lage am Wasser an norddeutsche oder sogar an skandinavische Städte erinnert. Die vielen Studenten – etwa jeder sechste der rund 125.000 Einwohner – verjüngen die Stadt sichtlich und sorgen für eine lebendige Café- und Kneipen-Szene. Dazu kommen die vielen Touristen, die, auch wenn sie wohl zumeist nur für eine Übernachtung in der Stadt bleiben, das Ihrige zum angenehmen Eindruck einer weltoffenen Stadt beitragen.

Eine nicht auf den ersten Blick erkennbare Touristenattraktion der Stadt sind die Geister: Angeblich soll es auch im ältesten Hotel der Stadt, dem Prinz Georg Hotel spuken. Wer den übersinnlichen Phänomenen nachspüren will, kann an einer der abendlichen „Geistertouren" teilnehmen. Der Besuch des Museums für die Geschichte des kanadischen Strafvollzugs, in dem ehemalige Wärter als ehrenamtliche Ausstellungsführer agieren, dürfte vielleicht nicht jedermanns Sache sein. Man kann hier unter anderem Modelle von Gefängniszellen aus dem 19. und 20. Jahrhundert sowie ein Gerät zur „Wasserbad-Bestrafung" besichtigen: Dabei wurde der Häftling auf einer Art Stuhl festgeschnallt, während der Kopf in einem kleinen Fass fixiert wurde. Anschließend ließ man ihm eiskaltes Wasser über den Kopf laufen. Die

Prozedur diente als Ersatz für die Bestrafung mit der Peitsche, bis 1859 ein Gefangener in New York infolge einer solchen Behandlung einen tödlichen Herzinfarkt erlitt. Die „Neunschwänzige Katze“ durfte dagegen sogar noch bis in die späten 1960er Jahre angewendet werden. Als Ausgleich dazu gab es in der Strafanstalt von Kingston immerhin auch eine Gefängnisband, die zur Unterhaltung der Mitinsassen auftreten durfte und angeblich sogar im Radio gespielt wurde und großen Anklang fand.

Der Stadthafen von Kingston

Über solche eher ungewöhnlichen Attraktionen hinaus hat Kingston aber auch interessante Kulturstätten und -veranstaltungen zu bieten, darunter das Literaturfestival Kingston WritersFest, das Kingston Canadian Film Festival und Musik-Festivals wie das Kingston Jazz Festival. Die Stadt ist Heimat verschiedener Künstler und Medienschaffender wie etwa des Musikers Bryan Adams und der Band The Tragically Hip.

Ansonsten ist Kingston der Ausgangspunkt für Fahrten in das „Gebiet der 1.000 Inseln“, ein Inselarchipel am Übergang vom Ontariosee zum Sankt-Lorenz-Strom und beliebtes kanadisches Urlaubsgebiet. Neben den unvermeidlichen Freizeitbeschäftigungen Wassersport und Angeln lässt sich hier auch der St. Lawrence Island National Park besuchen, der kleinste und zugleich einer der ältesten Nationalparks Kanadas.

Ontarios Hinterland

Das schöne Wort „Hinterland“ gehört zu den deutschen Begriffen, die bei fast gleichbleibender Bedeutung in die englische Sprache übernommen wurden. In Anbetracht der größeren Dimensionen und viel geringeren Bevölkerungsdichte Kanadas hat das Hinterland Torontos allerdings andere Ausmaße als etwa jenes von Berlin, Hamburg oder München. Auch im Englischen haftet dem Wort der Geruch von

Algonquin Park

„Provinz“ an, was für manche Bereiche Ontarios durchaus zutrifft. In diesem Hinterland sind neben den bekannteren Zielen, wie dem Seengebiet von Muskoka oder dem Algonquin Park, aber auch einige wirkliche Perlen zu entdecken.

Auch wenn Autoren wie Julius und Eva Lips, Liselotte Welskopf-Henrich, Elmar Engel oder der namhafte kanadische Autor Joseph Boyden in ihren Büchern mittlerweile einiges dazu beigetragen haben, überkommene Klischees über die amerikanischen Ureinwohner zu korrigieren, wird das Bild der First Nations weithin noch immer von den Indianern Karl Mays geprägt. Das Hinterland Ontarios bietet hinreichend Gelegenheit, sich über die Geschichte und die heutigen Lebensbedingungen der First Nations zu informieren.

Nordwestlich von Kingston liegt versteckt in einem größeren Waldgebiet der Petroglyphs Provincial Park. In einen großen, flachen und leicht abschüssigen Kalksteinfelsen sind dort etwa 900 Figuren eingeritzt. Über das Alter der Petroglyphen haben die Archäologen keine einheitliche Meinung. Man schätzt, dass die Felszeichnungen zwischen 600 und 2.000 Jahre alt sind und geht davon aus, dass Vertreter verschiedener First-Nation-Stämme über die Jahrhunderte hinweg daran beteiligt waren. Noch heute wird die Stätte für heilige Zeremonien genutzt, wie Reste von Opfergaben in Form von Zedernholz, Tabak, Salbei und Süßgras bezeugen, die man an verschiedenen Stellen finden kann. Der gesamte Felsen ist durch ein Spezialgebäude vor Verwitterung geschützt, das einen nur geringen Temperaturunterschied von drei bis fünf Grad zwischen Innen und Außen ermöglicht und damit Kondensation im Innern verhindert. Da der Felsen noch heute von der Curve Lake First Nation für heilige Handlungen genutzt wird, ist Fotografieren und Filmen nicht gestattet. Der Felsen ist nur zu bestimmten Besuchszeiten für die Öffentlichkeit zugänglich. Die Zeichnungen auf dem Felsen werden von Angehörigen der First Nations wie schon seit Jahrhunderten zu Unterrichtszwecken genutzt: Da es kaum schriftliche historische Aufzeichnungen der First Nations gibt, dienen sie zur Weitergabe von Wissen, Erfahrungen und Geschichten über die Vorfahren. Den Besuchern werden in einem (auch auf Deutsch angebotenen) Faltblatt die Bedeutungen bzw. Interpretationen der wichtigsten Figuren erläutert. Dazu gehören etwa die Schildkröte als Symbol für Geduld, lange Lebensdauer und Fruchtbarkeit, die Schlange als Botschafter der Unterwelt und Symbol für Erneuerung, der Donnervogel, der Kranich, der Medizinmann, das Kaninchen oder auch Reisende in einem Kanu. In der Mitte des Felsens befindet sich ein stilisierter Mensch mit einer Sonne an Stelle des Kopfes, der von einigen als „Gitche Manitou", als Schöpfer der Welt angesehen wird. Die genaue Herkunft und Bedeutung der Petroglyphen wird man vermutlich nie in allen Details ermitteln können. Auf jeden Fall ist die bloße Menge und Vielfalt der Darstellungen beeindruckend, auch wenn das schützende Gebäude die besondere Atmosphäre des von den First Nations als Kinomagewapkong – „Teaching Rock" bezeichneten Felsens beeinträchtigt, da es den freien Blick in die Umgebung stark eingeschränkt.

Nicht allzu weit vom „Lehrenden Felsen" entfernt befindet sich ebenfalls auf dem Gebiet der Curve Lake First Nation das Whetung Ojibwa Center: ein aus Blockhäusern bestehender Gebäudekomplex mit zwei Totempfählen rechts und links des Eingangs. Hier befasst sich die Familie Whetung seit über 60 Jahren mit dem Verkauf von Kunst und Handwerksprodukten der Ojibwa First Nation und anderer indigener Völker Kanadas. Neben der Galerie gibt es eine Ausstellung mit Werken aus der Sammlung der Familie Whetung, die schon vor 100 Jahren hier eine Fisch-Lodge betrieb. Die schiere Menge und Vielfalt der angebotenen Produkte ist beeindruckend, es gibt einfach alles, was nur im entferntesten mit der Kultur der First Nations zu tun hat: mit Stacheln der Stachelschweine verzierte Mokassins, aus Birkenrinde gefertigte Körbe, Miniaturkanus, Handpuppen und vieles mehr. Wer sich den Erwerb eines Kunstwerks nicht leisten kann oder will, kann die zahlreichen Grafiken, Gemälde und Skulpturen von Künstlern der First Nations auch einfach nur besichtigen. Viele berühmte indigene Künstler sind vertreten – von Norval Morrisseau über Benjamin Chee Chee bis Daphne Odjig. Der Inhaber Michael Whetung ist gern bereit, seine Schätze vor den interessierten Besuchern auszubreiten und von den teilweise schwierigen Lebensbedingungen der Künstler zu erzählen. Auch wenn man sie zum Schluss statt mit einem Original eines Spitzenkünstlers nur mit einem kleinen Souvenir aus der Kategorie Kitsch und Krempel verlässt – bereuen wird man den Besuch der Whetung Galerie auf keinen Fall.

In Omemee, westlich von Peterborough gelegen, befindet sich ein Neil Young Museum, dessen Ausstellung auch Erinnerungsstücke an die Beatles, Jimi Hendrix, Bob Dylan und viele andere Rockstars umfasst. Neil Young wohnte hier als Kleinkind, später zog die Familie nach Toronto um. Nach der Trennung seiner Eltern lebte er mit seiner Mutter in Winnipeg. In seinem zum Superhit gewordenen Song „Helpless“ erinnert sich Young an seine frühe Kindheit. Auch wenn er darin von einer „Town in North Ontario“ singt und keine konkrete Stadt meint, erinnert der Song doch auch an das im Süden von Ontario gelegene Omemee, in dem der kleine Neil einst eingeschult wurde.

Der Financial District von Toronto

Toronto – Kanadas Wirtschaftsmetropole

In Kanadas mit 2,6 Millionen Einwohnern größter Stadt ist fast alles – das Stadtklima, die Geschichte, die Wirtschaft – zu einem guten Teil der Lage am Ontariosee geschuldet. Hier am See, mit dem Blick auf eine sich ständig dramatisch verändernde Skyline, sollte man seinen Spaziergang durch Old Toronto beginnen – ein Name, der weniger auf die Bausubstanz, als auf den Ursprung der Stadt verweist, denn hier stehen heute die modernsten Gebäude Torontos. Statt Old Toronto dient dementsprechend heute der Ausdruck „Downtown" als Bezeichnung für das rechtwinklige Straßennetz zwischen der Bloor Street im Norden, der Bathurst Street im Westen, dem Don Valley Parkway im Osten und dem Ontariosee im Süden. Die Downtown von Nord nach Süd durchquerende Yonge Street gilt als eine der längsten Straßen der Welt – und ist zumindest in Toronto eine der geschäftigsten, endet sie doch im Financial District, Torontos Bankenviertel. Für den Besucher ist sie auch insofern von besonderer Bedeutung, als sie die parallel zum Ontariosee verlaufenden Straßen in ihren jeweiligen Ost- bzw. Westteil trennt. Die Nummerierung der Gebäude beginnt hier und steigt jeweils Richtung Ost und West an, was zunächst gewöhnungsbedürftig, schließlich aber sehr hilfreich ist, wenn man ein bestimmte Adresse in Downtown sucht.

Das berühmte „Bügeleisenhaus" (Flat Iron Building) in Toronto

Die Gegend um das heutige Toronto wurde bereits vor über 10.000 Jahren von verschiedenen First Nations bewohnt. Als 1750 die französischen Händler hier ein erstes Fort errichteten, lebten verschiedene Irokesenstämme am Ontariosee. Später tauschten britische Siedler bei den Indianern Waren und Geld gegen Land ein und gründeten 1793 die Siedlung York, die 1834 in Toronto umbenannt wurde. Bereits 1856 wurde die Eisenbahnverbindung mit Montreal eröffnet. Begünstigt dadurch und auch durch die Lage am Ufer des Ontariosees begann damit die rasante Entwicklung Torontos zur Industrie- und Handelsstadt mit Verbindungen über den Sankt-Lorenz-Strom und den Atlantik nach Europa und über die großen Seen in die Wirtschaftszentren von Chicago und Detroit. Bereits 1861 wurde die erste Pferde-Straßenbahn in Toronto eingeführt, noch vier Jahre vor der ersten deutschen in Berlin. Nach dem Zweiten Weltkrieg wurde Toronto zur Millionenstadt, und heute leben bereits über 5,5 Millionen Menschen im Großraum der Stadt, von denen geschätzte 45-50 % aus nicht-britischen Einwan-

Der CN Tower in Toronto

derfamilien stammen. Toronto gilt als eine der sichersten Großstädte der Welt und ist mit besten Ausbildungs- und Arbeitsmöglichkeiten ein Anziehungspunkt für junge Menschen aus der ganzen Welt. Unter anderem auch deshalb konnte die Stadt zur wichtigsten Finanz- und Wirtschaftsregion Kanadas und einer der führenden der Welt werden. Große Umwälzungen wie die Verlagerung von der Schwerindustrie zu den modernen Hightech-Branchen haben auch Toronto in den letzten beiden Jahrzehnten stark verändert, was man besonders im Bereich südlich der Union Station, dem Hauptbahnhof Torontos, und der dazugehörigen Eisenbahntrassen beobachten kann. Harbourfront wird dieses Viertel von Downtown Toronto bezeichnet, das direkt am Ontariosee liegt. Es handelt sich dabei um einen künstlich aufgeschütteten Bereich südlich der Front Street, die ungefähr dem früheren Seeufer folgt. Hier entstanden im 19. und frühen 20. Jahrhundert die Hafen- und Industrieansiedlungen, die Toronto damals zur bedeutenden Industriestadt machten. Anfang der 1970er Jahre verkündete dann der damalige Premierminister Kanadas, Pierre Trudeau, das Harbourfront Projekt: die Umwandlung des mittlerweile verfallenden Industriegebietes in ein von Wohn-, Sport- und Kulturbauten geprägtes Stadtviertel, mit Parks, einer Uferfront mit Promenaden, Yachthäfen, Geschäften, Gaststätten und Galerien.

Wenigstens nicht abgerissen: Alt und Neu in der Bloor Street

Heute, über 40 Jahre später, gibt es hier zwischen der Front Street und dem See nur noch wenige Industriebrachen und unbebaute Freiflächen. Läuft man von der Union Station die York Street entlang zur Harbourfront, hat man, wenn man sich in Richtung der Stadt wendet, einen schönen Blick auf die Skyline Torontos. Links befindet sich das Rogers Centre, Torontos weltberühmte Sportarena, deren Dach bei günstigem Wetter vollständig geöffnet werden kann; es folgt der 533 Meter hohe CN Tower, der Fernsehturm mit seinem drehbaren Restaurant in 351 Metern Höhe, der bis 2007 als das höchste freistehende Gebäude der Welt galt und das Wahrzeichen Torontos ist. Das altehrwürdige Fairmont Royal York Hotel, einst das vornehmste und höchste Haus am Platz, beginnt bedauerlicherweise langsam hinter den neuen Hochhäusern am Air Canada Centre zu verschwinden. Rechts vom Hotel folgen die Giganten des Financial Districts, nicht alle so elegant wie die von Mies van der Rohe entworfenen Türme der Toronto Dominion Bank. Die Skyline hat sich in den letzten Jahren stark verändert, denn allein in den letzten zwei Jahren sind sechs weitere Gebäude mit über 200 Metern Höhe gebaut worden.

Als Besucher kann man die wichtigsten Sehenswürdigkeiten der Stadt problemlos zu Fuß erreichen. Sollten die kalten Winde vom Ontariosee aber im Winter den Aufenthalt im Freien unangenehm machen, wenn die Temperatur durchaus unter -25° Celsius sinken kann, oder im Sommer eine schwüle feucht-heiße Dunstglocke über der Stadt liegen, kann man auch den öffentlichen Nahverkehr in Form der buchstäblich u-förmig durch die Innenstadt führenden U-Bahn-Linie nutzen oder – analog zu Montréal – seinen Spaziergang einfach unter die Stadt verlegen. Hierzu dient das unterirdische Tunnelnetzwerk PATH, das alle wichtigen Gebäude zwischen Yonge Street, University Avenue und Dundas Street, mithin einen großen Teil von Downtown miteinander verbindet. Wer Toronto nur zum Einkaufen besucht, ist hier bestens aufgehoben. Wer sich auch noch für Geschichte, Kunst und das multikulturelle Leben der größten Stadt Kanadas interessiert, muss entweder seinen Spaziergang im Freien fortsetzen oder für einige Stationen die U-Bahn benutzen. Wenn man bis jetzt noch nicht

Oben: Straße in der Nobelgegend Yorkville
Unten: „The Chrystal", von Daniel Libeskind entworfene Fassade am Royal Ontario Museum

bemerkt haben sollte, dass man sich in einem Einwanderungsland befindet – hier wird es offensichtlich: In der U-Bahn stehen und sitzen Vertreter aller Kontinente und Hautfarben eng beieinander – ein buntes Völkergemisch, wie man es selten auf so kleinem Raum findet. Obwohl es manchmal, besonders gegen Feierabend, sehr voll werden kann, ist Freundlichkeit und Höflichkeit augen- und ohrenfällig, auch wenn man vielleicht die Sprache seiner Nachbarn nicht wirklich versteht und zu spät bemerkt, dass man gerade an dieser Station unbedingt noch aussteigen muss.

Eine der attraktivsten aber auch teuersten Gegenden Torontos ist Yorkville, ein Stadtviertel nördlich der Bloor Street im Bereich Avenue Road und Yonge Street, begrenzt von der Davenport Road im Norden. Wie auch in New York, in San Francisco oder in letzter Zeit in Berlin hat sich hier ein einst der Alternativkultur zugehöriger Stadtteil in eine trendige, exklusive und hochpreisige Einkaufs- und Wohngegend verwandelt. Viele der alten zweistöckigen viktorianischen Häuser wurden saniert, Lücken mehr oder weniger behutsam mit eleganten Wohnhäusern aufgefüllt. Hinterhöfe wurden zu ruhigen öffentlichen Höfen, die die Straßenzüge miteinander verbinden. Viele Galerien, Boutiquen, Cafés und Restaurants laden zum Spaziergang ein.

Nicht weit von dort befindet sich das Royal Ontario Museum (ROM), das 2007 um eine an der Bloor Street gelegene, von Daniel Libeskind entworfene futuristisch anmutende Straßenfront erweitert wurde. Das ROM ist eines der größten Museen Nordamerikas und bekannt für seine umfangreichen naturhistorischen und archäologischen Sammlungen. Tausende Objekte nicht nur von den First Nations und Inuit Kanadas, sondern auch aus vielen anderen Kulturen wie jenen Chinas, Japans, Koreas und Ägyptens werden in den verschiedenen Abteilungen präsentiert.

Weiter, wieder ein Stück in Richtung Süden, befindet sich der Kensington Market – ein alternatives und multikulturelles Gegenstück zu Yorkville. Im frühen 20. Jahrhundert hatten sich hier jüdische Emigranten aus Osteuropa angesiedelt, später folgten Italiener. Am „Jüdischen Markt" boten viele kleine Geschäfte Produkte aus Osteuropa an, Handwerksbetriebe, Bäcker und Fleischer versorgten ihre Kundschaft mit Kleidung, Schuhen und natürlich koscheren Produkten. Nach dem Zweiten Weltkrieg kamen zunächst Einwanderer von den Azoren, dann aus Asien, so dass sich der Charakter des Viertels veränderte. Aus dem Jewish Market wurde der Kensington Market. Heute gibt es hier neben Chinesen viele Immigranten aus arabischen, afrikanischen sowie süd- und mittelamerikanischen Ländern. Neue Klubs, Cafés und Restaurants verändern auch hier langsam die Nachbarschaft, ziehen aber andererseits auch eine neue Kundschaft in das Viertel. Die angrenzenden Bezirke Chinatown, Little Italy und Trinity-Bellwood, auch Portugal Village genannt, erweitern auf ihre Weise den multikulturellen Charakter von Toronto Downtown und Umgebung.

Oben: Kensington Market
Unten: Chinatown

Die am Rande Chinatowns gelegene Art Gallery of Ontario (AGO) ist nur eine von vielen Galerien in Toronto, gilt aber als eine der wichtigsten Kunstgalerien Nordamerikas. Neue Aufmerksamkeit erhielt sie durch den 2007/2008 errichteten Erweiterungsbau nach einem Entwurf von Frank Gehry. Obwohl Gehry in Toronto geboren wurde, war dies seine erste Arbeit in Kanada überhaupt. Neben ihrer Sammlung kanadischer Kunst mit einem Schwerpunkt auf der Group of Seven ist die AGO auch renommiert für ihre Sammlungen internationaler Kunst, u. a. die weltgrößte Sammlung von Arbeiten Henry Moores; dazu kommen regelmäßige Sonderausstellungen von Künstlern aus der ganzen Welt.

Folgt man der Dundas Street in Richtung Osten, kommt man an Torontos Rathaus vorbei, einem ungewöhnlichem Gebäudekomplex des finnischen Architekten Viljo Revell, und erreicht schließlich das Eaton Centre, die von dem Deutsch-Kanadier Eberhard Zeidler entworfene größte Shopping-Mall Ostkanadas. Wer sich am Abend in Downtown vergnügen will, ist in einem der vielen Theater, Klubs und Bars im Entertainment District zwischen Queen Street West und Front Street West bestens aufgehoben. Eine andere Möglichkeit ist der östlich der Younge Street gelegene Distillery District, das größte Areal viktorianischer Industriebauten in Nordamerika, das zu einem Unterhaltungsviertel umgebaut wurde. Die Investoren ermöglichten die Ansiedlung ungewöhnlicher und individueller Restaurantbetriebe; große Ketten und Franchise-Konzepte waren hier nicht gefragt. In den oberen Etagen der Gebäude befinden sich Theater, Künstler-Ateliers und Büros für Kreative vieler Branchen.

In Südwest-Ontario

Nach soviel Großstadt-Getümmel zieht es einen einfach aufs Land. Da die Niagara-Fälle durch die umliegende Unterhaltungsindustrie billigster Machart ihren Zauber längst verloren haben, kann man sich gleich weiter ins südwestliche Ontario begeben. Dort befindet sich eines der Siedlungsgebiete der ursprünglich aus Deutschland stammenden Mennoniten, einer auf die Täuferbewegung der Reformationszeit zurückgehenden evangelischen freikirchlichen Gemeinschaft, in der noch heute Plautdietsch gesprochen wird, das zu den ostniederdeutschen (umgangssprachlich als „Plattdeutsch" bezeichneten) Dialekten zählt. Nachdem ihre Vorfahren zunächst Ende des 18. Jahrhunderts aufgrund der Restriktionen durch den preußischen Staat von Deutschland nach Russland und der Ukraine ausgewandert waren, führte die Einführung der Wehrpflicht in Russland im Jahr 1874 wiederum dazu, dass viele nach Nordamerika auswanderten. Von den Mennoniten hatten sich 1693 die Amischen (engl. *Amish*) abgespalten, die wie auch einige der Mennoniten die Anwendung moderner Technologien größtenteils ablehnen. In Ontario leben allerdings nur ungefähr 1 % der Amischen, der Rest lebt verteilt in 28 Staaten der USA. Wichtigste Stadt der Region ist Kitchener, die bis 1916 Berlin hieß und infolge des 1. Weltkriegs umbenannt wurde. In St. Jacobs, 20 Kilometer nördlich von Kitchener, findet immer donnerstags und samstags ein großer Bauernmarkt statt, auf dem besonders auch Mennoniten ihre Produkte anbieten.

Die City Hall in der Innenstadt von Kitchener, das ursprünglich Berlin hieß

Nach einem Ausflug nach Süd-Ontario bieten sich weitere Ziele in West- und Nordontario an. Der Blick auf die Karte zeigt aber, wie riesig diese Provinz ist. Nur Teile davon sind mit dem Auto erreichbar, der größere Teil dagegen lediglich mit dem Wasserflugzeug. Um wenigstens einen Eindruck von dieser Landschaft zu bekommen, kann man Muskoka, ein gut erschlossenes Seengebiet nördlich von Toronto besuchen oder in den Algonquin Provincial Park fahren. Trotz der guten touristischen Infrastruktur darf man jedoch nie vergessen, dass man sich in der wilden kanadischen Natur befindet – insbesondere, wenn man allein und abseits der Hauptwanderwege unterwegs ist. Wer viel Zeit hat, kann von hier aus auch das Gebiet um die Großen Seen erkunden.

Von Winnipeg in die Prärien

Die einzige Straßenverbindung zwischen den Provinzen Ontario und Manitoba ist der Trans-Canada-Highway. Wenn man mit dem Auto von Toronto in Richtung Westen fährt, gehen die naturnahen Landschaften nördlich der großen Seen nach mehreren hundert Kilometern in die großflächig landwirtschaftlich erschlossenen Gebiete der ehemaligen Prärien über. Riesige Weizenfelder erstrecken sich zwischen den weit verstreut liegenden Farmen Süd-Manitobas. Auch hier gibt es ein Siedlungsgebiet der Mennoniten. Viele deutsche Ortsnamen erinnern an die Herkunft der Einwohner: Blumenort und Steinbach oder weiter im Süden Altona, Gnadenthal und Friedensruh. Das Mennonite Heritage Centre in Steinbach ist auf jeden Fall einen Besuch wert, besonders wenn man mit Kindern reist. Es ist ein interessanter Ausflug in eine teilweise unbekannte, doch nicht fremde deutsche Vergangenheit. Selbst ein Stück der Berliner Mauer hat den weiten Weg nach Steinbach gefunden!

Oben: Windmühle im Mennonite Heritage Center in Steinbach
Unten: Ortsnamen erinnern an die Herkunft der Einwanderer

Das mehr als 700.000 Einwohner umfassende Winnipeg wäre sicherlich allein kein ausreichendes Ziel für eine Reise nach Kanada, aber ein durchaus lohnender Zwischenstopp für zwei oder drei Tage ist es allemal, besonders wenn man sich für die Geschichte der First Nations und die Besiedlung Kanadas durch die Europäer interessiert. Die Winnipeg Art Galerie besitzt die bedeutendste Sammlung von Inuit-Kunst in Kanada. Im September 2014 öffnete das Canadian Museum for Human Rights am Ufer des Red River erstmals seine Tore. Winnipeg ist bekannt für seine extremen Temperaturen, sei es im Winter mit manchmal unter -40°C oder im Sommer mit über 30°C, es zählt aber auch zu den Städten mit der höchsten Sonnenscheindauer Kanadas.

Der bekannteste ehemalige Bürger Winnipegs ist der Rock- und Folkmusiker Neil Young, der zwar in Toronto geboren wurde, aber im Alter von zwölf Jahren nach der Scheidung seiner Eltern mit seiner Mutter in deren ursprünglichen Heimatort Winnipeg zurückkehrte, wo er Anfang der sechziger Jahre in verschiedenen Bands spielte. Das Wohnhaus in der Grosvenor Avenue liegt in einer ruhigen Wohngegend der Stadt. Der Einfluss dieses Umfeldes auf Neil Youngs Werk ist Gegenstand von Diskussionen in der Fachliteratur und interessiert so-

Die Grain Elevators National Historic Site (Getreideaufzüge-Nationaldenkmal) in Inglis

gar manchen berühmten Fan: Als die derzeitigen Besitzer des Hauses eines Tages vom Einkaufen zurückkamen und wieder einmal Fans von Neil Young neugierig das Haus beäugten, erwies sich der ältere der beiden zu ihrer Überraschung als der wohl bedeutendste und einflussreichste Musiker der letzten 50 Jahre: Bob Dylan, der auf Konzerttournee in Winnipeg weilte, wollte erfahren, in welchem Umfeld sein Kollege die prägenden Jahre seiner Jugend verbracht hatte.

Winnipeg dient aber auch als Ausgangspunkt für Flüge und Fahrten in weite Bereiche des arktischen und subarktischen Nordens. Von hier aus fährt der Zug nach Churchill an der Hudson Bay, die selbsternannte „Eisbär-Hauptstadt der Welt". Zu bestimmten Jahreszeiten gibt es dort eine fast hundertprozentige Garantie, Eisbären in freier Wildbahn zu erleben – natürlich aus sicherem Abstand und im geschützten Spezialfahrzeug.

Wohnhaus des jugendlichen Neil Young in Winnipeg

Auffällige turmartige architektonisches Gebilde tauchen immer wieder einmal in den Prärieprovinzen auf, oft in der Nähe von Eisenbahnlinien gelegen: die sogenannten Grain Elevators. In diesen hölzernen Gebäuden wurde einst mittels einer im Inneren vorhandenen Hebeeinrichtung Getreide verladen und gespeichert. Da heute Getreidespeicher aus Stahl oder Beton gebaut werden, sind die alten Gebäude nun zumeist dem Verfall preisgegeben. Oft werden sie einfach abge-

Ukrainische orthodoxe Kirche mit Friedhof in Insinger, Saskatchewan

rissen, wenn sie nicht wie etwa im Fall der *Grain Elevators National Historic Site* in Inglis als Denkmal und Museum erhalten werden.

Wer weiter der Straße nach Westen folgen will, kann statt des Highways 1 den parallel dazu verlaufenden Highway 16 über Saskatoon nehmen, der zwar mehr Zeit erfordert, da er nicht vierspurig ausgebaut ist, aber interessantere Einblicke in Landschaft und Besiedlung bietet. Auch hier hat der Mensch der Landschaft durch Landwirtschaft, Bergbau und Öl- oder Gasgewinnung weitgehend seinen Stempel aufgedrückt. Viele europäische Einwanderer aus Ländern wie der Ukraine und sogar aus Island waren seit Anfang des 20. Jahrhunderts daran beteiligt. Noch heute sieht man hier und da orthodoxe Kirchen und im Umkreis der Ortschaft Wynyard sogar isländische Fahnen wehen. Vielleicht waren insbesondere die Einwohner dieser beiden Nationen von den schwierigen Klimabedingungen in Saskatchewan mit extrem kalten Wintern und heißen trockenen Sommern nicht zu erschüttern.

Die beiden Großstädte Saskatoon und Regina sind bedeutende Verwaltungszentren der großen Provinz Saskatchewan, in touristischer Hinsicht jedoch wenig spannend. Wer nach den Prärien aus seinen Indianerbüchern sucht, sollte sich am besten in den Grasslands National Park an der Grenze zu den USA begeben. Hier gibt es noch Landschaften, die so unberührt wie vor der Besiedlung durch die Europäer aussehen.

Kanadas Westen

Die Rocky Mountains – Wetterscheide und touristischer Höhepunkt

Weiter nach Westen steigt das Land aus der unendlich flachen Landschaft steil in den Himmel auf. Wie eine Wand ziehen sich die Rocky Mountains von Süd nach Nord und bilden über weite Bereiche auch die Grenze zwischen den Provinzen Alberta und British Columbia. Zugleich fungieren sie als Wetterscheide zwischen den regenreichen Gebieten am Pazifik und den trockenen, steppenartigen Landschaften Albertas und Saskatchewans. Die „Rockies", wie die Rocky Mountains umgangssprachlich genannt werden, sind die Hauptattraktion des kanadischen Westens, allerdings bei weitem nicht der einzige Höhepunkt einer Reise dorthin. Für viele Europäer stehen die Rockies sinnbildlich für den Traum von einer Einwanderung nach Kanada. Kein Kalender, kein Reisebuch über West-Kanada kann auf die Bilder von der fantastischen Berg- und Tierwelt verzichten, wollen sie nicht Gefahr laufen, als Ladenhüter in den Regalen vergessen zu werden. Allerdings werden die Rocky Mountains aufgrund ihrer Schönheit auch fast zu Tode geliebt. Bei einer Fahrt von Banff nach Jasper in der kanadischen Hauptferienzeit im Sommer könnte man daher leicht enttäuscht werden und den Eindruck gewinnen, dass man stattdessen auch von Bayern durch die Alpen nach Italien hätte fahren können: Eine endlose Schlange von Campern und PKW zieht sich dann den berühmten 231 Kilometer langen Icefields Parkway entlang. Man sollte daher bereits bei der Reiseplanung auch die kanadischen Schulferien beachten und sich in dieser Zeit möglichst Ziele und Straßen entfernt der gängigen Routen aussu-

Rocky Mountains
Links: Mount Fitzwilliam im Mount Robeson Provincial Park
Rechts: Maligne Lake mit Spirit Island

chen. Auch wenn man an einigen der schönsten Plätze wahrscheinlich nie die Möglichkeit haben wird, sie allein zu genießen, bleibt besonders im Früh- und Spätsommer noch viel nicht von Besuchern überlaufene Natur übrig. Die Liste der Ziele ist endlos, die Auswahl allein eine Frage des persönlichen Geschmacks und der Kondition. Hinweise findet man genug in der Spezialliteratur zu den Rocky Mountains.

Bootshaus am Maligne Lake

Nicht versäumen sollte man eine Fahrt auf dem Maligne Lake. Schon die Fahrt zum See ist ein besonderes optisches Erlebnis. Ziel des Bootstrips auf dem See ist eines der bekanntesten Fotomotive der Rocky Mountains: die kleine Halbinsel Spirit Island mit dem Panorama der eisbedeckten Bergriesen im Hintergrund.

Man wird nicht gleich als Greenhorn abgestempelt, wenn man die Ranger von Parks Canada um Hinweise und Empfehlungen für sehenswerte Orte und Wanderungen bittet oder die Leistungen eines örtlichen Reiseunternehmers in Anspruch nimmt. Kein Buch, Reiseführer oder Reisebericht kann das Gespräch mit den „Locals" ersetzen, die über die Orte, die hinsichtlich Natur und Geschichte besonders interessant sind, am besten Bescheid wissen. Besonders in den Rockies sprechen einige von ihnen sogar Deutsch – auch wenn ihre Einwanderung nach Kanada oft schon viele Jahre zurückliegt.

Vancouver und die Westküste

Wenn für eine Stadt in Kanada der Begriff „multikulturell" uneingeschränkte Gültigkeit hat, dann gilt dies neben Toronto auf jeden Fall auch für Vancouver. Laut der kanadischen Statistikbehörde gehört fast die Hälfte der Bevölkerung Vancouvers einer „sichtbaren Minderheit" (*visible minority group*) an. Hier allerdings überwiegen im Gegensatz zu Toronto Einwanderer aus Asien. Vancouver erfreut sich seit der Rückkehr Hongkongs unter chinesische Hoheit ungeheurer Geldströme aus Fernost. Ganze Stadtviertel veränderten ihr Gesicht oder entstanden völlig neu. Die meisten Hinweisschilder und Werbetafeln in diesen Vierteln sind zweisprachig in Englisch und Chinesisch gehalten. Viele Geschäfte sind nur auf chinesische Kunden ausgerichtet, doch auch japanische und koreanische Schriftzüge fallen ins Auge.

Oben: Vancouver Hafen und Robson Plaza
Unten: Die Totempfähle im Stanley Park sind das bekannteste Wahrzeichen Vancouvers

Vancouver ist für viele Kanadier die schönste Stadt der Welt. Dahinter steckt sicherlich einiger Nationalstolz und vielleicht auch die mangelnde Kenntnis anderer Städte. Auf jeden Fall besticht die wunderbare Lage Vancouvers an den North Shore Mountains auf der einen und dem Meeresarm Straße von Georgia auf der anderen Seite, die es möglich macht, innerhalb kurzer Zeit in die Berge oder aufs offene Meer zu gelangen – ideal also für Skifahrer und Segler.

Vancouver ist laut verschiedenen Studien die umweltfreundlichste Stadt ganz Nordamerikas (Greenpeace wurde übrigens hier gegründet) und eine der Städte mit dem höchstem Lebensstandard der Welt. Der häufige Regen – statistisch gesehen fast an jedem zweiten Tag des Jahres – stellt unter diesen Bedingungen wohl einen hinnehmbaren Nachteil dar. Gerade mal 125 Jahre alt, ist Vancouver eine schnell wachsende Stadt, die heute 650.000 Einwohner zählt, inklusive der umliegenden Gemeinden (*metropolitan area*) sind es bereits 2,3 Millionen. Jeder dritte Einwohner kommt aus China oder hat zumindest chinesische Vorfahren. Die First Nations der Region um Vancouver spielen zahlenmäßig eine geringe Rolle. Ihre Kultur ist aber in gewissem Umfang öffentlich präsent.

Neben der Hochhauskulisse des Canada Place am Ufer des Vancouver Harbour sind die bekanntesten Wahrzeichen der Stadt die Totem Poles im Stanley Park. 1922 begann man mit der Zielsetzung, einer aussterbenden Kultur zu gedenken, die Totempfähle aufzustellen. Allerdings stammten die ersten Poles aus Alert Bay nahe Vancouver Island und nicht von den früher um Vancouver ansässigen First Nations. Erst mit

Victoria, die Hauptstadt von British Columbia, liegt auf Vancouver Island

dem Aufbau von drei Begrüßungstoren zusätzlich zu den inzwischen acht Totem Poles im Jahr 2008 waren endlich alle First Nations von British Columbia mit typischen Kunstwerken im Park vertreten. Heute kommt kein Tourist an diesem Wahrzeichen vorbei, ohne die Fotokamera gezückt zu haben.

Wer sich intensiver mit der Kultur und Kunst der First Nations beschäftigen möchte, sollte die umfangreichen und vielfältigen Sammlungen im Museum of Anthropology auf dem Campus der University of British Columbia besuchen.

Das Stadtzentrum von Vancouver ist gut zu Fuß zu erkunden. Viele wichtige Sehenswürdigkeiten liegen dicht beieinander. Besonders empfehlenswert ist der Fußweg vom Stanley Park entlang des Uferwegs zum Canada Place, weiter zum Harbour Centre, das lange Zeit das höchste Gebäude der Stadt war, bis zur Vancouver Art Gallery an der Robson Street Plaza.

Vancouver hat viele schöne Parkanlagen. Ein unvergessliches Erlebnis ist ein Besuch des „Dr. Sun Yat Sen"-Gartens in Chinatown, einem Stück China in Kanada.

Von Vancouver aus fahren die Fähren nach Vancouver Island und – mit Zwischenstopps an der kanadischen Pazifikküste – in den Norden bis nach Alaska. Vancouver Island ist allein eine Reise wert. Trotz massiver Eingriffe der Holzindustrie lassen sich besonders an der West- und Nordküste noch viele Orte mit nahezu unberührter Natur finden. Nur muss man sich auf das wechselhafte Wetter einstellen können. Ansonsten bietet auch die sogenannte „Sonnenscheinküste",

Totem Poles auf dem Friedhof von Alert Bay

die Ostseite Vancouver Islands, genügend lohnenswerte Ziele. In Victoria, der Hauptstadt British Columbias, beginnt übrigens der Canada Highway, dem wir auf unserer virtuellen Reise schon mehrfach gefolgt sind.

Auf keinen Fall sollte man auf die kurze Fährfahrt nach Alert Bay auf Cormorant Island verzichten. Hier gibt es Geschichte und Kultur der First Nations pur. Einer der längsten Totem Poles ist hier zu bewundern – auch wenn der ursprünglich 56 Meter hohe Pfahl durch einen Sturmschaden zwischenzeitig etwas verkürzt wurde. Das nahegelegene U'Mista Museum and Cultural Center des hiesigen Kwakwaka'wakw-Stammes, der Kwakiutl First Nation, machte 2011 auch in Deutschland auf sich aufmerksam, als es mit den Staatlichen Kunstsammlungen Dresden Teile der jeweiligen Sammlungen im Rahmen des Projektes „Die Macht des Schenkens" austauschte. Ganz bewusst wurde hier an die Tradition des Potlatchs angeknüpft, einer Tradition der First Nations der Westküste, die lange per Gesetz verboten war.
Rund um Cormorant Island bestehen gute Möglichkeiten zur Beobachtung von Walen, besonders von Orcas, die hier häufig anzutreffen sind.

Haida Gwaii – ein Kleinod an der Pazifikküste

Haida Gwaii, früher Queen Charlotte Islands genannt, hat eigentlich alles, was ein kanadisches Traumziel ausmacht: viel unberührte Natur mit einer üppigen Tier- und Pflanzenwelt, lange Strände, reichhaltige indigene Geschichte und Kultur und freundliche Menschen. Und trotz allem gibt es hier keinen Massentourismus, denn die Inselgruppe im Pazifik ist nur mit einer Fähre auf einer manchmal sehr stürmischen sechsstündigen Überfahrt von Port Rupert aus, mit dem Kleinflugzeug oder dem eigenen Boot zu erreichen. Wer sich jedoch einmal aufgerafft hat, die Inseln zu besuchen, verspürt den drängenden Wunsch, mindestens noch einmal dorthin zurückzukommen. Entweder war der Aufenthalt zu kurz oder das Wetter gewöhnungsbedürftig, denn damit muss man sich abfinden: Badewetter gibt es nicht sehr oft auf Haida Gwaii. Nur wenn bei Ebbe die Sonne Steine und Sand aufgewärmt hat und dadurch das einlaufende Wasser der Flut erwärmt wird, erreicht es kurzzeitig mildere Temperaturen. Regen gehört nun

Oben: Die Inselgruppe Haida Gwaii, vormals Queen Charlotte Islands, vor der Küste British Columbias
Unten: Strand auf der größten Insel Graham Island

einmal zu diesen dem Festland so exponiert vorgelagerten Inseln. Nimmt man sich aber den Spruch „Es gibt kein schlechtes Wetter, sondern nur falsche Kleidung" zu Herzen, kann man hier den Traumurlaub schlechthin erleben.

Wo sonst kann man eine 80 Kilometer lange Strandwanderung unternehmen, wie im Naikon Provincial Park im Norden, oder sich in Begleitung erfahrener Führer mit dem Kajak in eine geheimnisvolle Inselwelt im nördlichen Regenwald begeben, wie im Gwaii Haanas National Park Reserve im Süden? Bären-, Adler- und Seeleoparden-Beobachtungen sind dabei inklusive. Eine kleine Insel im Nationalpark mit dem um 1880 von den Kunghit Haida First Nations verlassenen Ort Ninstints und seinen geheimnisvollen, langsam im Dschungel des Regenwaldes verschwindenden Langhäusern und Totem Poles wurde 1981 zur UNESCO-Weltkulturerbestätte SGang Gwaay ernannt. Auch zwei Orte auf Graham Island, der nördlichen der beiden großen Inseln, bieten heute noch die Möglichkeit, sich intensiver mit der wechselvollen Geschichte der Haida First Nations auseinanderzusetzen. In Skidegate befindet sich das Haida Heritage Centre, das die beste Einführung in Geschichte und Kultur von Haida Gwaii bietet. Aber auch im Ort selbst gibt es viele Zeugnisse der Kunst der Haidas zu sehen. Man sollte allerdings berücksichtigen, dass es sich zumeist um private

Oben: Im Haida Heritage Center in Skidegate
Unten: Christian White in seinem Langhaus

Objekte der Einwohner handelt, und korrekterweise um Erlaubnis fragen, bevor man sie fotografiert.
In Old Masset begann die Renaissance der Kultur der Haidas, als 1969 der weltbekannte Künstler Robert Davidson den ersten Totem Pole seit 90 Jahren direkt gegenüber der Kirche errichtete. Heute stehen wieder vor vielen Häusern und öffentlichen Gebäuden Totem Poles.

Christian White gehört zur mittleren Generation der Haida Künstler. Neben seinen Arbeiten aus Argillite, einer Schieferart, die nur auf Haida Gwaii vorkommt, seinen Schmuckarbeiten aus Silber und Bronze und den vielfältigen Arbeiten aus Holz, u. a. Langhäusern, Totem Poles, Kanus und Masken, widmet er sich der Erhaltung und Weiterentwicklung der Kultur der Haida, indem er Jugendliche in die Lebensweise und Tradition ihrer Vorfahren einweist. Für Interessierte bietet er Touren und Vorträge über die Haida-Kultur an. Seine Skulpturen und Schmuckobjekte werden wie die Objekte anderer Haida-Künstler von Galerien in Vancouver und Victoria angeboten.

In den Norden

Alaska Highway und Dempster Highway

Die wichtigste Straßenverbindung in den Nordwesten Kanadas ist der Alaska Highway, der über 2.300 Kilometer von Dawson Creek in British Columbia nach Delta Junction südlich von Fairbanks in Alaska führt. Die 600 Kilometer zwischen Muncho Lake und Teslin Lake sind wohl der schönste Abschnitt des Highways. Nicht nur die wunderschönen Landschaften mit den hohen Bergen und den tiefen Schluchten, sondern auch die vielen Tiere, die hier zu sehen sind, wie Bären, Bisons, Karibus, Hirsche, Elche und Bergschafe, machen die Fahrt zu einem aufregenden Erlebnis. Ende August und Anfang September kommt noch die Herbstfärbung der Bäume und Sträucher hinzu: Gelb leuchtende Espen ziehen sich dann die Straße entlang und an den Berghängen hinauf, deren baumlose Felsgipfel alle möglichen Grautöne aufweisen. Tiefblaue, manchmal türkisfarbene Seen wechseln sich mit Heideflächen im tiefsten Rot ab. Und über allem – wenn das Wetter keine Kapriolen schlägt – ein strahlend blauer Himmel, von weißen Wolken durcheilt ...

Eindrücke vom Alaska Highway: Büffelherde, Schilderwald in Watson Lake, Kanus am Teslin Lake, herbstliche Landschaft

In der Nähe von Whitehorse zweigt der Klondike Highway in Richtung Dawson City ab. Hier beginnt das Land der Goldsucher und Trapper, bestens von Jack London beschrieben, dessen Hütte noch 100 Jahre später in Dawson City zu besichtigen ist. Nach aufwändiger Suche hatte man sie, erstaunlich gut erhalten, in der Wildnis gefunden und nach Dawson umgesetzt. Ansonsten ist die Stadt nur ein touristischer Abklatsch der einstigen Metropole aus der Zeit des Goldrausches. Vom einst wilden Leben künden nur noch die leicht bekleideten Schaufensterpuppen hinter den Gardinen der Ruine des Flora Dora Hotels in der Front Street. Trotzdem führt es wohl fast jeden Yukon-Reisenden irgendwann einmal hierher. In Dawson City beginnt mit einer Fährfahrt über den Yukon der *Top of the World Highway* nach Alaska, der allerdings witterungsbedingt nur in wenigen Sommerwochen befahrbar ist. Der Grenzübergang nach Alaska ist hier übrigens ausschließlich tagsüber geöffnet.

Dawson City, ehemals Goldgräberstadt am Zusammenfluß von Klondike und Yukon (Vordergrund)
Linke Seite: Reminiszenzen an die Goldgräberzeit in Dawson City (oben); das stillgelegte Dampfschiff S.S. „Klondike" in Whitehorse (Mitte); Straße in Whitehorse (unten)

Eine Herausforderung für jeden Touristen ist der Dempster Highway, der als einzige Straße Kanadas den Süden mit einem Ort nördlich des Polarkreises verbindet: 740 Kilometer führt die raue Schotterpiste durch überwiegend wunderschöne Landschaften bis nach Inuvik in den Northwest Territories. Auch wenn die Straße wegen der vielen Trucks zur Versorgung der wenigen Ortschaften entlang des Dempster Highway gut unterhalten und ständig repariert wird, können Regen, Schnee oder plötzlich einsetzendes Tauwetter den Highway in eine rutschige, gefährliche Piste verwandeln. Man ist auf jeden Fall gut beraten, sich vor der Fahrt über die Straßen- und Wetterbedingungen zu informieren. Da es nur wenige Tank- und Übernachtungsmöglichkeiten gibt, sollte man seinen Trip gut planen. Der erste Abschnitt bis nach Eagle Plains nach rund der Hälfte der Strecke ist ohne jegliche Versorgungsstation. Unangenehm, wenn man hier mit dem Auto liegen bleibt! Wer sich zutraut, die Reise im Winter anzutreten, kann auf der Eisstraße über den gefrorenen Mackenzie River noch 100 Kilome-

Links: Auf dem Dempster Highway
Rechts: Am Ogilvie River vor den Ogilvie Mountains

Die Iglu-Kirche von Inuvik, dem Verwaltungszentrum der Northern Territories

ter weiter bis nach Tuktoyaktuk an der Beaufourtsee fahren. Dieser Ort wird überwiegend von Inuit bewohnt. Bekannt ist er auch durch die nahe gelegenen *Pingos* (Inuvialuktun für „kleiner Hügel") – mit Erdreich und Vegetation bedeckte, kegelförmige Erhebungen in Permafrostgebieten, die durch das Aufwölben von gefrorenem Boden aufgrund des Gefrierens von injiziertem Porenwasser entstehen. Die Pingos dienten früher den nomadisierenden Jägern auch als Orientierungs- und Aussichtspunkte; heute werden sie teilweise als natürliche „kommunale Kühlschränke" genutzt.

Die Northwest Territories erstrecken sich auf weite Bereiche des kanadischen Nordens. Ursprünglich umfassten sie den gesamten Norden: Noch bis zum Jahr 1898 gehörte Yukon, bis 1905 Alberta und Saskatchewan, bis 1912 Teile von Manitoba dazu. Im Jahr 1999 wurde schließlich als jüngste Abspaltung der Northwest Territories Nunavut als eigenständiges Territorium gegründet.
Über 50 % der nur etwas über 40.000 Einwohner leben in der Hauptstadt Yellowknife und ihrer Umgebung. Der Rest verteilt sich auf die riesige Fläche von 1,3 Millionen Quadratkilometern. Mit dem Großen Bärensee und dem Großen Sklavensee befinden sich hier die größten Seen Kanadas. Im Norden führen Teile der Nordwestpassage durch die Inselwelt der Northwest Territories. Der Tourismus konzentriert sich aber im Wesentlichen auf das Gebiet um Yellowknife, das aufgrund seiner guten Anbindung an das kanadische Straßennetz leichter zugänglich ist als die abgelegenen Gebiete des Nordens. Von hier sind der Wood Buffalo National Park, der größte Nationalpark Kanadas, der sich bis nach Alberta erstreckt, und das Mackenzie-Bison-Schutzgebiet erreichbar. Dort sind die Aussichten gut, Büffeln zu begegnen und sie bei ihrem unermüdlichen Zug durch die Grasgebiete zu be-

obachten. Nach wie vor durchziehen große Karibuherden die weiter nördlich gelegenen Tundragebiete, die sogenannten Barrenlands – auch wenn die Anzahl der Tiere in den letzten Jahren immer kleiner geworden ist.
Auch die urzeitlich anmutenden Moschusochsen können hier beobachtet werden. Die zur Gruppe der Ziegenartigen gehörenden Tiere waren vor Jahrzehnten fast verschwunden, leben jetzt aber wieder in größerer Zahl u. a. auf Banks Island im arktischen Archipel.
Ganz im Norden, am wahrscheinlichsten an der Küste des Festlandes und der arktischen Inseln, kann man auch Eisbären sehen.
Das Nahanni National Park Reserve im Westen der Northwest Territories wurde 1978 in die Liste des UNESCO-Weltnaturerbes aufgenommen. Aufgrund seiner Abschiedenheit finden nur wenige Besucher den Weg in dieses Naturreservat, das nicht über das reguläre Straßennetz zu erreichen ist.

Kanadische Arktis: Nunavut

Stoppschild in Iqaluit

Seit 1999 steht der ehemalige nordöstliche Teil der Northwest Territories unter Selbstverwaltung der Inuit. Nunavut ist als einziges unter den Provinzen und Territorien nicht über eine Straßenverbindung mit dem übrigen Kanada verbunden. Da es auch keine Fährverbindung gibt, ist das Flugzeug – mit Linienflügen von Ottawa, Montreal, Winnipeg und Edmonton – die einzige Möglichkeit, Nunavut zu besuchen. Mit knapp über 30.000 Einwohnern, verteilt auf einer Fläche, die sechsmal so groß wie Deutschland ist, ist es auch die am dünnsten besiedelte Region Kanadas. Diese Abgelegenheit erklärt, warum selbst die meisten Kanadier kaum etwas über ihre Arktisgebiete wissen. Auf der anderen Seite gibt es aber auch viele Kanadier, US-Amerikaner, aber auch viele Europäer, die vom „Arktisfieber“ geradezu infiziert sind und immer wieder den Weg in die arktische Wunderwelt suchen.
Seit Jahrtausenden ist das Gebiet Nunavuts von den Inuit bewohnt. Viele von ihnen haben bis in die Mitte des 20. Jahrhunderts ausschließlich von der Jagd und vom Fischfang gelebt. Für ihre Wohnstätten, Transportmittel, Kleidung und Haushaltsgegenstände brauchten sie keine Produkte aus dem Süden, obwohl es schon seit dem 18. Jahrhundert regelmäßige, wenn auch im Umfang sehr eingeschränkte Handelsbeziehungen mit Europäern gab.

Ein Dresdner auf Baffin Island

Oben: Bernhard Hantzsch (1875-1911)
Unten: Baffin Island

Der Dresdner Lehrer und Wissenschaftler Bernhard Hantzsch (1875-1911) war einer der ersten, der sich der Erforschung Baffin Islands widmete. Nach einer langen und beschwerlichen Anreise im Sommer 1909, an deren Ende das Schiff kurz vor dem Erreichen seines Ziels unterging, konnten sich Hantzsch und seine Mitreisenden nur mit Müh und Not auf eine Insel retten. Dabei gingen große Teile seiner durch Spenden finanzierten Ausrüstung verloren. Hantzsch wollte seine Forschungsziele umsetzen, indem er gemeinsam mit einer Inuit-Familie in deren traditioneller Lebensweise Baffin Island durchwanderte. Dies war zur damaligen Zeit, als die meisten Wissenschaftler von ihrer kulturellen und intellektuellen Überlegenheit gegenüber den „Wilden" überzeugt waren, eine äußerst ungewöhnliche Idee. Trotz aller Schwierigkeiten ließ sich Hantzsch jedoch nicht von seinem Vorhaben abbringen. Gemeinsam mit seinen Inuit-Begleitern erreichte er nach großen Strapazen die Küste des Foxe Basin über Land, was vor ihm noch keinem Weißen gelungen war. Leider fanden sie nicht genügend jagdbares Wild, um weiter nach Norden zu ziehen. Nachdem sie vermutlich durch Trichinen verseuchtes Eisbärenfleisch gegessen hatten, erkrankte die Gruppe. Hantzsch verstarb Anfang Juni 1911 und wurde von seinen Begleitern am Ufer einer Flussmündung begraben. Dieser Fluss trägt heute seinen Namen, wie auch die vorgelagerte Bucht des Foxe Basins. Seine Tagebücher, Aufzeichnungen und Sammlungen erreichten dank der Anstrengungen der Inuit letztendlich Deutschland. Infolge des Ersten Weltkrieges und der politischen und wirtschaftlichen Krise wurden seine Forschungsergebnisse nur teilweise ausgewertet. Die zur Veröffentlichung vorgesehenen Reiseerlebnisse konnten nicht erscheinen. Erst 1977 wurde sein Reisebericht in Kanada in englischer Sprache veröffentlicht. Eine deutsche Buchausgabe gibt es bis heute nicht. Hantzsch ist eine in Kanada, besonders auch unter den Inuit, geschätzte Persönlichkeit. In Deutschland ist er fast vergessen.

Weite Bereiche Nunavuts sind auch heute noch unbewohnt und nur schwer zu erreichen. Der größte Teil der Bevölkerung konzentriert sich auf wenige Siedlungen, die fast alle am Meer liegen und damit im Sommer auch per Schiff erreichbar sind. Touristengruppen reisen per Flugzeug oder auf arktistauglichen Kreuzfahrtschiffen in den Norden Kanadas, manchmal entlang der berühmten Nordwest-Passage. Aufgrund der kaum vorhandenen Infrastruktur kommt Individualtourismus in Nunavut nur für Reisende mit entsprechenden Geldmitteln in Frage. Noch relativ günstig ist Nunavuts Hauptstadt Iqaluit auf Baffin

Oben: Frobisher Bay im Südosten von Baffin Island
Unten: Akpatok Island in der Ungava Bay

Oben: Die Hauptstadt Nunavuts, Iqaluit
Unten: Boot und Schlitten in Cape Dorset

Island zu erreichen, von der man interessante Touren in die auf der Insel gelegenen Nationalparks machen kann. Die Ostküste von Baffin Island ist eine der aufregendsten und schönsten Landschaften der Welt. Die Granitgiganten im Auyuittuq National Park Reserve, die steil und dramatisch viele hundert Meter in den Himmel ragen, stellen ein Traumziel für Extremsportler wie Bergsteiger und Gleitschirmflieger dar.
Die wahren Höhepunkte Nunavuts sind allerdings die Tiere, die hier beobachtet werden können – von den bereits erwähnten Eisbären und Moschusochsen über Wale bis hin zur unendlichen Vielfalt der Seevögel. Nicht zu vergessen sind natürlich auch die menschlichen Bewohner, die Inuit mit ihrer faszinierenden uralten Kultur und Geschichte.

Abgesehen von den mutmaßlichen Kontakten zwischen Inuit und Wikingern um das Jahr 1000 fanden im Südosten von Nunavut im 16. Jahrhundert die ersten Begegnungen der Inuit mit Europäern statt, von ihnen „Qallunaat“ genannt, was so viel wie „Nicht-Inuit“ bedeutet. Neben Martin Frobisher, der bereits auf seinen Reisen in den Jahren 1576 bis 78 Begegnungen mit arktischen Ureinwohnern hatte, war es Henry Hudson, der bei seiner vierten Reise im Jahr 1610 auf der Suche nach der Nordwestpassage in der heute nach ihm benannten Hudson Strait auf Inuit traf. Für beide Seiten verlief dieser Kontakt

Die Inuit-Siedlung Cape Dorset und eine Inuit-Einwohnerin in traditioneller Tracht

nicht besonders vielversprechend. Hudson wurde nach einer Revolte durch seine Mannschaft ausgesetzt und nie wieder gesehen ...
Für die Inuit begann schließlich eine Zeit der kulturellen Beeinflussung, ökonomischen Ausbeutung und teilweisen Ausrottung durch die weißen Händler, Walfänger und auch durch Missionare, unter deren Folgen sie noch heute zu leiden haben. Im Gespräch mit Inuit wird häufig der Spruch zitiert: „Früher hatten wir das Land und ihr die Religion, heute ist es umgekehrt." Das zeigt das ganze Dilemma der Situation der Inuit in der heutigen Gesellschaft. Die Gründung des eigenständigen Territoriums Nunavut stellte einen späten Versuch dar, den Folgen jahrhundertelanger Ausbeutung entgegenzuwirken und das kulturelle Selbstbewusstsein der Ureinwohner zu stärken – was naturgemäß ein langfristiges Unterfangen ist. Die Folgen der globalen Erwärmung, die sich in der Arktis viel stärker zeigen als in den gemäßigten Breiten und unter denen daher die Inuit besonders zu leiden haben, stellen dabei eine ganz neue Herausforderung dar.

Hier am östlichen Eingang zur Hudson Strait schließt sich nun der Kreis der virtuellen Reise durch Kanada – denn die im Süden liegenden kleinen Inseln Nunavuts gehören geografisch gesehen bereits zu Labrador und damit zur östlichsten Provinz Neufundland und Labrador (s. S. 407).

Nachwort – Die Spezies Mensch

Im Kap. *Kleinen Naturführer* vergaßen wir eine wichtige Säugetier-Spezies in Kanada zu erwähnen: das *human animal*, den Menschen (*Homo sapiens sapiens*). Diese Spezies ist im ganzen Lande verbreitet und sehr häufig, besonders im Süden. Sie lebt manchmal in dicht gedrängten Gruppen zusammen und neigt in begrenztem Umfang zu Wanderungen, insbesondere in den Sommermonaten. Sie gehört zu den Omnivoren und verzehrt von rohem Fisch über Fleisch, Getreideprodukte und Früchte bis hin zu importierten Delikatessen ein breites Spektrum an Nahrung.

Homo Sapiens verfügt über ein hochentwickeltes Gehirn, das er manchmal auch konstruktiv einsetzt. Trotzdem ist sein Einfluss auf das Land und seine Natur zunehmend destruktiv. Er neigt zum übermäßigen Konsumieren und vernichtet dabei von den natürlichen Ressourcen mehr, als im selben Zeitraum nachwachsen kann. In der Wildnis auf sich selbst gestellt hat er übrigens zunehmend Schwierigkeiten, zu überleben. Die Anzahl der Exemplare dieser Spezies wächst exponentiell, und dennoch ist diese Art derzeit hochgradig bedroht, da sie aufgrund ihres oft aggressiven artinternen Verhaltens und des schonungslosen Verhaltens gegenüber der Umwelt ihre eigenen Lebensgrundlagen gefährdet.

Wir *human animals* haben aber eine Chance, die wir ergreifen sollten, und gerade in Kanada sind die Voraussetzungen nicht die schlechtesten. Vieles hatte sich hier so gut entwickelt in den letzten 50 Jahren: eine gewisse gesellschaftliche Übereinkunft in Sachen Gleichheit, Demokratie, Versöhnung, Toleranz – und auch die gesetzlichen Grundlagen, die diese Errungenschaften untermauern. Und viele hier sind auch aktiv, um zu verhindern, dass dies von gewissen Exemplaren der Spezies Homo sapiens ruiniert wird.

In Ottawa, in der Nähe der City Hall sind im Canadian Tribute to Human Rights Monument die Worte „Gleichheit, Würde, Recht" auf Englisch, Französisch sowie in 73 Sprachen der indigenen Völker Kanadas eingraviert; und das Friedensmonument unweit des Parlamentsgebäudes trägt die Inschrift „Versöhnung". Hoffen wir also im Sinne der Kanadier und aller anderen Mitglieder unserer Spezies, dass es nicht nur bei diesen in Stein gemeißelten Worten bleibt, sondern dass die dadurch ausgedrückten Werte in Zukunft bestimmend sein werden, ergänzt noch durch „Respekt gegenüber der Natur" und „Weisheit".

Rechte Seite: Bei einem Mi'kmaq-Konzert

Anhang

Weiterführende Literatur / wichtige Filme / wichtige Websites

Belletristische Literatur

Atwood, Margaret: *Der Report der Magd*, Berlin 1998; *Alias Grace*, Berlin 1998; *Der blinde Mörder*, Berlin 2000; *Lady Orakel*, Berlin 2000; *Katzenauge*, Frankfurt 2005; *Oryx und Crake*, Berlin 2005; *Payback*, Berlin 2008; *Das Jahr der Flut*, Berlin 2009

Boyden, Joseph: *Der Lange Weg*, München 2005; *Durch dunkle Wälder*, München 2010

Clark, Joan: *Der Triumph der Geraldine Gull*, Zürich 1999

Cohen, Leonard: *Buch der Sehnsüchte*, Berlin 2010

Highway, Tomson: *Der Kuss der Pelzkönigin*, München 2001

Ipellie, Alootook: *Arctic Dreams and Nightmares*, Theytus Books 1993

Johann, A.E.: *Ans dunkle Ufer*, Bertelsmann, München 1975; *Wälder jenseits der Wälder*, München 1988; *Hinter den Bergen das Meer*, München 1987; *Die Wildnis aber schweigt*, München 1986

Johnston, Wayne: *Die Kolonie der unerfüllten Träume*, Hoffmann und Campe, Hamburg 1999

Longfellow, Henry Wadsworth: *Evangeline*, Meister Verlag, Heidelberg 1947

MacDonald, Ann-Marie: *Vernimm mein Flehen*, Piper, München 2002; *Wohin die Krähen fliegen*, München 2006

MacDonald, David: *Die Straße nach Cape Breton*, Frankfurt 2004

MacLeod, Alistair: *Land der Bäume*, Frankfurt 2002; *Die Insel*, Frankfurt 2003

Martel, Yann: *Schiffbruch mit Tiger*, Frankfurt 2001; *Ein Hemd des 20. Jahrhunderts*, Frankfurt 2010; *What is Stephen Harper Reading?*, Vintage Canada, 2009

Michaels, Anne: *Wintergewölbe*, Berlin 2009; *Fluchtstücke*, Berlin 2010

Morgan, Bernice: *Die Farben des Meeres* (*Random Passage*), München 1998; *Am Ende des Meeres* (*Waiting for Time*), München 1999; *Topographie der Liebe*, München 2002

Montgomery, Lucy Maud: *Anne auf Green Gables*, Bindlach 2010; *Anne in Avonlea*, Bindlach 2001; *Anne in Kingsport*, Bindlach 1990; *Anne in Four Winds*, Bindlach 1995; *Anne in Windy Willows*, Bindlach 1989; *Anne auf dem Weg ins Glück*, Bindlach 2010; *Anne in Ingleside*, Bindlach 1991

Mowat, Farley: *Gefährten der Rentiere*, Stuttgart 1954; *Chronik der Verzweifelten*, Leipzig 1962; *Der Schneewanderer*, Zürich 1997; *Verlorene Wege*, München 2002; *The Farfarers*, Anchor Canada, 2002; *No Man's River*, Da Capo Press, 2004; *Ein Sommer mit Wölfen*, Reinbek 2005; *Eastern Passage*, McClelland & Stewart, 2010

Munro, Alice: *Die Liebe einer Frau*, Frankfurt 2000; *Offene Geheimnisse*, Berlin 2004; *Himmel und Hölle*, Frankfurt 2005; *Kleine Aussichten*, Berlin 2005; *Tricks*, Frankfurt 2006; *Das Bettlermädchen*, Berlin 2008, *Zuviel Glück*, Frankfurt 2011

Ondaatje, Michael: *Der englische Patient*, München 2007; *Buddy Boldens Blues*, München 1997; *Anils Geist*, München 2001; *Divisadero*, München 2009; *Katzentisch*, München 2012

Parr Trail, Catherine: *Briefe aus den Wäldern Kanadas*, Leipzig 1989

Proulx, Annie E.: *Schiffsmeldungen*, Fischer TB Verlag, Frankfurt 2003 (Der Roman spielt überwiegend in Neufundland)

Richler, Mordecai: *Solomon Gursky war hier,* Frankfurt 2012; *Wie Barney es sieht* (*Barney's Version*), München 2000; *Die Lehrjahre des Duddy Kravitz*, München 2007
Robinson, Eden: *Strand der Geister*, Rowohlt, Reinbek 2002; *Fallen stellen*, Rowohlt, Reinbek 2002
Simonds, Merilyn: *Das alte Land*, München 2007
Soucy, Gaetan: *Die Vergebung*, Berlin 2008; *Die unbefleckte Empfängnis*, Berlin 2010
Taylor, Drew Hayden: *Toronto at Dreamer's Rock*, Cornelsen, Berlin 1995; *The Berlin Blues*, Talon Books, 2008; *Motorcycles and Sweetgrass*, Vintage Canada, 2010
Ungerer, Tomi: *Heute hier, morgen fort,* Diogenes, Zürich 1983
Urquhart, Jane: *Fort,* Berlin 1993; *Übermalungen*, Berlin 1997; *Die Bildhauer*, Berlin 2001; *Im Strudel,* Berlin 2002; *Die gläserne Karte*, Berlin 2006
Wiebe, Rudy: *Land jenseits der Stimmen*, Frankfurt 2001; *Wie Pappeln im Wind*, Bonn 2004; *Von dieser Erde: Eine mennonitische Kindheit im borealen Urwald Kanadas*, Bonn 2008

Sachliteratur

Barnard, Charles H; Nicol, John; Knights, John B.; Mariner, William; Bartlett, John; Snow, Elliot: *The Sea, the Ship, and the Sailor: Tales of Adventure from Log Books and Original Narratives*, Salem, Massachusetts: Marine Research Society, 1925
Berton, Pierre: *The Arctic Grail*, Anchor Canada 2001
Biegert, Claus; Wittenborn, Rainer: *Der große Fluss ertrinkt im Wasser. James Bay, Reise in einen sterbenden Teil der Erde.* Rowohlt, Reinbek bei Hamburg 1985
Blohm, Hans L. (Hrsg.): *Die Stimme der Ureinwohner: der kanadische Norden und Alaska*, vdL: Verlag, 2001
Coupland, Douglas: *Marshall McLuhan. Eine Biographie*, Tropen, Stuttgart 2011; *Krieg und Frieden im globalen Dorf*, Kadmos, Berlin 2011
Eber, Dorothy Harley: *Encounters on the Passage. Inuit meet the Explorers*, University of Toronto Press, 2008
Engel, Elmar: *Rocky Mountains. Kanadas einzigartige Bergwildnis*, (mit Kiemle, Roland), Busse Seewald, 1988; *Yukon. Grandiose Natur- ungebrochene Wildheit*, Busse Seewald, 1988; *Indian Summer: Ontarios Wald- und Wasserwildnis*, Busse Seewald, 1989; *Wildes unbekanntes Labrador*, Busse Seewald, 1989; *Anahareo und Grey Owl*, Lamuv, Göttingen 2000
Erdrich, Louise: *Von Büchern und Inseln*, Frederking & Thaler, München 2004
Fitzhugh, Lynne: *The Labradorians*, Breakwater, St. John's 1999
Franklin, John: *Vorstoß in die kanadische Arktis*, Edition Leipzig, 1988
Hantzsch, Bernhard: *My Life among the Eskimos. The Baffinland Journals of Adolph Bernhard Hantzsch*, University of Saskatchewan, Saskatoon 1977
Ingstad, Helge: *Die erste Entdeckung Amerikas. Auf den Spuren der Wikinger*, Ullstein, Berlin u.a. 1966
Knabe, Wolfgang: *Zwischen Eis und Ewigkeit*, Reutlingen (Oertel + Spörer) 1997
Lips, Julius E.: *Zelte in der Wildnis*, Berlin 1985
Lopez, Barry: *Arktische Träume*, Frankfurt 2007
Lutz, H.; Grollmuß, K. (Hrsg.): *Abraham Ulrikab im Zoo: Tagebuch eines Inuk 1880/81*; vdL: Verlag, 2008
McClintock, Francis Leopold: *Die Reise der Fox im arktischen Eismeer*, edition Erdmann, Wiesbaden 2010
McGoogan, Ken: *Fatal Passage. The Story of John Rae*, Carroll & Graf, New York 2001
McLuhan, Marshal: *Das Medium ist die Massage*, Stuttgart 2011
Miertsching, Johann August: *Reisetagebuch des Missionars Joh. Aug. Miertsching, welcher als Dolmetscher die Nordpol-Expedition zur Aufsuchung Sir John Franklins auf dem Schiffe Investigator begleitete*, Gnadau 1855
Milger. Peter: *Nordwestpassage. Der kurze aber tödliche Seeweg nach China oder die Gesellschaft der Abenteurer*, Köln (vgs) 1994.

Niven, Jennifer: *Packeis*, Hoffmann und Campe, Hamburg 2001
Opel, Mechtild und Wolfgang: *Eisbären. Wanderer auf dünnem Eis*, MANA-Verlag, Berlin 2014
Potter, Russel E.: *Arctic Spectacles*, University of Washington Press, Seattle 2007
Riordon, Bernard: *The Illuminated Life of Maud* Lewis, Halifax, Art Gallery of Nova Scotia, 1996
Ross, Sir John: *Zum Magnetpol in der Arktis*, Hinstorff, Rostock, 1983
Saul, John Ralston: *Der Markt frisst seine Kinder. Wider die Ökonomisierung der Gesellschaft*, Frankfurt 1997; *Von Erdbeeren, Wirtschaftsgipfeln und anderen Zumutungen des 21. Jahrhunderts*, Frankfurt 2000; *A Fair Country. Telling Thruths about Canada*, Viking 2008
Schledermann, Peter: *Voices in Stone*, Calgary 1996
Suzuki, David: *The Legacy. An Elder's Vision for Our Sustainable Future*, Greystone Books, 2010; *Sacred Balance*, Greystone Books 2007; *You are the Earth* (Kinderbuch), Greystone Books, 1999
Silcox, David P.: *The Group of Seven and Tom Thomson*, Firefly Books, 2008
Staatliche Kunstsammlungen Dresden (Hg.): *The Power of Giving / Die Macht des Schenkens. Gaben im Großen Haus der Kwakwaka'wakw an der kanadischen Nordwestküste und am Sächsischen Herrscherhaus in Dresden*, Berlin/München 2011
Tanner, John: *30 Jahre unter den Indianern Nordamerikas*, Stuttgart 1995
Walk, Ansgar: *Kenojuak. Lebensgeschichte einer bedeutenden Inuit-Künstlerin*, Pendragon, 2003
Woodman, David C.: *Unravelling the Franklin Mystery*, Inuit Testimony, McGill-Queen's University Press, Montreal 1991

Wichtige oder empfehlenswerte kanadische Filme

Dokumentarfilme und Kurzfilme:

A Drummers Dream (die weltbesten Schlagzeuger in einem Sommer-Camp in Ontario, Dokumentation, 2010)
Bill Reid (Dokumentarfilm von Jack Long über den berühmten Haida-Künstler, 1979)
Die Konsensfabrik. Noam Chomsky und die Medien (Dokumentation, 1992)
Force of Nature – The David Suzuki Movie (2011)
Genius Within: The Inner Life of Glenn Gould (Dokumentation über den berühmten Pianisten, 2009)
L'esprit des lieux – The Spirit of Places (Einblicke in Umbrüche des Lebens und der Kultur in Québec, 2006)
*Maud Lewis: A World Without Shadows (*Kurzfilm, 1976)
Passage (Dokumentation von John Walker über John Rae und die Nordwestpassage, 2008)
Shake Hands with the Devil: The Journey of Romeo Dallaire (Dokumentation, 2004)
Sharkwater – Wenn Haie sterben (Dokumentation, 2007)
Strand: Under the Dark Cloth (Dokumentation über den Fotografen Paul Strand von John Walker, 1989)
The Illuminated Life of Maud Lewis (Dokumentarfilm von Peter d'Entremont, 1998)
The Man of a Thousand Songs (Dokumentation über Leben und Musik von Ron Hynes, 2010)
The Snow Walker (nach dem Buch „Der Schneewanderer" von Farley Mowat, 2003)
Till We Meet Again: Moravian Music in Labrador (Dokumentation von Nigel Markham, 2012)
Winds Of Heaven: Emily Carr, Carvers & The Spirits Of The Forest (Dokumentation, 2010)

Spiel- und Fernsehfilme:

A Sunday in Kigali (2006)
An ihrer Seite – Away from Her (Sarah Polley, 2006)

Atanarjuat – The Fast Runner – Die Legende vom schnellen Läufer (erster Teil der „Fast Runner"-Trilogie, 2001)
The Journals of Knud Rasmussen (zweiter Teil der "Fast Runner"-Trilogie, 2006)
Before Tomorrow (dritter Teil der „Fast Runner"-Trilogie, 2009)
C.R.A.Z.Y. (2005)
Das Konklave (Christoph Schrewe, 2006)
Das süße Jenseits – The Sweet Hereafter (Atom Egoyan, 1997)
Der letzte Trapper (N. Vanier, 2004)
Der Schatten des Wolfes (1992)
Der Untergang des amerikanischen Imperiums (Denys Arcand, 1986)
Die Fliege (David Cronenberg, 1986)
Die große Verführung – La grande séduction (2003)
Die Invasion der Barbaren – Les invasions barbares (Denys Arcand, 2003)
Eine dunkle Begierde – A Dangerous Mind (David Cronenberg, 2011)
Emotional Arithmetic (Paolo Barzman, 2008)
Explodierende Träume – Out of the Blue (Dennis Hopper, 1980)
Grey Owl (Richard Attenborough, 1999)
Jesus von Montreal – Jésus de Montréal (Denys Arcand, 1989)
*Justice Denied (*Film über den Justizirrtum an Donald Marshall junior von Paul Cowan, 1989)
Kuylu – Mein Freund aus der Wildnis (1999)
Lexx – The Dark Zone (TV-Serie, 1997)
Leolo (Jean-Claude Lauzon, 1992)
Mein Leben ohne mich (2003, mit Sarah Polley)
My Winnipeg – Mein Winnipeg (Guy Maddin, 2007)
Naked Lunch (David Cronenberg, 1991)
Owning Mahowny (2003)
Random Passage (TV-Serie über frühe Neufundland-Siedler nach d. Roman von B. Morgan, 2002)
Ruf der Wildnis (1997)
Simon Birch – Der kleine Held (1998)
Spider (David Cronenberg, 2002)
Starbuck (K. Scott, 2012)
Stille Nacht, heilige Nacht – Silent Night (2002)
Take This Waltz (S. Polley, 2011)
The Saddest Music in the World (Guy Maddin, 2003)
The Statement – Am Ende einer Flucht (N. Jewison, 2003)
Tödliche Versprechen – Eastern Promises (David Cronenberg, 2007)
Wahre Lügen – True Lies (Atom Egoyan, 2005)
Wie ein Schrei im Wind (1966)

Wichtige Websites:

www.canada.de (Kanadische Botschaft, wichtige allgemeine Einreise und Länderinformationen)
www.auswaertiges-amt.de/DE/Laenderinformationen/00-SiHi/KanadaSicherheit.html
www.ottawa.diplo.de (Deutsche Botschaft in Kanada)
www.goethe.de/ins/ca/lp/deindex.htm (Goethe-Institute Kanada)
www.360grad-kanada.de (deutschsprachiges Kanada-Magazin)

www.dkg-online.de (Deutsch-Kanadische Gesellschaft)
http://weather.gc.ca (Wettervorhersage von Environment Canada)
www.thecanadianencyclopedia.com (reichhaltiges Nachschlagewerk für fast alles)
www.biographi.ca (Biographisches Lexikon online)
www.statcan.gc.ca/start-debut-eng.html (Offizielle statistische Daten)
www.nrcan.gc.ca/earth-sciences/geography/atlas-canada (alle Karten des Landes im Detail)
www.nfb.ca (National Film Board - viele kanadische Filme kann man kostenlos online ansehen)
www2.nfb.ca (Online-Store des National Film Board)
www.isuma.tv (Plattform indigener Filmemacher: Filme online, Austausch und Distribution)
www.aptn.ca (Aboriginal Peoples Television Network)

Nachrichten- und Informationsportale:

www.cbc.ca
www.nationalpost.com
o.canada.com
www.canoe.ca
www.thestar.com
www.rabble.ca
www.theglobeandmail.com
thechronicleherald.ca
www. huffingtonpost.ca

Anmerkungen

1 Wahrscheinlich beruht dieser Name, wie so viele andere auch, auf einem Missverständnis. Mit „Siedlung" oder „Ansammlung von Häusern" lässt sich das irokesische Wort *kanata* übersetzen, das Jaques Cartier von den Einheimischen am St. Lawrence-Fluss hörte, als sie ihm den Weg zu ihrer Stadt wiesen. Zurück in Frankreich, benutzte Cartier dieses Wort für die besuchte Region, und in der Folge wurde sie in Frankreich und bald auch in ganz Europa als „Canada" bezeichnet – sowohl in Berichten als auch auf Landkarten. Auch der Sankt-Lorenz-Strom hieß zunächst „Rivière du Canada" oder „River of Canada".

2 Vgl. Jaques Cinq-Mars, *Significance of the Bluefish Caves in Beringian Prehistory*, http://www.civilization.ca/research-and-collections/research/resources-for-scholars/essays-1/archaeology-1/jacques-cinq-mars/significance-of-the-bluefish-caves-in-beringian-prehistory/

3 Carlson, Roy L; Dalla Bona, Luke Robert, *Early human occupation in British Columbia*, Vancouver 1996, S. 152 ff.

4 „They could haul a walrus across the ice as easily as we pull a seal', Igloolik Eskimos say." In: Fred Bruemmer, *The Petroglyphs of Hudson Strait*, The Beaver, Summer 1973, S. 34. Vgl. auch: Robert McGhee, *Ancient People of the Arctic*, UBC Press, 2001, S. 135

5 Waldindianer: Die *Mi'kmaq*, die vor allem in Atlantik-Kanada (heute Nova Scotia, östliches New Brunswick, Neufundland, Prince Edward Island und Gaspé-Halbinsel) lebten, gehören wie auch die bereits im 19. Jahrhundert ausgestorbenen *Beothuk* (nur auf Neufundland) der *Algonquin*-Sprachfamilie an. Zu dieser werden auch noch weitere Stämme im Osten Kanadas gezählt, wie die *Abenaki* (vor allem in Südost-Québec, New Brunswick) und *Maliset* (vorwiegend Tal des St. Lorenz-Stromes und an der Bay of Fundy), die *Algonquin* (im Tal des Ottawa River und im Bereich seiner Zuflüsse), die *Nipissing* (um den Lake Nipissing), die *Ottawa* (Manitoulin Island) und die *Ojibwa* (eigentlich *Anishinabe*, zunächst um den Lake Superior, dann immer weiter südlich und westlich).
Die weiter nördlich lebenden *Cree*-Stämme, zu denen dem Dialekt nach auch die *Naskapi* oder *Innu* und die *Montagnais* gehören und deren Territorium sich in den *subarktischen* Waldgebieten von Labrador bis hin zu den heutigen Nordwest-Territorien erstreckt, gehören ebenfalls zu dieser Sprachfamilie. Viele Bewohner der westlichen *subarktischen* Gebiete Kanadas, wie die *Dene, Kutchin* oder *Gwitchin, Dogrib, Beaver* und *Chipewyan* gehören hingegen zur *Athabasca*-Sprachfamilie.

Auch die Stämme der *Iroquois*-Sprachfamilie, zu denen neben den sogenannten „Five Nations" der „Irokesen" – *Seneca, Cayuga, Onondaga, Oneida, Mohawk* – u.a. die *Huronen* und die *Neutrals* gehörten, werden gemeinhin den „Woodland Indians" zugeordnet.

6 Prärieindiander: Hier gibt es drei Sprachfamilien: die *Algonquin* mit den Blackfeet (eigentlich *Siksika*), *Gros Ventre*, *Plains Cree* und *Saltaux* (*Plains Ojibwa*); die *Sioux* (*Assiniboine, Stoney, Dakota*); und die *Athabasca* (*Sarcee*).

7 Indianer der Plateauregionen: Dazu zählen die zur *Athabasca*-Sprachfamilie gehörenden *Tsilhqot'in* (auch *Chilcotin*), *Carrier* und *Nicola-Similkameen* (deren Sprache mittlerweile ausgestorben ist), die *Interior-Salish*-Sprachfamilie mit den *Secwepemc* (auch *Shuswap*), den *Stl'atl'imx* (auch *Lillooet*), den *Okanagan* und den *Nlaka'pamux* (auch *Thompson*) sowie die zur *Ktunaxa*-Sprachfamilie gehörenden *Kutenai*.

8 Indianer der Pazifikküste: Es handelt sich um die Sprachgruppen der *Haida* (Inselgruppe Haida Gwaii), der *Tlingit* (äußerster Nordwesten British Columbias vor Alaska und Südwesten Yukons), der *Tsimshian* mit den *Nishga* (oder *Nisga'a*) und den *Gitksan* (Gebiet des Skeena River), der *Wakashan* mit den *Nuu-chah-nulth* (auch *Nootka*, Westküste von Vancouver Island) und den *Kwakwakw'wakw* (*Kwakiutl*) (mittlerer Küstenbereich von Vancouver Island), sowie der *Salish* mit den *Nuxalk* (Bella Coola) und den *Coast Salish* (Vancouver-Region).

9 Inuit: Vor Ankunft der Europäer lebten mehr als die Hälfte der kanadischen Inuit in der westlichen kanadischen Arktis, in dem Gebiet, das sich von Alaska um das Mackenzie-Delta und auf die westlichen arktischen Inseln erstreckt. Sie bezeichneten sich selbst als Inuvialuit („richtige Menschen"). Das Gebiet war wildreich, große Karibuherden wanderten hier hindurch, und an der Küste traf man auf Großwale, Bart- und Ringelrobben sowie Belugas. Der Mackenzie River und seine Zuflüsse boten einen großen Reichtum an Fischen. Im Vergleich zur restlichen Arktis ist auch die Vegetation hier fast üppig zu nennen: Am Mackenzie River und an den Upper Eskimo Lakes wachsen sogar Bäume (meist Fichten), in den Ebenen findet sich reichlich Gras und Weidengestrüpp, und zudem führt der Fluss auch reichlich Treibholz.

Die *Inuvialut* bauten feste, halb-unterirdische Winterbehausungen aus Holz und Grassoden, die über längere Zeit genutzt wurden und eine Feuerstelle hatten. Manchmal entstanden Siedlungen mit 10 bis 20 solcher Grassodenhäuser. (Ähnliche Behausungen fanden sich auch bei den Inuit in Labrador, die ebenfalls Zugang zu Holz hatten).

Weiter östlich und nördlich lebten die *Copper-Inuit* auf Banks Island, Victoria Island und dem angrenzenden Festland. Sie benutzten natürliche Kupfervorkommen in dieser Region zur Herstellung von Waffen, Werkzeugen und Gebrauchsgegenständen. Im Winter trafen sie oft in größeren Gruppen zusammen und errichteten große Schneehäuser auf den riesigen Eisflächen des Meeres, um dort nach Robben zu jagen. Im Frühling zogen sie wieder an die Küste, von dort aus reisten sie in kleinen Gruppen oder als einzelne Familie landeinwärts zur Jagd auf Karibus und Moschusochsen oder zum Fischfang; in dieser Zeit lebten sie in Zelten aus Tierhäuten.

Die *Netsilik-Inuit* (auch *Netsilingmiut* – „Menschen von dort, wo es Robben gibt") waren eine recht kleine Inuit-Gruppe im Gebiet der Boothia-Halbinsel, auf Victoria Island und südlich davon. Sie lebten in kleinen Familienverbänden ohne soziale Hierarchien vorwiegend von der Robbenjagd. Gelegentlich unternahmen sie manchmal jahrelange Reisen über ein weites Territorium, zur Hudson Bay oder zum Thelon River, um Handel mit anderen Inuit zu treiben und beispielsweise Holz zum Schlitten- und Kajakbau zu erhalten.

Die *Karibu-Inuit*, die auf dem Festland, in der weiten Tundra westlich der Hudson-Bay, lebten, bekamen ihren Namen aufgrund ihrer überwiegenden Abhängigkeit von den Karibus als Quelle für Nahrung, Kleidung und Behausung. Sie kamen nur gelegentlich an die Küste, um Robben-Produkte zu ertauschen oder Robben zu jagen. Sie lebten ebenfalls in Kleinstgruppen oder Familien und hatten bis zu Beginn des 20. Jahrhundert noch keinen Direktkontakt zu Europäern; ihre Existenz war diesen bis dahin weitgehend unbekannt.

Die *Iglulik Inuit* lebten an der nordwestlichen Hudson Bay, entlang der Melville-Halbinsel und im oberen Drittel von Baffin Island. Der erste Kontakt mit Europäern fand im 19. Jahrhundert statt, als Expeditionen auf der Suche nach der Nordwestpassage diese Gegend erforschten und kartierten. Ihre Lebensweise unterschied sich nur insofern von denen der benachbarten Inuit, als dass regelmäßig größere Meeressäuger, wie Walrosse und Wale, gejagt wurden und für ein reichliches Nahrungsangebot sorgten.

Die Lebensweise der *Baffin-Island-Inuit* an der zerklüfteten Ostküste der gleichnamigen Insel, am Cumberland Sound und am Nordufer der Hudson Strait unterschied sich bis zum ersten Kontakt mit Europäern wenig von der der *Iglulik*, jedoch fanden diese ersten Kontakte bereits sehr früh – am Ende des 16. Jahrhundert statt (s. S. 72).

Die *Ungava-Inuit* lebten an der Ungava Bay, an der Südseite der Hudson Strait und am Ostufer der Hudson Bay hauptsächlich von Meeressäugern; sie zogen ins Inland zur Karibu-Jagd und drangen dabei manchmal in das Land der Cree und der Montagnais-Naskapi südlich der Baumgrenze ein. Holz war nicht schwer zu bekommen, und dadurch hatten sie ständig gute Transportmittel – Schlitten, Kajaks, Umiaks – zur Verfügung. Sie tendierten zu längerfristigen bis permanenten Siedlungen, von denen aus sie nur kurzzeitig in Jagdcamps zogen.

Die *Labrador-Inuit* (*Labradormiut*) lebten an der Atlantikküste Labradors und kamen zeitweise bis zur Strait of Belle Isle und nach Neufundland. Wie bei den Ungava-Inuit war das Meer ihre vorwiegende Existenzgrundlage – von Mitte Juni bis Mitte Dezember gab es eisfreies Wasser, und sie jagten mit ihren Kajaks Belugas, Walrosse und Robben. Dazu kamen Fischfang und Karibu-Jagd im Inland. Im Spätherbst gingen sie mit Umiaks auf die Jagd nach Grönlandwalen und im Winter wurden vom Eis aus Robben gejagt. Ihre Winterhäuser bestanden aus Grassoden, Steinen, Holz und Walknochen und wurden meist von mehreren Familien bewohnt.

10 Farley Mowat, *The Farfarers. Before the Norse.* Anchor Canada, 2002; Paul Chiasson, *The Island of Seven Cities: Where the Chinese Settled When They Discovered America,* St. Martin's Press, New York 2006; Paul Pini, *Der Hildesheimer Didrik Pining als Entdecker Amerikas, als Admiral und als Gouverneur von Island im Dienste der Könige von Dänemark, Norwegen und Schweden,* Hildesheim 1971

11 Zurück in England, wurden die Meuterer zwar zunächst vor Gericht gestellt, jedoch nie entsprechend bestraft. Über den Grund dafür kann nur spekuliert werden – möglicherweise verfügten sie über zu wertvolle Informationen und Erfahrungen hinsichtlich künftiger Entdeckungsfahrten.

12 „Our objective is to continue until there is not a single Indian in Canada that has not been absorbed into the body politic and there is no Indian question and no Indian department.“ (Duncan Campbell Scott, federal superintendent of Indian Affairs, 1920)
Quelle: National Archives of Canada, Record Group 10, vol 6810, file 470-2-3, vol 7, pp. 55 (L-3) and 63 (N-3).

13 L.B. Pearson am 2. November 1856 in seiner Ansprache an die Generalversammlung der Vereinten Nationen, zitiert nach der in Stein gravierten Inschrift am Sockel des „Peacekeeping Monument“ in Ottawa; Quelle z.B. http://mgcihistory.ca/CHC2D/CanadasSecurity.htm

14 Das kanadische Rechtssystem fußt im Privatrecht, im öffentlichen Recht und im Strafrecht größtenteils auf dem „Common Law“ Englands; das Zivilrecht in der Provinz Québec hat das französische Recht als Grundlage.

15 Stand 28. Januar 2013

16 Rheinische Post, 12. Januar 2007

17 Gemäß einer Studie der University of Sherbrooke; QuébecReproductive Toxicology, Februar 2011, Elsevier

18 Das sogenannte Westfälische Staatensystem oder Westfälische Modell, das auf der Grundlage der Staatstheorie von Jean Bodin und der Naturrechtslehre von Hugo Grotius nach dem Westfälischen Frieden von 1648 entwickelt wurde und die Nationalstaaten als souveräne, territorial abgegrenzte und untereinander gleichberechtigte Subjekte und als Monopolisten des Krieges definiert. Darauf aufbauend wurde der Begriff der „Staatsnation im Nationalstaat“ geprägt.

19 Der Zensus von 2006 ermittelte als Anzahl der Ureinwohner (*Aboriginal people*) knapp 1,2 Millionen (3.75 % der Bevölkerung Kanadas), darunter rund 700.000 Indianer (2.23 %), von denen nur reichlich 120.000 nicht in Reservaten leben, 400.000 Métis (1.25 %) und 50.000 Inuit.

20 Gesicherte und genaue Statistiken sind schwierig zu bekommen, denn viele der offiziell veröffentlichte Zahlen sind etwas widersprüchlich – daher versuchen wir hier, grundlegende Tendenzen mit gerundeten Zahlen wiederzugeben.

21 Stand: 31. Oktober 2011

22 Die kanadische Holzindustrie befindet sich schon seit Jahren in einer schwierigen Situation. Gründe dafür sind

u. a. die Krise in der US-Bauindustrie, der sich verringernde Bedarf an Papier für Zeitungen und Zeitschriften, der Wettbewerbsdruck aus Entwicklungsländern wie China, der hohe Kurs des kanadischen Dollars, Investitionsrückstau in der Technologie und Verluste durch Holzschädlinge. All dies hat eine breite Umstellung auf eine nachhaltige ökologische Holzindustrie nicht gerade befördert. Einmal mehr erweist sich hier, dass kleinere Unternehmen, auch im Besitz von First Nations, effektiver im Sinne der langfristigen Erhaltung der natürlichen Ressourcen wirtschaften können, deren Wirtschaften nicht ausschließlich an kurzfristigen Profitinteressen ausgerichtet ist. (Zu ökologischen Problemen s. Kap. *Gestörte Ökosysteme.*)

23 Zu berücksichtigen sind dabei allerdings die relativ hohen Lebenshaltungskosten, denen man, anders als in den Großstädten, nicht durch Umzug in Vorstädte entfliehen kann. Ein einfacher Trailer kann in Fort McMurray, dem Zentrum der Ölsandindustrie, schnell mal 500.000 CAD, eine Wohnung 3.500 CAD im Monat kosten.

24 Siehe auch: Biegert, Claus; Wittenborn, Rainer, *Der große Fluss ertrinkt im Wasser. James Bay, Reise in einen sterbenden Teil der Erde,* Rowohlt, Reinbek bei Hamburg 1985

25 Wir haben einmal beobachtet, wie eine Flughafenangestellte in Halifax mit dem strahlendsten Lächeln der Welt einen riesigen Haufen eines gerade eingereisten Hunderiesen beseitigte. Die Besitzer des Hundes wären dagegen am liebsten vor Verlegenheit im Boden versunken.

26 Diese Fahrgemeinschaften erfreuen sich zunehmender Beliebtheit. Allgemein wird das Auto weniger als Statussymbol, sondern als „Arbeitstier" angesehen. Ein Pick-up gehört noch immer fast zur Standardausstattung einer kanadischen Familie, auch in Kanada macht sich aber ein Trend zu kleineren und verbrauchsärmeren Fahrzeugen bemerkbar, der vor allem auch den stark angestiegenen Spritkosten geschuldet ist. Der Normalsprit, in Kanada als „Regular" bezeichnet, kostete im August 2015 um 1,30 CAD. Noch vor wenigen Jahren lag dieser Preis deutlich unter einem CAD.

27 Zur Vertiefung des Themas siehe den Dokumentarfilm von Nigel Markham „Till We Meet Again: Moravian Music in Labrador" (2012).

28 Siehe auch: Louise Erdrich, *Von Büchern und Inseln*, Frederking & Thaler, München 2004. Dass die ältesten Kunstobjekte der nordamerikanischen Ureinwohner weitaus jüngeren Datums sind als die Elfenbeinfiguren, die in den letzten Jahren in der Schwäbischen Alb gefunden wurden, erklärt sich aus der viel kürzeren Besiedlungsgeschichte Nordamerikas im Vergleich zu Europa. Die Figuren aus der Höhle in der Schwäbischen Alb werden allgemein mit einem Alter von 35.000 Jahren als die ältesten Kunstwerke der Welt bezeichnet.

29 *Bartlett's Journal of the Gustavus*, November 1790 to November 1791

30 Einige von Michael Snows Experimental-Videos sind auch auf YouTube zu sehen.

31 David Ruben Piqtoukun: Staatliches Museum für Völkerkunde München; Inukshuk in der Lobby der kanadischen Botschaft in Washington DC; Amway Environmental Foundation Collection in Ada, Michigan, USA; Skulpturenpark in Changchun, China. Abraham Anghik Ruben: Board of Regents Office, University of Juneau, Alaska; Norwegian Folk Museum, Oslo.

32 Eine seiner Skulpturen spielt übrigens eine wichtige Rolle in dem Roman „Der Schwarm" von Frank Schätzing.

33 Auf der Website des National Film Board (www.nfb.ca) kann eine riesige Auswahl an Dokumentationen aus unterschiedlichen Themenbereichen auch online angesehen werden.

34 Einen Oscar erhielt unter den kanadischen Filmen ansonsten bisher nur der Kurz-Dokumentarfilm „Churchill's Island" im Jahr 1942.

35 Douglas Coupland, *Marshall McLuhan. Eine Biographie*, Tropen, Stuttgart 2011, S. 15

36 Siehe hierzu: http://novascotia.ca/archives/virtual/bluenose

37 Der Lunenburg-Dialekt war ein in Lunenburg und Lunenburg County gesprochener englischer Dialekt, dessen Wortschatz, Syntax und Aussprache vom Deutschen beeinflusst war. Weitere Beispiele: Wortschatz: *snit = Schnitte*; Aussprache: *de* statt *the;* Syntax: *come on with! = komm mit!*

Register

Bildnachweis

Bilder von Mechtild und Wolfgang Opel, außer den im Folgenden mit Seitenzahlen angegebenen:

Gemeinfreie Bilder: 14, 16 (Montreal Archives, 'Algonquin-Paar'), 30 (Frances Anne Hopkins), 35, 37 (Popular Science Monthly), 39 (National Geographic), 40 (Karl Bodmer), 41 (Charles Horetzky, 'Cree Camp'), 43, 47 (George R. King/ National Geographic), 52 ('Iglu'), 53 ('Walfänger im Umiak'), 53 (Fritjof Nansen, 'Hundeschlitten'), 67, 68, 72, 75, 76, 77 (Illustrated London News), 92 (The London Gazette), 93, 97 (Paul Kane), 99 ('Missionskirche in Makkovik'), 100 ('Inuit-Zelt bei Okak'), 102, 103, 104, 106, 109, 110, 112, 119, 120, 123, 126, 128, 129 ('St.Louis'), 132, 134 u.144 ('Canada Political Geography'), 145, 148, 165, 172, 183 ('UdSSR-Neujahrs-Postkarte'), 186, 210, 224 ('Vancouver, Stanley Park'), 229 ('Tim Hortons, Kandahar'), 231 ('Ahornsirup'), 244, 253 (Rob Garland), 255 ('Lucy Maude Montgomery'), 263 (John Bartlett), 267 ('Flagge von Nunavut'), 267 ('Selbstportrait Paul Kane'), 268, 269 (Cornelius Krieghoff, ‚The Toll Gate'), 270, 271, 273, 282, 294 ('Pamela Anderson'), 294 ('William Shatner'), 299, 318, 364 ('Elch'), 364 ('Wapiti'), 365 ('Pronghorn-Antilope'), 367 ('Schneehase'), 368, 369 ('Vielfrass'), 370, 371, 379 ('Narwale'), 420, 422, 452 ('Bernhard Hantzsch');

Tim Rast: 18, 22; **Pepe Robels (cc by-sa):** 19; **Angsar Walk (cc by-sa):** 26, 50; **Tina Negus:** 23, 265; **Joseph Déchelette:** 25; **National Resources Canada:** 29; **Library and Archives Canada (cc by-sa):** 38; **The Children's Museum of Indianapolis (cc by-sa):** 41 ('Medizinbeutel'); **www.sturgeon-nose-creations.com:** 42; **Peter Graham (cc by):** 45; **City of Vancouver Archives:** 46; **Fam. Dr. Günther Dietz:** 51 (‚Kajakfahrer Labrador'); **Ish Ishwar (cc by)**: 51 (‚Inuit-Siedlungsgebiete'); **Dylan Kereluk (cc by-sa):** 58; **Gordon E. Robertson (cc by-sa):** 59; **Finn Bjørklid (cc by-sa):** 60; **Joyce Hill (cc by-sa):** 61; **Clemens Franz (cc by-sa):** 78; **Qyd (cc by-sa):** 101, 223; **Matt Jiggins (cc by)**: 136; **M. Rehemtulla (cc by):** 137; **Neil Carey (cc by-sa):** 138; **Robert Thivierge (cc by-sa)**: 146; **David Iliff (cc by-sa):** 160/161; **Chiloa (cc by-sa):** 162; **Chensiyuan (cc by):** 163; **Robert Traylor (cc by):** 164; **Benoît Rheault (cc by-sa):** 166; **MANA-Verlag:** 168; **Dr. Geneviéve Susemihl:** 169, 170 ('Kanai-Reservat-Laden'), 173; **Yug (cc by-sa):** 183 ('Arctic Relocation'); **Hugh Lee:** 184; **Kransky (cc by-sa):** 188; **Danielle Scott (cc by-sa):** 191; **Research in Motion:** 198, 217; **José Porras (cc by):** 199; **The Pembina Institute/David Dodge:** 209, 211, 341; **The Pembina Institute/Tim Weis:** 346; **Björn König (cc by-sa):** 214; **Claude Boucher (cc by-sa):** 228 ('Moving Day'); **JazzGuy (cc by):** 229 ('Tim Hortons Innen NYC'); **Marek Ślusarczyk (cc by-sa):** 229 ('Tim Hortons Calgary'); **Julius Schorzman (cc by-sa):** 230 ('Tasse Kaffee'); **Falling Heavens (cc by-sa):** 234 ('NHL Winter Classic, NYC'); **Talks Cheap Management:** 243 ('Ashley McIsaac'); **Richard Beland:** 243 ('McMaster & Leahy'); **Adrian M. Buss (cc by-sa):** 246; **Capannelle (cc by):** 247 ('Joni Mitchell'); **Rama (cc by-sa):** 247 ('Leonard Cohen'); **Monica Vereana Williams (cc by):** 248 ('Buffy Sainte-Marie'); **Michael Friedman:** 248 ('M. Friedman'); **Don Ross:** 249 ('Don Ross'); **Anirudh Koul (cc by-sa):** 250 ('Celine Dion'); **Anders Jensen-Urstad (cc by-sa):** 251 ('Arcade Fire'); **Tom Marcello (cc by-sa):** 251 ('Oscar Peterson'); **Tulane Public Relations (cc by):** 257 ('Michael Ondaatje'); **Truelight234 (cc by-sa):** 257 ('Tomson Highway'); **Esby (cc by-sa):** 258; **Writers Trust of Canada (cc by-sa):** 259; **B. Alway/UNBC:** 260; **State Library of NSW:** 262; **Taxiarchos228 (cc by):** 285 ('CIBC'); **Vassgergely (cc by-sa):** 286/287; **Mathew5000 (cc by-sa):** 289 ('TIFF Bell Lightbox'); **Rita Molnár (cc by):** 290; **Steve Jurvetson (cc by):** 291; **Siebbi (cc by):** 292; **www.isuma.tv/lo/en/fastrunnertrilogy:** 293 ('Atanarjuat: The Fast Runner'); **Nicolas Genin (cc by):** 293 ('Sarah Polley'); **Georges Biard (cc by-sa):** 294 ('Donald Sutherland'); **Gdcgraphics (cc by):** 294 ('Christopher Plummer'); **Jennifer (cc by):** 294 ('Jim Carrey'); **Alan Light (cc by):** 294 ('Michael J Fox'), 294 ('Leslie Nielsen'); **Jared Purdy (cc by-sa):** 294 ('Graham Greene'); **Tony Shek (cc by):** 294 (‚Dan Aykroyd'); **Tom Sorensen (cc by-sa):** 294 ('Keanu Reeves'); **Friends of Canadian Broadcasting**: 297; **Hinto (cc by-sa):** 298; **Cszmurlo (cc by-sa):** 309; **Royal Ontario Museum:** 313 ('Royal Ontario Museum'); **Wing-Chi Poon (cc by-sa):** 317 ('Prärie'); **Daryl Mitchell (cc by-sa):** 322 ('Blizzard'); **David Suzuki Foundation/www.davidsuzuki.org:** 343; **Beatriz Moisset (cc by-sa):** 350 ('Bombus ternarius'); **Stan Shebs (cc by-sa):** 359 (‚Opuntia littoralis'); **D. Gordon E. Robertson (cc by-sa):** 363; **Dickbauch (cc by-sa):** 364 (‚Elch'); **Quartl (cc by-sa):** 366 (‚Moschusochse'); **birdsphotos.com (cc by-sa):** 369 ('Streifenskunk'); **Gary J. Wood (cc by-sa):** 369 ('Waschbären'); **Hans-Petter Fjeld (cc by-sa):** 380, 381; **Joe Schneid (cc by-sa):** 387; **Thomas Bresson (cc by-sa):** 391; **Wladislaw (cc by-sa):** 396 ('Halifax Uhrturm'); **Tango7174 (cc by-sa):** 407 ('Hopewell Rocks'); **Michael Shepard, Victoria:** 412 ('Bishop's Mitre'); **France Rivet, Gatineau:** 417, 418 ('Chateau Frontenac') ; **Qviri (cc by-sa):** 436; **Bobak Ha'Eri (cc by-sa):** 443; **Sebastian Kasten (cc by-sa):** 454 ('Iqaluit')

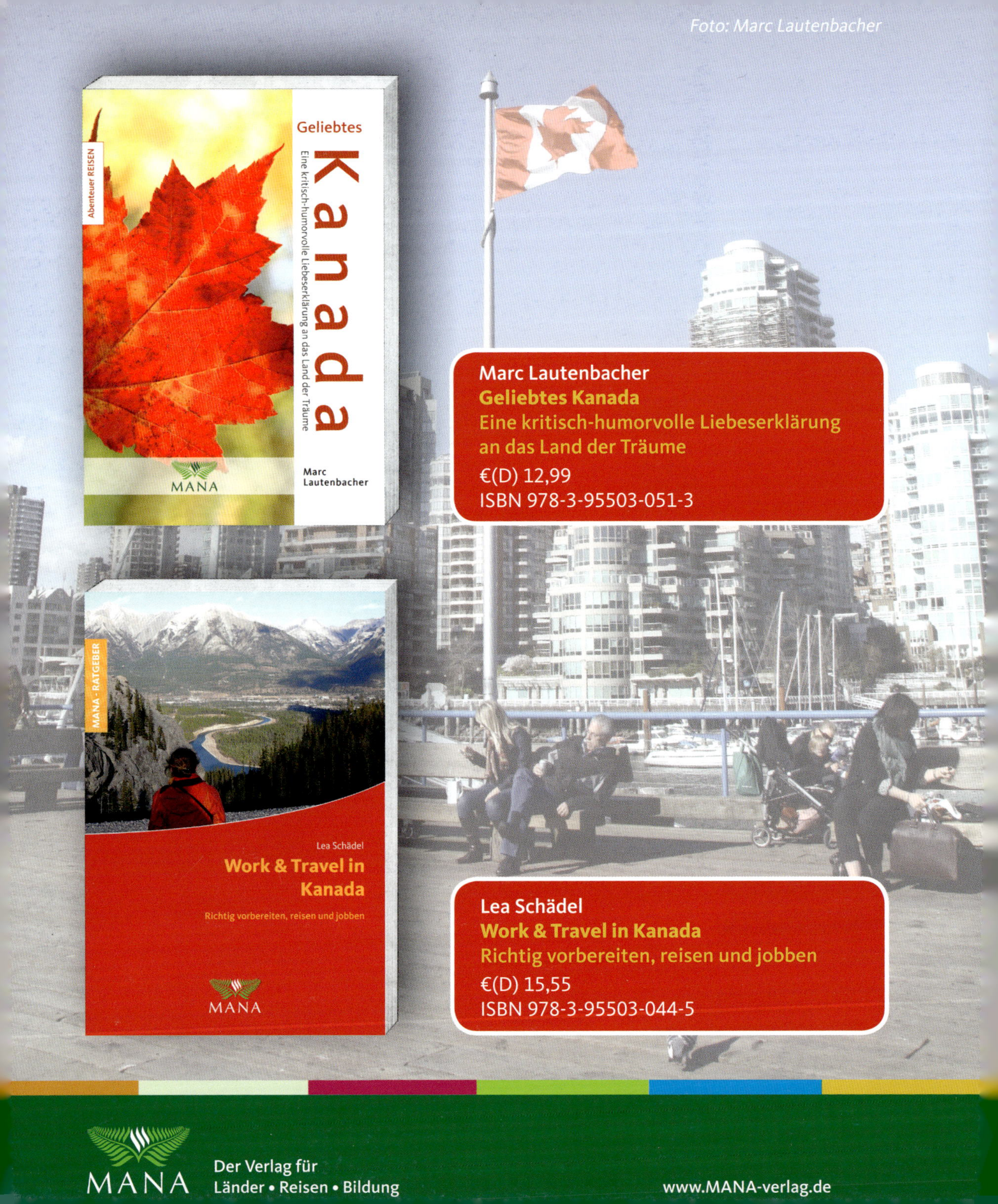

Foto: Marc Lautenbacher
Abenteuer REISEN
Geliebtes
Kanada
Eine kritisch-humorvolle Liebeserklärung an das Land der Träume
MANA
Marc Lautenbacher
Marc Lautenbacher
Geliebtes Kanada
Eine kritisch-humorvolle Liebeserklärung an das Land der Träume
€(D) 12,99
ISBN 978-3-95503-051-3
MANA · RATGEBER
Lea Schädel
Work & Travel in Kanada
Richtig vorbereiten, reisen und jobben
MANA
Lea Schädel
Work & Travel in Kanada
Richtig vorbereiten, reisen und jobben
€(D) 15,55
ISBN 978-3-95503-044-5
MANA
Der Verlag für
Länder • Reisen • Bildung
www.MANA-verlag.de